中华人民共和国经济与社会发展研究丛书（1949—2018）
编委会

顾　问

杨胜群　（中共中央党史和文献研究院）

章百家　（中共中央党史和文献研究院）

张卓元　（中国社会科学院）

主　编

武　力　（中国社会科学院）

编　委（按姓氏拼音排序）

陈争平　（清华大学）

董香书　（首都经济贸易大学）

段　娟　（中国社会科学院）

郭旭红　（中国矿业大学〈北京〉）

兰日旭　（中央财经大学）

李　扬　（中央财经大学）

肜新春　（中国社会科学院）

申晓勇　（北京理工大学）

王爱云　（中国社会科学院）

王瑞芳　（中国社会科学院）

吴　超　（中国社会科学院）

肖　翔　（中央财经大学）

郁　辉　（山东第一医科大学）

赵云旗　（中国财政科学研究院）

郑有贵　（中国社会科学院）

国家出版基金资助项目
"十三五"国家重点图书出版规划项目
中华人民共和国经济与社会发展研究丛书（1949—2018）
丛书主编：武力

2019年度国家社会科学基金一般项目"新中国70年产业结构演变研究（项目编号：19BJL010）"阶段性成果

中国旅游业发展研究

Research on Tourism Development of the People's Republic of China

郭旭红 ◎ 著

华中科技大学出版社
http://www.hustp.com
中国·武汉

图书在版编目(CIP)数据

中国旅游业发展研究/郭旭红著. —武汉:华中科技大学出版社,2019.6
(中华人民共和国经济与社会发展研究丛书:1949—2018)
ISBN 978-7-5680-5410-2

Ⅰ.①中… Ⅱ.①郭… Ⅲ.①旅游业发展-研究-中国-1949—2018 Ⅳ.①F592.3

中国版本图书馆 CIP 数据核字(2019)第 130061 号

中国旅游业发展研究　　　　　　　　　　　　　　　　　　　郭旭红　著
Zhongguo Lǚyouye Fazhan Yanjiu

策划编辑:周晓方　周清涛
责任编辑:苏克超
封面设计:原色设计
责任校对:张会军
责任监印:周治超
出版发行:华中科技大学出版社(中国·武汉)　　电话:(027)81321913
　　　　　武汉市东湖新技术开发区华工科技园　　邮编:430223
排　　版:华中科技大学惠友文印中心
印　　刷:湖北新华印务有限公司
开　　本:710mm×1000mm　1/16
印　　张:25　插页:2
字　　数:418 千字
版　　次:2019 年 6 月第 1 版第 1 次印刷
定　　价:199.00 元

本书若有印装质量问题,请向出版社营销中心调换
全国免费服务热线:400-6679-118　竭诚为您服务
版权所有　侵权必究

内容提要
ABSTRACT

在西方旅游者东进和中国旅游者西行的刺激下,中国社会近代旅游尤其是国际旅游产生了。具有近代特征的民国旅游,为新中国旅游业的发展奠定了基础。新中国成立以来,中国旅游业经历了初露萌芽、起步发展、稳步发展、高速增长以及迈向高质量发展5个主要阶段。从新中国成立到改革开放前,旅游业仅作为中国外交事业的延伸和补充,承担着非经济的接待事业功能,政治效益远远大于经济效益。从1978年开始,中国旅游业进入了新的历史时期。1978—1991年,随着改革开放政策的实施,中国现代旅游业从无到有,旅游产业规模不断扩大,已从计划经济单一接待行业走向了市场经济多元服务行业,旅游经营也基本由事业单位经营转变为企业化经营,旅游业的性质实现了从"事业型"到"产业型"的转变;这段时期,入境旅游承担着我国整体旅游业的主体功能,为我国外汇收入做出了巨大贡献,国内旅游和出境旅游在我国经济发达地区逐步出现,但规模相对较小。1992—2001年,我国旅游业发展基本摆脱了以入境旅游为主体的格局,初步形成了国内旅游、入境旅游、出境旅游三足鼎立的局面;旅游业成为国民经济新的增长点,呈现规模化的快速扩张,实现了从分散的经济现象向系统的产业部门的转变。2002—2012年,我国旅游业告别了供给短缺的粗放式旅游,主要是以拉动内需的消费型休闲旅游为主,旅游产业地位持续提升,三大旅游市场协调发展。2008年国际金融危机后,在国内旅游和出境旅游保持高速增长的背景下,入境旅游在三大市场中所占的份额相对下降,入境旅游创汇功能弱化,综合服务功能强化。2013—2018年,我国旅游业处于从高速增长迈向高质量发展的新阶段,形成了以国民大众旅游消费为主体、国际国内旅游协调发展的市场格局,完成了从"旅游资源大国"到"亚洲旅游大国"的发展进程,正在向"世界旅游强国"目标迈进。新时代下,旅游业在国际国内市场开发、产业体系建设、产业功能释放、体制机制创新等方面都取得了明显突破,已成为国民经济的战略性支柱产业和人民群众更加满意的现代服务业,正式融入国家战略体系。

总序
GENERAL PREFACE

早在2013年6月,习近平总书记就指出,历史是最好的教科书,学习党史、国史,是坚持和发展中国特色社会主义、把党和国家各项事业继续推向前进的必修课。这门功课不仅必修,而且必须修好。要继续加强对党史、国史的学习,在对历史的深入思考中做好现实工作,更好走向未来,不断交出坚持和发展中国特色社会主义的合格答卷。党的十八大以来,习近平总书记多次强调要加强历史研究,博古通今,特别是总结中国自己的历史经验。在以习近平同志为核心的党中央领导下,中国特色社会主义进入了新时代。2017年是俄国十月革命胜利100周年;2018年是马克思诞辰200周年和《共产党宣言》发表170周年,同时也是中国改革开放40周年;2019年是中华人民共和国成立70周年;2020年中国完成工业化和全面建成小康社会;2021年是中国共产党成立100周年。这些重要的历史节点,已经引发国内外对中共党史和新中国历史研究的热潮,我们应该早做准备,提前发声、正确发声,讲好中国故事,让中国特色社会主义主旋律占领和引导宣传舆论阵地。

作为专门研究、撰写和宣传中华人民共和国历史的机构,中国社会科学院当代中国研究所、中国经济史学会中国现代经济史专业委员会与华中科技大学出版社一起,从2014年就开始策划出版一套总结新中国经济与社会发展历史经验的学术丛书。经过多次研讨,在2016年5月最终确立了编撰方案和以我为主编的研究写作团队。从2016年7月至今,研究团队与出版社合作,先后召开了7次编写工作会议,讨论研究内容和方法,确定丛书体例,汇报写作进度,讨论写作中遇到的主要问题,听取学术顾问和有关专家的意见,反复讨论大纲、改稿审稿并最终定稿。

这套丛书是以马克思列宁主义、毛泽东思想、邓小平理论、"三个代表"重要思想、科学发展观、习近平新时代中国特色社会主义思想为指导,以中华人民共和国近70年经济与社会发展历史为研究对象的史学论著。这套丛书共14卷,分别从经济体制、工业化、区域经济、农业、水利、国防工业、交通、旅游、财政、金融、外贸、社会建设、医疗卫生和消除贫困14个方面,研究和阐释新中国经济与社会发展的历史和经验。这套丛书从策划到组织团队再到研究撰写专著,前后历时5年,这也充分反映了这套丛书各位作者写作态度的严谨和准备工作的扎实。从14个分卷所涉及的领域和研究重点来看,这些问题都是中共党史和新中国历史,特别是改革开放以来历史研究中的重要问题,有些是非常薄弱的研究环节。因此,作为研究中华人民共和国近70年经济与社会发展的历程和功过得失、总结经验教训的史学论著,这套丛书阐述了新中国成立前后的变化,特别是改革开放前后两个历史时期的关系、改革开放新时期与新时代的关系,这些论述不仅有助于坚定"四个自信"、反对历史虚无主义,而且可以为中国实现"两个一百年"奋斗目标提供历史借鉴,这是这套丛书追求的学术价值和社会效益。

今年是中华人民共和国成立70周年,70年的艰苦奋斗,70年的壮丽辉煌,70年的世界奇迹,70年的经验教训,不是一套丛书可以充分、完整展示的,但是我们作为新中国培养的史学工作者,有责任、有激情去反映它。谨以这套丛书向中华人民共和国成立70周年献礼:祝愿中华民族伟大复兴的中国梦早日实现!祝愿我们伟大的祖国像初升的太阳,光芒万丈,照亮世界,引领人类命运共同体的构建!

中国社会科学院当代中国研究所

武力

2019 年 5 月

目 录
CONTENTS

绪论

一、中国旅游业发展的基本历程 2

二、中国旅游业从弱小到强大的基本经验 12

第一章 计划经济下旅游事业初露萌芽(1949—1977)

第一节 近代西方的刺激与中国近现代旅游的产生 / 21

    一、西方旅游者东进 21

    二、中国旅游者西行 22

    三、中国近现代旅游的兴起 23

第二节 旅游事业初露萌芽 / 25

    一、旅游事业的萌芽发展 25

    二、加强统一管理,迈开发展步伐 27

    三、旅游事业的曲折发展 28

    四、旅游事业曲折发展的主要原因 29

第三节 旅游行政管理体制建设 / 30

    一、新中国成立至1964年以前的旅游管理体制 31

    二、中国旅行游览事业管理局成立至1978年以前的旅游管理体制 32

第四节 旅行社初期建设 / 36

    一、中国国际旅行社 36

    二、中国旅行社 49

第五节　旅游景区初期开发 / 56
　　一、旅游景区的内涵、分类和特征　57
　　二、1949年之前的观光游览地　58
　　三、文物保护时期的旅游景区　59
　　四、在社会主义建设中开辟的旅游资源　62

第二章　改革开放与旅游事业的起步发展(1978—1991)

第一节　开创旅游事业发展的新局面 / 64
　　一、国际旅游业高速增长　65
　　二、旅游事业的起步发展　66
　　三、改革旅游体制，实现"四个转变"　67
　　四、旅游事业列入国民经济和社会发展计划　68
　　五、对旅游业的认识由事业型向产业型转变　69

第二节　在改革开放中旅游业逐渐发育 / 70
　　一、主要特征　71
　　二、两个阶段　72
　　三、入境旅游的动态分析　75
　　四、国内旅游业开始兴起　87
　　五、旅游产业体系的培育　88

第三节　旅游产业的地位、作用与功能 / 96
　　一、经济功能凸显　97
　　二、外交功能增强　98
　　三、就业功能显现　100
　　四、在国民经济中占比较小　100
　　五、在世界旅游市场的位次较低　101

第三章　在市场经济中旅游业稳步发展(1992—2001)

第一节　旅游业稳步发展的条件 / 103

一、指导思想 103
二、旅游发展方针变被动为主动 103
三、消费结构由温饱型向小康型转变 105
第二节 旅游业成长发展概况 / 106
一、主要特征 106
二、两个阶段 109
三、旅游市场全面发展 113
四、国际旅游市场结构稳定 120
五、城乡旅游差距扩大 130
第三节 旅游住宿业快速成长 / 132
一、现状分析 132
二、跃升为国民经济中的一个亮点 139
三、特色品牌崭露头角 140
四、非常规型壁垒结构问题凸显 142
第四节 旅行社市场化发展 / 143
一、市场化演进环境 144
二、粗放式发展特征显著 149
三、地位和功能 152
四、存在的主要问题 155
第五节 旅游景区成长发展 / 156
一、迈向多元化发展 156
二、存在的主要问题 158
第六节 旅游业成长发展的成效与不足 / 160
一、主要成效 160
二、与世界旅游强国相比存在的主要差距 162

第四章 在市场经济中旅游业高速增长（2002—2012）

第一节 发展环境、指导思想和方针政策 / 166
一、重要机遇 167

二、基础条件　167
三、指导思想：突出"六个坚持"　171
四、旅游市场发展方针的阶段性调整　172

第二节　旅游业持续快速发展概况 / 174
一、国际旅游业运行态势　175
二、中国旅游业发展特点　178
三、中国旅游市场结构　185
四、中国旅游业消费结构　192

第三节　旅游住宿业全面发展 / 198
一、发展概况　199
二、主要特征　208
三、影响全面发展的主要因素　213

第四节　旅行社业持续快速增长 / 215
一、现状分析　215
二、主要特征　228
三、影响旅行社持续快速发展的主要因素　229

第五节　旅游景区快速发展 / 231
一、快速发展概况　231
二、主要特征　236
三、影响旅游景区快速发展的主要因素　241

第六节　中国旅游业在世界旅游格局中的地位 / 244
一、世界第一大出境旅游消费国　244
二、世界第四大入境旅游目的地　245
三、世界第一大国内旅游市场国　248

第七节　旅游业快速发展的主要成效 / 250
一、奠定了建设世界旅游强国的坚实基础　250
二、旅游业全面融入国家战略体系　251
三、通过体制机制创新形成旅游业发展合力　252
四、旅游产业竞争力显著提升　253
五、旅游业综合功能快速释放　254

第八节　旅游业快速发展面临的挑战和主要矛盾 / 255
　　一、旅游行业受外部环境影响较大　255
　　二、旅游法规建设不断完善,但依然滞后　256
　　三、旅游信息化建设不断推进,但任重道远　257
　　四、旅游业发展方式加快转变,但仍较粗放　259
　　五、公共产品供给短缺和公共服务能力不强　261
　　六、旅游人才缺口扩大,供需趋于失衡　262

第五章　在深化改革中旅游业迈向高质量发展（2013—2018）

第一节　旅游业迈向高质量发展概况 / 264
　　一、必要性　265
　　二、有利条件　267
　　三、主要特征　274
　　四、动因机制　278
　　五、面临的突出问题　281
第二节　旅游市场繁荣发展、理性增长 / 283
　　一、国内旅游——基数庞大、增长较快　284
　　二、出境旅游——持续快速发展　288
　　三、入境旅游——相对平稳发展　301
第三节　国民休闲与区域旅游迈向高质量发展 / 310
　　一、国民休闲呈现"两增一减"态势　310
　　二、区域旅游非均衡发展稳中向好　313
　　三、区域旅游迈向高质量发展需要关注的问题　317
第四节　旅游产业迈向高质量发展 / 318
　　一、旅游住宿业格局的演化和创新发展　318
　　二、从传统旅行社业到旅行服务业的发展　329
　　三、旅游景区的产业化和专业化发展方向　334
　　四、三大旅游核心产业迈向高质量发展的突出特征　343

第五节　中国旅游业的世界地位与国际旅游合作 / 346
　　一、出境游客数量、消费稳居世界第一　346
　　二、入境游止跌回升,收入居世界第四　348
　　三、世界最大的国内旅游市场地位稳固　350
　　四、总就业贡献世界第一,GDP和投资贡献世界第二　351
　　五、参与国际旅游合作的标志性成果突出　352

第六节　旅游业高质量发展的世界影响力 / 355
　　一、旅游市场持续向好,对全球旅游经济贡献引人注目　355
　　二、旅游外交从边缘走向前沿,成为中国与世界交往的重要推手　357
　　三、旅游强国梦可期,综合竞争力跃升　358

第七节　促进旅游业高质量发展的对策建议 / 359
　　一、深化旅游供给侧结构性改革　360
　　二、实施中国特色旅游业内涵式发展战略　360
　　三、实施区域协调发展战略　361
　　四、坚持走全方位开放开拓之路　361
　　五、深化旅游体制改革　362

结语　实现初步富裕型旅游强国的新跨越

　　一、从短缺型旅游大国向初步小康型旅游大国的回顾　364
　　二、实现初步富裕型旅游强国的目标、任务和路径　366
　　三、实现初步富裕型旅游强国的政策建议　371

参考文献 / 383

后记 / 386

绪论

当今世界,大众化和全球化旅游时代已经到来,旅游日益成为现代社会重要的生产生活方式和社会经济活动,旅游业已经成为全球规模最大和发展势头最强劲的战略性产业。1950年,全球国际旅游总人次仅为2528.2万人次,全球国际旅游总收入为21.0亿美元;[①]2018年,全球旅游总人次[②]为121.0亿人次,全球旅游总收入为5.3万亿美元,相当于全球生产总值的6.7%[③]。全球旅游业自第二次世界大战以来经历了连续近70年的快速发展。以中国为代表的东亚地区旅游业发展更为迅猛,不仅在过去40年保持着连续的快速发展,而且在未来一段时期内仍将表现出高质量发展的强劲势头。

中国幅员辽阔,山水秀美,历史悠久,文化多样,是旅游资源大国。就现代旅游业的起点而言,中国比西方国家晚了近百年。从新中国成立到1978年,旅游业作为中国外交事业的延伸和补充,承担的是民间外事接待功能,不具备现代产业的特征。1949—1977年,我国入境游客接待量合计不到70万人次。同期,世界旅游业经历了加速发展的黄金时期,全球国际旅游总收入在30年间增长了近33倍。[④] 1978年,以中共十一届三中全会胜利召开为标志,开启了中国改革开放的伟大征程。中国改革开放的总设

[①] 《当代中国的旅游业》编辑委员会:《当代中国的旅游业》,当代中国出版社、香港祖国出版社2009年版,第24页。

[②] 全球旅游总人次包括全球国内旅游总人次和全球国际旅游总人次,全球旅游总收入包括全球国内旅游总收入和全球国际旅游总收入。

[③] 《世界旅游经济趋势报告(2019)》。

[④] 国家旅游局课题组:《中国旅游业改革开放30年发展报告》,《中国旅游报》2008年12月31日。

计师邓小平发出了"旅游事业大有文章可做,要突出地搞,加快地搞"的号召。① 邓小平大力发展旅游业的思想,为中国旅游业的发展指明了方向,是中国旅游业的立业之本和发展之纲。从1949年到2018年,在百废待兴、难关重重却又充满光明前景的中国经济社会里,一个在当时并不为人所知的行业——旅游业,经历了初露萌芽、起步发展、稳步发展、高速增长以及迈向高质量发展5个主要阶段的演变历程,成功实现了从传统的"事业接待"向"经济创汇",再向"综合性产业"的转型,继而实现了由"入境旅游超前发展"到"国内旅游、入境旅游、出境旅游"三大市场协调发展,并在实现从亚洲旅游大国向世界旅游强国的历史性跨越的进程中,探索出了一条适合中国国情的旅游发展康庄大道。

目前,中国已成为世界旅游格局中的重要力量。中国国内旅游人次、出境旅游人次和国内旅游消费、境外旅游消费均居世界第一位。中国旅游竞争力在全球中的排名从2007年的第71名跃升至2017年的第15名。中国旅游业正在成为新时代下经济发展的新增长点,在稳增长、调结构、惠民生方面发挥着重要作用,其主导能力、引领能力和影响力均空前提升,形成了与世界旅游大国地位相称的国际影响力、与大众化旅游发展相适应的社会影响力、与战略性支柱产业相称的决策影响力。面向未来,要进一步推动旅游发展改革和创新,发挥旅游作为美好生活风向标、社会融合黏结剂、深化改革突破口、对外开放前沿地、区域发展联动机、现代经济创新者、生态文明引领者以及人类命运共同体构建者的重要作用,推动决胜全面建成小康社会、实现中华民族伟大复兴的中国梦。

2019年是新中国成立70周年,也是旅游业从高速增长转向高质量发展的黄金之年。站在新的时代起点上,拥有全球最大的旅游市场和巨量产业规模的中国,如何通过旅游更好地满足人民群众对美好生活的向往,如何使旅游更好地成为中国连接世界的重要桥梁,是经济史学者亟待研究的迫切问题。为此,本书以全球视野研究新中国近70年旅游业发展的阶段性特征和取得的辉煌成就,剖析中国旅游业高速增长的动因机制,探究中国旅游业从高速增长转向高质量发展亟待解决的突出问题,总结经验教训,为提升中国旅游业的全球竞争力和世界影响力提供智力支持。

一、中国旅游业发展的基本历程

新中国成立以来,旅游业经历了计划经济下的旅游事业、改革开放与

---

① 国家旅游局:《邓小平与旅游》,中国旅游出版社2001年版,第11页。

旅游业的新起步、在市场经济中旅游业稳步发展、在市场经济中旅游业高速增长、在深化改革中旅游业迈向高质量发展5个主要阶段，探索了一条体现中国特色、反映世界趋势、遵循旅游发展规律的旅游发展道路，其发展壮大为世界所瞩目。

从新中国成立到改革开放前，旅游业仅作为中国外交事业的延伸和补充。从1978年开始，中国旅游业进入了新的发展时期。中国旅游市场发展战略经历了从"大力发展入境旅游"到"大力发展入境旅游，积极发展国内旅游，适度发展出境旅游"，再到"大力发展国内旅游，积极发展入境旅游，有序发展出境旅游"的转变；产业定位经历了从事业型的"民间外交"到经济型的"创汇产业"，从国民经济"新的增长点"再到培育成国民经济"战略性支柱产业"和"人民群众更加满意的现代服务业"的转变；旅游业三大核心产业迎来了从供给严重短缺到供需基本平衡，再到有效供给不足的转变；中国实现了从旅游短缺型国家到旅游大国的历史性跨越，并正在向"世界旅游强国"目标迈进。新时代下，旅游业全面融入国家战略体系，走向国民经济建设的前沿，成为国民经济战略性支柱产业，综合带动功能全面凸显，肩负着解决人民日益增长的美好生活需要和不平衡不充分的发展之间的矛盾的历史重任，在引领世界旅游新格局中的"中国力量"初见雏形。

（一）计划经济下的旅游事业（1949—1977）

中国人自古就将旅行视为一种重要的学习方式和社会实践。中国地域辽阔，拥有丰富而独特的自然和人文旅游资源，古代先民早有漫游、云游、应季踏青、祭祖、登高等各种朴素的休闲游览方式，朝拜祈福等宗教出游形式屡见不鲜。至近代旅游业在欧美主要国家发端之后，20世纪初期，一些外国旅行社，如美国的通济隆旅游公司和运通旅游公司在上海等地设置旅游代办机构，总揽中国旅游业务，"旅游"作为一种经济意义上的社会现象在近代中国人的生活中初现端倪。1923年，上海商业储蓄银行创设了旅游部；1927年，旅游部独立出来正式成立中国旅行社，揭开了中国旅游业发展的序幕。但由于当时战祸连年，近代中国人的旅游活动只是处于自发的零星分散状态，旅游业作为一个产业在近代中国并没有得到正常的发育。①

新中国成立至改革开放之前的30年间，中国旅游业初露萌芽。1954

---

① 胡静、谢双玉、冯娟等：《2016中国旅游业发展报告》，中国旅游出版社2016年版，第223页。

年,中国国际旅行社(简称国旅或国际旅行社)在北京西交民巷4号诞生,之后在各地设立分社,主要负责接待外宾。从1960年开始,我国的国际关系有所改善,来华公务和旅游的外国宾客逐渐增多;这个时期在一些主要城市陆续设立了华侨服务社,专门接待来内地的海外华侨、港澳同胞、外籍华人和外国人。1964年,中国旅行游览事业管理局作为国务院直属机构成立,我国的旅游事业逐渐得到了发展。但这一时期的旅游工作属于外事接待范畴,并不具备现代产业的特征。1949—1977年,全国入境游客接待量合计不到70万人次。中国旅游服务于政治的事业发展动机和发展事实与当时中国所处的国内外形势相符合,这是中国旅游业在这个特殊历史时期的特殊使命。这个时期的旅游事业为增进其他国家对新中国的了解、理解、支持和友谊起到了十分重要的作用。①

(二)改革开放与旅游业的新起步(1978—1991)

1978年,中国拉开了改革开放的序幕,邓小平明确提出要"发展旅游事业,增加国家收入",并指出"旅游事业大有文章可做,要突出地搞,加快地搞"。1986年,《中华人民共和国国民经济和社会发展第七个五年计划(1986—1990)》把旅游业列入其中,提出要大力发展旅游业,增加外汇收入,促进各国人民之间的友好往来。这是旅游业第一次被纳入国民经济与社会发展计划中,旅游的产业地位首次得到了明确。同年,成立国务院旅游协调小组,标志着我国旅游业进入了新的发展阶段。中国旅游业开始成为当时国家创汇的渠道和对外开放的窗口,从事业向产业转型的新篇章由此揭开。

1. 旅游业由以政治服务为主的事业转向以创汇为主的产业

改革开放初期,在国家管理层面,一系列积极的旅游发展政策和管理制度逐渐推出,旅游业在国民经济发展中所起的作用日益上升。1981年,中国政府第一次组织召开了全国旅游工作会议,在《国务院关于加强旅游工作的决定》中明确指出:旅游事业是一项综合性的经济事业,是国民经济的一个组成部分,是关系国计民生的一项不可缺少的事业。为此,中国先后对旅游管理体制进行了重大改革:一是1978年将中国旅行游览事业管理局改为中国旅行游览事业管理总局,1982年又将中国旅行游览事业管理总局改为国家旅游局,直属国务院管理;二是推动各省(区、市)相继成立旅

---

① 胡静、谢双玉、冯娟等:《2016中国旅游业发展报告》,中国旅游出版社2016年版,第223页。

游局,负责管理各地方的旅游事业;三是成立了旅游工作领导小组,由时任国务院副总理耿飚担任组长,国务院17个部门负责人参与工作。

2. 旅游市场以入境旅游为主,国内旅游、出境旅游规模较小

改革开放初期,由于国民经济建设急需大量外汇,旅游业作为国家创汇的渠道和对外开放的窗口,正当其职。在此背景下,我国旅游业并未采取"先国内后国际"的常规发展模式,而是优先发展入境旅游。国门初开,很多外国旅游者对中国表现出极大的兴趣,大批海外旅游者前来探索这个神秘的东方古国。入境旅游迅速发展,成为当时中国增进与外国民众交流沟通、赚取外汇收入的主要渠道。1978年,我国接待入境旅游人次仅为180.92万人次,旅游外汇收入仅为2.63亿美元,分别占世界的0.7%和0.038%。到1991年,中国境内旅游人次增加至3.33亿人次,旅游总收入达到351亿元人民币。其中,接待入境旅游人次达3334.98万人次,旅游外汇收入为28.45亿美元,分别比1978年增长了17.43倍和9.82倍,初步具有了以创汇为主的经济产业特征。

这一时期,国内旅游开始起步。绝大多数民众还处在满足温饱阶段,国内旅游需求不够旺盛,旅游市场发育显得比较缓慢,国内旅游市场规模较小。

出境旅游以探亲、边境游进行试点。从1949年新中国成立以来,出境只是政府部门的公务出行,直到1983年,国家才正式批准普通公民可以自费出境,但仅限于有境外亲属的公民;1984年,国务院批准开放内地居民赴港澳地区的探亲旅游市场[①]。

同时,中国旅游业正式步入国际舞台的视野。1983年10月5日,世界旅游组织(UNWTO)接纳中国为正式成员国。1987年,在UNWTO第七次全体大会上,中国首次当选为该组织执行委员会委员,并同时当选为统计委员会委员和亚太地区委员会副主席。

3. 旅游供给从无到有,产品和服务逐渐丰富

1979年5月,国务院批准北京等4个城市利用侨资、外资建造6家旅游饭店,到1991年底,全国拥有旅游涉外饭店2130家,其平均客房出租率为61.4%,与世界上主要旅游接待国家(地区)相比处于中等偏上状态。1991年,国家对旅游基本建设的投资总额为4.38亿元,其中国家旅游局直

---

① 戴斌、蒋依依、杨丽琼等:《中国出境旅游发展的阶段特征与政策选择》,《旅游学刊》2013年第1期。

接投资的有3.14亿元,主要用于旅游教育、旅游景区(景点)、旅游住宿设施续建和更新改造等项目建设。这些项目的建成投产,改善了我国旅游生产力协调配置状况,提高了我国旅游综合接待能力。

这个时期,随着改革开放政策的实施,旅游业的性质由政治接待工具转变为重要的创汇产业,国家发展旅游业的重点是尽快补充外汇短缺。政府主导与政策支持是这一时期我国旅游产业发展的基本特点,中国现代旅游业从无到有,旅游产业规模不断扩大,已从计划经济下的单一接待行业走向了市场经济下的多元服务行业,旅游经营单位也基本由事业单位转变为企业化单位。

(三)在市场经济中旅游业稳步发展(1992—2001)

1991年《中华人民共和国国民经济和社会发展十年规划和第八个五年计划纲要》提出要加快发展旅游业。1992年6月,《中共中央 国务院关于加快发展第三产业的决定》进一步指出旅游业是第三产业的重点,各级政府及各有关部门相继把旅游业列入国民经济和社会发展计划,大多数省区已明确提出把旅游业作为支柱产业、重点产业或先导产业来发展。1995年,在《中共中央关于制定国民经济和社会发展"九五"计划和2010年远景目标的建议》中,将旅游业排在第三产业积极发展新兴产业序列的第一位。1998年,中央经济工作会议提出将旅游业作为国民经济新的增长点,这标志着旅游业地位进一步提升。2000年,全国旅游工作会议首次提出建设世界旅游强国的宏伟战略目标,意味着旅游业已上升到国家战略层面,受到党和国家的高度重视。

1. 三大旅游市场全面发展

入境旅游强劲增长。尽管1997年的东南亚金融危机、1998年亚洲金融危机以及美国的"9·11"恐怖袭击事件等使世界旅游业的增长放缓,但中国的入境游客规模仍然强劲增长。2001年,来华旅游人次达8901.3万人次,是1992年的2.3倍;旅游外汇收入达177.9亿美元,是1992年的4.5倍,其世界排名从1992年的第17位跃居到第5位。[①]

国内旅游蓬勃兴起。1995年实行双休日制度,特别是1999年国务院开始实行黄金周制度,中国旅游业开启大众旅游时代,国内旅游市场开始

[①] 胡静、谢双玉、冯娟等:《2016中国旅游业发展报告》,中国旅游出版社2016年版,第226页。若无特别注明,则本书中各项统计数据(含图、表、正文中的数据)均未包括港澳台地区。部分数据因四舍五入的原因,存在总计与分项合计不等的情况。特此说明。

持续发育。随着"黄金周"旅游的制度化和规范化,形成了热点地区扩张、旅游旺季前"推"后"延"等新特点,在拉动内需、刺激消费、带动相关产业发展、提高人民生活质量方面发挥了突出作用。至 2001 年,国内旅游总人次达到 7.84 亿人次,国内旅游总收入增至 2112.7 亿元。同年,在春节、"五一"、"十一"三个"黄金周"中,全国共接待国内旅游者 1.83 亿人次,实现旅游收入 736 亿元。[1]

出境旅游开始萌动。1997 年,香港回归,中国政府抓住机遇,提出"大力发展入境旅游、积极发展国内旅游、适度发展出境旅游"的方针,并召开出境旅游工作会议,正式批准开展中国公民出境旅游业务。随着出境游政策的推出,出境游市场开始发展。继 1987 年开辟辽宁省丹东市对朝鲜新义州市的"一日游"中国边境旅游、1988 年泰国出境游、1990 年我国公民赴东南亚三国探亲旅游,国家在试办港澳游、边境游的基础上,正式开办中国公民自费出境旅游业务。1997 年,借香港回归的历史机遇,《中国公民自费出国旅游管理暂行办法》在全国实施,我国公民开始可以自费出国(境)旅游。这一管理办法的颁布实施具有划时代意义,它标志着国家已经开始注意到国民出境旅游的消费需求,并有意识地为满足国民的这种需求提供相应的制度支持,中国出境旅游市场初步形成。

2. 旅游接待设施不断完善,旅游产品逐步丰富

这个时期的旅游需求主要是走马观花式的经历性游览,旅游接待设施迅速发展。到 2001 年末,全国共有星级饭店 7358 家,客房 81.62 万间,[2]旅游产品建设逐步发展以满足快速增长的旅游需求。1992 年,首批 12 个依托于山地和水域旅游资源的国家级旅游度假区成立。1992—2001 年,旅游产品主要以山水风光、文物古迹、民俗风情等参与式观光、主题式观光为主,旅游供给存在结构性短缺,旅游交通和旅游吸引物系统有待进一步优化。

3. 旅游行业管理及标准化逐步规范

随着旅游业的进一步发展,旅游行业管理的规范化和行业标准的制定被提上日程。1988 年,撤销了 1986 年成立的国务院旅游协调领导小组,改设国家旅游事业委员会。同年,设置专门负责制定开拓国际市场战略的国际市场开发司,着力开发国际旅游客源市场。1996 年 10 月,国务院提出了

---

[1] 《2001 年中国旅游业统计公报》。
[2] 《2001 年中国旅游业统计公报》。

国家旅游局"三定"方案,这是第一个全面、系统的旅游管理体制改革的实施方案,明确了旅游主管部门的职责和职能,旅游业从此逐步转到经济管理的轨道上;同年12月,经国务院批准,国务院办公厅转发国家旅游局《关于加强旅游工作的意见》,形成了旅游业行业管理的基本框架,进一步明确了行业管理范围权限。同时,在国家层面上制定出台了旅行社、饭店、旅游资源、对客服务等方面的一系列评价标准或行业管理制度。①

(四) 在市场经济中旅游业高速增长(2002—2012)

2002—2012年,随着社会主义市场经济体制的建立和逐步完善,中国旅游业高速增长,中国从旅游小国成长为世界旅游大国,旅游业实现了由国家经济增长点向战略性支柱产业的转型。该时期告别了供给短缺的粗放式旅游,主要是以拉动内需的消费型休闲旅游为主。2009年12月,《国务院关于加快发展旅游业的意见》把旅游业定位为国民经济的战略性支柱产业和人民群众更加满意的现代服务业,旅游业正式融入国家战略体系,在国家层面的产业地位进一步提升。这一时期,中国旅游业开始充分发挥产业综合功能,从供给管理走向需求管理,在旅游产业增加就业、积累资金(创汇)、促进经济结构调整、带动相关行业的发展与地区经济增长等方面发挥了独特作用。

1. 旅游业成为战略性支柱产业,综合功能充分发挥

2001年,《国务院关于进一步加快旅游业发展的通知》中指出:树立大旅游观念,充分调动各方面的积极性,进一步发挥旅游业作为国民经济新的增长点的作用。2006年,《中国旅游业发展"十一五"规划纲要》明确提出,要把旅游业培育成为国民经济的重要产业。这些政策的出台无疑进一步强化了旅游业在国民经济增长中的突出地位,并且推动了国内旅游市场强劲增长的态势,旅游业规模在这个时期不断发展壮大。2009年,《国务院关于加快发展旅游业的意见》将旅游业首次定位为国民经济的战略性支柱产业,旅游业在国家层面的产业地位进一步提升。旅游业在拉动内需、扩大就业、促进经济发展等功能的基础上,继续发挥民生功能、外交功能。2009年,《国务院关于推进海南国际旅游岛建设发展的若干意见》提出,将海南建设成世界一流海岛休闲度假胜地。2011年,国务院将每年的5月19日确定为"中国旅游日",标志着旅游业迈入满足大众化旅游需求的新时代。

---

① 石培华、冯凌:《中国旅游研究30年:阶段、特征与规律》,《旅游科学》2009年第6期。

2. 政策刺激效应明显,三大旅游市场全面繁荣

国内旅游强劲增长。为了减轻亚洲金融危机对国民经济的影响,同时扩大内需,满足人民群众日益增长的休闲旅游需求,中国政府采取了一系列加快旅游业发展的举措。出现了四个标志性事件:2001 年中国正式加入世界贸易组织(WTO);2006 年中国入境过夜旅游者接待量跃居世界第三位;2007 年传统节日纳入中国休假制度体系;2008 年中国计划推出国民休闲计划。各种世界级的赛事和节事如 2008 年北京奥运会、2010 年上海世博会、2010 年广州亚运会等相继在中国举办,各地各景区在"中国旅游日"期间推出促销政策,带动了国内和国际客源市场的急速膨胀。在政策激励下,国内旅游市场保持强劲增长态势,成为拉动内需的消费热点。2004 年国内旅游总人次首次突破了 10 亿人次大关;2012 年,国内出游人次达 29.57 亿人次,国内旅游收入达 22706.22 亿元。① 经过 2003 年的"非典"危机之后,国内旅游收入年均增长率继续保持两位数,开启了中国城镇居民大众休闲旅游的新时期,国内旅游需求由此得到全面释放。

入境旅游稳步增长,把中国带进世界第四旅游接待大国的行列。除了 2003 年"非典"疫情造成接待入境旅游人次暂时性下滑之外,入境旅游市场在此期间始终呈现稳步增长态势。2012 年,入境旅游人次达 1.32 亿人次,旅游外汇收入达 500.28 亿美元,分别比 2002 年增长 56.9% 和 145.4%。

出境旅游高速增长。2002 年,国务院颁布实施了《中国公民出国旅游管理办法》,以规范中国公民出境旅游市场,出境旅游打开了港澳游、边境游和国外游互动发展的新局面。2003 年中国出境旅游人次达到 2022.19 万人次,中国首次超过日本,成为亚洲第一大旅游客源国。2012 年,中国出境旅游人次达到约 8300 万人次,比 2002 年增长了约 4 倍。2002—2012 年,出境旅游人次连续 10 年(2009 年除外)保持两位数的增长率。

3. 旅游产品丰富,红色旅游、工农业旅游产品推进

随着旅游需求的多样化,旅游产品数量不断增长,生态旅游、红色旅游、乡村旅游等旅游新业态获得全面培育和发展。但是这个时期,旅游业的经营管理质量和服务水平仍落后于多样化的旅游需求。

旅游接待设施逐步完备,行业标准进一步完善。旅游业基本形成了比较完备的接待服务设施体系,逐步锻炼出了有一定专业水平的从业者群体,积累了较为丰富的经营管理经验,为旅游业的持续快速发展奠定了良

---

① 根据《中国旅游统计年鉴》(1993—2013)相关数据整理而成。

好基础。

旅游营销的专业化程度不断提升。旅游主题涉及生态旅游、体育旅游、文化旅游、美食旅游、乡村旅游等。旅游促销的方式方法和专业化程度不断提升。

(五) 在深化改革中旅游业迈向高质量发展(2013—2018)

2013—2018年,随着社会主义市场经济的逐步深化,中国经济从高速增长转向高质量发展,旅游业也逐渐从高速增长向高质量发展转型,其战略性支柱产业地位更加巩固。旅游新业态不断涌现,产业融合不断深入,旅游业的综合功能日益凸显,外交功能从边缘走向前沿。我国旅游业已经奠定了以国民大众旅游消费为主体、国际国内旅游协调发展的市场格局,完成了从旅游资源大国到亚洲旅游大国的发展进程,正在向世界旅游强国目标迈进。

1. 旅游市场繁荣发展

2013年,《中华人民共和国旅游法》(以下简称《旅游法》)颁布,是我国旅游业发展史上的重要里程碑和促进旅游业持续健康发展的重要制度基石,中国旅游业由此进入了依法治旅、依法兴旅的新阶段。同年,国务院发布了《国民休闲旅游纲要(2013—2020年)》,为我国国内旅游进一步加速发展提供了新的驱动力。2015年,国务院办公厅发布《关于进一步促进旅游投资和消费的若干意见》,提出多项措施促进旅游投资和消费,如"一带一路"旅游合作战略、"515战略"、"旅游+"战略、"全域旅游"战略等,推动旅游产业向更深和更广空间拓展。2016年,在《中华人民共和国国民经济和社会发展第十三个五年规划纲要》中,中国政府将旅游业放在了促进经济发展、改革开放、调整结构和改善民生的战略地位上。在这一阶段,伴随中国旅游业的蓬勃发展和国家科技创新速度的加快、旅游合作战略的实施与推进、旅游业供给侧的深化改革,促进旅游业从高速增长迈向高质量发展。

2013年以来,中国旅游业的发展更为全球所瞩目,国内游、入境游、出境游市场呈现协调发展的新格局。一是国内旅游规模持续扩大。2018年,国内旅游人次达到55.4亿人次,国内旅游总收入达到5.13万亿元。二是入境旅游继续复苏。2018年,中国接待入境旅游人次达1.4亿人次,国际旅游外汇收入达1271亿美元。三是出境旅游回归理性。2018年,中国居民出境旅游人次为1.6亿人次。

2. 旅游形象国际化，旅游外交从边缘走向前沿

2013年以来，中国旅游主题年继续推进，国内市场和国际市场宣传口号更具影响力，对引导我国旅游吸引力提升发挥明显作用。2013年，国家旅游局印发《关于做好中国旅游整体形象"美丽中国之旅"推广工作的通知》，确定"美丽中国之旅"为中国旅游整体形象。2016年，国家旅游局围绕"丝绸之路旅游年"，推出天下黄河、魅力长江、万里长城、丝绸之路、江南水乡、天路之旅等60条精品旅游线路，着力提升中国旅游形象。2016年5月，首届世界旅游发展大会在北京举行，凸显中国旅游大国地位。中国国际旅游交易会已发展成为亚太地区规模最大、影响最广泛的专业旅游展会之一，逐渐实现了旅游交易展示与旅游外交比翼齐飞的局面。

从外交边缘走向外交前沿，旅游在外交事务中的独特作用正在日益凸显，成为国际经贸合作和人文交流最活跃、最具潜力的领域，成为构建新型大国关系的必要内容和桥梁窗口。2013—2018年，一系列旅游年活动接连纳入首脑外交行程，标志着旅游外交已从实施国家外交战略的独特手段变为常规手段和有力支撑。旅游年实践表明，开展旅游外交，不仅能够扩大国家间旅游交流规模，拓展旅游合作的广度和深度，给旅游产业本身带来"红利"，还能够为国家间关系发展培育更为厚实的民意和社会基础，具有经济、政治、文化、外交等多方面的现实意义。

3. 旅游新业态不断涌现，产业融合深入发展

新时代下，居民旅游需求呈现多元化、个性化，注重旅游体验性，自驾车房车旅游、邮轮旅游、研学旅游、老年旅游、养生旅游等旅游产品新业态不断涌现。要以转型升级、提质增效为主线，推动旅游产品向观光、休闲、度假并重转变，满足多样化、多层次的旅游消费需求。在全域旅游这一新的旅游业发展理念和模式下，旅游消费和资源利用的边界从封闭变得开放，加快了"旅游＋"融合发展方式转变，"旅游＋互联网"、"旅游＋文化"、"旅游＋医疗"、"旅游＋娱乐"等各类主题游不断兴起。

新中国成立以来，中国旅游业从无到有、从弱小到壮大，实现了从短缺型旅游发展中国家向初步小康型旅游大国的历史性跨越，并正向初步富裕型旅游强国迈进。旅游业的性质由事业转型为产业，再到事业、产业并举；旅游业发展方式从粗放型旅游发展向比较集约型旅游发展转变；旅游市场由以入境游为主到国内大众旅游兴起、兴旺，再到国内旅游、出境旅游、入境旅游三大市场全面繁荣以及协调发展；旅游方式由观光向观光和休闲度假同步发展；旅游活动由感官经历向文化体验延伸；旅游对象由点状景区

旅游向全域旅游发展;旅游开发由主要旅游目的地的孤立发展到跨区域的合作发展;旅游外交从外交边缘向外交前沿转变;旅游业的功能从处于社会经济的边缘地带向支柱产业再向战略性支柱产业发展。新时代下,中国旅游业的发展已经形成国家与地方、政府与企业、社会与民众共同推进的大格局。中国旅游业的整体壮大过程不仅是全球旅游业发展的一个经典缩影,也成为中国从旅游大国向全面小康型大国进而向旅游强国迈进过程的真实写照。

二、中国旅游业从弱小到强大的基本经验

新中国成立以来,我国旅游业不盲目跟从西方旅游发达国家的经验,而是立足于中国国情,不断开拓创新,走上了持续、快速、健康发展的轨道。国内旅游市场全面兴起,入境旅游蓬勃发展,出境旅游方兴未艾,旅游客源市场发展呈现三足鼎立的格局。旅游市场规模迅速扩大,产业体系和管理体系日益完善,拉动消费、增加就业、改善民生的作用越来越显著,为保持经济持续较快发展和促进社会进步做出了积极贡献。基本经验体现在以下几个方面。

(一)立足国情是旅游业改革与发展的前提条件

改革开放初期,国民经济调整、发展的任务很重,急需外汇,发展旅游创汇多、创汇快、没有外债以及外向型经济的特点被中央格外重视,旅游业成为对外开放的窗口行业。大力发展入境旅游、赚取外汇成为旅游业的首要任务,形成了入境旅游"一花独放"的局面。20世纪90年代以后,我国国民经济面临结构性过剩和内需不足的问题,大力调整结构,大力开辟新的消费领域,增加最终需求,寻找和培育新的经济增长点就成为促进经济发展的重大问题。旅游业由于其市场需求旺盛,成为中央决定的作为新的经济增长点的三大产业之一。1993年,国务院办公厅转发国家旅游局《关于积极发展国内旅游业的意见》,对国内旅游工作提出"搞活市场、正确领导、加强管理、提高质量"的指导方针。为克服1993年下半年经济过热引起的通货膨胀以及1997年的亚洲金融风暴,客观上必须大力发展国内旅游以扩大内需。在内外因素的共同作用下,国内旅游受到高度重视。2000年的政府工作报告明确提出,加快经济结构的战略性调整是扩大内需、促进经济增长的迫切要求,也是适应我国经济发展阶段性变化、应对日趋激烈的国际竞争的根本性措施。政府工作报告分别从消费、供给、扩大对外开放三个方面提到旅游发展,这在以往是从未有过的,充分体现了旅游在产业

结构调整中的重要性。① 进入 21 世纪,随着经济的高速增长、出境旅游政策的放宽和人们出境旅游愿望的增强,我国的出境旅游市场开始迅速扩大,旅游市场形成国内旅游、入境旅游、出境旅游三大市场全面繁荣的局面。1978—2018 年,入境旅游人次从 180.9 万人次增加到 13900.0 万人次,增长 75.8 倍;国际旅游外汇收入从 2.6 亿美元增加到 1271.0 亿美元,增长 487.8 倍。改革开放 40 多年来,根据我国的经济发展水平和三大旅游市场的发育,我国旅游业经历了从单一入境旅游市场发展到入境旅游、国内旅游两大市场,再进而发展到国内旅游、入境旅游、出境旅游三大市场协调发展的过程,并由此确定了"大力发展入境旅游,积极发展国内旅游,适度发展出境旅游"的总方针。在立足中国国情的同时,全行业特别注重借鉴和吸收国际先进经验,努力加快与国际接轨的步伐,不断缩小与国际水平的差距,走出了一条有中国特色的旅游业发展之路。

(二) 改革开放是旅游业发展壮大的根本动力

开放条件下的新经济增长理论认为,从外部条件看,是开放决定了中国经济增长。② 曾经的"封闭红利"激发了境外游客旅华了解"中国是什么"的欲望,而"开放红利"将激发境外游客认识"中国将是什么"的原动力。中国旅游业 40 多年的改革与发展和对外开放是相辅相成的,开放是发展的前提,发展又促进开放。

改革开放以前,以美国为首的西方势力图谋遏制新中国,对我国实行封锁和抵制,中国实行了独立自主、自力更生的对外政策,因此,对旅游业来说,"对外开放"也就无从谈起。旅游业的"开放"幅度仅限于接待入境旅游者,旅游接待单位也仅限于旅游系统,虽然也曾要求旅游要"为国家吸取自由外汇",但旅游接待的政治、外交色彩非常浓厚,在那个连旅行社的年度接待计划都要报请国务院领导批准的年代,是不可能过多地从经济上考虑旅游接待的。③

从改革开放到 20 世纪 90 年代初的 10 多年,是我国改革开放事业启动和飞速发展的时期,也是我国旅游业加快对外开放的时期。这个时期旅游

---

① 中华人民共和国国家旅游局:《中国旅游业发展"十五"计划和 2015 年、2020 年远景目标纲要·总体篇》,中国旅游出版社 2001 年版,第 28 页。
② 王劲松:《开放条件下的新经济增长理论——跨国经济增长差异、跨国技术扩散与开放政策研究》,人民出版社 2008 年版,第 8 页。
③ 中华人民共和国国家旅游局:《中国旅游业发展"十一五"规划纲要》,中国旅游出版社 2008 年版,第 8 页。

业的对外开放呈现以下特点。①旅游业是中国改革开放的先导。中国是从1978年底开始实行对外开放的,到1979年就提出了利用外资建设旅游饭店的思路,并批准了首批利用外资的饭店建设项目,这说明旅游业的对外开放领国家对外开放风气之先,在思想和行动上是创新和快捷的。②旅游业充分体现了改革开放的成果。在对外开放的10多年间,我国入境接待和旅游创汇大幅增长,在国际上的排序提升了20位左右,所吸引的大量海外旅游者直接看到了中国改革开放取得的巨大成就。1990年,国家旅游局颁布《关于组织我国公民赴东南亚三国旅游的暂行管理办法》,规定赴东南亚三国旅游业务由全国7家指定的旅行社办理。这说明中国公民出境旅游终于艰难地迈出了第一步。中国公民出境旅游的起步发展,本身就体现了国家对外开放的程度,也说明改革开放已使中国公民有经济实力出国旅游。③自主决定旅游业对外开放。这个时期旅游部门研究对外开放,不论是开放领域,还是开放幅度,都是从行业自身发展的实际考虑的,没有境外和国外旅游部门、旅游企业促动的因素。④旅游市场的开放是初步的。在这10多年间,除了旅游饭店领域对外开放步伐较大外,其他方面如出境旅游、景区开发、旅游救援等仅是迈出步子,而且旅行社领域没有进行任何对外开放。

进入20世纪90年代以后,我国旅游业的对外开放进入了历史新阶段。在这个阶段,对外开放中新增了一个外部因素,那就是我国旅游部门参与了"入世"谈判。因此,这个时期是我国旅游业对外开放战略、开放格局发生重大转折的时期,主要特点表现为:①内外因素共同推动旅游业对外开放。旅行社成为对外开放的新领域和热点。"入世"以后,兑现"入世"承诺也主要表现为扩大旅行社领域的对外开放。旅行社领域的对外开放,不仅标志着我国旅游业的全面对外开放,而且集中体现了国内外因素对旅游市场开放的共同影响。②出境旅游发展成为一大单独的旅游市场。1997年,经国务院批准,国家旅游局、公安部发布了《中国公民自费出国旅游管理暂行办法》,将原来仅限于以探亲为目的的出境旅游,扩大为不限定出游目的的出境旅游,将出境旅游组团社扩大了7倍多,更加便利了中国公民的出境旅游,这是20世纪90年代以来我国旅游业对外开放的显著成果之一。③旅游业对外开放的领域不断扩大。在外资的利用和投向上,由以投资建设旅游饭店为主,扩大到投资于景区景点、旅游索道、修缮保护文物古迹、完善旅游配套设施等。④对外开放发展成为双向式的开放。开放的外向性特征显著:一是出境旅游迅速发展,到20世纪90年代后期已成为与入境旅游、国内旅游三足鼎立的大市场;二是"走出去"发展、跨国经营、与国际接轨、双向开放等,成为"入世"后我国旅游业对外开放的重点和特征。

党的十八大以来,在收入增长和旅游消费升级,以及签证、航班等便利因素的影响推动下,我国出境旅游热依然持续不减。目前,我国已经成为泰国、日本、韩国、越南、俄罗斯、马尔代夫、英国等多个国家的第一大入境旅游客源地。中国出境旅游成为促进"一带一路"倡议人文交流的重要载体。我国与包括"一带一路"沿线国家在内的70多个国家缔结了适用范围不等的互免签协议,与14个沿线国家达成了简化签证手续协议或安排,以及72小时过境免签、离境退税等。2016年,中国就为沿线国家与地区贡献了5001.4万人次的出境过夜游客。如此大规模的人员流动,推动了民众之间的直接沟通与交流,使得拥有辉煌历史但在近代以来一直在封闭与开放间徘徊的"一带一路"坚定不移地走向开放。[1] 随着中国出境旅游市场的高速增长,中国在世界旅游客源市场中的位置从边缘走向中心,中国出境游客的核心诉求也实现了从"美丽风景"到"移动购物"的跨越,并向"美好生活"转型。出境旅游尤其是因私出境旅游的快速增长,成为中国综合国力增强、居民生活水平提高、对外开放扩大的最为直接和最为生动的见证。中国需要开放的世界,世界需要开放的中国。作为对外开放的产物和对外开放促进要素的我国旅游业,改革开放的每一次深入都推动了它的跳跃式发展。

(三)人均收入大幅增长为旅游业大发展奠定基础

自从1979年我国实行改革开放政策以来,经济快速发展,国内生产总值高速、稳步提高,取得了令世人瞩目的中国奇迹。党的十八大以来,我国经济保持7%左右的较高增速,这在世界上是不多见的。我国的外汇储备从1978年的不足2亿美元增长到1998年的1400亿美元。经济环境的发展和变化极大地激发了人们的出游需求。1999年我国城镇居民人均可支配收入达到5854元,农村居民人均可支配收入为2210元。人均可支配收入增加使城乡居民出游的物质准备更加充足,为我国旅游业发展奠定了坚实的基础。[2]

---

[1] 中国旅游研究院:《中国出境旅游发展年度报告2017》,旅游教育出版社2017年版,第3页。

[2] 中华人民共和国国家旅游局:《中国旅游业发展"十五"计划和2015年、2020年远景目标纲要·专题篇》,中国旅游出版社2001年版,第32页。

21世纪以来,我国居民生活水平在总体上已进入了小康阶段,沿海发达地区正在努力率先实现现代化。总体来说,人均国民生产总值达800~1000美元,不仅是小康社会的主要标志,也是旅游消费和旅游业发展上台阶的标志。发达国家的经验表明,在人均年收入达到800美元以后,旅游的大众化、普遍化开始迅猛发展,旅游逐步成为人民生活的基本要素之一。从我国的情况来看,国内旅游消费发展势头迅猛。在2002—2012年期间,国内旅游业仍保持高速增长,成为国民经济的重要拉动力量。[①] 党的十八大以来,我国居民消费已进入结构快速升级时期,人们旅游消费需求潜力巨大。随着我国人均GDP(国内生产总值)超过5000美元,城乡居民收入进一步增长,我国旅游持续较快发展具有强大的市场基础。研究表明,我国人均GDP与可支配收入每增加1%,出境旅游人次就增加1.01%~1.22%。[②] 2013年以来,我国继续保持全球第一大出境旅游客源国、消费国的地位,我国出境旅游活动改变了世界旅游服务模式;入境旅游发展呈现稳中有降的态势,我国是全球第四大入境旅游国;同时,我国国内旅游持续发展,拥有世界最大的国内旅游消费市场。我国旅游业的发展对GDP、就业和投资的贡献均居世界前列,成为开创世界旅游新时代的决定性力量之一。这个时期,国内旅游市场规模持续扩大、消费结构稳步优化,无论是人次规模,还是收入数量,已成为我国旅游产业持续增长的坚实基础,总量规模也已经稳居世界前列,且年均增长率一直高于GDP的增长率。虽然我国的经济发展不再保持高位增长,但每年7%左右的增长率仍然为居民旅游消费水平提升提供了保障。2018年,我国人均出游次数仅为4次,离发达国家居民每年出游8次以上还有很大差距,说明我国旅游消费需求仍有巨大的发展空间。[③]

　　(四) 旅游管理体制改革是旅游业持续稳定发展的关键因素

　　新制度经济学认为,制度对经济增长具有决定性作用。[④] 改革开放40年来,旅游管理体制改革为旅游业发展壮大提供了根本的制度保障。1978

[①] 中华人民共和国国家旅游局:《中国旅游业发展"十五"计划和2015年、2020年远景目标纲要·总体篇》,中国旅游出版社2001年版,第62页。

[②] 中国旅游研究院:《中国出境旅游发展年度报告2012》,旅游教育出版社2012年版,第2页。

[③] 中国旅游研究院:《中国国内旅游发展年度报告2018》,旅游教育出版社2018年版,第11页。

[④] 道格拉斯·C.诺思:《经济史中的结构与变迁》,陈郁、罗华平等译,上海三联书店、上海人民出版社1991年版,第2页。

年前，中国旅游事业主要是外事接待。从1964年成立中国旅行游览事业管理局，到"文革"前夕，这种"局社合一"的旅游管理体制，使得中国旅游事业有了比较快的发展。① 中共十一届三中全会以来，特别是1982年，中国旅行游览事业管理总局与中国国际旅行总社实行局、社分开。总局与总社的正式分开，结束了自1964年中国旅行游览事业管理局成立以来长达18年之久的"局社合一"的格局，为实行政企分开、强化旅游行业管理，以及旅游事业的更大发展创造了条件。自此，中国旅游业逐步走上了健康发展的轨道，成为一个重要的行业。1984年，国务院批转国家旅游局《关于当前旅游体制改革几个问题的报告》中，在提出"四个转变"②的同时，也提出了"政企分开、统一领导、分散管理、分散经营、统一对外"。这意味着旅游管理体制和企业体制初步形成，旅游业由政府直接管理逐渐向行业管理转变。

  党的十八大以来，旅游法制建设受到国家的高度重视，旅游法律体系得到不断完善。2013年我国首部旅游行业法律——《旅游法》正式实施，在我国旅游业发展史上具有里程碑意义，标志着我国进入了全面依法兴旅、依法治旅的新阶段，是我国旅游法制建设的重要转折点，有利于旅游行业整体规范有序健康发展，将减少旅行相关的隐性消费，使消费者权益、旅行体验和旅游质量得到保障，将整体提升国民出游率。《旅游法》作为规范旅游市场秩序的首部综合性法律，一方面促使各级旅游管理部门依法行政，落实各项制度，进一步规范旅游市场秩序；另一方面为旅游消费者提供了更好的法律保障，"零负团费"、"强迫购物"等市场乱象得到有效遏制，迎来了一个"新旅游时代"。③ 此外，2013年《国民旅游休闲纲要（2013—2020年）》、《文明旅游出行指南》等旅游法律法规的出台为我国旅游业的健康持续发展奠定了坚实的基础，也在很大程度上完善了我国旅游法律体系。④ 旅游管理体制成为我国旅游业持续稳定发展和取得新突破的关键所在。2013—2018年，随着国民旅游休闲需求的释放，我国国内旅游市场增长更为迅猛，国内旅游人次和旅游收入均以两位数的增长率高速增长，分别达到10.2%和15.0%，均明显高于国内生产总值增长率7.1%以及第三产业

---

  ① 《当代中国的旅游业》编辑委员会：《当代中国的旅游业》，当代中国出版社、香港祖国出版社2009年版，第437页。
  ② 从过去主要搞旅游接待转变为开发建设旅游资源与接待并举；从只抓国际旅游转变为国际旅游、国内旅游一起抓；从国家投资为主建设旅游基础设施转变为国家、地方、部门、集体、个人一起上，自力更生与利用外资一起上；旅游经营单位由事业单位转变为企业化经营。
  ③ 马海鹰：《法治阳光从此常伴旅游发展》，《中国旅游报》2013年10月1日。
  ④ 胡静、谢双玉：《2014中国旅游业发展报告（上）》，中国旅游出版社2014年版，第13页。

增长率 8.0%。①

（五）教育科技是旅游业健康发展的动力源泉

西奥多·W.舒尔茨认为,人力资本积累是实现经济进步的源泉。② 新经济增长理论认为,技术进步是经济增长的内生动力。人力资本和科技创新为新中国成立以来旅游业的持续健康发展提供了不竭动力。在改革开放之初,旅游产业性质的明确和入境旅游的高速发展,对旅游专业人才产生了巨大的需求,尤其是外语导游、饭店管理人员非常紧缺。开展旅游教育,培养专业人才,是在卖方市场推动下的迫切要求。20世纪90年代,世界进入信息时代,随着旅游供给短缺的解决和国际旅游市场竞争的加剧,中国旅游业逐步进入买方市场和跨越式发展阶段,信息科技和人力资源是中国与世界旅游强国的主要差距所在。进入21世纪,大力实施科教兴旅、人才强旅,为中国旅游业健康发展提供了持久动力。

中国旅游教育体系主要包括旅游院校教育和旅游成人教育。旅游院校教育分为中等职业教育和高等教育两个层次,旅游成人教育主要由旅游培训中心以及部分旅游院校来承担。新中国成立以来,旅游教育在中国旅游业以及中国教育（主要是高等教育、中等教育和成人教育）事业快速发展的双重推动下,从无到有、从小到大,通过多层次的院校教育和多形式的在职培训,培养、输送了一大批旅游专业人才,有力地支持了旅游业的发展。

1979年,中国第一所旅游高等学校——上海旅游高等专科学校成立,标志着我国旅游高等教育的开端。从1980年开始,国家旅游局先后投资,与大连外国语学院、杭州大学、南开大学、西北大学、西安外国语学院、长春大学、中山大学、北京第二外国语学院等8所高等院校联合开办了旅游系和旅游专业。此后,随着教育体制的改革,旅游院校不断增多。1978年10月,江苏省旅游学校正式成立,随后成立了北京旅游学院、湖北旅游学校、四川旅游学校。这四所学校是我国第一批旅游中等职业学校。受旅游高等教育特别是20世纪90年代末高校快速扩招的影响,旅游中等职业教育经历了波动式发展,但在产业需求趋旺的推动下,旅游中等职业教育的规模已与旅游高等教育相当。改革开放之初,国内的旅游高校和职业中专刚刚开办,人才输送能力不足。国家旅游局于1979年在北京第二外国语学

---

① 根据《中国旅游统计年鉴2017》和历年《中华人民共和国国民经济和社会发展统计公报》相关数据整理而成。

② 西奥多·W.舒尔茨:《人力投资——人口质量经济学》,贾湛等译,华夏出版社1990年版,第2页。

院举办了第一期旅游翻译导游培训班,1981年又在北戴河举办了首期全国饭店经理培训班。我国的旅游成人教育自此拉开序幕。结合旅游业的特点,逐步建立起了含国家、省级、地市级旅游部门和旅游企业的四级培训体系,旅游成人教育由最初的"救急角色"转换为旅游从业人员提高自身技能素质的重要途径。截至2016年末,全国共有旅游高等院校及开设旅游系(专业)的普通高等院校1690所,在校生44.0万人;旅游中等职业学校924所,在校学生23.2万人。两项合计,旅游院校总数为2614所,在校学生为67.2万人。①

近年来,国家着力加强旅游基础理论、人才队伍、数据中心和平台建设,为旅游创新发展提供新支撑。加强旅游基础理论研究,成立中国旅游智库、中国旅游改革发展咨询委员会等。强化旅游产业发展数据支撑,成立国家旅游局数据中心,建立旅游与公安、交通、航空、统计等数据共享机制,各地相应成立旅游数据机构。实施"万名旅游英才"计划,截至2017年底,已培养8657名旅游专业人才;实施中高级导游"云课堂"研修项目,截至2017年底,注册导游(学员)28万人。② 旅游理论滞后、统计数据缺失、人才储备不足等突出"短板"问题,开始得到有效缓解。

旅游信息是旅游产业各环节联系的纽带。我国旅游信息化发展起步于20世纪80年代,随着国外旅游饭店集团进军中国市场,计算机技术在一些外资和合资饭店中率先得到应用。1981年,中国国际旅行社引进美国PRIME550型超级小型计算机系统;1984年上海锦江饭店引入美国Conic公司的电脑管理系统。此后,航空公司的电脑订票网络系统、旅游企业办公室自动化系统等适用于旅游企业的计算机系统得到逐步推广。20世纪90年代,国际互联网的发展带动了旅游网站的全面兴起。进入21世纪,旅游电子商务快速兴起,替代了传统旅游企业的部分功能,成为旅游行业的生力军。以虚拟旅游、电子地图等为主要服务内容的网站不断出现,国内部分城市已经建成了三维城市旅游地图。目前,中国特色社会主义进入了新时代,需要运用大数据技术实现大众旅游时代供需双方的信息对称:一是旅游服务的信息化和智能化,包括全国全域旅游全息信息系统建设、全球旅游全息信息系统建设、全域旅游厕所导航系统建设等;二是通过高新技术产业与现代旅游业的耦合,有效延长和增容旅游产业价值链。中国旅

---

① 《2016年中国旅游业统计公报》。
② 李金早:《以习近平新时代中国特色社会主义思想为指导 奋力迈向我国优质旅游发展新时代——2018年全国旅游工作报告》,《中国旅游报》,2018年1月8日。

游业在新科技应用的某些方面已经与世界同步。

现代旅游业是信息密集型和信息信赖型的产业。科教兴旅、人才强旅的战略,是新中国成立以来旅游业快速发展的重要推动力,也是今后继续提升旅游生产力、保障高质量发展的必由之路。

第一章

计划经济下旅游事业初露萌芽
（1949—1977）

在近代西方旅游者东进和中国旅游者西行的刺激下，中国社会近代旅游业产生了。从1949年新中国成立到1977年，我国实行单一公有制及以集权和行政管理为特征的计划经济体制，强化了政府政治动员和资源配置的能力，保证了重工业的优先快速发展，而旅游业被看作是政治事业的一个组成部分以及国家外事接待工作的重要补充。作为民间外交的重要渠道，旅游业的发展目标更多地趋向于"扩大对外政治影响"，管理模式是为接待海外侨胞、外籍华裔创办旅行社。从新中国成立到"文革"发生以前，建立了外事接待型旅游管理体制，旅游事业逐渐得到缓慢发展；从"文革"开始到1976年，外事接待型旅游管理体制遭到严重破坏，旅游事业几乎陷入瘫痪境地；1977年，旅游业得到逐渐恢复。从新中国成立到1977年，旅游设施总体规模很小，结构单一，旅游业并没有真正形成一个完整的产业，与国际旅游业发展相比，中国旅游业发展严重滞后。

第一节 近代西方的刺激与中国近现代旅游的产生

一、西方旅游者东进

近代，西方社会流动性增强，旅游及旅游业发展迅速，形成一种日益趋动的社会氛围，成为西方旅游者向外探险的心理基础和强大动力。与西方经济向外旅游相伴随的是西方旅游者的世界性旅游和探险。

西方旅游者借西方近代化的强劲威力,将探险、冒险的旅游步伐迈入了中国的大门,使其旅游文化也随之扩展到东方。作为旅游主体,西方冒险家不仅将中国的山川都邑、风土人情纳入其旅游客体范畴,而且将西方的旅游中介和制度引入中国,尤其是管理船运交通企业和大饭店的制度,使西方旅游文化制度层面的内容扩及中国,使中国成为西方旅游文化体系的外环。

二、中国旅游者西行

与西方社会相比,中国社会近代旅游尤其是国际旅游显然慢了一拍,它是在近代西方冒险者的刺激下才发展起来的。

1840年,中国紧闭的国门被打开,在外国冒险家和旅游者涌入的同时,中国传统社会的精英——文人士大夫开始积极应对,他们中的一部分成员以留学生和外交官的身份,率先跨出国门,到世界各地游学和游宦,使中国传统旅游发生了新的飞跃。中国留学生到国外游学,经历了三个阶段。第一个阶段是到美国留学。19世纪70年代,清政府派遣了4批共120名学童到美国公费留学。其中有詹天佑、欧阳赓、唐绍仪、邝荣光、梁金荣、程大业、陈金揆等。第二个阶段是到欧洲去留学,严复、何启等人都是跨出国门前往欧洲的游学名人。何启曾留学英国,先后学习医学、法律,毕业后回香港以律师为业,又创办西医书院,有着浓厚的民主意识。第三个阶段是前往日本留学。甲午战争中日本战胜了中国,使中国人幡然猛醒,遂前往这个东方近邻,学习他们现代化的措施和方法。1896年第一批13名学生来到日本。1897年德国侵占胶州的行动,使赴日留学浪潮加剧。像张之洞那些具有改革意识的总督,以及像康有为、梁启超等在维新运动中受挫的知识分子,特别重视去日本留学。在20世纪的最初十年中,前往日本留学是当时世界上最大规模的学生出洋游学活动,产生了民国时期中国的第一代杰出人物,如陈天华、邹容、秋瑾、鲁迅、郭沫若等,在规模、深度和影响方面,到日本留学的中国学生远远超过了到其他国家留学的中国学生。与此同时,中国的外交官也开始走向世界。根据西方人所规定的国际外交礼节,中国这个昔日的"天朝上国"也开始派遣驻外公使到世界各地游宦。这是中国士大夫第一次前往非中国附属国的国家去进行外交旅游[①]。

踏出国门、游历欧美日本、走向世界的中国人越来越多。革命先行者

---

① 谢贵安、谢盛:《中国旅游史》,武汉大学出版社2012年版,第438页。

孙中山为推翻清政府而奔波于海外,漫游美国、日本、南洋等地。周恩来、邓小平、陈毅、蔡和森、朱德等也曾赴法勤工俭学,寻求救国之路。转型期的文人义士为社会政治变革而漫游世界,与传统文人为个人仕途所进行的游宦,有着本质上的不同。"招国魂兮何方?大风泱泱兮大潮滂滂!"这是19世纪末梁启超越洋东渡时在太平洋上发出的浩歌——《二十世纪太平洋歌》。它标志着中国人的觉醒,揭示了中国近代旅游的奋斗目标,也昭示着中国旅游跨越海洋迈向未来的坚定信心。

三、中国近现代旅游的兴起

中国人在走向世界的同时,也在国内从事着旅游活动,这些活动,有的延续传统的形式,有的则带有近代的色彩。

晚清时期,中国农村变化很慢,但城市变化较大,特别是沿海城市和通商口岸,更是日新月异,不断受到西方文化的影响,成为中国人争往旅游和"看西洋景"的地方。晚清时期的上海,由于电灯的出现,都市夜色更加绚丽,因此增加了人们旅游的兴趣。

中国游客对西方人在中国兴建的新型旅游项目备感精彩。西方人在中国的口岸城市和租界中,修建了不少与中国传统旅游项目不同的新颖别致、功能专一的旅游项目和主题公园,如公园、博物馆、动物园、海滨浴场、风景度假区等,使中国人眼界大开,不少来到大城市和通商口岸的人急于前往游览。晚清时期,随曾国藩赴天津办教案的幕僚,一进天津就直接奔外国人的游乐景点,希望一睹"西洋景"。[①]

在西方所建公园的刺激和示范下,中国的近代城市也建设了一批公园,吸引了大量的中国游客,一定程度上促进了中国近代的旅游。这些公园是由清政府投资和管理的,也有少量的公园为士绅或商绅阶层所兴建,对外开放,方便了游人。北洋政府时期,中国旅游有了标志性的成就,银行家陈光甫在其上海商业储蓄银行下设立了旅行部,专门经营旅游业务,为出游者安排行程,办理各种相关事务,这标志着中国近代旅游业的产生。1924年,旅行部第一次组织了国内旅游,由上海赴杭州旅游。1925年,又承办了出国旅游业务,组织20余人形成旅行团前往日本观赏樱花。

南京国民政府时期,中国的旅游业有了较大的发展。其表现如下。第一,在江南等旅游市场成熟地区,旅游活动开始走向大众化,江南成为民国

---

① 廖一中、罗真容:《李兴锐日记》,中华书局1987年版,第31页。

最主要的旅游目的地和客源产生地。随着江南经济发展和游憩需求增强，以中产阶级为主的团体旅游开始兴起，一般的公务员、专家、学者、职员、教师、工人、学生以及部分农民成为旅游成员，旅游主体空前扩大。上海、南京、苏州、杭州、宁波、莫干山、雁荡山、太湖等是当时市民旅游的热点城市和风景区。江南地区旅游业到20世纪二三十年代达到较高的水平。除了江南外，当时中国在其他地区也形成了一批有名的旅游度假地，如庐山、北戴河、鸡公山等。第二，中国于20世纪30年代，在上海和杭州分别举办了具有相当规模的国货博览会和西湖博览会，借此推销中国的旅游产品。第三，中国的旅游业开始形成并兴起，成为一个新兴的服务行业，并粗具规模，食、住、行、游、购、娱等各种机制相继建立并逐渐发展起来。在上海、南京、杭州等大城市，旅游服务设施和专门化的旅游组织得到较快的发展，出现了西方近代旅游业的某些特征，并形成了以旅行社、旅馆业、交通业为主体的行业规模，具有了一定的旅游接待能力，旅游从业者开始顾及下层百姓的旅行需求。有代表性的是中国旅行社的成立。1927年6月，陈光甫将其上海商业储蓄银行所属旅行部加以改组，成为独立经营的旅行机构，正式更名为中国旅行社，在全国各地遍设分支机构，有力地推动了旅游业的发展。第四，国民政府时期，旅游形式多种多样，人次越来越多，行程越来越远。企业等组织开始用旅游作为激励员工的新手段，团体旅游（在民国时期又称集团旅游）也应时而兴，民间创办的"友声旅行团"、"萍踪旅行团"等兴盛一时。其中，1937年创办的京滇旅行团是民国时期规模庞大的旅行团，该团有180余人，乘坐大小汽车20余辆，其游迹遍及西南的川、滇、黔、桂四省。国民政府时期，一些外国人以传教、公务、商务、军事、观光、文化交流等方式来到中国游历，与此相对应，中国的国际旅游活动也有大幅度增加，有官方考察旅游、外交使团出使、驻外使节游宦、留学生游学、商业经营考察旅游等，为此，中外旅行社开始相互组团旅游。①

不过，民国时期的旅游发展缺乏稳定环境，影响了全国旅游业的正常发展，不过也使某些地区的旅游业意外发展起来。如抗战爆发后，西南地区的旅游业就发展迅速。由于东部人口、资金和物资流入，西南地区城市街头的高楼大厦开始增多；城市街道不断拓宽，入夜灯火辉煌，霓虹闪烁；没有空袭的时候，游人如织。西迁人口中，政府官员、公务人员、教师、学生、专家、学者及文化工作者占有相当大的比例，他们大多来自东南沿海地

---

① 孙萍：《民国时期江南旅游的近代化历程》，《江苏商论》2008年第10期。

区,已经养成了旅游爱好,偏安西南后,或执行公务,或采访民风,或考察资源,出行时都怀着旅游的心态,他们甚至主动寻芳出游,观览胜景。① 集团旅游在西南地区逐步发展,如青年会在新年举办了昆明环湖旅游,西南联大组织了两广学生石林旅行团等,促进了西南旅游业的繁荣。② 此外,由于战事的原因,在西南地区还出现过跨国旅游,当时南洋华侨曾对四川、昆明进行了"慰劳之旅","本团体一行五十四人乘飞机来渝,受到重庆各界、党政军各机关的代表和民众团体的热烈欢迎"③。此外,抗战期间,出境之旅亦时有发生,但仅限于政府官员或受政府委托处理相关事务的特派员,并没有对普通大众产生根本的影响。具有近代特征的民国旅游,为现代旅游的发展奠定了基础。

第二节　旅游事业初露萌芽

从新中国成立至改革开放以前,由于意识形态的影响,把旅游视为政治任务和外交义务,中国旅游事业发展相对曲折而缓慢。这个时期,政治运动较为频繁,经济遭受重创,国民收入低下,限制了国人旅游的需求,国内旅游市场难以形成,来往各地的旅客多是两地分居的探亲者、进行"外调"的公差旅行者、大串连的免费旅行者、下乡知青返城探亲者。当时的国际环境,限制了西方发达国家来华的人次,而苏联和东欧国家不仅收入有限,而且受到政府的严密控制,来华旅游人次不多,国际旅游市场也无法形成。这一阶段,中国旅游部门的任务主要是配合外交工作的需要,接待来华的国际友人。旅游部门只是一个特殊的接待部门,其政治和外交意义超过经济意义。

一、旅游事业的萌芽发展

新中国成立初期,抗美援朝取得胜利,国民经济迅速恢复和发展,各方面工作都取得了巨大成就。新中国的国际威望与日俱增,不仅有许多外国人想来看看社会主义中国的新面貌,而且广大海外侨胞、外籍华人也想回国探亲访友、参观旅行。因此,创办旅行社,开展旅行业务,就被提到国家对外事务的议事日程上,揭开了中国旅游业的新篇章。

---

① 邱培豪:《闲话重庆南泉》,《旅行杂志》1939 年第 10 期。
② 贾鸿雁:《略论民国时期旅游的近代化》,《社会科学家》2004 年第 2 期。
③ 纪若明:《南洋华侨慰劳团莅渝记》,《旅行杂志》1940 年第 7 期。

20世纪50年代,我国实行"一边倒"的外交政策,国际事务主要是与苏联、东欧及亚太地区的一些社会主义国家交往,带有浓厚的政治色彩,目的是增进友谊,扩大新中国的国际影响力。为了配合外交斗争,打开新中国国际活动的新局面,建立广泛的国际和平统一战线,反对帝国主义的侵略政策和战争政策,维护世界和平,在毛泽东和周恩来的领导下,1952年10月在北京成功召开了亚洲及太平洋区域和平会议,来自37个国家的378名代表参加了这次会议。这次会议在国际上产生了深远影响,增进了各国代表对新中国的了解,消除了一些疑虑和误解,有力地扩大了中国的对外影响,促使越来越多的国际友人和各国有识之士要求访华。此后,来华旅游和出差的旅客开始增加,由民国时期成立的中国旅行社负责部分接待工作。考虑到中国旅行社难以完全承担严肃的政治接待任务,为了适应民间外交发展形势的需要,根据周恩来的指示,经过酝酿筹备并借鉴苏联的经验,1954年4月15日建立了中国国际旅行社。这是新中国经营国际旅游业务的第一家全国性旅行社,总社设在北京,地方设分、支社。中国国际旅行社的经营宗旨是"收费低廉、服务周到,在尚难做到自负盈亏和上缴利润的情况下,先实行企业化管理……承办政府各单位及群众团体有关外宾事务招待等事项,并发售国际联运火车、飞机客票",主要目的是做好外交和政治接待。1954年的日内瓦会议和1955年的万隆会议,使中国外交工作的局面逐步打开,与中国建交的国家不断增加,来华旅游的人次开始逐年增多,绝大多数来自苏联和东欧各国。到1957年,国旅与11个社会主义国家建立了业务合作关系,与西方国家的113个旅游机构建立了联系。[①]
1956年,周恩来批准了国旅的两年工作规划(1956—1957年)。这两年国旅接待的自费旅游者约有4000人。其中来自西方国家的约占15%,按当时收支核算,为国家创汇20多万美元。1958年,国务院向全国各地发出了《关于开展国外自费来华者接待工作和加强国际旅行社工作的通知》。该通知指出,发展自费旅游不仅促进了同各国人民之间的友好往来,而且可以为国家吸收外汇,积累建设资金;要求中央各有关部门对国旅组织自费旅游的工作给予支持,国旅应采取各种积极措施,扩大招徕外国自费旅游者访华。该通知推动了自费旅游接待工作的进一步开展,实现了国旅的业务向接待自费旅游者转变。1958年国旅接待的自费旅游者比上一年翻了一番,达6649人(其中80%以上来自苏联和东欧国家)。国旅的分、支社也

---

① 谢贵安、谢盛:《中国旅游史》,武汉大学出版社2012年版,第493页。

由创建时的 12 家增至 35 家①,遍及全国各主要城市,初步形成了一个全国范围内的国旅接待网。

与此同时,随着社会主义建设与社会主义改造的顺利进展,中国在国际上的地位不断提高,海外华侨和港澳同胞回来探亲、旅游者日益增多,接待服务工作迅速发展。原有的地方华侨服务组织(新中国诞生不久,为了便于华侨、侨眷出入境旅行,福建、广东两省侨乡先后成立了地方国营华侨服务社)已不能适应形势的发展,需要进一步加强。经国务院批准,1957年在北京正式成立了华侨旅行服务社总社,统一领导和协调全国华侨、港澳同胞探亲旅游的接待服务工作,并制定了有关华侨、港澳同胞自费旅游团组织接待办法。这对华侨和港澳同胞探亲、旅游业务的发展起了重要作用。同时进一步明确了总社和各地华侨旅行服务社的任务都是为华侨等回国探亲、访友、参观、旅游提供方便,必须做好接待工作。

二、加强统一管理,迈开发展步伐

进入 20 世纪 60 年代,中国国际关系有了新的变化,中国与苏联关系恶化,苏联和东欧国家来华人次逐年减少,而西方国家来华的旅游人次日益增多。特别是 1963 年底到 1964 年初,周恩来成功地访问了亚、非、欧 14 个国家,中国与法国建交,中国与巴基斯坦通航,这些外交领域的成功为中国的国际旅游带来了新的发展机遇。1965 年,来华旅游人次达到高峰,共接待 1.29 万名外国游客。这一年来自日本的旅游者为 1656 人,占总数的 12.8%。中国国际旅游客源市场发生了根本的变化,日本成为第一大客源国。

为了加强对旅游工作的统一管理,进一步发展旅游事业,1964 年 7 月 22 日,全国人大常委会批准成立中国旅行游览事业管理局(简称旅游局)。同年 12 月,该局在国旅总社的基础上正式成立,作为外交部代管的国务院直属机构,与国旅总社合署办公。其职能是负责对外自费旅行者(又称自费旅游者)的旅游管理工作,领导各有关地区的国际旅行社和直属的服务机构的业务,组织我国公民出国旅行,负责有关旅游的对外联络工作和宣传工作。同时,国务院明确规定了发展旅游事业的方针和目的是:学习宣传各国人民的长处,宣传中国社会主义建设成就,扩大对外政治影响,增进

---

① 《当代中国的旅游业》编辑委员会:《当代中国的旅游业》,当代中国出版社、香港祖国出版社 2009 年版,第 26 页。

中国人民同世界各国人民的相互了解和友谊,在经济上还可以为国家吸收自由外汇。旅游局的建立及发展旅游事业方针政策的制定,标志着中国旅游事业在正常轨道上迈开步伐。

三、旅游事业的曲折发展

1966年开始的"文革",使国家和人民遭受到严重挫折和损失,也使正在成长中的中国旅游业受到干扰和破坏。林彪、江青反革命集团以极左的面目出现,他们在否定中国社会主义各项事业的同时,也全盘否定了旅游业。他们诬蔑带领外国旅游者参观游览名胜古迹,是把祖国的大好河山"拱手让给资产阶级享受",是"贩卖封建主义、资本主义、修正主义的黑货"等,甚至下令封闭了一些文物古迹和游览胜地。不少地方的旅游机构被撤销,一时难以开展旅游接待工作,来华旅游者急剧下降。从一年接待旅游者1万多人减为300余人(1966年全年只接待303人),且主要是外国友好团体组织的工人、农民、学生参观团。进入20世纪70年代,毛泽东提出"着眼于人民"、"寄希望于人民"的口号,周恩来力主重新开展外事旅游活动,使旅游业出现转机。1970年下半年,周恩来对旅游工作做了多次指示,明确了当时旅游工作的方针、任务和机构设置问题。周恩来说:"旅游工作涉及面广,活动范围大,是进行调研工作的有利条件。""旅游局作为国家管理国际旅行工作的机关,国旅总社作为对外办理国际旅行业务的组织,局、社一个机构,两块牌子。""通过自费旅行渠道,宣传自己,了解别人;要有针对性地做工作,但不要强加于人。"

在周恩来的亲切关怀和直接领导下,旅游事业得以逐步恢复和发展。1971年,中国同罗马尼亚、南斯拉夫等东欧一些国家恢复了中断多年的旅游业务往来,接待了30名美国自费旅游者,实现了中美旅游交往零的突破。同时,入境探亲旅行的华侨、外籍华人和港澳同胞也显著增加(仅广东华侨旅行服务社就接待近万人)。此后,随着中国在联合国合法席位的恢复,国际影响日益扩大,来华旅游的人次持续回升。为了适应旅游工作开展的需要,在此期间逐步恢复和加强了地方旅游机构。1972年,中共中央批准恢复华侨旅行服务社总社,后又增设中国旅行社(简称中旅),两者合署办公,专营华侨、港澳同胞和外籍华人的旅游接待等业务。各地的华侨旅行服务社也先后恢复。针对当时不大重视发挥旅游业经济效能的问题,1973年,周恩来在旅游局的一份工作报告上批示:"旅游事业的收支应该略有盈余,对旅游者应按旅游原则收费(开支外加手续费),对优惠也要从严掌握。"周恩来还格外关心和重视旅游职工的思想和业务建设。他多次指出,旅游部门的翻译导游人员要做到"三过硬",即"政治思想过硬、外语业务过硬、一般知识过硬",才能完成肩负的光荣任务。

1975年初,邓小平主持中央日常工作,同江青反革命集团进行了针锋相对的斗争,在短时期内使国家的形势明显好转。1975年3月3日至13日,在北京召开了全国旅游工作座谈会,提出对旅行者增设"经济等",以适应各国不同阶层人士的需求;组织区域旅行,发挥地方的积极性;由国家拨款建造一批中、低档的中小型饭店(200~300张床位),供各国不同层次人士使用,同时对原有饭店进行必要的改建或扩建;添置大、中、小型汽车,增加旅游用车;旅游接待所需翻译人员纳入国家分配计划,逐年分配,等等。这些措施促使中国旅游业得以恢复和发展,也为旅游业以后的发展提供了一定的条件和经验。

从20世纪50年代初至中共十一届三中全会以前的近30年间,旅游工作一直属于民间友好往来的范畴,是对外交往的一条重要渠道。通过接待海外旅游者,宣传了中国社会主义建设的成就,加强了与各国人民的友好合作关系,团结了海外侨胞、港澳同胞和国际友人,结成广泛的爱国统一战线和国际统一战线,有利于祖国统一大业及反对霸权主义、维护世界和平的事业。由于这个阶段的旅游业主要是配合政治和外交工作的需要,不重视经济价值,所以设施比较落后和陈旧,接待能力很弱,创汇额很少。外国客流量非常小,1949—1977年,全国入境游客接待量总共不足70万人次,即使是达到高峰时的1965年也仅有1万余人次。此外,国内旅游活动没有旅行社接待和服务,一般是由旅游者自己安排。①

四、旅游事业曲折发展的主要原因

从20世纪50年代起,全球国际旅游已发展到相当高的水平。与全球国际旅游相比,中国国际旅游发展非常滞后。1978年,中国国际旅游接待人次和外汇收入仅占全球国际旅游总人次的0.7%和全球国际旅游总收入的0.4%。这主要是由于当时国内外的环境和条件造成的。

从国际环境来看,中华人民共和国成立以后,新中国所面临的主要任务是尽快从战争的创伤中恢复过来,大规模的经济建设是头等大事,其重

---

① 参见《新中国旅游的发展过程》,http://www.xz323.com./news/342.html;《我国的旅游业在20世纪70年代得到了逐步的恢复和发展》,http://www.xz323.com/news/343.html;国家旅游局课题组:《中国旅游业改革开放30年发展报告》,《中国旅游报》2008年12月31日。

点是建立新中国完整的工业体系。在当时情况下,像旅游这样的消费性的社会经济活动是不可能受到重视的。更为重要的是,对外政策进行了根本性调整。毛泽东在中共七届二中全会上的报告中提出:不承认国民党时代的任何外国外交机关和外交人员的合法地位,不承认国民党时代的一切卖国条约的继续存在,取消一切帝国主义在中国开办的宣传机关,立即统制对外贸易,改革海关制度,这些都是我们进入大城市的时候必须首先采取的步骤。[①] 对外政策的转变必然会影响到外国与我国的政治、经济交流活动,进而对旅游活动产生决定性作用。再加上以美国为首的西方国家对新中国的诞生抱着敌视态度,实行封锁政策,中国与西方基本处于隔绝状态,相互之间的旅游交往自然也就停止了。而社会主义国家之间的政治、经济往来带有极强的计划色彩,基本上是一种政府行为,民间的旅游活动并不发达。

从国内条件来看,这个时期广大民众还处在解决温饱的阶段,加上交通设施短缺且陈旧,国内旅游需求严重不足,旅游产品供给不成体系,现代意义上的国内旅游几乎没有出现。旅游工作的主要作用和目的更多的是服务于政治需要,经济效益处于次要地位。中国旅游在国家的经济和社会生活中,始终从属于国家的外交事业,实际的组织体系和业务运营都是按照国家的对外交往和对外宣传来设计和开展的。可以接待境外人员的机构统属于国务院外办或侨办,鉴于港澳地区及国外人们的认识及行为习惯,旅行社对外有一种企业的表象,实则是按行政或事业单位管理。这也就决定了旅游服务不会有自己独立的地位,当然也就不会有多大的增长与发展的空间。旅游接待人次的增长,实际上并不具有特别重要的意义。尤其是相对于第二次世界大战后世界范围内旅游业的迅速发展,中国旅游业的增长就显得微不足道了。

1978年全球国际旅游总人次和全球国际旅游总收入分别是1950年的10.2倍和32.8倍,全球国际旅游发展的速度惊人。在中国忙于政治的时候,全球国际旅游已经蓬勃发展起来。1978年,改革开放政策实施以后,外国旅游者大量涌入中国。

第三节 旅游行政管理体制建设

从新中国成立到改革开放前,旅游一直是外事工作的一部分,为了完

[①] 《毛泽东选集 第四卷》,人民出版社1991年版,第1434页。

成政治性接待任务,建立了一套相应的旅游管理体制。

一、新中国成立至1964年以前的旅游管理体制

(一)第一阶段(1949—1953)

新中国成立初期,向往新中国的爱国华侨和港澳同胞,纷纷入境回内地旅游探亲,这是中国入境旅游最初的发展形式。为了给广大爱国华侨和港澳同胞提供所需的服务,新中国第一家华侨服务社——厦门华侨服务社诞生,打开了中国国际旅游业的大门。1949年12月,厦门华侨服务社成立。此后,泉州华侨服务社和福建省华侨服务社分别成立,并先后成立了地、县华侨服务社。广东省从1950年起,也先后在深圳、汕头、拱北、广州等地成立了华侨服务社机构。这样,福建、广东两省粗具规模的华侨服务社,为开拓新中国国际旅游业做出了贡献。各地相继成立的华侨服务社只是一个服务机构,并无管理职能。因政权初立,百废待兴,入境旅游规模不大,影响也有限,中国政府并没有专门的行政部门负责管理旅游事务,这种状况一直持续到1954年。

(二)第二阶段(1954—1964)

1952年以后,随着中国社会主义工业化建设的展开,中国同苏联和东欧社会主义国家的交往逐步增多。这种形势的发展,提出了一个建立相应的中国旅游管理体制的问题。1954年,中央批准成立中国国际旅行社。当时的中国国际旅行社,是在中央有关部门的领导下负责招待外宾食、住、行事务的管理机构,也负责一些自费旅游者的接待工作,并承办国际铁路联运事宜。中国国际旅行社成立以后,按照"为把中国建设成为伟大的社会主义国家,争取和平环境和为实现社会主义工业化积累资金而努力"的总任务的要求,积极开展服务和接待工作,并在全国各地又发展了一批分、支社,初步形成了一个全国范围内的接待外宾的工作系统。与此同时,华侨服务社的发展也很迅速,到1956年8月,全国各地已有19个城市建立了华侨服务社,开展了较广泛的接待华侨和港澳同胞的探亲、旅游业务。1957年3月,各地华侨服务社专业会议在北京召开,决定成立华侨旅行服务社总社,以加强对全国各地华侨旅行服务社的统一领导。经过一段时间的筹备,华侨旅行服务社总社于1957年4月22日在北京正式宣布成立,这标志着华侨、港澳同胞的探亲旅游业务进一步扩大。

1957年,中国外事体制进行了一次改革,成立了国务院外事办公室,统管全国的涉外事务。

1958年3月3日，国务院秘书局正式发出通知，鉴于中国国际旅行社接待外宾的工作日渐繁重，国务院决定把该社作为国务院秘书长直接领导的一个单位。同年11月9日，在国务院《关于开展国外自费来华者接待工作和加强国际旅行社工作的通知》中，明确了总社和分、支社的关系，规定国际旅行社各地分、支社，一律划归当地省(市)政府直接领导。但是，必须接受国际旅行社总社分配的接待外宾的任务，并且在接待业务上接受总社的领导。这种管理体制，一直延续到1964年7月中国旅行游览事业管理局成立之前。与此同时，华侨旅行服务社的发展也出现了新的局面。到1963年，华侨旅行服务社已经遍及全国各省。

值得提出的是，1954年成立的中国国际旅行社既是具体的服务企业，又是外事政策的执行者，对全国分支机构实行条条管理，具备一定的旅游管理职能。1957年，中国外事体制进行了一次改革，成立了国务院外事办公室，统管全国的涉外事务，强化了对旅游的管理。从1958年起，中国国际旅行社由国务院秘书长直接领导，其工作计划、接待计划、签订涉外合同、设立分支等，都要经国务院批准或以国务院名义下发，实际上已明显具有一定旅游管理部门的性质。1957年成立的华侨旅行服务社总社，其性质与中国国际旅行社基本相似，只不过归侨务办公室领导，接待对象也不同。

二、中国旅行游览事业管理局成立至1978年以前的旅游管理体制

1964年，中国旅行游览事业管理局成立，标志着中国旅游管理体制进入了一个新的时期。1964年至1966年"文革"前，中国旅行游览事业管理局与中国国际旅行社总社实行政企合一的管理体制。此后10年，刚刚步入正轨的中国旅游管理工作，与中国的各项事业一样，受到了"文革"的严重冲击和破坏。直到1977年，旅游管理体系还没有完全恢复起来。

(一) 中国旅行游览事业管理局成立至"文革"前的旅游管理机构

1963年底到1964年初，周恩来成功地访问了亚、非、欧14国，写下了中国外交史上光辉的一页，中国的国际威望更加提高。1964年，中国和法国建立了外交关系，进一步打开了中国同西方国家政府和人民间友好往来的大门，越来越多的外国人要求来华了解中国人民的生活、工作情况和中国社会主义建设的成就。这个形势，把加快发展中国旅游事业的问题提到了议事日程上。为此，中共中央外事小组于1964年给邓小平写了《关于开展我国旅游事业的请示报告》，提出为适应国际国内形势发展和旅游事业

逐步开展之需要,建议成立旅游事业管理局,直属国务院领导,负责对外国自费旅游者的旅游管理工作,领导各有关地区的旅行社和直属的服务机构的业务,组织中国国民出国访问旅行,以及有关旅游的对外联络工作和旅行宣传工作。并在华东地区和中南地区分设旅游事业管理局管理所辖地区的有关工作。这份报告,在新中国的旅游发展史上具有十分重要的意义,它不但第一次比较全面地阐述了发展中国旅游事业在政治、经济方面的意义,深刻分析了发展中国旅游事业的客观基础和有利条件,而且所提出的发展国际旅游事业的具体方针,至今仍具有指导意义。

1964年3月17日,中共中央批转了外事小组的报告。同年6月5日,周恩来代表国务院向全国人民代表大会常务委员会提交了设立中国旅行游览事业管理局的议案,这个议案,在7月22日举行的第二届全国人民代表大会常务委员会第124次会议上被批准通过。1964年12月1日,中国旅行游览事业管理局正式成立,这标志着外事接待型的旅游管理体制基本确立。中国旅行游览事业管理局下辖中南、华东两个管理局。早在1964年8月26日,中共中央批转《中南区旅游事业座谈会纪要》,成立了中南区旅游事业管理局,机构设置以广东省国旅分社为依托,由局长、副局长兼任国旅分社的经理、副经理。1964年12月28日,中共上海市委组织部发出通知,中共中央华东局决定成立华东旅游事业管理局。这两个地区性旅游管理局,是中国旅行游览事业管理局的派出机构,分别是中南局、华东局领导本地区旅游事业的办事机构,负责本地区有关旅游事业的各项工作,指导本地区国际旅行社分、支社的业务,分别受中共中央中南局、华东局及中国旅行游览事业管理局的双重领导。其具体任务有:①监督检查本地区分、支社贯彻执行中央的外事方针政策、旅游事业发展方针和上级指示的情况;②检查本地区分、支社贯彻执行中国旅行游览事业管理局制定的各项计划和规章制度的情况;③提出本地区基层旅游事业的规划和建议等。

从1964年成立中国旅行游览事业管理局,到"文革"前夕,这种"局社合一"的领导体制,使得中国旅游事业有了比较快的发展。此后十年受到了"文革"的严重冲击和破坏。直到1977年,旅游管理体系还没有完全恢复起来。

(二)"文革"中的旅游管理

"文革"给旅游业所造成的挫折和损失十分严重。在1966年开始的半年后,各级旅游管理机关受到了严重冲击。华侨旅行服务社领导机构及大部分地方机构,有的被撤销,有的被合并。旅游行业多年建立起来的好传统以及经营管理制度遭到严重破坏。

"文革"伊始,国外许多人士出于对中国开展这场运动的好奇心,纷纷要求来华旅游,中国旅行游览事业管理局接待自费旅游者的任务较重。根据国务院外事办公室的指示,成立一个临时接待办公室,统抓全国的旅游接待工作。此后不久,全国掀起的红卫兵串联运动,搅乱了运输生产的秩序,使整个入境旅游接待工作基本陷于停顿。

1970年夏天召开的庐山会议,揭露了陈伯达的反党阴谋,抓生产、抓业务工作之风有所恢复。根据周恩来关于"中国旅游局的机构还是需要保留的"精神,外交部于8月27日提出了《关于旅游工作体制改革的意见》,重申管理国际旅行社工作的机关是中国旅行游览事业管理局,对外办理国际旅行业务的组织是中国国际旅行社。撤销原华东、中南两个地区性旅游管理局。同时,为了对外工作的需要,决定仍保留当时的开放城市的国际旅行社的分、支社。这些分、支社在国际旅行业务上受中国旅行游览事业管理局的指导,接受其所分配的任务。国家旅游管理的行政及经营组织基本上恢复到了"文革"前的格局。

1972年2月,毛泽东在中国旅行游览事业管理局关于接待外国人来访计划的报告上,作了"接待国外旅行者人数可略增加,西方人士也可来一点"的批示,从而使旅游接待工作得到了一定恢复,接待外国旅游者人次有所增加。但是,由于当时强调"政治接待",对外国旅游者(主要是工农、学生)优惠太多,收费标准太低,使旅游业的经营处于亏损状态。针对这种情况,周恩来在中国旅行游览事业管理局《一九七二年旅游工作情况和一九七三年开展旅游工作的请示报告》上,作了"对旅游者应按旅游原则收费(开支外加手续费)"的重要批示。中国旅行游览事业管理局按此精神,调整了价格,对该自费的实行自费,对优惠也从严掌握,才逐渐改变了亏损状态。同时,也加强了各级接待机构的建设。

1972年,中央批准恢复华侨旅行服务社总社。各地华侨旅行服务社也随之先后恢复。当时,全国能够对外开放的城市和地区不多,而且除少数地方设有国际旅行社分、支社机构外,绝大多数地方没有专门接待外国自费旅行者的机构,即使有机构的,由于"文革"的冲击,干部和翻译力量失散,也难以承担好接待任务。为此,国务院于1973年批转了外交部《关于加强地方旅游机构的请示报告》。报告提出中国国际旅行社总社同各地国际旅行社分、支社是业务指导关系。按照这个文件精神,各级旅游机构进一步得到了恢复和加强。1974年,经国务院批准,成立了中国旅行社,与华侨旅行服务社合署办公。

这一阶段实行由外交部代管、中国旅行游览事业管理局和国旅总社合一的体制,基本上是20世纪50年代中期旅游事业的管理体制。在当时的情况下,恢复这种体制对中国旅游工作的恢复和发展是有积极作用的。但这种体制本身也有弊端,因为旅游工作说到底还是一项经济事业,尽管外事色彩很浓,但它毕竟还是按照旅游经济的客观规律运行的,与外事工作不能等同。为此,外交部于1976年给国务院的报告中建议,中国旅行游览事业管理局仍恢复国务院直属局的地位。这项建议提出后,由于江青反革命集团掀起的所谓"反击右倾翻案风"运动的展开而告夭折。

1976年10月,粉碎江青反革命集团,结束了"文革"这场灾难,国家建设事业和旅游工作进入了新的发展时期。

从新中国成立到"文革"结束,旅游一直是外事工作的一部分,为了完成政治性接待任务,建立了外事接待型旅游管理体制。这种体制在"文革"期间遭到严重破坏。但是,在改革开放以前近30年的时间里,该体制并没有发生根本性的变革。其特点表现在以下几个方面。第一,从组织机构及管理职能上看,该体制基本属于外交事务的附属存在,缺乏应有的独立性。第二,中国对入境旅游者按不同身份实行差别待遇,分别管理。如中国国际旅行社与华侨旅行服务社总社的分工即是最明显的体现,按照不同的接待对象,分别实行不同的接待政策,服务于国家外交工作、统一战线工作的需要。第三,旅游行政管理与旅游经营管理两位一体,政企不分。第四,旅游管理及接待服务缺乏专门的法律法规,管理及服务的主要依据是国家颁布的出入境管理及外国人来华的法规和政策文件。

综上所述,从新中国成立到1978年改革开放以前的近30年间,是中国旅游外事接待阶段。这一阶段是将旅游作为"民间外交"工作,强调旅游是中国外交事业的延伸与补充,扮演着政治性、外事性接待的角色。当时接待的国际旅游者主要是以苏联、东欧和亚非拉国家为主,接待人次的绝对数量微不足道。1958年国旅总社接待量为6649人次,其中80%来自苏联与东欧,1976年的接待量创历史新高,也不足5万人次。对口接待单位主要是国旅(主要接待外国人)和中旅(主要接待港澳同胞)两大系统,每年接待计划需要报请国务院领导批准,即使是接待自费游客也不讲求经济效益,因为它们是国家外交事业的一部分。这就是中国旅游产业发展的前身。新制度经济学认为,"历史是重要的",中国旅游产业的这一历史起点,对改革开放以后旅游业的发展产生了深远的影响。

第四节 旅行社初期建设

旅行社是中国旅游业的重要组成部分,它同旅游饭店、旅游景区构成中国旅游业存在和发展的"三大支柱"。新中国成立至改革开放以前,旅行社艰苦建设与奋力发展的历程,成为中国旅游事业发展历史的重要篇章。

一、中国国际旅行社

(一)初创时期(1952—1957)

1. 中国国际旅行社的诞生

在旧中国,以饭店、旅行社为代表的中国近代旅游业曾有一定的发展。比较典型的是当时陈光甫创办的中国旅行社,1927—1937年的10年里,中国旅行社的分支机构达66个,①无论在企业规模还是在管理水平方面,都已可以与外资的旅行社相抗衡。新中国成立之初,中国旅行社曾一度独家经营国内旅游及代理一部分国外旅游业务。但是,在内地的中国旅行社等企业没有直接转变为新中国的旅行社。② 加之新中国成立后政治、经济形势的变化,国际旅游成为外交事务的一部分,私营企业不再适合从事这项业务,只能逐渐淡出,直至停业。1954年4月15日,中国国际旅行社在北京诞生。这是新中国第一家面向外国人开展国际旅游业务的旅行社,其诞生标志着新中国国际旅游事业的开始。

中国国际旅行社虽成立于1954年,但在此之前早已酝酿。新中国成立之初,从中央到地方都没有常设的专门机构负责招待外宾的食、住、行、游,招待工作多是临时调集有关部门的人员突击完成的。随着国民经济的迅速恢复和抗美援朝战争的胜利,新中国的国际声誉日益提高,与此同时,国家为了打开国际活动的新局面,大量邀请外宾访华,接待工作愈加繁重。为适应形势的要求,解决日益增多的外宾的食、住、行、游等招待任务,有关部门开始了解苏联建立国际旅行社的经验。

1952年初,中国人民银行行长、中国国际贸易促进委员会主席南汉宸,出席在莫斯科举行的国际经济会议时,苏联国际旅行社(简称苏联国旅)的招待工作,给他留下了深刻的印象。与会期间,他向苏联国旅的负责人了

---

① 张俐俐:《近代中国第一家旅行社述论》,《中国经济史研究》1998年第1期。
② 吕伟俊,宋振春:《陈光甫的旅游管理思想与实践》,《东岳论丛》2002年第3期。

解该社的工作情况。同年,中国人民保卫世界和平委员会秘书长刘贯一参加在莫斯科召开的世界和平理事执行委员会会议时,也与苏联国旅的负责人交谈,了解该社工作情况。他们回国后,即开始与有关部门酝酿成立中国国际旅行社,作为招待外宾食、住、行、游的专门常设机构。

当时旧中国遗留下来的中国旅行社尚有一定的规模。该社成立于1923年,是中国近代史上首家旅行社,原是上海商业储蓄银行下设的旅行部。1927年为适应发展需要,更名为中国旅行社,总社设在上海,并在国内设立22个分支机构。其主要业务是为旅华客人提供旅行服务、组织出国旅游及办理留学生出国手续。1949年新中国成立后,该社由中国人民银行接管。政府有关部门在酝酿成立中国国际旅行社时,曾考虑改造中国旅行社,利用其固定资产和人员作为基础,并专门指派宋秋潭、王超北等到上海等地了解情况。后经详细调查和研究,认为旧的中国旅行社遗留问题很多,不宜作为建立新机构的基础。1953年6月,中共中央国际活动指导委员会讨论决定"另起炉灶",筹建中国国际旅行社。根据周恩来的指示,中共中央国际活动指导委员会成立了筹备委员会,具体负责筹组工作。

筹委会参照苏联的经验,对国际旅行社的性质、任务及组织机构反复进行研究,确定国际旅行社应作为政务院领导下的一个国营企业,其全称是中华人民共和国国际旅行社股份有限公司,简称"中国国际旅行社";任务是承办除政府代表团以外的所有机关团体单位委托的对外宾食、住、行、游的生活招待,并办理中国铁道部与苏联政府签订的国际铁路旅客联运。中国国际旅行社在北京设立总社,在上海、南京、天津、杭州、广州、南宁、沈阳、大连、丹东等12个城市设立分社。总社定编制为57人。

1954年3月9日,中共中央国际活动指导委员会批准成立中国国际旅行社总社,并报政务院批准。4月18日,国旅筹委会与铁道部举行转让合同仪式,决定自4月21日起,铁道部将1953年7月1日与苏联签订的国际铁路旅客联运合同,转让给中国国际旅行社。由国旅统一发售国际铁路旅客联运乘车票据,以便同苏联的业务相衔接。4月15日,中国国际旅行社在北京西交民巷4号正式成立总社,发布了《中国国际旅行社成立启事》,宣布于4月21日开始发售国际旅客联运客票。4月28日,政务院向天津等12个城市发出了《关于各地成立中国国际旅行社分社的通知》,要求上述城市成立国旅分社。

在总社正式宣布成立的同时,成立了由各有关部门领导参加的董事会,作为国旅的最高决策机构。董事会领导下的国旅总社,为国际旅行社的日常业务管理机构。

2. 接待自费旅游者业务的开展

中国国际旅行社是为适应日益繁重的外宾招待工作而建立的,接待自费旅游者的业务并不是一成立就开展的。它经过了一段时间的摸索和准备。

1954年日内瓦会议后,中国的国际地位空前提高,来华的外宾和过去已有显著不同。大体上可分为四类:①政府代表团;②应邀而来的民间、半民间人民团体或社会贤达人士;③经申请批准而来的自费外宾;④过境外宾。因此,国旅成立前那种单纯的外事招待已不能适应形势的发展,国旅作为接待外国旅游者的食、住、行、游的专门机构的作用,应予加强。但是,国旅成立初期,主要业务是发售国际铁路联运客票和国内车票,当时适合接待外宾的宾馆和车辆都由地方政府的交际处或机关事务管理局管理。国旅没有自己管理的饭店和车队,预订和租用困难,往往难以保证接待。因此,国际旅游业务的主要部分,即接待外宾的工作难以开展。

面对国际形势的发展和国旅当时的状况,总社领导人意识到健全和加强组织,解决其饭店、汽车、财物归口等基本问题是当务之急。否则,将难以保证接待外宾的实效和达到为国际活动服务的目的。为此,1954年10月29日,总社负责人向上级主管部门提交了题为《一九五五年中国国际旅行社的任务与保证完成任务的关键》的报告,提出了解决上述问题的要求。12月5日,经廖承志等讨论决定,"国际旅行社的财务纳入中央财政部管理",并报请国务院批准,在国家第一个五年计划期间,每年向国际旅行社投资1000万元,用于修建饭店、购置汽车等业务建设。

在政府的领导和支持下,从1955年起,国际旅行社的业务逐渐扩大,并开始承担接待外宾的任务。当年总社的接待人次是520人次,主要是苏联及东欧社会主义国家的友好访华团、援华专家及其他过境外宾。①

1955年9月,苏联国际旅行社给中国国际旅行社寄来了关于相互交换自费旅游者的合同书,要求与中国国际旅行社建立接待自费旅游者的业务关系。同年12月,苏联国旅负责人李沃夫专程到北京,与国旅总社商讨签订合同事宜。李沃夫在华期间,游览了中国的一些主要城市,应邀介绍了苏联国旅开展业务的经验。他还介绍了苏联国旅各方面的情况,包括组织

---

① 《当代中国的旅游业》编辑委员会:《当代中国的旅游业》,当代中国出版社、香港祖国出版社2009年版,第151页。

机构、任务分工、分社与地方政府关系,以及接待自费旅游者的计划安排、结算方法等,还提供了联合国国际旅行组织联盟的资料,建议中国国际旅行社也参加该组织。

1956年1月7日,中国国际旅行社与苏联国际旅行社签订了《相互交换自费旅游者合同》。这一合同的签订,标志着中国国际旅行社在初创时期开始有了稳定的客源,实现了由接受各机关团体单位委托负责所邀请外宾的食、住、行、游招待服务,到直接引进客源以接待自费旅行者为主的转变。

同年1月7日,周恩来批准了《中国国际旅行社一九五六年至一九五七年两年的工作规划》(简称《两年规划》),该规划把国旅的任务加以扩大,对一切外宾的接待任务均可承担,在负责社会主义国家旅游者的接待工作的同时,有限度地接待西方国家旅客。同年4月2日至12日,国旅第二次全国经理会议在北京召开,会议讨论了如何执行国务院批准的《两年规划》。

在贯彻执行《两年规划》期间,国旅除协助中央及地方各有关部门完成对所邀请外宾的生活招待任务外,在接待自费旅行者方面取得了明显的成绩。1956年至1957年上半年,接待了自费旅行者3227人次,其中社会主义国家自费旅行者2814人次,西方国家自费旅行者413人次,并按与苏联签订合同的要求,组织了90名国内自费旅行者到苏联旅行。[①] 在接待的各国自费旅行者中包括了各个阶层、各种职业和各种身份的人物。他们在华旅行期间,不仅游览了各主要名胜古迹和景点,而且通过参观市容、工厂等了解了中国的社会主义建设和人民生活情况。

国旅当时在建社的指导思想上,坚持一切行动为国际友好交往活动服务,在接待工作中贯彻热情诚恳、团结友好的方针,通过做好生活服务,达到扩大国际影响之目的。在接待自费旅行者中,中国国际旅行社宣传了新中国的社会主义建设成就,为加强中国人民同世界各国人民之间的文化交流和友好往来、增进相互了解和友谊发挥了比较突出的作用。一些社会主义国家的旅行者,同中国学者、工人接触认识后,建立了通信和工作上的联系,结成了亲密的朋友;一些西方国家的旅游机构通过与中国国际旅行社建立业务联系,冲破了帝国主义的封锁,使一些人士了解了新中国。

---

① 《当代中国的旅游业》编辑委员会:《当代中国的旅游业》,当代中国出版社、香港祖国出版社2009年版,第152页。

国旅在开展业务过程中,既把联系国际人民友谊作为神圣职责,同时也开始担负为国家工业化积累外汇资金的任务。1954年10月,国旅总社在题为《一九五五年中国国际旅行社的任务与保证完成任务的关键》的报告中就明确提出,吸收非贸易外汇,为实现社会主义工业化积累资金与争取中国建设的和平环境,是国旅的总任务。该报告借鉴苏联的经验,建议在对外宾的接待工作中改变以往的惯例,把过去接待客人的一切费用由国家政府和机关团体开支的办法,改为除少数特邀者外,均由外宾自费承担,方式可通过国旅结算。中国国际旅行社与苏联国旅签订相互交换自费旅行者合同后,即把接待自费旅行者作为主要业务,努力为国家创汇。仅1956年接待的1343名苏联自费旅行者,即为国家创汇157万多卢布。按当时收支核算,接待一个旅游者净赚的外汇相当于国旅为国家净赚一吨钢。此外,向自费旅行者开放后,公费邀请外宾相应减少,国家节省了招待经费。

1957年2月9日,国旅领导小组召开会议,研究当时朝鲜、捷克斯洛伐克、蒙古、阿尔巴尼亚、南斯拉夫、印度、日本、法国、锡兰、比利时、美国和德意志联邦共和国等12个国家的22个旅游机构要求与中国国际旅行社建立业务关系的情况,决定对接待自费旅行者采取逐步开放的方针。为适应业务发展,国旅总社的机构编制进一步扩大,分、支社的建设也同样得到了加强。到1957年底,国旅在全国各主要大中城市及铁路国际联运站设立分、支社19处。

3. 接待业务网络的初步形成

从政务院通知建立国旅分社起,到1955年2月国旅第一次全国经理会议时,10个分社已基本建立。随着国际铁路联运业务扩大和自费旅行者的增多,在国旅第一批分社建立起来后,又逐步建立了郑州、西安、昆明、苏州、无锡、凭祥和集宁等分社。1956年总社决定将省会、自治区首府和直辖市的国旅称分社,其他称支社(个别地区例外,如重庆仍用分社)。

在国旅成立时,政务院就确定总、分社的关系为垂直领导关系。从1955年开始,国家每年给国旅投资1000万元,①总社对分社的垂直领导开始才得以实现。1956年至1957年执行《两年规划》期间,总社对分社的领导有了进一步加强。一方面,总社对地方分社的组织机构、人员编制、基建

---

① 《当代中国的旅游业》编辑委员会:《当代中国的旅游业》,当代中国出版社、香港祖国出版社2009年版,第154页。

投资和财务经费等负责统一管理;另一方面,总社引进的客源成为地方分、支社的主要接待对象,总社分配的旅游接待任务成为分社的主要任务。从此,总、分、支社垂直领导的接待网络初步形成。当时国务院通知天津、上海、杭州、广州、武汉、西安、苏州和无锡等地政府,把过去用于接待外宾的旅馆拨归国际旅行社经营,同时总社还在昆明、南宁、凭祥等地投资新建了一些旅馆。国旅总社支配着地方分、支社的人权、财权和经营权,并通过分、支社拥有主要城市旅游饭店的经营权,形成了一个高度集中的国旅管理体制。

(二) 开拓时期(1958—1966)

1956年开展起来的接待自费旅行者业务取得了明显效果,使国际旅行社认识到发展国际旅行事业的重大意义。1957年2月9日,国旅领导小组开会研究苏联国际旅行事业的经验和中国当前情况,一致认为充分利用现有物质基础,对开展国际旅行事业是十分有利的。会后,草拟了《关于积极开展国际旅行事业 吸收外汇的请示报告》,经国旅领导小组修改后上报周恩来。1958年,国务院向全国各地发出了《关于开展国外自费来华者接待工作和加强国际旅行社工作的通知》(以下简称《通知》)。

《通知》规定:"中国国际旅行社应该采取各种措施积极组织各国自费旅行者来华,并做好接待工作","同组织国际旅行有关的中央各部门,对中国国际旅行社组织自费旅行的工作应该给以支持",并适当用自费方式接待外宾。根据当时中国调整中央和地方的关系,以进一步发挥地方积极性的精神,《通知》还决定将国际旅行社体制下放,国旅各地分、支社一律划归当地省(区、市)人民政府直接领导,但必须接受国际旅行社总社分配的接待外宾的任务,并且在接待业务上接受总社的指导。前一时期建立起来的垂直领导关系,改变为业务指导关系。1958年3月,国务院召开了全国交际接待工作会议,在贯彻《通知》精神的基础上,进一步明确中国国际旅行社的任务、体制。会后,国务院批转各地的《关于中国国际旅行社工作的报告》规定:国旅的总任务是在各级人民政府的领导下,通过本身各项任务,促进各国人民民间的友好往来,增进各国人民间的相互了解,贯彻和平外交政策,并为国家吸收外汇,积累建设资金。主要任务为:统一承担政府各部门、各人民团体邀请来华的外宾和外国自费旅行者的生活接待、旅行服务和委托问讯等事项;开展对外联络和宣传工作,积极吸收各国人士自费来华旅行;促进国际旅行交通业务的发展,发售陆、海、空国际联运客运票据;组织中国公民出国旅行。

国旅总社和分、支社的任务也有了进一步分工。总社的任务主要有：开展对外联络和宣传工作,发展国际旅行业务,与外国旅行社洽商业务,签订合同和协议,吸收外国旅行者来华;与国内外交通机构签订合同和协议,办理国际联运客运业务;向分、支社分配及布置各项任务;对各分、支社进行业务指导;组织中国公民出国旅行;规划全国国际旅行事业的发展。分、支社的任务主要有:接受省(区、市)人民政府和总社分配的任务及各接待单位或外宾的委托,承担一切外宾及自费旅行者的生活接待、旅行服务和委托问讯等事项;在总社的分配数字内,按照当地交通部门的协议,发售国际国内陆、海、空客运票据;在总社的统一规划下,组织中国公民出国旅行;配合总社的宣传计划,进行地区性旅游宣传工作。

国务院发布的这些决定的意义在于：一方面,中国国际旅行社初期开展起来的接待自费旅游业务,已成为国家外事活动中的一个重要方面,受到政府的肯定和重视,保证其在发展过程中受到各有关部门的配合和支持;另一方面,国旅前一时期形成的总社对分、支社的垂直领导关系,转变为业务指导关系,这一体制的变化,是在当时全国经济管理体制改变的大环境中进行的。它实际上是中国探索建设社会主义道路在旅游业上的反映。国旅体制的这一变化,有利于加强地方对分、支社的领导,健全国旅在各地的接待网络,搞好自费旅行者的接待工作。由于外联权的归口统一,国旅总社的作用并没有受到削弱,并且便于放手开展外联工作,全力抓好业务建设。

1. 自费旅行业务的新发展

1957年10月,中国国际旅行社代表团出席了在布拉格召开的首届社会主义各国旅行社代表会议和捷克斯洛伐克"切多克"旅行社各国代理人会议,同其他国家旅行社的负责人有了广泛接触,也让外国旅行社对中国旅游事业有了进一步的了解,增进了各国旅游机构的友好关系。这意味着新中国已进入了世界旅游业的国际活动中,对于促进国际旅游业发展具有良好的影响。会后的短短几个月里,国旅的外联工作出现空前繁忙的景象,许多国家的旅行机构纷纷要求与其建立业务关系。到1957年底,除与11个社会主义国家旅行社有往来外,国旅与西方国家旅游机构中发生联系的多达113个。但与西方国家旅行社的联系大都停留在信函的往来上,而在与社会主义国家旅行社的业务往来中,正式签订合同的也只有苏联和蒙古,其他国家都由于与中国在互相交换自费旅行者方面存在着一定的困难而没签订合同,因而尽管也组织了一些自费旅游者来华,但在数量上受到很大的限制。

1958年以后,根据国务院积极扩大吸收自费旅行者的方针,国旅总社积极与苏联及东欧社会主义国家旅行社发展业务。总社分析认为,中国人民当时的物质生活水平虽一般无力自费出国旅行,但从高级知识分子、高工资的技术人员和工商界人士中组织一部分人自费出国,还是有可能的,而且组织他们出国旅行对于向苏联等国家学习业务经验、开展社会主义和国际主义教育、增进人民之间的友谊和团结很有意义。因此,国旅总社向国务院请示进一步开展组织中国公民出国旅行业务,以便能进一步扩大吸收苏联及其各兄弟社会主义国家的自费旅行者来华。在国旅总社的努力下,1958年,根据多进少出的原则,中国国际旅行社同德意志民主共和国、波兰、罗马尼亚、匈牙利等国的旅行社签订了相互交换自费旅行者的协议书,从而把自费旅行业务由苏联、蒙古进一步拓展到东欧其他社会主义国家。

在发展同西方国家的业务关系上,也开始采取比较灵活的态度,使西方国家来华自费旅行者不断增加。1958年,西方国家来华自费旅行者,除原有的法国外,增加了德意志联邦共和国、瑞典、英国、比利时、印度、澳大利亚、意大利和加拿大。

经过各方面的工作,1958年,国际旅行社共接待了各类自费外宾6649人次,其中自费旅行者(采用综合服务的团体旅行者)1673人次,自费旅客(未采用综合服务的个体旅行者)1005人次,自费商人2301人次,记者82人次,登陆游览的海员和旅客617人次,过境外宾684人次,其他(主要是外国留学生和侨民)287人次。在各类自费外宾中,自费旅行者和自费旅客是国际旅行社的主要接待对象,共2678人次,占总人次的40.3%。其中,社会主义国家自费旅客占82.9%,西方国家自费旅客占17.1%。

1958年,国家公费邀请外宾4814人次,而国际旅行社接待的自费外宾达6649人次,占全国接待外宾总人次的58%。这是新中国成立以来,自费外宾人次第一次超过国家公费邀请外宾人次。1959年和1960年,国际旅行社接待的各类自费旅行者人次又有较快的增长。单以采用综合服务的自费旅行者相比,1959年比1958年增长21.1%,达到2026人次;1960年又比1959年增长86.6%,达到3780人次。[①]

[①] 《当代中国的旅游业》编辑委员会:《当代中国的旅游业》,当代中国出版社、香港祖国出版社2009年版,第159页。

2. 翻译导游队伍的建设

1958年,中国国际旅行社总社总经理袁超俊,在全国交际接待工作会议上做了《关于中国国际旅行社工作的报告》,提出加强外宾接待队伍的建设和提高服务质量问题。

当时苏联和社会主义国家重视培训外事接待队伍,1957年布拉格第一届社会主义国家旅行社代表会议要求各社会主义国家旅行社将服务质量提高到国际水平。此后,国旅总社比较重视队伍建设,采取了若干措施:①增加翻译力量,即增加语种和人数;②培养翻译导游人员良好的素质。国旅总社连续召开了五次全国翻译导游会议,对提高国旅翻译导游人员的政治、业务素质起到了良好的作用。

1959年1月,国际旅行社制定了《国旅翻译导游人员工作守则》、《全陪注意事项》、《边境站与第一站的服务事项》等业务规章。

为了明确对翻译导游的要求和任务,在1963年4月召开的第三次翻译导游会议上,对翻译导游人员的要求进一步概括为"三过硬"和"五大员"。"三过硬"是根据周恩来对外事翻译人员的要求,结合导游工作的实际而提出来的,主要是指一个好的翻译导游人员要思想、外语和业务三方面都过硬。思想过硬,要努力学习马克思、列宁和毛泽东的著作,并使之成为行动的指南。外语过硬,要在词汇、语法、发音等方面勤学苦练,达到语言流畅、表达准确、发音清晰。业务过硬,包括导游和旅行服务过硬。导游的基本功要娴熟,包括介绍市容、名胜古迹、博物馆、展览馆、其他参观单位等;旅行服务方面要熟知常用国内国际交通班次、时刻以及海关、银行、护照、签证、旅馆、餐厅、旅行服务价格和手续等。"三过硬"概括了对翻译导游人员的工作要求,为翻译导游指明努力的方向。"五大员"是对翻译导游人员的任务的概括,要求翻译导游人员既是宣传员、调研员,又是服务员、安全员和翻译员。通过陪同和导游,根据国家不同时期、不同形势下的方针,区别不同对象,宣传中国建设成就和人民道德风尚。同时要做好旅行服务和旅客安全工作,并要向旅游者了解他们对服务质量的反映。

在国旅系统召开的历次翻译导游会议上,国家领导人或亲自做报告,或接见代表,表现出对翻译导游人员的关怀。1966年初召开的第五次翻译导游会议上,刘少奇、周恩来、邓小平等国家领导人接见了与会全体人员,并合影留念。

3. 中苏旅行往来的中断及西方市场的拓展

在1963年以前,国际旅行社所接待的自费旅行者中,苏联及东欧社会主义国家一直占绝大多数。1960年,苏联撤走援华专家后,国旅仍采取争取与苏联、东欧社会主义国家保持业务往来的方针。1963年中苏关系公开破裂,1964年完全中断了两国的旅行往来。这一时期,德意志民主共和国、波兰、罗马尼亚等东欧社会主义国家的来华人次也有所减少。

在国旅的发展史上,1961年至1963年是一个低谷。这几年接待人次一直在千人左右徘徊。分、支社削减,总社工作人员也大量减少。1964年周恩来总理访问亚、非、欧14国,中法建交、中国巴基斯坦通航等一系列外交活动,为国际旅游业的发展提供了新的有利条件。当时,国内经济自1961年开始实行的"调整、巩固、充实、提高"方针已初见成效。按照国家领导人的说法,房子已基本打扫干净,可以请客上门了。国际旅游事业的发展开始提到议事日程。1964年,国务院决定设立中国旅行游览事业管理局,作为国务院的直属机构,地址设于北京西单大楼,与中国国际旅行社总社合署办公。

中巴通航打开了中国通往西方的门户,为中国与西方国家的往来架起了空中桥梁。继中巴通航后,中柬(柬埔寨)、中阿(阿富汗)相继通航。法国、日本也试探与中国通航。为适应形势发展,1964年3月,外交部、公安部发出了《关于1964年审批资本主义国家自费旅行者的通知》,放宽了对西方国家旅行者的旅华限制。因此,拓展西方国家旅游市场成为国旅的迫切任务。

国际旅行社自1957年开始接待西方国家自费旅行者以来,由于接待人次有限,均采用函电联系方式,同外国旅行社或旅行者逐批达成协议,逐批进行财务结算。为了随后大量接待西方国家旅行者,必须改变做法,采用签订业务合同的方式与外国旅行社逐步建立代理关系。中巴通航后,国旅总社首先与巴航签订了代理业务合同,委托巴航代理组织外国旅行者来中国旅游访问。

正当中国准备大量接待西方国家旅行者时,日本政府于1964年宣布日本人可自由出国旅行。日本日中友好协会第十四次代表大会决定成立日中旅行社,由友好人士菅沼不二男任社长。不久,日本国际贸易促进协会会长宿谷荣一也组织了日中和平观光公司。1964年8月,国旅总社与富士国际旅行社签订协议书,建立了业务关系。接着国旅总社又于10月14日先后与日中旅行社、日中和平观光公司签订协议书,建立了业务代理关系。随着业务开展,日本逐步成为旅华第一大客源国。国旅接待的日本旅行团1964年为8批172人次,1965年增至92批1656人次,1966年又减至 75 批 1175 人次。在此期间,国旅总社与上百家外国旅行社建立了代理关系或业务关系,接待总人次显著增加。1965 年国旅接待自费旅行者首次突破万人次大关,达到 1.2877 万人次,其中来自 38 个国家的采用综合服务的达到 4519 人次,比 1964 年增加了 186.7%。资本主义国家的旅行者增加幅度最大,比 1964 年增加 361.6%,达到 3915 人次,比 1957 年至 1964 年接待的资本主义国家旅行者总数还多一倍,占当年采用综合服务自费旅行者的 86.6%,已远远超过社会主义国家自费旅行者的人次。[①] 在社会主义国家的旅行者中,朝鲜和越南等国的旅行者占多数,苏联及东欧社会主义国家的旅行者所占比例已微乎其微。至此,国旅的接待对象已发生了根本变化。

接待对象的变化,促使国际旅行社在经营思想上也发生了一些变化,初创时期曾一度积极提倡的多创外汇等经济作用,这时又开始受到重视,参观游览内容也提出了从看工厂、人民公社转为开辟旅游新项目。为了接待好各方面游客,旅行社的建设得到了较快的发展,分、支社到 1966 年发展到 46 个,国旅形成了准备大发展的局面。

(三) 曲折时期(1967—1976)

1966 年 5 月开始的"文革",使中国刚刚开展起来的国际旅游事业受到了严重的干扰和破坏,中国国际旅行社进入曲折发展时期。

1. 社会动乱及极左思潮的干扰与破坏

"文革"开始后,中国旅游事业面临着空前的灾难,社会的动乱使外国游客失去安全感,纷纷取消或更改旅华计划。由于国内极左思潮的泛滥,中国国际旅行社的工作被认为是"学资仿修、外汇挂帅"的行为;旅游服务被当成"为资产阶级效劳"、"洋奴思想";让旅游者参观名胜古迹,被扣上了"复旧"、"贩卖封资修货色"等大帽子。

在接待和宣传工作方面搞形式主义,对外宣传强加于人。如个别单位出现让旅游者吃忆苦餐、参加批斗大会,为旅游者举行赠送"红宝书"仪式,有的让旅游者早请示、晚汇报等。有些人错误地主张,把国际旅行社的牌子,改为"世界革命串联站"。个别地方在接待中提出"三不""四同",即不看市容、不住饭店、不搞礼遇,与工人农民同吃、同住、同劳动、同学习,强迫旅游者住农村仓库或工人宿舍,甚至曾发生要旅游者早上 5 点听军号起

[①] 《当代中国的旅游业》编辑委员会:《当代中国的旅游业》,当代中国出版社、香港祖国出版社 2009 年版,第 162 页。

床,然后跑步和扔"手榴弹"、"过军事生活"的怪现象。

由于社会动乱及极左思潮的泛滥,国际旅行社不得不一再压缩接待人次。1967年,国旅接待人次由1966年的4551人次骤降至866人次。1968年,国旅业务进一步压缩,对西方旅行团和个人旅行一律不再接待。这一年国旅的接待人次仅为303人次,为历年接待人次的最低点。① 同年,国旅总社虽经毛泽东、周恩来决定保留机构,但大量工作人员下放。许多地方分、支社也被撤销,国际旅行社一度处于瘫痪状态。旅游接待成为一种特殊的政治接待,只接待友好团体组织的工人、农民、学生、教师参观团或学习团。国旅与商业性的外国旅行社断绝业务联系,在收费上完全不考虑成本,毫无经济效益可言。

2. 作为民间外交的渠道得以逐步恢复和发展

"文革"初期一些"左"的做法,在1969年毛泽东的"反对强加于人"等九条批示发表后,逐步得以纠正,外国旅行者要求旅华人次也开始回升。1969年1至9月要求当年或翌年来华的有2695人次。1970年申请1971年来华的已达2800余人次。1970年底,国家决定重新开展外事活动,提出了"寄希望于人民"的口号。根据国际形势发展和国内接待力量的情况,旅游局(含国旅总社)1971年在《关于一九七一年接待外国人来华旅行的请示报告》中,提出了接待人次控制在800至1000人次以内的增长计划。② 接待外国人来华旅行的渠道,仍以我驻外使领馆和友好团体及其影响下的旅行社为主。对一些较好的外国旅行社也有选择地适当往来。同时,恢复同阿尔巴尼亚、朝鲜、越南和罗马尼亚的旅行往来,但不采取对等交换的形式。

1971年,召开全国旅游工作会议。会议是在中国外事工作重新开展起来的时刻召开的,也是"文革"以来第一次全国性外事和旅游工作会议,具有重要意义。这次会议进一步明确了旅游工作的性质和任务,充分体现了国家对旅游工作的关心和重视。

"文革"时期,虽然国旅的业务受到了极大的冲击,但这一时期也是国家领导人和国务院对国际旅行社甚为关心的时期。周恩来对国旅的建设关怀备至,从旅行社的收费、计划安排和翻译导游人员的培训与待遇等,无

---

① 《当代中国的旅游业》编辑委员会:《当代中国的旅游业》,当代中国出版社、香港祖国出版社2009年版,第163页。

② 《当代中国的旅游业》编辑委员会:《当代中国的旅游业》,当代中国出版社、香港祖国出版社2009年版,第163—164页。

不一一过问。"文革"期间,周恩来多次在百忙中接见国旅接待的旅行团,亲自向旅行者做工作,宣传中国,了解别人。

周恩来对旅游事业的关怀,使当时国际旅行社在配合中国开展外交活动方面,发挥了其他部门所难以发挥的特殊作用。因为"文革"前期,有的外事单位停止办公,旅游局和国旅总社的机构却被保留下来。中国与东欧社会主义国家的旅游往来在"文革"前已中断,到1971年,中国国际旅行社主动同阿尔巴尼亚、罗马尼亚恢复业务关系。8月,国旅组织一个代表团访问罗马尼亚、阿尔巴尼亚和南斯拉夫。"文革"期间,经过国旅接待的外国旅行者,回国后大都对中国怀有友好的感情,而且有不少人成为中国的友好人士,为增进与中国的民间友好往来做出了贡献。如国旅接待的日本第五次学生、教师友好参观团回国后,举行报告会介绍中国社会主义建设成就,并分别在《国际贸易》、《国际新报》、《日本与中国》、《中国语》等报纸杂志上发表文章,向日本人宣传新中国,积极为恢复日中邦交正常化而出力。同美国的旅游往来也正是在这一时期开展起来的。1971年3月,美国宣布取消持美国护照去中华人民共和国旅行的限制。同年,有两个美国科学家要求访华,经国务院批准同意,国旅进行了接待。这是新中国正式接待的第一批美国自费旅客。这一年国际旅行社共接待了30名美国旅行者,揭开了中美旅游史上的新篇章。此后,国旅接待的美国旅行者逐年增加,1972年、1973年每年接待近百人次,1974年接待565人次。随着中美关系的进一步发展,1975年中国外交部准予美国特别旅行社组织旅行者来华,这是美国与中国国际旅行社建立业务关系的第一家商业性质的旅行社。从此,来华的美国旅行者发生了变化,由初期的以友好团体为主,逐步发展到以一般自费旅行者为主。人次也迅速增加,1975年逾千人,1978年突破万人次大关,已接近同年国旅接待的日本旅游者人次的一半,美国成为旅华的第二大客源国。

在国际旅行社业务逐步得到恢复发展的同时,地方分、支社也逐步得到恢复。国务院于1972年5月13日批转了外交部《关于加强地方旅游机构的报告》。该报告提出,为了适应发展需要,应进一步做好来华外宾的接待工作,建议各地分情况逐步恢复和健全地方旅游机构。南京、西安、延安、武汉、长沙、韶山、南昌、井冈山、杭州、苏州、无锡、沈阳、鞍山和抚顺等开放城市,需立即恢复和健全国际旅行社分、支社;石家庄、唐山(包括沙石峪)、郑州(包括林县)、太原(包括大寨)、济南、青岛、洛阳、长春和大连等地,应逐步建立国际旅行社分、支社。北京、上海、天津和广州已有分社,应适当充实和加强。此后,上述 26 个国旅分、支社得到了恢复和加强。到"文革"结束时,国旅的分、支社恢复到 36 家。这时国旅的机构建设有了一定的恢复和发展,但在观念上仍受极左思想的束缚。为外交服务的旅游业发展了,作为经济部门之一的旅游业却还未发挥效能。后来,周恩来曾多次做出指示,旅游业在经济上收支应略有盈余,并指示旅游收费的原则是"开支外加手续费",但贯彻执行得不够。

1976 年 10 月,粉碎江青反革命集团后,国际旅行社广大干部职工对开展工作提出了许多重要的建议。如在发展友谊的前提下要为国家建设增加积累;在参观社会主义革命和建设项目的同时,要组织游览名胜古迹;在宣传上要实事求是,重视做好生活服务;要通过拨乱反正,肃清江青反革命集团在旅游工作方面散布的流毒和影响等。但是在 1978 年中共十一届三中全会以前,由于受"两个凡是"错误口号的影响,不能从根本上拨乱反正,因此国际旅行社对旅游业的性质和任务的认识没有根本性的突破。

二、中国旅行社

(一) 创业时期(1949—1955)

1. 全国第一家华侨服务社的创立

中国旅行社的早期服务机构,是在福建沿海地区建立的,初名华侨服务社。

1949 年 10 月 17 日,厦门解放。当时由于美国和国民党军队的封锁,厦门的海空交通陷于停顿,陆路交通因土匪为患,也极为困难。当时在香港候轮回内地的华侨有 1000 多人,滞留厦门无法出境的也有 1000 多人,他们或因证件到期,或因路费告罄,或因多种事务急需尽快入境或重返侨居地,于是一些私人旅行社便应运而生,到汽车公司或船务公司为侨客代订船票,把侨客送往香港,再由香港的联号负责把客人送达目的地。旅行社同客栈、汽车、船务公司层层加价,进行盘剥,获取厚利。以客栈为例,当时包运到香港,客栈向客人收费 50 元港币,而只交给旅行社 40 元港币,转手之间便从每个客人身上获取 20% 的佣金。①

为了保护华侨、侨眷的正当权益,便利他们出入境旅行,成立国营的华侨服务社已刻不容缓。1949 年 11 月 19 日,厦门市创立了新中国第一家华

---

① 《当代中国的旅游业》编辑委员会:《当代中国的旅游业》,当代中国出版社、香港祖国出版社 2009 年版,第 184 页。

侨服务社。该社成立之初,只有4人,创业艰辛,人手少,任务重。建社不久,有24位新中国成立前回乡探亲的华侨和港胞,签证即将到期,急于出境。为安全起见,华侨服务社派人一路护送。当时天上有国民党军队飞机骚扰,地面有土匪横行,从厦门到漳州,仅200多公里,却颠簸了十几个日日夜夜。

港厦客轮复航后,为了躲避国民党军队飞机和军舰的轰炸和骚扰,轮船夜间航行。每晚往返港厦间的华侨、侨眷多达数百人,均由华侨服务社接待。从1949年11月华侨服务社创立到1950年2月,三个多月共接待华侨、侨眷1471人次。1949年底,几家私营旅行社联合包运的180多名华侨、侨眷乘汽车赴港时,在龙岩、朋口之间遭土匪袭击,所带钱币、金银首饰、行李物品被洗劫一空,无可奈何,只好返回厦门。华侨服务社代表侨胞,出面与裕康等船另作商量,使60多位有困难的侨胞以半票搭船赴港,同时说服私人旅行社退还旅费的三分之一,为侨胞解了燃眉之急。

华侨服务社为侨胞服务的精神,赢得了广大侨胞的信赖,当时华侨服务社接到不少来信,揭发私人旅行社盘剥侨胞旅费等情况,服务社经调查发现每个侨胞要多付出旅费的25%~30%。华侨服务社配合有关部门,共同制定了包运价格,经与私人旅行社商量,说服他们将侨胞出国的包运费降低了15%~20%,赴港船票也由50元港币降为40元港币。

有些华侨对新中国缺乏了解,华侨服务社注重对华侨开展宣传工作,经常派干部到码头、上轮船帮助侨胞搬运行李并进行口头宣传。华侨服务社还编印了《华侨回国通知》、《福建华侨进出国须知》、《侨汇资料汇编》、《华侨出国联运图》、《海陆联运出国价目表》等宣传材料,对指导华侨、侨眷办理出入境手续,选择出入境路线,争取侨汇等,起到很好的作用。

2. 侨乡探亲旅游业的发展

新中国第一家华侨服务社创建以后,侨乡探亲旅游业的发展经历了坎坷、艰辛、曲折的道路。1951年4月19日,一批从印度尼西亚、缅甸回国的华侨共26人,由汕头乘"有福轮"赴厦门途中,遭国民党军舰炮轰、劫持,有多人伤亡。国民党军队登船对侨胞洗劫一空,并将"有福轮"押至金门水头监禁。一星期后,难友们才从金门逃离,到达厦门。由于海上交通断绝,厦门的客栈相继停业或转业。在此情况下,泉州成了福建华侨、侨眷出入境的主要集散地。一些私人旅行社又活跃起来,厦门旅行社也迁到了泉州。

1951年3月2日,晋江开始筹建泉州华侨服务社,出资3000万元,在泉州市南岳后街,以3.3万元押租三间木楼一座,作为接待华侨、侨眷和办公的地方。1951年12月15日,正式成立泉州华侨服务社。①

当时华侨、侨眷从泉州取道香港赴南洋各国,主要是靠陆路。为了方便华侨、侨眷旅行,免受私人旅行社的敲诈,帮助解决旅途中的各种困难,泉州华侨服务社经过实地考察,先后在深圳设立了办事处,在漳州、汕头、广州等地设立了接待站,在晋江、南安、莆田、永春、仙游、惠安等县设立了华侨服务社,在重点侨乡石狮、安海、金井、诗山、金陶、蓬莱等地的侨联会下设立办事处,形成网络。

1954年,福建省华侨服务社宣布正式成立。福建省华侨服务社下设福州、泉州、厦门、漳州等华侨服务社和深圳分社、广州接待站。

华侨服务社的业务是服务,从服务华侨开始,在此基础上,取得发展。广大华侨有强烈的爱国爱乡感情,不论条件多么艰难,他们总忘不了故土和亲人,这是华侨服务社在当时极度困难的情况下得以发展的根本原因。而华侨服务社的建立、业务的发展,又保护和增强了侨胞的这种爱国爱乡热情,进一步密切了广大侨胞同祖国的联系。华侨服务社同广大侨胞之间建立的这种紧密联系,是中国旅行社发展旅游事业的一个特殊的有利条件。

3. 广东省华侨服务社的兴起

广东省的深圳、拱北、广州等出入境口岸,是新中国成立初期广大华侨和港澳同胞出入境的必经之地。为做好对华侨的服务工作,特别是为做好对难侨的接待工作,国务院有关部门在广州设立了归国难侨处理委员会,并附设归国难侨招待所,负责接待归国难侨。广东省从1950年起,也先后在深圳、汕头、拱北、广州等地设立了归国华侨接待站、归国华侨服务所等。

20世纪50年代,中国与美洲及东南亚一些国家尚未建立外交关系,侨居这些地区的华侨无法取得回国签证,只好约眷属在港会亲。赡家侨汇也不能直接汇到内地,必须先汇到香港,再由收款人亲自赴港具领。由于香港当局采取"出入境人数对等"等限制措施,内地居民,特别是非广东省籍居民赴港困难重重。起初,福建省的华侨服务社组织护送侨眷从深圳出境,因受到种种限制,费用较高,后改为主要经广州到澳门,再通过当地的私营旅运机构送往香港。随着赴港侨眷人次增多,业务量增大,1955年9月24日,成立了广州华侨服务社,经福建省同意,将原福建省华侨服务社

---

① 《当代中国的旅游业》编辑委员会:《当代中国的旅游业》,当代中国出版社、香港祖国出版社2009年版,第185页。

广州接待站也合并过来。

1956年下半年,广东省华侨服务社正式成立,与广州华侨服务社合署办公。

1956年底,广东省已有广州、深圳、汕头、海口等4个华侨服务社,以及普宁、梅县、大埔、台山、开平、中山、拱北等华侨服务站。

广东省华侨服务社的接待工作,是从接待东南亚难侨开始的。这些被遣送回国的难侨,多数是举家迁移,先乘船到香港,然后按所谓"直接过境"的方式从船上登岸后,连同随身运回的大件行李被送到罗湖边境,过桥经深圳入境。深圳和广州的华侨大厦,就是为适应接待任务兴建起来的。

从福建、广东两省华侨服务社成立的历史可以看出以下特点:华侨服务社是为满足华侨、侨眷出入境探亲旅游等多种需要而产生的;华侨服务社以服务华侨为宗旨,初期的许多服务是免费的,即使收费也很低廉,不以营利为目的,这对当时做好华侨工作发挥了良好作用。

(二)发展时期(1956—1965)

20世纪50年代中期,随着第一个五年计划的提前完成和第二个五年计划的实施,以及社会主义改造运动的顺利进行,中国的国民经济取得了长足的进展,社会主义建设事业出现了可喜的形势。在对外政策上,中国积极推行和平共处的外交路线,在国际上产生了积极影响。中国同东南亚各国的关系有了改善,一些国家有限度地放宽了对华侨回国的限制。在这种情况下,海外华侨和港澳同胞自费回内地观光旅游、探亲、就业和就学者逐渐增多。形势的发展,赋予华侨服务社新的历史使命。

1. 华侨服务社的扩展和总社的建立

1956年7月,国务院有关部门在北京召开接待工作会议,研究在全国范围内成立华侨服务社问题。并于8月28日发出通知,要求除加强广东、福建两省原有的华侨服务社外,在天津、沈阳、鞍山、大连、长春、哈尔滨、阜新、武汉、南京、无锡、苏州、上海、杭州、济南、昆明等十几个城市建立华侨服务社,以加强对华侨、侨眷及港澳同胞的旅游服务工作。

1957年3月,各地华侨服务社专业会议在北京召开,总结各地华侨服务社成立一年来所取得的成绩,并对华侨服务社的任务、接待方针、组织机构和业务等问题做出明确规定。会议决定统一全国华侨服务社的名称,增加"旅行"二字,称"华侨旅行服务社",并冠以所在省(区、市)名称,如"北京华侨旅行服务社"等。会议还决定成立华侨旅行服务社总社,以加强对全国各地华侨旅行服务社的统一领导。华侨旅行服务社通过服务工作来团结和教育华侨及港澳同胞,扩大国外华侨和港澳同胞爱国大团结和争取世界和平。

这次专业会议,总结了华侨服务社创建以来工作的基本经验,比较深入、全面地研究确定了华侨旅行服务社的性质、任务、业务工作的方针政策等,并制定了有关自费旅行团组织接待办法。

1957年4月22日,华侨旅行服务社总社正式宣布成立。与新中国成立初期相比,这个时期的华侨旅行服务社发生了很大变化:华侨旅行服务社已从福建、广东侨乡扩展到全国,数量上已有大的发展;华侨旅行服务社的普遍建立和总社的诞生,使华侨旅行服务社在全国初步形成了一个统一的服务网络;在业务上已从新中国成立初期那种主要为公费接待少量观光团,转而把组织华侨、港澳同胞自费回国观光、旅游、探亲作为一项重要任务。

2. 接待难侨及粮食、副食品联运

华侨旅行服务社在全国范围内普遍成立后,除开展日常业务外,还进行了两次大的业务活动:一次是接待难侨;另一次是开展粮食、副食品联运。体现了华侨旅行服务社作为政府部门的助手的作用。

1960年,中国政府为了保护华侨的正当权益,针对有的国家出现的排华情况,决定撤侨。华侨旅行服务社工作的重点是接待难侨和搬运华侨行李。在历时一年多的撤侨工作中,华侨旅行服务社全力以赴,配合有关部顺利完成了撤侨任务,广州接待了3.2万余人次,湛江接待了2.8万余人次,深圳接待了1.7万余人次。①

由香港中国旅行社组织联运港澳同胞进口粮食、副食品,是从1961年开始的。20世纪50年代末,由于农村生产体制的剧烈变动,农业政策发生偏差,加上不断的自然灾害,使农业连年歉收,国民经济和人民生活遭遇严重困难。许多华侨和港澳同胞开始给内地亲友寄运粮油、副食品等,港澳邮局每天接到向内地寄送的粮油、副食品邮包竟多达几万件。一些私商乘机揽收营利物品内运,收取高价托运费和进行套汇等不法活动。为了改善归侨、侨眷及港澳同胞眷属的生活,有领导、有组织地引导华侨和港澳同胞进口粮食、副食品及其他物品,并通过这一工作限制和打击私商的不法活动,保护华侨和港澳同胞的利益,加强对华侨和港澳同胞的团结,同时为国

---

① 《当代中国的旅游业》编辑委员会:《当代中国的旅游业》,当代中国出版社、香港祖国出版社2009年版,第190页。

家增加外汇收入,1961年5月15日,国务院批准中侨委、中国人民银行、外贸部、邮电部、铁道部、交通部《关于组织联运华侨和港澳同胞进口粮食、副食品以及其他物品的请示》,同意由华侨旅行服务社和香港中国旅行社增办这一联运业务。联运取得了很大成绩,三年多内总共运送进口粮食、副食品5.8922万吨,为国家争取联运外汇和华侨行李外汇(包括代收税款)1973万美元。联运食品等工作,不同程度地改善了华侨和港澳同胞国内眷属的生活。①

3. 华侨旅游业的新局面

到20世纪60年代中期,华侨旅游业发展到新的历史阶段,出现了方兴未艾的局面。至1963年,华侨旅行服务社已经遍及各省,仅广东省就有华侨旅行服务社46个,各地华侨旅行服务社的职工队伍不断扩大,并建起了一批华侨大厦作为接待的基地。广东省华侨旅行服务社在1956年建成时,只有85人,到1963年已达666人。福建省的福州、泉州、厦门、漳州等华侨旅行服务社也建起了华侨大厦。

旅游业务有较快的发展,从1956年到1965年,华侨旅行服务社共接待了来自80多个国家和地区的华侨20万人次,港澳同胞100万人次,仅1961年至1964年就为国家创汇2280万美元。1965年,广东省华侨旅行服务社接待了包括73个国家和地区的华侨、港澳同胞12.6万多人次。组织接待旅行团也由1957年的10个团819人次,增加到145个团3984人次,全年盈利32万元。1957年,经总社统一组织,由香港中国旅行社和广东华侨旅行服务社组织了第一批港澳同胞自费旅行团。为适应自费旅行团接待任务的需要,1965年,总社统一制定了旅行团组织办法发各地执行,规定组织华侨及港澳同胞集体旅行业务,由广东、北京和厦门华侨旅行服务社负责办理。组织旅行的城市有东北、华北、西南等地区的17个城市,共10条路线,并按不同线路、旅行天数、等级、人数收取综合服务费用。②

对零散客人的接待服务也有了新发展。零散旅客联运原属华侨旅行服务社的基本任务,早期联运业务只在一定区域内实行。如从深圳入境再经广州转回乡的旅客,应付广州中转站的接车费用,即由深圳口岸一次收费,简化了分段收费的手续,方便了客人,这就是联运业务的创始阶段。

---

① 《当代中国的旅游业》编辑委员会:《当代中国的旅游业》,当代中国出版社、香港祖国出版社2009年版,第185页。

② 《当代中国的旅游业》编辑委员会:《当代中国的旅游业》,当代中国出版社、香港祖国出版社2009年版,第191页。

1964年初,香港中国旅行社同内地华侨旅行服务社共同商定开办全程联运的服务,并扩大联运点。其做法是由接办社香港中国旅行社,从始发站一次收清全程交通客票及中转和目的站的接送服务费用,给予全程照料服务,随后又增办了回程联运,并全面推广到入境的零散客人的服务,受到客人的好评。

在华侨旅游业务顺利发展的形势下,1965年6月,国务院有关部门召开了华侨旅游业务工作会议,会议总结了华侨旅行服务社自1965年普遍建立以来所取得的成绩,进一步明确了华侨旅行服务社的性质、任务、业务方针、领导体制等重大问题。会议指出:"华侨旅行服务社是专门接待回国观光、回乡探亲华侨和港澳同胞的涉外事业单位。它在经济上实行企业管理,财物上实行差额预算。它的基本任务是通过旅游服务,做好回内地观光华侨和港澳同胞的接待工作,开展旅游业务,为国家增加外汇收入。"

(三) 坎坷时期(1966—1977)

1966年开始的"文革",使华侨、外籍华人、港澳同胞的旅游接待工作也受到了猛烈冲击,为侨胞服务被说成是为"资产阶级服务",旅游接待被认为是"吃喝玩乐"。同时,海外侨胞的爱国爱乡热情受到挫伤,入境旅游者越来越少。

"文革"中,在"破四旧"的口号下,一些红卫兵开始剪客人的长头发、喇叭裤、尖皮鞋。有的华侨旅行服务社的牌子被砸,换上了"前卫社",有的华侨大厦改名为"人民大厦"。在"不为错误路线生产"的口号下,一段时间内干部职工不能正常上班,严重影响了接待工作。有的餐厅无人采购,让客人吃炒冷饭。电梯无人开,让客人提着行李上下楼。门岗无人值班,宾馆变成武斗据点。客人受到歧视和冷遇,客人"自我服务"是普遍现象,餐厅还规定"不许大吃大喝"、不办宴会等。

"文革"期间,许多地方华侨旅行服务社的干部职工被扣上各种莫须有的罪名"靠边站",组织机构被撤销。广东、福建等地的一些华侨旅行服务社虽未被撤销,但工作极其困难。应当指出的是,许多地方华侨旅行服务社干部职工,在困难条件下进行了不同程度的抵制和斗争,坚持接待业务,坚守岗位。如泉州华侨旅行服务社大厦变成武斗据点后,工作人员迁到南安县官桥公社,租用侨属的一座楼房继续接待工作。

由于社会秩序混乱,一些开放城市和参观单位无法对外开放,客人的探亲旅游无法进行。在这种情况下,出入境的华侨、港澳同胞急剧减少,旅行团几乎绝迹。像广东省华侨旅行服务社那样的大社,每天接待的散客也只有四五十人。广东省华侨旅行服务社 1965 年接待省外旅行团 145 个 3984 人次。1966 年下降为 57 个团 1056 人次,1967 年又下降为 40 个团 967 人次。1969 年,总社机构被撤销。至此,华侨旅行服务系统已不复存在。

1971 年,林彪反革命集团被粉碎后,周恩来主持中央日常工作,中国恢复了在联合国的合法地位。随着中国同世界各国交往的不断发展,要求入境探亲旅行的华侨、外籍华人、港澳同胞显著增加。1971 年广东组织的到省内外参观的旅行团达 248 个 9182 人次。1972 年,中央批准恢复华侨旅行服务社总社,各地华侨旅行服务社也先后恢复。陈亮出任总社社长,总社任务是负责统一领导和承办华侨、港澳同胞和外籍华人的旅游探亲业务。鉴于华侨中的许多人已加入所在国国籍,成为外籍华人,他们到中国旅游探亲以及港澳同胞回内地探亲旅游,都不宜用华侨旅行服务社的名义接待。1974 年,经国务院批准,成立了中国旅行社,以便分工负责,对口接待。中国旅行社成立后,与华侨旅行服务社合署办公(统称中国旅行社)。

总社机构恢复后,接待华侨、外籍华人、港澳同胞的业务又在全国范围内逐步开展起来。1974 年,总社在北京召开了"部分旅行社接待座谈会"。在会上就组织旅行团办法、收费标准、旅游调研等问题进行了讨论。会议决定,由总社委托广东、福建、北京、上海四个社负责组团业务和承办探亲旅行业务。

1976 年,粉碎江青反革命集团后,旅游接待工作出现了新形势。1977 年总社再次召开了接待工作座谈会。各省、自治区、直辖市中国旅行社和华侨旅行服务社的负责人、接待干部,部分对外开放单位及中央有关部门的代表共 115 人出席了会议。李先念和耿飚、陈慕华等国家领导人接见了会议代表,李先念做了重要指示,充分体现了中央对华侨、外籍华人、港澳同胞接待工作的重视。1977 年接待 34 万人次,比 1976 年增加了 69%,打破了多年来接待人次徘徊不前的状况。[①]

第五节　旅游景区初期开发

新中国成立初期,全国各族人民在中国共产党的领导下,开始建立完

---

① 《当代中国的旅游业》编辑委员会:《当代中国的旅游业》,当代中国出版社、香港祖国出版社 2009 年版,第 193 页。

整的国民经济体系。经济基础虽然薄弱,各项事业百废待兴,但国家对旅游资源的开发给予了相当的关注。1950年,在财力薄弱的情况下,国家又肩负起抗美援朝战争的重担。在这种情况下,有关部门还是做了许多工作,使旅游资源得到保护,人民群众旅游、娱乐和休息的环境逐步得到扩充,还力所能及地对旅游资源做了种种开发建设。从新中国成立到改革开放之前的近30年间,由于旅游资源的恢复和初步建设,也由于新中国经济建设成就和社会道德风貌的强力吸引,大批华侨和港澳同胞到内地观光,许多国际友人前来参观游览,在国内外都引起良好的反响。

一、旅游景区的内涵、分类和特征

国内外对旅游景区的界定存在多种说法。一般认为,旅游景区主要指在地理上有明显的界线,由若干个景点组成,供游人逗留、休息、参观的场所。旅游景区是指具有吸引游客前往游览的吸引物和明确划定的区域范围,能够满足游客参观、游览、度假、娱乐、求知等旅游需求,并能提供各种必要的附属设施和服务的旅游经营场所。

根据《旅游资源分类、调查与评价》(GB/T 18972—2017),旅游资源是指自然界和人类社会凡能对旅游者产生吸引力,可以为旅游业开发利用,并可产生经济效益、社会效益和环境效益的各种事物和现象。该标准将旅游资源分为8个主类、23个亚类、110个基本类型,这些旅游资源形成了多种类型的景区。

从中国旅游景区的命名形式来看,主要包括风景名胜区、森林公园、自然保护区、历史文物保护单位、地质公园、主题公园、旅游度假区、工业旅游示范点与农业旅游示范点等。其各自又有相应的具体界定标准。

旅游景区按目的划分,可以分为经济开发型旅游景区和资源保护型旅游景区。经济开发型旅游景区可分为风景名胜区、森林公园等,资源保护型旅游景区可分为自然保护区和历史文化保护单位等。旅游景区按内容划分,可分为文化古迹类景区、风景名胜类景区、自然风光类景区、红色旅游类景区和生态旅游类景区等。文化古迹类景区主要指古代遗留至今的,以具有一定的文化价值或历史价值的文物古迹为主的景区;风景名胜类景区指具有独特的风光、景物以及古迹,同时也可能包括有独特的人文习俗的景区;自然风光类景区指以当地独特、优美的自然环境为主,当地旅游部门精心开发而成的景区;红色旅游类景区指把红色人文景观和绿色自然景观结合起来,把革命传统教育与促进旅游产业发展结合起来的一种新型的主题旅游形式的景区;生态旅游类景区指具有保护自然环境和维护当地人民生活双重责任的旅游景区。

一般来说,旅游景区具有以下特征。①综合性。旅游景区都是由不同要素构成的,这些要素在不同的文化、经济、环境背景下相互组合,构成不同类型的旅游景区。②不可分性。旅游景区是旅游活动发生的场所,同时也是旅游消费行为发生的地方,两种行为的发生具有不可分性。③多用途性。旅游景区的设施、设备不仅为当地居民和工作人员所用,也供游客临时使用。④动态性。主要表现为游客对景区认识的动态过程和旅游景区开发产品的动态发展过程。

本研究中的景区是指具有参观、休闲度假、康乐健身等功能,具备相应旅游服务设施并提供相应旅游服务的独立管理区。《旅游景区质量等级的划分与评定》(GB/T 17775—2003)规定,旅游景区应有统一的经营管理机构和明确的地域范围,包括风景区、文博院馆、寺庙观堂、旅游度假区、自然保护区、主题公园、森林公园、地质公园、游乐园、动物园、植物园及工业、农业、经贸、科教、军事、体育、文化艺术等各类旅游景区。

二、1949 年之前的观光游览地

人类旅游休闲思想的源头与人类文明史一样久远,景区这一核心要素则贯穿整个人类旅游的历史,我国也不例外。从《周易》到《庄子》,都充溢着人类最原初的旅游意愿和对美好风景的留恋与赏鉴。旅游家徐霞客放弃了优越的生活和功名利禄,将一生许予山水。文人墨客、官员士子、普通百姓均免不了外出行游,为满足其需求,园林建设等景区实践活动开始萌芽。

我国旅游景区的萌芽始于古典园林的建造,该阶段旅游景区的管理实践还仅仅局限于园林的建造,并且园林艺术较为简陋,直到后期才出现了较为复杂和系统的造园艺术。古代园林发展阶段中园林的类型较为单一,以宫苑为主。虽然中间陆续出现了寺观园林和私家园林等形式,但从本质上来看,这些园林的功能与宫苑相似,均以自然风景观光为主,因此属于同类型的园林。该阶段中真正能享受园林生活的只是社会中的极少数人,如宫苑中的王公贵族、私家园林的主人等。因此,古代园林是一种奢侈品和权力地位的象征。

通常人们把 1840 年以前的园林称为古典园林,我国园林建造和管理由古代到近代的转折则以公园的出现为标志。1868 年,上海出现了我国最早的公园——"公花园"(即现在的黄浦公园)。公园的出现使得该阶段旅游景区的类型日渐多元化。这些公园较传统园林在功能上有了较大的拓展,例如在景观营造之余,公园内开始建有大面积的空地,供人们开展各种球类活动和其他体育运动,此时的公园已经粗具现代旅游景区的雏形。但在整个19世纪中后期,随着帝国主义列强的入侵和战乱,圆明园、颐和园、清东陵等文物古迹曾一度被焚毁,西方列强在中国的风景名胜区如北戴河海滨、庐山等地,建造房舍作为居住区,虽然这些居住区也成了今日景区的一部分,但旅游景区的建设发展也从那时进入了相对停滞的阶段。

三、文物保护时期的旅游景区

1949—1978年是旅游景区的文物保护时期,也是建设准备期。20世纪50年代,夏令营曾经风靡一时,人们甚至到莫斯科郊外去夏令营。1961年,国务院第105次全体会议讨论通过了《文物保护管理暂行条例》,列出第一批全国重点文物保护单位名单,其后颁发了《国务院关于进一步加强文物保护和管理工作的指示》。1973年,国务院批准桂林成为对外开放旅游城市。1978年,中央成立旅游工作领导小组。同年,中国旅行游览事业管理局改为直属国务院的管理总局。与这一阶段的旅游功能相呼应的是该阶段景区的发展建设也是以文物保护为主,景区的主体功能是外交,兼具观光游览。在建设准备期内,景区并未向社会公众开放,景区观光仍属于小众行为。"文革"期间,"破四旧"和"大炼钢铁"等运动使全国的一些文物古迹、林区、景区遭受了较大破坏,景区建设工作也受到一定阻碍。[①]

(一) 人文资源的保护和建设

新中国继承了丰富的、具有传统文化特色的历史文物等诸多资源,为了加强对历史文化遗存的保护和管理,1950年5月,政务院颁布了《禁止珍贵文物图书出口暂行办法》,防止珍宝被盗运出国;同时还颁布了《古迹、珍贵文物图书及稀有生物保护办法》、《为保护古文物建筑办法》,要求对文化历史资源注意保护,严禁毁坏。在财政非常困难的情况下,国家拨出资金抢修了一批珍贵文物、古代建筑。1952年5月,毛泽东主席亲自写信给叶恭绰,就其和李济深、章士钊、柳亚子诸先生提出保护明末爱国军事家袁崇焕在北京的祠墓一事,做了批示,支持他们的建议。周恩来总理更是亲自过问和处理了许多文物保护的事项。

---

① 中国旅游研究院:《中国旅游景区发展报告(2013)》,旅游教育出版社2013年版,第13页。

新中国成立后,大量的革命遗址及革命纪念物得到保护和建设,对人民的革命传统教育和向国际友人开放游览起到重要作用。1949年,第一届中国人民政治协商会议决定在天安门广场兴建人民英雄纪念碑。此碑于1952年8月正式动工,1958年4月建成,成为人们缅怀革命先烈、举行庄严肃穆仪式的场所。中国各地的许多革命遗址,如广州黄花岗七十二烈士墓、农民运动讲习所旧址、广州公社旧址,上海中国共产党第一次全国代表大会会址、孙中山故居、鲁迅墓,湖南湘潭韶山冲毛泽东故居,江西南昌"八一"起义指挥部、井冈山革命遗址,贵州遵义会议会址,延安革命遗址,石家庄白求恩大夫墓,重庆红岩村、曾家岩,以及南京梅园新村等都得到很好的保护和管理,吸引了大批群众前来瞻仰、凭吊。

在大规模的经济建设中,各地都有大量的古文化埋藏出土,国家也有计划地进行考古发掘,有许多具有重要意义的发现。全国许多省(区、市)古遗址的发现,丰富了史前文化的资料和知识,也为旅行游览开辟了新景点。比如,北京周口店遗址的进一步发掘,山西临汾丁村人遗址、陕西蓝田人遗址和云南元谋人遗址的发现,河南渑池仰韶文化的进一步调查和发掘,陕西半坡村遗址的发现,等等。历代故都如郑州商代遗址、河南安阳殷墟、山东益都临淄齐国故城、汉长安遗址、汉魏洛阳故城、新疆吐鲁番的高昌和交河故城、黑龙江宁安渤海国上京龙泉府遗址等的发掘,也都出土了珍贵文物,有的建造为博物馆,成为游览胜地。中国古文化埋藏非常丰富,受经济和技术条件的限制,只能重点发掘。1956年,经国务院批准,对北京昌平的明定陵地下宫殿进行发掘,之后建为博物馆,成为每年吸引数百万人参观游览的著名景点。

对于地面上留存的古建筑、古园林、石窟、石刻等都进行了重点的保护和维修。如北京八达岭长城、明十三陵长陵、明清故宫、天坛、北海、团城、颐和园、雍和宫,河北山海关、赵州安济桥、承德避暑山庄和外八庙,天津蓟县(今蓟州区)独乐寺,山西太原晋祠、五台县南禅寺、五台山佛光寺、大同严华寺、应县佛宫寺释迦塔,沈阳北陵、故宫,江苏苏州拙政园、留园,上海豫园,浙江杭州六和塔、灵隐寺、岳飞墓,山东曲阜孔庙、泰安岱庙,河南洛阳白马寺、登封嵩岳寺塔、古测景(观象)台,湖北武当山金殿,湖南岳阳楼,云南大理崇圣寺三塔,四川成都武侯祠、杜甫草堂,青海湟中塔尔寺,西藏拉萨布达拉宫、大昭寺以及各地著名石窟、石刻等,都本着"整旧如旧"的原则进行修葺和保护。同时还开拓道路,植树绿化,改善环境,创造必要的条件,使之成为极受游人欢迎的游览场所。对具有珍贵价值的文物古迹,需要坚决保护，严禁破坏，在同建设发生矛盾时，要按"既对文物保护有利，又对基本建设有利"的方针，按不同情况妥善处理。如北京拓宽城区东西干道时对北海团城的处理，修建刘家峡水库时对炳灵寺石窟和修建三门峡水库时对芮城县永乐宫的处理，都取得了比较完满的效果。

在此期间，国家还进行了重点文化设施建设，全国各地都新建了一批电影院、剧场、体育馆、文化宫、博物馆等，以满足人民群众日益增长的文化生活需求。1958年至1959年，在首都新建了一批规模宏大的公共工程项目，如民族文化宫、中国人民军事博物馆、全国农业展览馆、工人体育场、中国美术馆、北京火车站等项目，可以作为新中国继承民族传统、探索建筑创作新形式的代表作。天安门广场的改建，打破了旧时封闭狭长的格局，面积扩大到43公顷（1公顷=10000平方米），同东西长安街相连接，开阔、瑰丽、端庄、雄伟，体现了首都的气概和人民的意志。这些建设项目，也成了旅游资源。

（二）自然资源的保护和建设

新中国成立初期，全国实行护林为主的方针，在许多山区实行封山育林，使植被得到保护和恢复，森林覆盖率得到提高。1956年，第一届全国人民代表大会第三次会议通过了"请政府在全国各省（区）划定天然森林禁伐区，保存自然植被以供科学研究的需要"提案，林业部门着手研究狩猎管理和划定自然保护区的问题。1957年，林业部和公安部颁发了《猎枪弹药管理办法》，加强了对狩猎的控制。从1959年开始，黑龙江、吉林、陕西、四川、云南和广东等地相继规划了一批自然保护区，至1961年，全国各地规划自然保护区和禁猎区约70处，其中自然保护区20处。1962年，国务院发布《关于积极保护和合理利用野生动物资源的指示》，纠正在1959年至1960年经济困难时期各地滥捕野生动物的不良倾向，要求首先加强野生动物资源的保护，规定了禁止捕猎和控制捕猎的野生动物。1963年，竺可桢等11位代表在全国人民代表大会上发言，强调保护各类自然地貌景观、动植物群落、生态系统、典型地质剖面和古生物化石等的重要意义。要求进一步做好自然保护区的规划和审批，搞好管理、制止破坏，统一指导全国自然保护工作。到1956年，全国已规划和审批了一批自然保护区，例如：吉林省批准建立保护红松、落叶松、人参、东北虎、紫貂等物种和生态系统的长白山自然保护区，吉林省人民委员会还颁发了《关于加强长白山自然保护区管理的布告》；广东省建立了保护热带雨林及长臂猿的尖峰岭自然保护区；陕西省建立了太白山自然保护区；云南省建立了西双版纳小勐养、勐仑、勐腊自然保护区;福建省建立了乐土自然保护区;黑龙江省建立了丰林、呼中自然保护区。

(三)风景名胜区的保护和建设

城市郊区风景名胜区的恢复与发展,首先受到各级政府的重视。中国著名的风景游览城市杭州,于20世纪50年代疏浚西湖,挖出淤泥720万立方米,使湖水水深由原来的平均不到半米,达到1.8米,驳砌湖岸30公里,维护开辟了湖周的一些景点,特别是对湖周群山实行封山育林,营造风景林,共植树5000万株,30多平方公里的荒山披上绿装,风姿绰约的西子湖得到恢复。桂林漓江风景名胜,经过开拓景点,整修溶洞,植树绿化环境,清理桂林至阳朔的漓江航道,并组织了对风景区的规划,使抗日战争以来饱受摧残的一片废墟,恢复了"甲天下"的景色。南京钟山以中山陵园为中心充实、提高了原有的基础种植。鞍山市对千山风景名胜区投资200多万元,整修寺观,管护全山的植被,使钢都的人民有了一块良好的休息游览地。① 肇庆市在广东省政府的支持下,于1955年将淤塞多年的沥湖疏浚筑堤扩大水面,使七星岩恢复了山青、水碧、石秀、洞奇的历史风貌。在临潼华清宫内新建九龙汤,开辟东花园,使已纪废的名园重新向广大群众开放。一些历史上著名的风景区也得到保护和恢复,如中央人民政府拨出上千万元资金用于整修泰山的文物古迹,修复登山道路,营林85平方公里,开辟公路,增设各项安全服务设施,使泰山更加雄伟壮丽。黄山设立管理处后,从1955年起对登山游路、桥梁、房屋进行整修,开辟公路,兴建宾馆、疗养院、礼堂、温泉游泳池,开设邮局,安装电话总机等,创造了群众性游览黄山风景的各种条件。

在此时期,国家十分关心第一线产业工人的劳动保护,卫生部门、工会系统、各产业部门在各个风景优美、气候良好、具有特殊条件的地区修建许多休养所、疗养院。恢复和新开辟了一些著名的疗养区,如杭州西湖、无锡太湖、北戴河、庐山、鸡公山、莫干山、青岛湛山,以及广东从化温泉区和临潼华清池温泉区等,这些都促进了风景名胜区的景点建设和各项设施的完善。

四、在社会主义建设中开辟的旅游资源

在开始大规模社会主义建设后,建设工程同地上、地下文物古迹保护

---

① 《当代中国的旅游业》编辑委员会:《当代中国的旅游业》,当代中国出版社、香港祖国出版社2009年版,第132页。

产生了矛盾。为此,1953年10月,政务院颁布了《关于在基本建设工程中保护历史及革命文物的指示》,规定了各种措施和办法,使珍贵文物不致在建设中遭受破坏或重大损失。1956年4月,国务院又发出了《关于在农业生产建设中保护文物的通知》,进一步做出凡是地下蕴藏的文物都是国家的文化遗产,为全民所共有的规定,要求在全国范围内进行文物普查,加强保护管理,并要求将古建筑和文物纳入绿化和其他建设规划,加以保护和利用。1961年3月,国务院发布《文物保护管理暂行条例》,确定了文物的性质和范围、保护管理机构及其职责。国家实行重点文物保护制度,分级管理并规定了各种保护管理措施。在发布条例的同时,国务院审定公布了第一批全国重点文物保护单位180处,其中包括全国最为珍贵的革命纪念建筑物、古代建筑物和建筑群,还有石窟、寺庙、石刻以及雕塑、古遗址、古墓葬等。这些法规和文件的适时制定对历史文物的保护起了重要作用,对全国的文化遗产保护有着重要的意义和影响。

"文革"期间,许多文物古迹被视为"四旧",横遭扫荡。古建筑、庙宇、教堂被拆除;园林、风景名胜被侵占;到处毁林开荒,开山炸石,围湖造田。许多自然环境遭污染,风景景观被破坏。在此期间,周恩来率领群众拯救了一批珍贵的文物古迹。如他制止对杭州灵隐寺和山东曲阜孔庙的破坏,批准刘家峡水库保护炳灵寺石窟的堤坝工程,决定北京地铁绕行以保护古天文台等,决定故宫博物院重新开放,等等。全国各地也有许多国家工作人员、文物工作者、宗教界人士冒着种种风险保护了一大批珍贵文物资源。广大人民群众依靠自己的力量,艰苦奋斗,最终建成了南京长江大桥、北京地铁、上海黄浦江过江隧道等重大工程项目。这些建设项目成了新中国的光辉典型,供人们参观游览。

第二章
改革开放与旅游事业的起步发展
（1978—1991）

自 1949 年新中国成立到 1978 年改革开放之前，旅游被看作是外事活动的一个组成部分，一直是为政治服务的，没有真正意义上的经济功能。1978 年是中国历史上极不寻常的一年。中共中央关于改革开放的重大决策，使中国在从传统的计划经济向市场经济的转变方面迈出了历史性的一步。在此大背景下，旅游的经济功能逐渐被认可，旅游发展的基础设施开始有意识地完善。从 1978 年到 1991 年短短 10 多年中，旅游业经过了崛起、高速发展、突然滑坡再到恢复振兴的过程，实现了"旅游是经济产业"的观念突破，旅游业从传统的计划经济的体制中萌芽生长，开始以一种独立的产业形态脱颖而出，显示出巨大的发展潜力。但是，这个时期旅游业本身是残缺的，产业规模的扩大是被动的，尽管管理与经营的方式有了很大的转变，但基本上还是在传统计划经济的框架中运行，新旧体制的摩擦日益显现。然而，旅游业在短时期内积累了进一步发展所必需的产业规模，奠定了旅游业发展的坚实基础。①

第一节　开创旅游事业发展的新局面

1978 年 12 月，中共十一届三中全会确定了中国共产党和国家的工作重点转移到社会主义现代化建设上来，贯彻国民经济"调整、改革、整顿、提

---

① 张广瑞、魏小安、刘德谦：《2000—2002 年中国旅游发展：分析与预测——中国社会科学院旅游研究中心研究报告》，社会科学文献出版社 2002 年版，第 5 页。

高"的方针。随后,中共中央又提出了促进技术进步,提高经济效益,对外实行开放,对内搞活经济等一系列重大政策,为旅游事业带来了生机和活力,中国旅游事业开始进入了新的发展时期。1978年,全国旅游入境总人次达180.8万,其中外国旅游者23万,港澳同胞回乡探亲旅游者157.9万,旅游外汇收入2.63亿美元,均创新中国成立以来的最高纪录,超过以往近30年的总和。但同蓬勃发展的世界旅游业相比,这是微乎其微的。中国旅游事业亟待大力开拓。

一、国际旅游业高速增长

(一)国际旅游客流①增长状况

第二次世界大战后,国际旅游客流持续稳定增长,旅游业迅速发展成为一个新兴的行业。1950年,全世界接待入境过夜旅游者人次仅为2528万人次,旅游收入约为21亿美元。进入20世纪60年代后,世界旅游业平均以每年10%的速度增长。1979—1991年,全世界接待入境过夜旅游者人次从2.8亿人次增加到4.6亿人次,旅游收入从833亿美元增加到2767亿美元,分别增加了64.3%和232.2%。②

(二)国际旅游客流的空间格局

按地域划分,可将全球客源的旅游市场划分为欧洲、美洲、亚洲、大洋洲、非洲五大旅游市场,世界各个旅游市场都为争取更多的游客而展开激烈竞争。欧洲历来是世界上最大的旅游市场,经济发达,人民生活比较富裕,又普遍实行带薪休假制度,出国旅游、国内旅游和国际旅游接待都是强项,规模大,而且稳定发展,是世界上最大的旅游需求市场,也是世界上最大的旅游供应市场。欧洲一体化及欧元的使用,有助于欧洲旅游的进一步繁荣。美洲的旅游业稳定发展,其中北美发展速度最快。1979年,美洲接待游客已达4950万人次,总收入160亿美元,居于世界第二位。亚洲是迅

---

① 国际旅游客流是指国际旅游者借助交通工具,从客源国向目的地国家或地区移动所形成的具有一定方向和一定数量的移动人群,具有一定的结构、流向和流量特征。国际旅游客流既呈现变化的一面,主要表现在战争、经济、政治形势、气候以及重大事件等各种因素都会使国际旅游客流的流量、流向发生变化;同时,国际旅游客流的空间移动又具有相对稳定的特征,呈现出一定的规律性。

② 国家旅游局旅游促进与国际合作司、中国旅游研究院:《中国入境旅游发展年度报告2012》,旅游教育出版社2012年版,第38页。

速崛起的旅游区,是世界第三大旅游市场。① 非洲所占份额很小,但已成为世界上旅游业发展最快的地区之一。世界旅游市场的格局是动态变化的,伴随而来的是竞争的不断加剧。

1. 20 世纪 50 年代国际旅游客流集中于欧美地区

旅游业开端于近代的欧洲,所以欧洲旅游业一直领先于其他地区。20 世纪 50 年代中期,喷气式飞机开始用于民航,标志着现代旅游的开端。由于经济和政治的原因,当时世界范围内的旅游活动主要集中在欧美地区。1950 年,欧洲、美洲两大旅游区接待的国际旅游者人次占世界旅游市场的比重为 96.6%,国际旅游收入占世界旅游市场的比重为 92.8%。②

2. 20 世纪 70 年代东亚太地区国际旅游的崛起

第二次世界大战后,世界各国都开始大力发展本国的经济,世界人口增加,科学技术进步使得生产效率提升,开始出现带薪休假。随着教育的普及和人们文化水平的提高,产生了更多的外出旅游需求。20 世纪 60 年代,大众旅游开始在西方发达国家产生。

从 20 世纪 70 年代末开始,世界旅游格局开始发生新的变化,最明显的就是东亚和太平洋地区的崛起,主要原因有:①东亚太地区的经济发展造成居民旅游需求的增长,以及该地区政府也开始着手发展旅游业;②经过 20 世纪 50 年代迅速发展的欧美市场开始出现饱和状态,近程市场不能满足一些旅游者的需要,他们开始向往古老而神秘的东方文明,也往该地区输送了一部分客源。这些因素为我国入境旅游的发展创造了条件。

二、旅游事业的起步发展

改革开放以来,中共中央、国务院十分重视和支持旅游事业的发展。邓小平曾指出:"旅游事业大有文章可做,要突出地搞,加快地搞。"1978 年冬至 1979 年,邓小平就如何开展旅游工作,作了多方面的指示。针对当时北京、上海等地旅游住房紧缺,出现"卡脖子"的现象,1979 年 1 月,邓小平提出,将北戴河休养所拨给接待旅游外宾用,并进一步指示:房子要快盖起来,下决心要快,第一批可以找侨资、外资,然后自己发展。上述一系列指示,都是发展旅游事业的重要指导思想和工作方针,使中国旅游事业能在

---

① 国家旅游局旅游促进与国际合作司、中国旅游研究院:《中国入境旅游发展年度报告 2012》,旅游教育出版社 2012 年版,第 41 页。
② 国家旅游局旅游促进与国际合作司、中国旅游研究院:《中国入境旅游发展年度报告 2012》,旅游教育出版社 2012 年版,第 44 页。

新形势下迈开新步伐。

根据邓小平等中央领导人的指示,1979年9月,旅游总局在北戴河召开了全国旅游工作会议。会议着重研究了在新形势下贯彻落实发展旅游事业的方针政策,以及改革旅游管理体制、解决旅游住房、改善经营管理、加强队伍培训和对外宣传等方面的问题。这次会议做出了一些根本性的改革决定,旅游工作要从政治接待型转变为经济经营型。这意味着发展旅游事业是关系到政治与经济的双重任务。

中国旅行游览事业管理总局按照北戴河会议的决定精神,形成了《关于大力发展旅游事业若干问题的报告》,明确指出要大力发展旅游事业,积极利用侨资和外资,建造一批具有现代国际水平的旅游饭店,为社会主义现代化建设吸收外汇和积累资金。1979年由国务院批准的第一批项目,有北京建国饭店、长城饭店,广州白天鹅宾馆,以及南京金陵饭店等6座,共有5000多间客房。这批饭店是与侨商、外商合作建造和经营的旅游饭店,建成投入使用后,不仅缓解了部分旅游住房紧张的矛盾,而且对提高旅游饭店的管理服务水平、培训饭店管理专业人员、增加经济效益等都起了带头示范作用。[①]

旅游事业具有跨地区、跨行业和国际性、综合性的特点。发展旅游绝不只是增建饭店,还须解决交通运输、景点建设、娱乐设施、队伍培训和物资供应等问题,才能安排好旅游者的食、住、行、游、购、娱等活动。中国旅行游览事业管理总局在抓紧旅游饭店建设的同时,还组织人力于1979年成立了中国旅游服务公司、北戴河海滨旅游公司和中国旅游出版社,办起了第一家旅游报刊——《旅游通讯》(后改名为《中国旅游报》)。1979年,创建了上海旅游专科学校。从1980年开始在大学里开办旅游系和旅游专业,之后又决定将北京第二外国语学院划归中国旅行游览事业管理总局领导,作为培养翻译、导游和高级旅游管理人才的基地。

中共十一届三中全会精神犹如春风吹绿了旅游园地。20世纪80年代,旅游事业取得了显著进展,有了一个良好的新开端,为90年代我国旅游业的成长与发展积累了后劲。

三、改革旅游体制,实现"四个转变"

改革开放以来,中国旅游事业发展较快,旅游接待人次连年迅速增长。

---

① 《当代中国的旅游业》编辑委员会:《当代中国的旅游业》,当代中国出版社、香港祖国出版社2009年版,第35页。

1980年，来华外国旅游者达52.9万人次，较上年增加46.1%，回内地探亲、观光的华侨和港澳同胞也较上年增加34.6%，共517.34万人次；旅游外汇收入达6.17亿美元，较上年增加31.3%。实行对外开放、对内搞活的政策，直接推动了旅游业的发展。但旅游的接待条件、服务质量和管理体制不适应新形势的发展。

1984年是中国经济体制改革深入发展的一年。改革体制是中国进行社会主义现代化建设的重大决策，也是中国经济振兴的出路所在。着重抓好体制改革和对外开放两件大事，是关系到旅游事业发展前途的大事。1985年，国务院批转了国家旅游局《关于当前旅游体制改革几个问题的报告》。该报告提出了旅游管理体制实行"政企分开，统一领导，分级管理，分散经营，统一对外"的原则，加快旅游基础设施建设要采取国家、地方、部门、集体和个人一起上，自力更生和利用外资一起上的方针，并首次明确了国家旅游局作为国务院的职能部门，要面向全行业，统管全国旅游事业。各省、自治区、直辖市的旅游局，统管本地区的旅游工作。要善于运用行政的、经济的和法律的手段，加强对旅游事业的管理。

旅游管理体制改革极大地调动了各方面办旅游的积极性，旅游工作出现了新气象，打开了新局面，加快了改革步伐，开始实现"四个转变"。一是从过去主要搞旅游接待，转变为开发建设旅游资源与接待并举。国家旅游局还安排专款有计划地对旅游景点进行整修、开发和保护。二是从只抓国际旅游，转变到国际、国内旅游一起抓，相互促进。国家旅游局和地方旅游局设立了管理国内旅游的机构和人员，负责处理日常工作和问题，加强对经营国内旅游企业的指导。三是从以国家投资为主建设旅游基础设施，转变为国家、地方、部门、集体和个人一起上，自力更生和利用外资一起上，加快了旅游基础设施建设。一些风景区和旅游度假地，出现了群众集资建宾馆、个人筹资办家庭旅馆接待客人的新情况，解决了国内旅游住房问题。四是旅游经营单位（旅行社、旅游饭店、旅游汽车和游船公司等）由事业单位转为企业化单位，从所属的行政管理部门独立出来，自主经营，改变作风，参与行业竞争，优胜劣汰。这"四个转变"的实现，是中国旅游事业改革迈出的重要步伐，也是新中国旅游发展史上的重大转折，使中国旅游事业日益兴旺、持续发展。

四、旅游事业列入国民经济和社会发展计划

从1978年到1991年，是我国由计划经济体制向市场经济体制转轨时

期,也是旅游业摆脱计划经济体制束缚而逐渐发育阶段,中国政府在政策上积极推动旅游事业的发展。

"六五"计划期间,中国旅游事业有了较大发展,但总体看来,旅游事业的发展水平不高,在世界旅游业中所占的比例仍较小。1985年,我国的国际旅游收入仅占全球国际旅游总收入的1.14%。这与中国拥有的丰富旅游资源相比很不相称,亟待加快发展。① 1985年10月5日,国务院召集专门会议,会议认为中国正在进行大规模的社会主义现代化建设,外汇紧缺,加快发展旅游业,扩大旅游创汇,是解决这方面问题的一条重要途径。因此,对发展旅游业在经济和政治上的重要性必须重新认识,以便统一思想,协调步伐,群策群力,把旅游事业更快更好地搞上去。

1986年,国务院批准《全国旅游事业发展规划(1986—2000年)》,首次把旅游业作为国家重点支持发展的一项事业列入《中华人民共和国国民经济和社会发展第七个五年计划(1986—1990)》(简称"七五"计划)。"七五"计划提出,要大力发展旅游业,增加外汇收入,促进各国人民之间的友好往来。在国家统一领导下,动员各方面的力量,加强旅游城市和旅游区建设,加快培养旅游人才,扩大旅游商品的生产和销售。这是旅游业第一次在国家计划中出现,是旅游业发展史上新的里程碑。发展旅游业得到了各地和各有关部门以及全社会的重视,进一步调动了各方面和旅游战线广大职工的积极性,为胜利完成"七五"计划和实现20世纪末的宏伟目标而努力实践,由此大大加快了旅游业的发展步伐。

五、对旅游业的认识由事业型向产业型转变

(一) 创汇产业的认识阶段(1978—1982)

1978年改革开放以前,中国的旅游业除接待少量的华侨和港澳同胞来内地观光探亲外,主要接待苏联及东欧国家的旅游者。这种接待按照邀请外宾的标准,对所有客人、旅游景点、旅游路线等都执行同一个政治接待型的象征性价格,管理机构没有盈余的概念,也没有创汇指标。当时的旅游业并非经济产业,而是执行政治任务的接待部门。

1978年中共十一届三中全会召开之前,邓小平同志就提出:"旅游事业大有文章可做,要突出地搞,加快地搞。"邓小平同志还在之后的一次重要

---

① 《当代中国的旅游业》编辑委员会:《当代中国的旅游业》,当代中国出版社、香港祖国出版社2009年版,第42页。

讲话中提出力争到20世纪末我国旅游接待达到年创汇100亿美元目标的设想,这是中国旅游业发展的宏伟目标。1979年,邓小平同志在著名的"黄山讲话"中指出,旅游业要变成综合性的行业,开启了中国现代旅游业发展之路。

中共十一届三中全会后,按照改革开放的方针,旅游业逐步被纳入国民经济的运行轨道,形成了以观光为主的旅游经济产业,为国家创汇是其主要任务,逐步完成了性质转变。同时,职能的转变使旅游业由单一的观光为主的旅游目的国(或地)向集观光、会议、商务于一体的多功能的旅游目的国(或地)转变,向以入境旅游为主、辅以发展国内旅游转变。

1979年中美建交,标志着美国入境旅游市场从此成为我国的重点旅游市场之一。1981年,国务院第一次组织召开全国旅游工作会议,明确旅游业定位:旅游事业是一项综合性的经济事业,是国民经济的一个组成部分,是关系到国计民生的一项不可缺少的事业。

(二) 由事业型向产业型的认识转变(1983—1991)

1983年10月,我国正式加入世界旅游组织,为我国入境旅游产业发展提供了重要的支持。1981年至1985年,被看作是我国旅游市场高速成长的时期。从1986年到1990年,提出经济产业、适度超前、永远朝阳的战略。在这个战略制定的过程中,很多成果已经开始对行业发生作用。第一是经济产业,明确了旅游的经济产业性质。第二是适度超前的发展战略。第三是永远朝阳,描绘的是一个发展前景。1986年,我国正式将旅游业确立为国民经济体系中的一个支柱产业,将旅游业写进了"七五"计划中,实质性地实现了旅游业由事业型向产业型的转变。虽然只有短短几句话,但标志着旅游业作为产业的地位开始被认可,正式进入了国民经济发展的产业序列。虽然当时旅游业的产业地位还远远没有真正确立,但这一做法对后来的旅游业发展及产业地位确定是具有历史意义的突破。在进入20世纪90年代以后,我国旅游业顺利完成了发展阶段的转换,实现了更高层次上的发展,在经济结构调整过程中,显示出了朝阳产业的特征。

第二节 在改革开放中旅游业逐渐发育

严格地说,20世纪70年代以前,中国没有完整意义上的现代旅游业。改革开放政策实施之后,中国的现代旅游业才开始有了规模化的发展。1978年,中国实施改革开放政策,这为中国旅游业的发展创造了条件。从

1978年8月至1979年9月,邓小平先后五次做出要大力发展旅游业、旅游业大有可为的最高指示,这给中国旅游业发展方向带来了深远的影响,最直接的影响是中央政府开始调动资源,调整制度框架,把旅游业当作向世界宣传中国的政治窗口[①],同时通过入境旅游赚取当时经济发展急需的外汇。旅游产业具有实现对外开放与促进经济发展的双重职能。在这种情况下,旅游业成为当时中国对外开放的窗口,步入了在改革开放中逐渐发育的新阶段。

一、主要特征

(一)境外需求拉动是旅游业发展的主要动因

改革开放后的第一轮旅游需求冲击来自境外旅游市场,这一巨大的冲击催生了20世纪70年代末刚刚萌芽的中国旅游业。这一轮的需求冲击是一个外生变量,它增长快,密度大,来势猛,与我国实际经济发展水平和居民消费层次存在相当大的差距。因此,我国旅游业很难在短期内做出全面反应以满足这些要求,只好采取适应需求策略,在供给与需求之间尽量寻找弥补缺口的平衡点。在产品的开发组织和产业体系的构建上,主要依赖原有资源自发发展。在这一时期内,我国旅游业以观光接待型旅游为主,以买方市场为主,靠迅猛增长的国际旅游市场创造了20世纪80年代中国旅游业高速发展的奇迹。

(二)非常规发展特征明显

1978—1991年,我国旅游业明显表现出初创时期非常规发展的特征,这种特征的具体体现包括:发展旅游业的目的主要是赢得外汇收入,入境旅游几乎是旅游业经营的主要内容,国民的旅游需求几乎没有受到重视;旅游业自身的产业体系不健全,服务设施严重不足;产品浅层次开发,产品类型单一;在经营中,市场经济观念淡漠;在旅游管理体制上,政企不分,行政管理依然是主要的手段;旅游人次的增长速度很快,但规模有限;旅游业对国家或地方经济发展的促进作用还不明显,旅游业虽在名义上列入了国民经济和社会发展计划,但并没有真正确定其产业地位。因此,在这一阶段,中国旅游业作为新兴经济产业的发展特征和"先国际、后国内"的非常规旅游发展特征都得到了充分体现。

---

① 关于邓小平讲话对中国旅游业的影响,国内已经有许多研究成果。西方认识中国旅游业也是从邓小平的五次讲话开始的。

（三）入境旅游在旅游体系中占主体地位

1978年以前,旅游业承担着非经济性的接待事业功能。中国入境旅游的真正起步是在中国实行改革开放政策之后。

中共十一届三中全会后,按照改革开放的方针,旅游业逐步被纳入国民经济的运行轨道。1981年,国务院第一次组织召开全国旅游工作会议,明确旅游业定位:旅游事业是一项综合性的经济事业,是国民经济的一个组成部分,是关系到国计民生的一项不可缺少的事业。1978—1991年,我国入境旅游业作为综合性事业引领着中国旅游业的起步,为获得外汇收入做出了巨大贡献。该阶段,国内旅游和出境旅游在我国经济发达地区逐步出现,但规模相对较小,入境旅游承担着中国整体旅游业的主体功能。

二、两个阶段

1978年至1991年是我国社会主义市场经济体制逐步建立时期,这一时期明确了旅游活动的经济功能,奠定了旅游业发展的基础。入境旅游从"文革"期间的停滞与徘徊状态中迅速恢复活动,国内旅游开始兴起,旅游活动日益成为社会经济活动中的一部分,旅游产业渐具规模,市场管理体系也逐步成熟,但旅游业是残缺的、不完全的,无论是管理还是经营,基本上还没有脱离计划经济的基本框架。这个时期又可以细分为两个阶段,即旅游产业萌芽阶段和旅游产业培育阶段。①

（一）旅游产业萌芽阶段(1978—1984)

1978年至1984年,是中国从计划经济向市场经济转轨的初创阶段,也是中国旅游业在计划体制内回归其经济功能并形成产业的时期。改革开放初期,1979年,邓小平同志曾经在三次重要谈话中着重表达了他对中国发展旅游业的意见,其中心思想都是创造条件,发展旅游,促进国民经济的增长。在旅游产业萌芽阶段,邓小平同志的重要讲话对旅游业发展产生了直接的推动力,为旅游业的发展做了理论和体制上的准备。从那以后,举国上下逐渐出现支持旅游业发展的良好政策氛围。

1. 旅游行政管理体制的变革

1978年,中共中央批转了外交部《关于发展旅游事业的请示报告》,并于年内建立了新的旅游行政管理体制,明确将中国旅行游览事业管理局改

---

① 张广瑞、魏小安、刘德谦:《2000—2002年中国旅游发展:分析与预测——中国社会科学院旅游研究中心研究报告》,社会科学文献出版社2002年版,第5页。

为中国旅行游览事业管理总局,直属国务院领导;各省(区、市)成立旅游局,负责管理地方的旅游事业。1982年,中国旅行游览事业管理总局与中国国际旅行社正式分开,结束了自1964年以来长达18年的"局社合一"的格局,为在全国范围内实行政企分开,加快旅游业向经济产业转化的步伐,实现行业市场化管理创造了必要的前提条件。局、社分开以后,中国旅行游览事业管理总局正式更名为国家旅游局。这个新的机构成为独立的国务院行政管理机构,实施对全国旅游事业的领导和管理。与之相对应,全国大部分省(区、市)也相继设立了旅游行政管理机构。中国旅游行政管理体制的这一历史性变革,标志着中国旅游已从承担国家接待任务的事业向作为国民经济组成部分的经济产业转化,而体制的改变表明了国家对这一活动性质认识的改变,重新确定了旅游业的历史地位。自此,中国旅游业开始向独立的经济产业的目标发展。

2. 市场化管理格局的转变

在确定旅游行政管理体制的基础上,中国旅游业开始在计划经济体制的框架内利用市场机制进行发展,具体体现是动员一切可以利用的社会资源,加快旅游产业发展的进程。此间,中央适时地提出了"四个转变"与"五个一起上"的方针。[①] 这一方针的实施,使旅游业向着"统一领导,分散经营,政企分开"的市场化管理格局转变,从而极大地调动了各方面发展旅游业的积极性,成为我国旅游业起步阶段最为重要的方针政策之一。它通过体制转换开发社会资源,创造了旅游业高速发展的基本政策环境;它进一步明确政企分开,加强行政管理,扩大企业权力,要求各级旅游经营单位逐步从所属的行政管理部门独立出来,成为经济实体,实行企业化管理;跟随全国经济改革的步伐,旅游业也开始推行多种形式的经济责任制,进行企业工资制度的改革试点。所有这些都促进了市场化管理的进程,对原有的计划经济体制造成一定冲击,不断拓展了旅游业自我发展的空间。

这一阶段旅游业的发展和全国改革的总形势一样,更多的是反映市场经济意识中一些理念的初步形成,或在原有计划经济模式下所做的一些初步的但是有益的探索,为旅游业在新形势下的发展开拓了思路。在经历了体制转轨中的旅游产业萌芽阶段之后,旅游产业的市场化管理体系也开始

---

① "四个转变"和"五个一起上"是指:从只抓国际旅游转变为国际旅游、国内旅游一齐抓;从主要搞旅游接待转变为开发、建设旅游资源与接待并举;从国家投资建设旅游设施为主转变为国家、地方、部门、集体、个人一起上,自力更生与利用外资一起上;旅游经营单位从事业单位转变为企业化经营。

建立起来,从而进入了旅游产业培育阶段。

(二) 旅游产业培育阶段(1985—1991)

1985年至1991年是旅游产业培育阶段,在这一阶段,国家旅游发展政策进一步明确,旅游业市场管理手段不断健全和完善。特别是在20世纪80年代后期,促进产业市场化发展的各项政策措施陆续出台,旅游产业要素协调发展的市场化调节手段逐步建立。旅游业在境外需求的拉动下迅速扩展,形成了一定的规模,旅游基础设施不断完善,食、住、行、游、购、娱六大要素基本形成。随着接待能力的不断提高,一批旅游景区、景点逐渐成熟,一批旅游热点城市迅速崛起,旅游市场的规模不断扩大。

1. 行业管理开始向规范化迈进

这一阶段,出台了一系列旅游法规和管理条例,旅游行业的管理体系初步形成,针对不同的行业颁布了相应的法规和管理办法以及国家标准,行业管理开始脱离计划经济模式而向规范化迈进。

以北京为代表的一些大城市,开始对旅游涉外饭店、旅游商店涉外餐馆创造性地推出"定点管理"制,从而对加强行业管理、提高服务质量、提高产业要素的配套水平做了非常有益的尝试。在旅游涉外饭店的管理方面,1988年,国家旅游局发布了《中华人民共和国评定旅游(涉外)饭店星级的规定》,使饭店业迈出了行业标准化管理的第一步,为旅游涉外饭店的硬件建设和服务水平迅速与国际标准接轨铺平了道路,促使饭店业很快成为国内具备国际水平的先驱产业之一。在旅行社的管理方面,1988年,国家旅游局制定了《旅行社管理暂行条例施行办法》,详细规定了各类旅行社应当具备的条件、经营范围、审批程序和管理办法。从此,对各类旅行社的审批和管理有了依据,为规范旅游市场奠定了基础。在旅游目的地管理方面,1988年,国务院批准成立黄山市,统管黄山风景区,为全国各地旅游景区尤其是那些管理体制不顺的景区的统一管理提供了范例。之后,四川峨眉山等一些多头管理的景区也仿效黄山的做法,成立了统一的管理机构。这一新体制的出现,为解决旅游景区管理中存在的一些问题提出了新的思路。

2. 旅游市场观念逐渐树立

在旅游业发展过程中,市场观念逐步提高。随着旅游产业规模的壮大,旅游业作为经济产业的观念得到了进一步的增强,促进旅游业市场化管理的观念也日渐明确,在旅游经营上也开始从市场需求出发,通过提高质量和进行促销来竞争,同时开始注重改善旅游景点景区和旅游城市的形象。1988年,北京市发起的"龙年旅游年"的做法开创了中国旅游促销活动的先河,是中国旅游促销活动的一个创举。

3. 国际旅游市场的波动与国内旅游市场的兴起

1985年至1988年期间,入境旅游市场保持高速增长势头。然而,1989年政治风波对国际旅游市场产生了强烈的影响,使当年的入境旅游者人次减少,收入下滑。这诚然是一种偶然因素的影响,任何国家或地区也难以避免,但这一现象的出现使人们对旅游业的产业特征有了切身的了解,对市场和市场力量有了新的认识。在此阶段,国内旅游需求开始显现,迫使政府不得不认真考虑如何满足本国公民日益增长的旅游需求,这既是经济问题,也是政治问题。实践证明,这一特殊事件的出现,促进了由单一入境旅游需求拉动的中国旅游发展模式开始向多重旅游需求推动模式转变。

总之,1978年至1991年,中国经济体制改革不断深入,中国旅游业在计划经济体制内萌芽,不断突破计划经济藩篱,获取更大产业发展空间。在此期间,旅游业的产业地位逐渐得以确立。旅游业是经济改革的产物,同时它也是改革开放的排头兵。旅游业在这个阶段是经济体制改革催生的结果,因此,这一时期旅游业的发展仍然保持着明显的计划经济的痕迹。很显然,在这个时期,旅游产业市场化的进程势不可挡,由此建立的市场化的经济调控体系保证了我国旅游业作为一个独立经济产业的社会地位。第一,在管理体制上建立了国家管理机构,赋予其行业管理权威,实施自上而下的全行业管理,使旅游产业具有了独立发展的品格。第二,将旅游业从外事接待工作中分离出来,使之成为一个经济产业来发展,摆脱了政治附庸的地位,获得了独立发展的经济空间。第三,根据旅游业发展的特点,制定了一系列行业管理法规,为保证初创时期中国旅游业健康、快速发展提供了有效的调节工具。

由于中国的旅游业是从入境旅游开始的,而发展入境旅游最直接的目的是增加国家的外汇收入,因此,对地方经济的刺激作用并不明显,而且这种刺激作用需要一个逐渐显现的过程。在这一时期,旅游产业发展中最突出的政策是中央政府对发展国际旅游业的重视和鼓励。在国家建设资金短缺的情况下提出的国家、地方、集体、国家资金与国外资金一齐上的方针调动了全社会发展旅游业的积极性,也在一定程度上引来了海外的资金,从而大大地加快了旅游业的发展。经过十多年的摸索,中国的旅游业终于形成了适应市场化发展的管理体系,开始步入新的成长期。

三、入境旅游的动态分析

1978—1991年,是中国旅游业实现转折和发育时期。这一时期,中国入境旅游者人次、外国旅游者人次、有组织接待的海外游客人次以及旅游外汇收入等指标均有较大幅度增长,这标志着我国旅游业从"文革"期间遭受严重破坏向重新崛起转变。

(一)入境旅游的增长周期

这个时期,在国家积极发展国际旅游政策的主导下,中国入境旅游呈现波浪式递增态势,根据其发展动态可以分为三个发展周期。

1. 1978—1981年为起步高速增长期

这是由于中国国门刚刚打开,神秘的东方文明古国强烈地吸引着境外游客,入境游客猛增,使得1979年比1978年游客增长率达到132.4%的周期波峰值;其后增长速度进入周期波谷段,1980—1981年游客年增长速度为36%左右,本周期是3个增长周期中增长值最大的1个周期,1978—1981年的游客年均增速达62.5%。

2. 1982—1989年为巩固快速增长期

1982—1989年为巩固快速增长期,经过改革开放初期的迅猛增长之后,中国入境旅游进入正常的快速增长阶段;1989—1991年为复苏快速增长期,从1989年的低谷中迅速恢复起来。[①]

具体来说,1978—1982年的"开门旅游热效应"减弱,我国入境游客进入正常快速增长阶段。1983—1985年为波峰段,游客年增长速度达19.6%~38.8%,1985年比1984年增幅达到38.8%,为本周期最大值。1985—1989年为波谷段,游客年增长速度减缓,1989年政治风波使得游客年增长速度变为-22.7%,是增长周期中的最低波谷值。尽管如此,20世纪80年代仍是我国入境旅游发展的一个极为重要的增长周期,它奠定了中国旅游业发展的基础,使游客增长迈入正常快速增长的轨道。1982—1988年的游客年均增速为26.0%,而1978—1985年游客年均增速为38.7%。

3. 1990—1991年为复苏次快速增长周期

1990—1991年为复苏波峰段,游客年增长速度为12.1%~21.4%,1991年达到年增长21.4%的波峰。严格来说,本周期并不是一个完整的增长周期,而是仅存波浪形周期的波峰段。本周期属次快速增长阶段,1989—1991年的游客年均增速为16.7%,而1978—1991年的游客年均增速达25.1%。

---

① 马耀峰、李天顺等:《中国入境旅游研究》,科学出版社1999年版,第100—101页。

1978—1991年,中国入境旅游的波动现象并不能代表旅游业的整体状况。有学者认为,中国旅游业的发展尚未表现出典型的周期性波动:影响中国旅游业发展的因素是复杂多样的,"有些因素是偶发的、随机的和不可逆的。因而,从我国旅游业的发展历程看,这些因素本身是不具有周而复始的规律性波动和周期变化的"①。也就是说,中国旅游业的发展还不具备周而复始的规律性波动。因为只有在规范的市场经济条件下,影响经济发展的是纯粹的市场因素,才会有周期性波动。而中国正处于由计划经济向市场经济的过渡时期,旅游的发展更多的是由于制度变迁引起的,不可能存在典型的经济周期。这种看法也有其片面性,不论在何种经济体制下,经济增长的波动都在所难免。只是在中国这样的过渡经济体制下,由于许多非市场经济因素的干扰,经济周期性的波动会表现得不规则罢了。

一般认为,"经济周期主要是由总需求变动引起的"②。也就是说,入境旅游需求的变动引起了入境旅游发展增长率的波动。不过,人们对此也有反对意见。熊彼特认为,是更深层次的原因造成了经济周期。在他的经济周期分析中,主要通过创新活动说明经济活动的涨落起伏。不同的创新引入经济的时间过程有差异,所以引起长短不同的经济周期。③ 熊彼特的理论用于解释中国入境旅游发展中短周期的波动,似乎并无太直接有力的证据。而对于中国旅游业整体的长期发展而言,他的理论还是很有启示意义的。熊彼特注重的是一些技术方面的创新对社会经济的长期影响,如一个国家的铁路化或电气化等,可能在半个世纪到一个世纪的时间内才能充分显示其作用。中国旅游业发展的背景中当然有这些重要的技术方面的变革,如工业化、信息化都会对中国经济的发展产生长期而重大的促进作用。④ 尤其应该看到的是,中国的改革开放是政治制度的创新,这一过程可能要持续相当长的时期,对政治、经济制度将产生深远的影响,对经济发展、旅游发展的促进作用是根本和长期的。

(二)入境旅游的增长速度

从我国入境游客总的增长情况(见表2-1)来看,1991年我国接待入境

---

① 张凌云:《试论我国旅游业周期波动的复杂性和不规律性》,《旅游学刊》2001年第6期。
② 保罗·A.萨缪尔森,威廉·D.诺德豪斯:《经济学(第12版)上》,高鸿业等译,中国发展出版社1992年版,第308页。
③ 约瑟夫·熊彼特:《经济发展理论——对于利润、资本、信贷、利息和经济周期的考察》,何畏、易家详等译,商务印书馆1990年版,第296页。
④ 宋振春:《当代中国旅游发展研究》,经济管理出版社2006年版,第56页。

游客约3335万人次,是1978年181万人次的18倍多,比历史最好水平的1988年增长5.2%。这个时期境外游客的增长,经历了1978—1988年的高速增长。受1989年政治风波的影响,1989年境外游客首次出现负增长,国际旅游业一度滑入低谷。1990年开始迅速复苏。1989—1991年形成了较为平稳的增长态势,年均增长率为16.7%。

表2-1 1978—1991年来华旅游入境人次

年份	入境游客（人次）	入境游客增长率（%）	外国人（人次）	华侨（人次）	港澳台同胞（人次）
1978	1809221	—	229646	18092	1561483
1979	4203901	132.4	362389	20910	3820602
1980	5702536	35.6	529124	34413	5138999
1981	7767096	36.2	675153	38856	7053087
1982	7924261	2.0	764497	42745	7117019
1983	9477005	19.6	872511	40352	8564142
1984	12852185	35.6	1134267	47498	11670420
1985	17833097	38.8	1370462	84827	16377808
1986	22819450	28.0	1482276	68133	21269041
1987	26902267	17.9	1727821	87031	25087415
1988	31694804	17.8	1842206	79348	29773250
1989	24501394	−22.7	1460970	68556	22971868
1990	27461821	12.1	1747315	91090	25623416
1991	33349761	21.4	2710103	133427	30506231

(资料来源:《中国旅游统计年鉴1992》。)

注:入境旅游,世界旅游组织将其定义为非本国居民前往该国进行的旅游,我国入境旅游主要是指外国客人来我国旅游。由于历史原因,港澳台同胞来内地(大陆)旅游也被称为入境旅游。因此,我国对入境旅游的统计范围包括外国人、华侨和港澳台同胞。① 反映入境旅游市场表现的主要有三组数据:②入境旅游人次、入境过夜旅游人次和国际旅游(外汇)收入。其中,我国对入境旅游人次的统计是个模糊概念,实际上,这只是国家口岸记录的入境人次,包括所有的人。严格地说,这并非入境旅游人次,只是入境人次。入境过夜旅游人次是剔除了上组数据中当日往返的过境人次和不属于"旅游者"定义的人次,这个数据可以认为是入境旅游人次。国际旅游外汇收入是指来中国旅游的外国人、华侨和港澳台同胞在中国内地(大陆)旅游过程中发生的一切旅游支出。③

---

① 黄先开:《中国旅游经济结构研究(上册)》,中国经济出版社2013年版,第110页。
② 张广瑞:《关于中国旅游发展的理性思考》,《中国软科学》2011年第2期。
③ 黄先开:《中国旅游经济结构研究(上册)》,中国经济出版社2013年版,第110页。

为便于反映 1978—1991 年入境旅游的变动情况,剔除了两个特殊年度 1979 年和 1989 年的数值,以 1989 年为界,把入境旅游增速的年度数值分为前后两个时段。从图 2-1 可以看出以下几点。

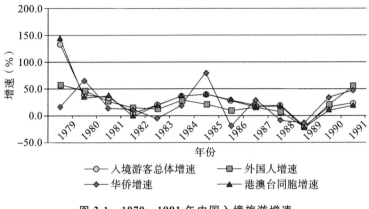

图 2-1　1979—1991 年中国入境旅游增速

(资料来源:《中国旅游统计年鉴 1992》。)

(1) 入境游客增长速度整体呈现出较大的变动强度,反映中国入境游客年度持续增长的规律。除 1979 年比 1978 年的增长属非常规高速增长外,1979—1988 年的年度增速变动呈现极大、极小的特点,极大值达到 38.8%,极小值达到 17.8%,速度曲线走势陡峭,该时段游客数增长亦呈现超常规增长的特点;1990—1991 年的年度增长速度变动幅度减小,从 12.1%增长到 21.4%,速度曲线走势趋于平缓,反映了该时段游客数正常增长的特点。

(2) 入境游客总体增速年度变动曲线和港澳台同胞增速年度变动曲线极为相似,反映中国入境旅游主要受入境港澳台游客的影响。1979—1988 年、1990—1991 年,入境游客总体增速、港澳台同胞增速年度变动最大值、最小值分别为 38.8%、2.0%和 40.3%、0.9%,非常相近。入境游客总体、港澳台同胞年度变动曲线的形状和走势几乎相同。

(3) 入境游客总体、外国人增速年度变动曲线较为相似,反映中国入境旅游受入境外国人的影响较大。两曲线形状相似,但曲线走势有差异:1979—1988 年时段两者曲线走势比较接近,但前者更为陡峭,变动幅度较大。1990—1991 年时段两曲线走势各异,前者平缓,后者较为陡峭。外国人两个时段的年度变动曲线波动幅度较小,说明外国人不同时段持续增长的速度变化不太大:前时段变动指数最大、最小值分别为 46.0%和 6.6%;后时段变动指数最大、最小值分别为 55.1%和 19.6%,最大、最小值的差值较为接近。

（4）华侨增速年度变动曲线呈不规则振荡状，主要是因为华侨分别来自不同国家，没有形成明显的旅游客流规律。

从1978—1991年中国入境游客、入境过夜游客增速的年度变动曲线（见图2-2）可以看出，这个时期中国入境游客由180.92万人次增加到3334.98万人次，入境过夜游客数由71.6万人次提高至1246.4万人次；两者的增长速度表现出大致相同的波动趋势。除受1989年政治风波的影响，1989年入境游客和入境过夜游客增速分别出现－22.7％和－24.3％，其余年度游客增速全为正数。这说明1978—1991年中国入境旅游是一个良性、持续增长的变化过程，反映了入境游客发展呈波浪形递增态势。

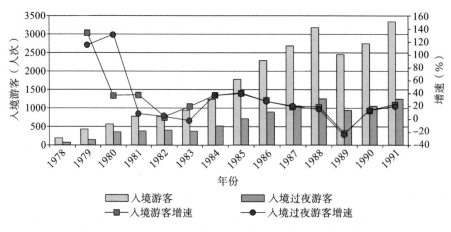

图2-2　1978—1991年中国入境游客、入境过夜游客增速

（资料来源：《中国旅游统计年鉴1992》。）

（三）入境旅游收入变化

在中共中央、国务院的领导下，在中央各部门、地方政府的支持下，旅游业实行开放市场，改革进取，充分调动"国家、地方、部门、集体、个人"五个方面的积极性，自力更生和利用外资相结合，吸引了200多亿美元的外资和相当多的国内社会资金，形成了政府主导型的产业格局和门类齐全完整的生产体系，中国旅游业的产业规模不断扩大，发展势头十分强劲。[①]1985—1991年，中国旅游业总收入从117亿元增加到351亿元，增加了2倍（见表2-2）。

---

① 何光暐：《新世纪 新产业 新增长：旅游业成为新的经济增长点研究》，中国旅游出版社1999年版，第7页。

表 2-2 1985—1991 年中国旅游业总收入

年份	旅游总收入(亿元)	比上年增长(%)
1985	117	—
1986	159	35.9
1987	209	31.4
1988	271	29.7
1989	220	−18.8
1990	276	25.5
1991	351	27.2

(资料来源:根据历年《中国旅游统计年鉴》、《中国国内旅游抽样调查资料》中有关数据整理而成。)

这个时期,旅游外汇收入和世界排名均实现了大幅增长。1978—1991年,我国旅游外汇收入大幅增加,从 2.63 亿美元提高到 28.45 亿美元,增加了 9.8 倍,世界排名也从 1980 年的第 34 位上升至 1991 年的第 21 位。其中,"七五"计划前三年(1986—1988 年),全国旅游外汇收入保持较快增长;1989 年出现滑坡;1990 年迅速回升。1986—1990 年全国旅游外汇收入累计金额达 96.99 亿美元,为"六五"期间该数值的 1.96 倍。从构成上看,"七五"累计的 96.99 亿美元旅游外汇收入中,旅游商品收汇 28.45 亿美元,占 29.3%;饮食收汇 8.87 亿美元,占 9.1%;长途交通邮电收汇 25.98 亿美元,占 26.8%;宿费收汇 22.05 亿美元,占 22.7%;市内交通、文娱及其他收汇 11.64 亿美元,占 12.0%。①

1991 年全国旅游外汇收入的增长超过有组织接待人次的增长 11.6 个百分点,为 1978 年以来的最高值,说明旅游业的经济效益和创汇功能进一步提高。外汇收入构成中,商品性收汇占总收入的比重为 34.9%;劳务性收汇占总收入的比重为 65.2%。② 从 1978 年到 1991 年,中国旅游业为国家创汇共计 188.4 亿美元。特别值得指出的是 1986、1987 年这两年的旅游收汇,每年净增约 3 亿美元,年净增额超过了 1978 年全年的旅游外汇收入。这说明旅游业由改革开放前的政治接待职能逐步向经济职能转变,旅游外汇收入弥补了改革开放初期工业化建设资金不足的缺口,旅游业是国

---

① 国家旅游局计划统计司:《"七五"期间(1986—1990)中国旅游业统计公报》,《旅游学刊》1991 年第 4 期。

② 《1991 年中国旅游业统计公报》。

家工业化建设的有机组成部分。

(四) 入境旅游结构变化①

1. 按照外国人、港澳台同胞、华侨分类

我国入境旅游按照客源国(区)的分类可分为外国人、港澳同胞、台湾同胞和华侨4部分。其中,港澳同胞客源区地理区位与内地相连,交通方便,一直是我国入境旅游的主体;外国游客是我国入境游客的第2主体;再次是台胞和华侨。

1978—1991年,港澳台同胞始终是我国境外游客的主力军。1991年,港澳台同胞占境外游客总数的91.5%,外国人占8.1%,华侨仅占0.4%(见表2-3)。

表2-3 1978—1991年外国人、华侨、港澳台同胞占入境游客总数比重 (单位:%)

年份	外国人占比	华侨占比	港澳台同胞占比	♯台湾同胞占比
1978	12.7	1.0	86.3	—
1979	8.6	0.5	90.9	—
1980	9.3	0.6	90.1	—
1981	8.7	0.5	90.8	—
1982	9.6	0.5	89.8	—
1983	9.2	0.4	90.4	—
1984	8.8	0.4	90.8	—
1985	7.7	0.5	91.8	—
1986	6.5	0.3	93.2	—
1987	6.4	0.3	93.3	—
1988	5.8	0.3	93.9	1.4
1989	6.0	0.3	93.8	2.2
1990	6.4	0.3	93.3	3.5
1991	8.1	0.4	91.5	2.8

(资料来源:根据历年《中国统计年鉴》和《中国旅游统计年鉴1992》。)

由于港澳台地区游客占整个境外游客的比重较大,1978—1991年港澳

---

① 马耀峰、李天顺等:《中国入境旅游研究》,科学出版社1999年版,第21—22页。

台地区游客的变动趋势基本与境外游客的变动总趋势一致。除了1989年出现一个发展中的低谷外,1982年还经历了一个较小的低增长,总体上保持了强劲的增长势头。台湾地区游客从1988年有统计数据以来的3年以较高的速度稳定增长,所占境外游客总数比重逐渐上升,1990年已达3.5%,在我国旅游市场中的地位日益上升。台湾地区游客增长最为突出的一个特点就是受1989年政治风波的影响较小,是1989年唯一保持正增长的境外游客组成部分,成为保持我国入境客源市场平衡增长的重要力量。①

华侨游客在1978—1991年间总体上保持增长,但涨幅相对较小;华侨游客在1978—1982年保持了较为稳定的增长。从1983年到1991年,华侨游客经历了波浪式增长,特别是在1989年后变化幅度较大,在1991年达到13.3万人次。

外国游客1978—1991年的年增长率在1989年前、后的两个阶段内分别经历了由高逐渐降低、由低逐渐升高的过程。

1978—1991年外国游客的平均增长率基本与境内游客的一致,但1988年以前的9年间外国游客的年均增长率不及境外游客同期的年均增长率。而1990—1991年,外国游客的年均增长率大大高于同期境外游客的年均增长率。因此,除同样受到1989年政治风波的影响较大之外,外国游客是整个境外游客中增长较为稳定的组成部分。

2. 按照洲际分类

从各大洲的地区构成来看,外国游客中占比最高的来自亚洲。1991年,亚洲占比为51.5%;其次为欧洲、美洲、大洋洲,其比重分别为29.3%、15.5%、3.1%;非洲占比微乎其微,仅有0.6%(见表2-4、表2-5)。

表2-4 1984—1991年来华旅游外国游客数量(按国籍分)(单位:人次)

年份	亚洲	欧洲	美洲	大洋洲	非洲	合计
1984	559987	231779	254415	82089	5997	1134267
1985	716018	272511	288937	85991	4833	1368290
1986	754535	289742	348413	81097	5812	1479599
1987	892769	366817	385054	70588	6811	1722039
1988	945318	421892	385573	75043	9093	1836919

---

① 马耀峰、李天顺等:《中国入境旅游研究》,科学出版社1999年版,第22页。

续表

年份	亚洲	欧洲	美洲	大洋洲	非洲	合计
1989	693274	394484	288953	63936	14349	1454996
1990	915172	446260	303542	63497	12582	1741053
1991	1387755	789534	418498	82816	17384	2695987

(资料来源:《中国旅游统计年鉴1990—1992》。)

表2-5　1984—1991年来华旅游外国游客占比情况(按国籍分)　(单位:%)

年份	亚洲	欧洲	美洲	大洋洲	非洲
1984	49.4	20.4	22.4	7.2	0.5
1985	52.3	19.9	21.1	6.3	0.4
1986	51.0	19.6	23.5	5.5	0.4
1987	51.8	21.3	22.4	4.1	0.4
1988	51.5	23.0	21.0	4.1	0.5
1989	47.6	27.1	19.9	4.4	1.0
1990	52.6	25.6	17.4	3.6	0.7
1991	51.5	29.3	15.5	3.1	0.6

(资料来源:《中国旅游统计年鉴1990—1992》。)

3. 按照入境旅游的客源国分类

入境旅游的客源国逐步趋于多样化。由表2-6可知,1978—1991年,来华旅游的客源市场中,近距离与远距离市场、传统市场与新兴市场均高速增长。具体来说,这个时期我国入境旅游的客源市场有以下五个明显变化。第一,日本、美国、欧洲和大洋洲等传统市场有明显回升。其中,1991年日本、美国、英国、法国、德国来华游客分别约为64.1万人次、31.4万人次、11.5万人次、8.6万人次、9.2万人次,分别比1985年增长36.2%、31.1%、60.6%、120.7%、106.3%;澳大利亚来华游客约为6.5万人次,比1985年下降了16.7%。第二,新兴市场来华人次持续增长。其中,苏联1991年来华游客约为28.5万人次,是1985年的16.1倍。第三,台湾同胞是"七五"后三年入境游客中增长最快的部分。1987年底台湾当局开放民众赴大陆探亲后,1988—1990年,大陆接待台胞累计达192.69万人次,其中1990年为94.82万人次,比1988年增长116.6%。四是约占来华外国游客总数七成的 11 个主要客源国[①],1991 年来华旅游人次的增长幅度均接近或超过了 30%,继菲律宾、泰国、新加坡、苏联四国于 1990 年率先恢复并超过 1988 年的水平之后,包括日本、美国在内的其余 7 国在 1991 年均超过了 1988 年的水平。[②] 1985—1991 年,日本、美国是中国入境旅游两个最大的海外客源国,苏联居于第三位。来华旅游外国客源市场已全面恢复并加快发展。

表 2-6　1985—1991 年来华旅游外国游客人次　　　（单位:人次）

国籍	1985 年	1986 年	1987 年	1988 年	1989 年	1990 年	1991 年
亚洲	716018	754535	892769	945318	693274	915172	1387755
其中:日本	470492	483507	577702	591929	358828	463265	640859
菲律宾	57868	53419	57588	71421	73354	78872	104791
泰国	24581	39779	58509	65846	54915	67906	88624
新加坡	46543	48584	64107	65413	57860	71658	98097
欧洲	272511	289742	366817	421892	394484	446260	789534
其中:英国	71352	79408	83726	96590	72211	78934	114613
法国	38950	40257	53662	63246	51905	50735	85960
德国	44801	50027	62826	72768	52799	56178	92432
苏联	17701	19200	24749	34826	81347	109805	284885
美洲	288937	348413	385054	385573	288953	303542	418498
其中:美国	239557	291779	315332	300900	214756	233193	314130
大洋洲	85991	81097	70588	75043	63936	63497	82816
其中:澳大利亚	78135	73189	58587	61049	48747	50175	65093
非洲	4833	5812	6811	9093	14349	12582	17384

(资料来源:《中国旅游统计年鉴 1991》。)

4. 按照是否有旅游组织接待分类

1991 年,全国有组织接待的境外游客约为 496.3 万人次(见表 2-7),是 1978 年的 6.5 倍,相当于历史最好水平 1988 年的 1.1 倍。从构成看,1991

---

① 11 个主要客源国为日本、美国、苏联、英国、菲律宾、新加坡、德国、泰国、法国、加拿大、澳大利亚。资料来源:《1991 年中国旅游业统计公报》。
② 《1991 年中国旅游业统计公报》。

年旅游部门共接待入境游客约 278.9 万人次,占总入境游客的 56.2%;非旅游部门共接待入境游客 217.4 万人次,占总入境游客的 43.8%。[①] 非旅游部门接待人次的高速增长,反映了我国对外开放不断向广度和深度发展,各行业对外交往都更加活跃,这意味着我国旅游市场的发育逐渐走向成熟,各类散客人次大幅增加。

表 2-7 1978—1991 年全国有组织接待的境外游客人次　　（单位:人次）

年份	总计	外国人	华侨	港澳台同胞
1978	766000	230000	18000	518000
1979	1134000	362000	21000	751000
1980	1160000	530000	34000	596000
1981	1580000	675000	39000	866000
1982	1824000	764000	43000	1017000
1983	2002000	873000	40000	1089000
1984	2501103	1134267	47498	1319338
1985	3009120	1370462	84827	1553831
1986	3268413	1482276	68133	1718004
1987	3784335	1727821	87031	1969483
1988	4349045	1842206	79348	2427491
1989	3228164	1460970	68556	1698638
1990	4251941	1747315	91090	2413536
1991	4963052	2710103	133427	2119522

（资料来源:《中国旅游统计年鉴 1992》。）

此外,境外游客进入中国旅游的方式有 5 种:船舶、飞机、火车、汽车和徒步。总体而言,境外游客入境以乘飞机为主,其次是通过陆路口岸乘汽车和采用徒步方式。

在入境游客中,由 1988—1991 年各个年龄段的游客构成可以看出,31～50 岁之间的游客占 40%～45%,51 岁及以上的游客占 25% 左右,21～30 岁之间的游客也占 24% 左右,20 岁及以下的游客仅占不足 10%（见表 2-8）。

---

① 根据《1991 年中国旅游业统计公报》相关数据整理而成。

表 2-8　1988—1991 年入境游客年龄、性别构成　　（单位：人次；%）

项目	1988 年		1989 年		1990 年		1991 年	
	人次	比重	人次	比重	人次	比重	人次	比重
总计	1842206	100	1460970	100	1747315	100	2710103	100
按年龄分								
20 岁及以下	141554	7.7	118941	8.1	148435	8.5	111235	4.1
21～30 岁	419619	22.8	362448	24.8	454157	26.0	667918	24.6
31～50 岁	761887	41.4	619106	42.4	734273	42.0	1197350	44.2
51 岁及以上	519146	28.2	360475	24.7	410450	23.5	733600	27.1
按性别分								
男	1137188	61.7	953938	65.3	1121679	64.2	1827400	67.4
女	705018	38.3	507032	34.7	625636	35.8	882703	32.6

（资料来源：《中国旅游统计年鉴》(1990—1992)。）

注：1991 年前两项数据指的是 16 岁及以下、17～30 岁。

从 1988—1991 年入境游客的性别构成看，男性旅游者远远多于女性，所占比重为 65% 左右。

四、国内旅游业开始兴起

改革开放之初，由于条件的限制，我国对国内旅游采取"不提倡、不宣传、不反对"的政策。20 世纪 80 年代中期以后，随着综合国力的提升、居民收入的提高，国内旅游开始兴起并日臻繁荣。1986—1991 年，国内旅游业稳步发展，国内旅游者累计达 16.9 亿人次，国内旅游收入累计达 953 亿元。① 经旅行社有组织招徕的国内游客人次有了一定进展。1991 年，全国 800 多家经营国内业务的二、三类旅行社共组织招徕国内旅游者 423.6 万人次，与 1991 年全国有组织接待的海外旅游者 496.3 万人次相比，已有赶上或超过之势。国内旅游业作为中国旅游业的重要一翼，在加强爱国主义教育、满足人民群众日益增长的精神文化生活需求、提高人民生活质量、繁荣地方经济、增加就业、回笼货币等方面发挥了积极而有效的作用。

---

① 国家旅游局计划统计司：《"七五"期间(1986—1990)中国旅游业统计公报》，《旅游学刊》1991 年第 4 期。

五、旅游产业体系的培育

20世纪70年代末,新中国进入自成立以来最具有历史意义的变革时期。对内改革、对外开放的决策改变了中国的命运,使中国呈现出生机勃勃的新景象。随着国门的打开,古老文明、奇异风光、绚丽文化、多元化民族、特殊社会制度以及长期封闭所造成的"神秘感",对全世界产生了一种巨大的吸引力,从而促进了中国现代旅游业的崛起。海外旅游者来华旅游要求之强烈和来华旅游人次增加速度之快,是始料未及的。当时除了航空、铁路运力紧张之外,旅行社、旅游饭店等供给严重不足,成为旅游业发展的瓶颈。

(一)现代饭店业初步发展

中国现代饭店业的发展历史不长,但速度惊人。新中国成立后的一个时期内,由于历史原因,旅游业几乎没有什么发展。虽改建了一些老饭店、宾馆和招待所,但这些设施主要用作接待干部休养、公务访问之用,不考虑盈利,并非真正意义上的现代饭店。截至1978年,中国能够接待国际旅游者的饭店仅137家,客房共计2万多间。① 同时,这些饭店多为1949年前遗留下来或20世纪50—60年代所造,规模小、数量少、功能单一,设备陈旧,很难适应国际旅游业的发展需要。中共十一届三中全会以后,在整个社会经济形势发展的推动下,在政府促进饭店业发展的一系列政策措施的影响下,中国饭店业逐步进入了发展的快车道。

1. 改革开放带来现代饭店新理念

1978年实行的改革开放政策,对我国旅游业和饭店业产生了巨大的影响。怀着对中国的好奇心,海外旅游者大量涌入,致使我国一些主要城市和旅游城市的饭店供不应求,旅游饭店成为当时中国旅游业发展的瓶颈。在这种情况下,1979年,国务院在北戴河召开会议,决定在每个省(区、市)尽快建设一家旅游饭店。1982年,中美合资建造的中国第一家中外合资饭店——北京建国饭店建成开业,引进外资建造饭店的帷幕就此拉开。1984年7月27日,中央书记处、国务院批准了国家旅游局《关于开创旅游工作新局面几个问题的报告》,报告明确提出"加快旅游基础设施的建设,要采取国家、地方、部门、集体、个人一起上,自力更生和利用外资一起上的方针",这一政策极大调动了各方面的积极性,各地陆续涌现出一批现代化的

---

① 吴本:《中国中档饭店企业竞争力研究》,复旦大学出版社2015年版,第47页。

旅游饭店,我国饭店业开始出现强劲的发展势头。总体而言,这一阶段,饭店业在局部城市处于高速增长状态,饭店的经济效益也一直处于非常好的状态,但由于整体饭店业的发展基数较小,全国每年增长的绝对量并不大,总体上还是处于起步阶段。

这一时期,国家旅游行政管理部门重点围绕三个方面,即如何使我国饭店业从招待型管理转轨为企业化管理、如何提高饭店管理水平和服务、如何提高管理人员素质使之掌握现代化饭店管理知识,做了大量工作。一方面,饭店业的体制发生了重大的变革。一些接待型的饭店纷纷摘掉了招待所的帽子,从事业单位转为企业,成为经营实体,这些饭店与新建饭店一起成为我国饭店业的主体,饭店业企业化的过程为饭店经营管理上档次提供了条件。另一方面,先进的饭店经营管理经验得到了推广。1982年北京建国饭店开业后,在我国首次引进了境外饭店管理公司香港半岛管理集团进行管理,经营效果很好。1984年7月24日,国务院批转了国家旅游局《关于推广北京建国饭店经营管理方法有关事项的请示》的通知,国家旅游局向全行业推广建国饭店科学管理的方法和经验,主要包括:①建立总经理负责制及部门经理逐级负责制;②建立岗位责任制,抓好员工培训;③实行严格的奖惩制度,打破"大锅饭",提高服务质量;④充分利用经济手段,开展多种经营,提高经济效益。这套管理方法是国外先进饭店管理理论和经验与中国实际密切结合的典范,使我国饭店业在管理上、经营上、服务上都发生了深刻变化。这是我国饭店管理的一项重大改革。从此,中国饭店业开始放弃原有的计划经济的成本中心事业型运作模式,转向市场经济的利润中心企业型运作模式,掀开了中国饭店业更新换代的历史篇章。

1988年,国务院批准了《中华人民共和国评定旅游(涉外)饭店星级的规定》和《中华人民共和国旅游(涉外)饭店星级标准》[①],并授权国家旅游局颁布实施,这是新中国成立以来第一次颁布关于旅游涉外饭店管理和服务的国家质量标准。1989年,全国旅游涉外饭店开始进行星级评定工作,并逐步建立旅游涉外饭店营业许可证发放和吊销制度。1989年5月25日,首先开展试点的广州市22家饭店获得了1～4星级旅游涉外饭店的称号,9月24日,全国又有113家涉外饭店获得了1～4星级旅游饭店的称号。1993年4月27日,国家技术监督局正式发布《旅游涉外饭店星级的划分与

---

① 中华人民共和国国家旅游局:《中国旅游统计年鉴1996》,中国旅游出版社1996年版,第140页。

评定》(GB/T 14308—1993),自1993年9月1日起实施。

2. 引进外资建设现代化饭店

1978年,改革开放的总设计师邓小平指出了中国旅游饭店业发展的新思路:没有钱,下决心借点钱搞建设;不懂管理,可以向懂现代管理的人学习管理,可以向外国人学,也可以向香港人学。在邓小平的指示做出之后,我国旅游饭店业异军突起,初试锋芒,决战未来,拉开了大战略的序幕。1978年3月,中共中央批转了《关于发展旅游事业的请示报告》,报告指出:国务院决定在3年内拨给基建投资3.6亿元人民币用于建造旅游饭店,添置交通工具等设施,用以增强接待能力,增加国家外汇收入。[①]

1979年,国务院专门批准了利用2000多万美元外资兴建北京建国饭店的建议。但由于国内长期封闭造成的僵化思想,干扰不断。时任中国旅行游览事业管理总局(国家旅游局的前身)的副局长庄炎林回忆起当年谈判、建设过程中的种种艰辛,感慨良多:"当时百废俱兴,让国家拨款建饭店十分不易,只有想办法引进外资建高档饭店。合资建饭店这在当时不啻为平地一声惊雷! 其中来自各方面的阻力和压力就可想而知了!"1979年10月,中国国际旅行社北京分社与美籍华人陈宣远代表的香港中美旅馆发展有限公司正式签订了合作建造和经营北京建国饭店的合同书。国务院领导批示:这是我国与外资合作建造和经营的第一家旅游饭店,可以作为试点创造经验。在党中央和国务院的全力支持下,建国饭店克服了有形和无形的——尤其是观念上和体制上的困难,于1982年4月28日开业。北京建国饭店成为我国第一家利用外资合作建造的现代化饭店。第二天,英国《泰晤士报》就刊发消息:"北京一夜之间出现了一家达到国际标准的大饭店。"饭店还首次引进了境外饭店管理公司——香港半岛管理集团,成为我国旅游业改革开放的标志。

在南国,广州旅游饭店业不甘人后,奋勇争先,白天鹅宾馆、花园饭店和中国大酒店的合资合作意向几乎是同时开始了联系和会谈。1983年2月,白天鹅宾馆全面开业。中国大饭店于1984年6月正式开业。1980年12月26日,花园饭店由时任广州市委书记杨尚昆亲手奠基立石。1984年,花园饭店主体结构完工之际,中国改革开放的总设计师邓小平亲笔题写店名。广州大型饭店业的历史,从此翻开了新的一页。中国旅游饭店业

---

① 中国旅游饭店业协会、上海社会科学院旅游研究中心:《中国旅游饭店发展蓝皮书1979—2000》,中国旅游出版社2002年版,第5页。

的历史也增添了光彩华丽的篇章。

凭借改革开放的春风,面向世界,面向未来,中国旅游饭店走出了一条辉煌腾飞之路。北京建国饭店等合资饭店的建立不仅引进了外资,而且突破性地引进了市场经济观念,把国外的先进管理与中国的国情结合起来,制定出了一系列规范和制度,使管理走向科学,使经营面向市场,辐射出通往现代饭店管理的理念之光。从此以后,合资、外资饭店在中国如雨后春笋,蓬勃发展。面对中国这个全新市场,各跨国饭店管理集团也纷纷抢滩。

担任过改革开放早期四家合资饭店董事长的侯锡九总结说:"合资饭店的意义,不仅在于引进了外资建饭店,更重要的是在当时的历史条件下,引进了市场经济的观念,建立起现代企业模式,对中国旅游饭店方面的改革起到了积极的推动作用。"①

从中国境内第一家合资饭店开业到2001年,中国现代饭店业只用了近20年的时间,便走完了现代国际饭店业走过的近百年路程。我们无法否认,在这近20年里,中外合资、外资饭店一直发挥着旗舰、样板和行业龙头的作用。正是这个作用使得整个中国现代饭店业看到了市场经济的挑战,体验了市场竞争的残酷,感到了市场运作的必要。这一形势迫使中国现代饭店企业的经理们积极地投入到传统观念的变革中,投入到管理制度的改革中,并获得了市场经营思想的飞跃。中国现代饭店业也在全国各行各业中成为最早实现国际化、最早与国际市场全面接轨的行业。

3. 全国饭店的建设与发展

1978—1991年,一些重点城市陆续耸立起来的一座座旅游饭店,成为我国旅游业起步发展的突出标志。"六五"计划期间全国普遍突出的"住宿难"问题大为缓解,部分城市还出现了饭店设施供大于求的问题。针对1981年以后下放审批权出现的一段时间内旅游饭店项目上得过猛、宏观失控的情况,国务院于1986年11月决定把外资饭店的审批权限收回中央,在1988年9月国务院颁布的15号令中又对此进一步做出了明确规定,使一些地方盲目建设饭店的势头得到了有效控制。这个时期,全国旅游饭店的分布很不平衡,部分城市饭店偏多的问题与不少旅游重点地区饭店不足的问题同时存在,需要采取"既要严格控制,又不能一刀切"的方针。②

---

① 张广瑞、魏小安、刘德谦:《2001—2003年中国旅游发展:分析与预测——中国社会科学院旅游研究中心研究报告》,社会科学文献出版社2002年版,第141页。

② 国家旅游局计划统计司:《"七五"期间(1986—1990)中国旅游业统计公报》,《旅游学刊》1991年第4期。

1978—1991年，旅游饭店的覆盖面遍及全国各省、自治区、直辖市的各个城市和风景名胜地区，接待网络更加广阔，更加完备。在饭店的设施、设备上，出现了业务分工不同的饭店，在经济贸易发达的城市，出现了主要为商务活动提供服务的饭店。如北京的北京饭店、长城饭店、香格里拉饭店，上海的锦江宾馆、华亭宾馆。还有为国外商业团体长期驻华机构和客人提供服务的公寓式饭店，如北京的丽都饭店，广州的花园酒店、中国大酒店等。在一些以风景名胜著称的城市和地区，出现了大批为观光提供服务的饭店。如杭州的花港饭店、望湖宾馆，无锡的湖滨饭店，桂林的假日宾馆、漓江饭店，黄山的桃园宾馆，雁荡山的岩音小溪饭店，武夷山的武夷山庄，峨眉山的红珠峰宾馆，庐山的庐山宾馆等。此外，还有可用于接待各类专业国际会议的饭店，如北京的香山饭店、南京的金陵饭店。有专门供在海滨休息疗养的海滨饭店，如北戴河的金山宾馆、深圳的小梅沙海滨饭店、青岛的汇泉宾馆、海南岛三亚市的一批海滨饭店。有集食宿和水面、陆地娱乐活动为一体的度假饭店，如中山市的中山温泉宾馆、长江宾馆，深圳市的香蜜湖度假村、西丽湖度假村、石岩湖度假村，珠海市的珠海度假村，北京市的华墅度假村等。中国的旅游饭店已形成了一个档次齐全、多功能、全方位的综合接待体系。在饭店的规模、设施、装修、设备的现代化水平上，已经接近或达到了当时国际先进水平。①

随着我国旅游客源的大幅度增长，部分城市存在的饭店供大于求的矛盾有了较大缓解，客房出租率继续回升，营业收入大幅度增长。1991年，全国2130家旅游涉外饭店的平均客房出租率为61.4%，与世界上主要旅游接待国家（地区）相比处于中等偏上状态；同年，全国旅游涉外饭店营业收入总额达188.7亿元，外汇收入达60.95亿元。在全国旅游涉外饭店营业收入总额中，客房收入为72.7亿元，占38.5%；餐饮收入为69.1亿元，占36.6%；商品收入为26.2亿元，占13.9%；其他收入为20.7亿元，占11.0%。占全国饭店总数70%以上的国营饭店，营业收入为93.1亿元。其中盈利企业占79.3%，亏损企业占20.7%，盈亏相抵后的利润总额为9.49亿元。利用外资建设的饭店，1991年经营情况普遍好转。尽管许多外资饭店实行的会计制度与国营饭店不同，盈亏状况与国营饭店缺少可比性，但据对全国421家外资饭店的汇总统计，1991年仍有172家外资饭店

---

① 《当代中国的旅游业》编辑委员会：《当代中国的旅游业》，当代中国出版社、香港祖国出版社2009年版，第232页。

盈利,盈利面占 40.9%。①

其间,新兴的中国饭店业经历了第一次严峻的市场考验。由于 1989 年政治风波的影响以及后来国际大气候和小气候的变化,来华旅游者数量骤然减少,处于蓬勃发展中的饭店业突然跌入低谷,饭店客房出租率大幅下降。1989 年全国平均客房出租率约为 40%,饭店经营者面临着前所未有的市场压力。可以说,饭店业市场竞争的内在动力和行业管理部门的外在压力,使中国饭店业步入了一个以质的提升为核心内容的发展期。1991 年 7 月 15 日起,我国旅游涉外饭店按国家物价局、国家旅游局要求实行客房最低限价,各星级饭店标准客房最低限价为:"五星级饭店 60 美元,四星级饭店 50 美元,三星级饭店 35 美元,二星级饭店 25 美元,一星级饭店 12 美元。客房最低限价一律不含早餐费。"②

伴随着饭店业的大力发展,到了 1991 年,开始暴露出一些新的问题,"主要表现在旅游饭店建设上失控,各旅游热点城市涉外饭店建设速度大大超过来华游客的增长速度,饭店的档次偏高。管理分散,全国 970 多家旅游涉外饭店分属 350 多个部门和单位,各自为政,各行其是"③。由于旅游业仍未形成健全有力的行业管理系统,政企不分的情况依然存在,影响了饭店业活力的发挥和饭店业的健康发展。

(二)旅行社行业格局从寡头垄断向竞争加速转化

1. 早期行业格局为行政主导下的寡头垄断

1978 年中国实行对外开放政策以后,国旅和中旅的主要任务转变为接待自费来华的旅游者,但直到 1985 年《旅行社管理暂行条例》颁布以前,中国的旅行社仍然具有很强的事业单位性质。1980 年,中国青年旅行社(简称中青旅)总社在北京成立,从此开始了中国旅行社产业寡头垄断的局面。根据国家旅游局有关规定,全国只有国旅、中旅和中青旅拥有旅游外联的权利,它们之间具有相对明确的业务分工。国旅主要接待外国来华的旅游者,中旅主要接待港澳台同胞和来华旅游的海外华人,而中青旅则以来华旅游的青年旅游者作为主要接待对象。1980 年,这三家旅行社接待人次占有组织接待人次的比例为 79.6%(见表 2-9),其余 20.4% 由其他政府机构组织接待。

---

① 根据《1991 年中国旅游业统计公报》相关数据整理而成。
② 刘霄:《整顿旅游市场 保障正常经营》,《人民日报》1991 年 6 月 17 日。
③ 梅洪如:《不改革就可能成死角》,《人民日报》1987 年 8 月 30 日。

表 2-9 1980—1984 年主要旅行社旅游接待情况

年份	主要旅行社接待人次占有组织接待人次的比例(%)			
	国旅	中旅	中青旅	合计
1980	18.8	59.9	0.9	79.6
1981	17.2	56.1	1.8	75.1
1982	16.6	47.4	1.3	65.3
1983	16.0	45.3	1.4	62.7
1984	16.0	33.0	1.9	50.9

(资料来源:中国旅游研究院:《中国旅行社产业发展年度报告2012》,旅游教育出版社2012年版,第9页。)

2. 经济体制改革背景下的市场化演进

1984年,中国经济体制改革的重心从农村转向城市,开始城市经济体制改革。为适应新形势,促进旅游业进一步发展,国家旅游局于1984年将旅游外联权下放,允许更多的企业经营国际旅游业务,并授予它们业务经营所必需的签证通知权。这一举措对中国旅行社产业的发展起到了积极的促进作用,旅行社产业在全国范围内迅速发展起来。到1988年底,中国的旅行社猛增至1573家,并由此打破了中国旅行社产业寡头垄断的局面。1988年,国旅、中旅和中青旅接待人次占有组织接待人次的比例由1980年的79.6%下降为1988年的40.9%(见表2-10)。

表 2-10 1984—1988 年主要旅行社旅游接待情况

年份	主要旅行社接待人次占有组织接待人次的比例(%)			
	国旅	中旅	中青旅	合计
1984	16.0	33.0	1.9	50.9
1985	15.6	25.7	1.7	43.0
1986	14.0	18.3	2.4	34.7
1987	13.3	22.4	3.3	39.0
1988	12.1	25.4	3.4	40.9

(资料来源:中国旅游研究院:《中国旅行社产业发展年度报告2012》,旅游教育出版社2012年版,第10页。)

一批在市场竞争中成长起来并熟悉市场机制的旅行社群体成为中国旅行社产业的新兴推动力量。招商、康辉、铁旅三大网络虽然进入市场较晚,但其凭借雄厚的资金和核心企业对地方企业全资控股的机制,迅速组成了以核心企业为中心的紧密型、半紧密型网络,因而获得了较快的发展。国旅、中旅、中青旅、广之旅、春秋国旅等一批有实力的旅行社通过并购、特许经营、合同代理、联盟等方式实现跨区域经营,并在一定程度上消解了地方保护主义的影响。

另外一些产业案例,如广东"国旅假期"专营到湖北神农架林区的广东游客的组团权;民营的天津方舟旅行社买断黄山屯溪老街的景区开发权等,体现了中国旅行社自身的开放意识。在政府、市场和企业的共同推动下,中国旅行社的开放进程已经越来越广泛、越来越深化。

截至1991年底,全国各类旅行社共15613家。其中,一类、二类、三类旅行社分别为73家、738家和750家。同年,全国涉外旅游饭店和客房分别为2130家和32.1万间。[①] 基本扭转了旅游旺季入境旅游住房紧张的局面,初步解决了旅游业"卡脖子"的问题,提高了旅游综合接待能力。

(三)旅游景区的起步发展

1979年7月15日,邓小平同志在黄山视察期间,集中对旅游发展做了系列重要讲话,指出旅游业是经济产业,是综合性的行业,涵盖了旅游规划、旅游基础设施建设、旅游景区建设的方方面面,对中国旅游业的改革和发展产生了极其重要的影响。1980年,中国首个主题公园——北京大观园建成。

伴随我国改革开放工作的推进,1979年之后,传统景区逐步进入市场,景区发展渐入市场化的轨道,我国旅游景区的建设与发展翻开了新篇章。市场经济条件下,旅游景区管理实践的内容不仅包括景区的开发建设,而且包括经营与管理以及市场的开发与营销,现代化的景区发展建设日趋多元化。从20世纪80年代河北正定西游记宫的建成、湖北恩施野三坡景区的开发,到90年代深圳世界之窗等人造主题公园的投入使用,我国旅游景区的类型愈加丰富,可以更好地满足游客的多元化需求。与此同时,市场推动的力量也使得景区行业凭借其独特的魅力吸引来一批又一批的投资者将资本引入景区的经营管理中,传统景区上市、少林寺风波等均是资本介入景区市场化的案例。景区建设也开始满足市场需求,进入以游客的体验为先导的崭新管理阶段。[②]

---

① 根据《1991年中国旅游业统计公报》相关数据整理而成。
② 中国旅游研究院:《中国旅游景区发展报告2013》,旅游教育出版社2013年版,第12页。

改革开放之初,随着国内人均收入和人均消费水平的不断提高,交通工具的不断改进,国内外旅游市场日益扩大。旅游活动的这一系列变化,使得旅游景区得以全面构建起来。为了迎接国内外的游客,我国许多旅游胜地都迅猛发展,竞相进行食、住、行、游、购、娱等相关设施的建设,旅游接待条件已经基本具备,旅游景区开始兴起和发展。其特点主要表现为:首先,以开发自然景区为主。由于当时旅游者的消费能力比较弱,消费观念也比较落后,还满足于"到此一游"式的走马观花,在这样的背景下,旅游景区开发也就必然选择以自然景区开发为主。其次,旅游景区缺乏科学规范的规划。当时的旅游景区的开发重点是资源简单开发、土地粗略规划等,主要目标是景区经济利益的最大化,重视旅游收入、创汇与就业。再次,有的旅游资源破坏比较严重。规划工作的滞后,使得旅游资源的破坏比较严重,甚至破坏了景区内原有资源的和谐与美丽。在20世纪80年代的发展历史中,我国一些地方的发展在一定程度上是以牺牲资源与环境为代价来获得的。由于对旅游者的需求研究不够,对市场把握不够准确,对外宣传、营销工作不够深入,旅游景区经营还处于买方市场的状态。

这个时期,风景区游览点的开发建设也取得了较大进展。北京、上海、桂林、西安、苏州、广州、杭州和三亚等重点旅游城市(地区),加快了景观设施建设的步伐,有的已开放接待游人。例如,闻名世界的万里长城,在北京已修建了慕田峪长城段(第二个长城游览点),以分流八达岭过多的游客。西安秦兵马俑配套馆、南京秦淮河景区建设工程、杭州丝绸和茶叶博物馆等,陆续竣工投入使用。其他如中原、山东、西藏、福建、云贵旅游区和丝绸之路旅游线、长江三峡等有观赏价值的景点,也得到了开发建设,丰富和充实了游览内容。

为适应旅游事业的迅速发展,1990年中国民航国内外航线增至300多条,可通航国内100多个城市、30多个国家和我国香港地区。与此同时,一批地方航空公司陆续成立,增强了空运能力;为方便游客出行,铁路部门增添了旅游空调车厢,增开了旅游车次。为改善短途旅游交通,交通部门进一步整修、扩建和新建了旅游公路;旅游车(船)队已遍及各旅游路线,承担游客运送和游览任务。

第三节　旅游产业的地位、作用与功能

1978—1991年,我国把发展旅游业与振兴经济紧密结合,使其在促进

对外开放、对内搞活经济等方面发挥了积极作用,在美化环境、发展横向经济联合等方面成效显著。这个时期,旅游业促进了经济发展,旅游业经济功能凸显。

一、经济功能凸显

1978—1991年是以经济功能为主的初级发展阶段,这是在改革开放条件下旅游业萌芽发展的主要功能,其中,旅游业在创外汇发展中的作用显得更加突出。1978年实行改革开放以后,政府的工作重心转移到经济建设上来。邓小平同志在会见美国泛美航空公司董事长西威尔先生时提出,旅游很值得搞,要把旅游事业按企业来办,要抓利润。这是中国最高领导层首次肯定旅游业的经济功能,从此,中国旅游业开始经历市场化导向的政策演化。当时在商品、原料、技术大量进口导致的外汇短缺压力下,中国旅游业在市场化进程中走上了一条以创汇为导向的非常规发展道路,即率先发展带来大量外汇收入的入境旅游。从1978年到1991年,国际旅游外汇收入从2.63亿美元增加到28.45亿美元,增加了9.82倍,旅游业的经济功能进一步强化。这也可以从旅游外汇收入占服务贸易出口额的比例来说明,1982年这一比例达到33.72%,1991年跃升至41.23%(见表2-11)。这意味着中国入境旅游在服务贸易出口中的作用与地位进一步加强,说明中国旅游业起步基础较好。

表2-11 1982—1991年旅游外汇收入占服务贸易出口额的比例

年份	国际旅游外汇收入 (亿美元)	服务贸易出口额 (亿美元)	旅游外汇收入占服务贸易 出口额的比例(%)
1982	8.43	25	33.72
1983	9.41	25	37.64
1984	11.31	28	40.39
1985	12.50	29	43.10
1986	15.31	36	42.53
1987	18.62	42	44.33
1988	22.47	47	47.81
1989	18.60	45	41.33
1990	22.18	57	38.91

续表

年份	国际旅游外汇收入（亿美元）	服务贸易出口额（亿美元）	旅游外汇收入占服务贸易出口额的比例（％）
1991	28.45	69	41.23

（资料来源：根据《中国旅游统计年鉴1992》和《中国统计年鉴1992》相关数据整理而成。）

二、外交功能增强

发展旅游业是中国对外开放政策的一个重要组成部分。1978—1991年，随着国际、国内形势和条件的发展变化，中国旅游业逐步打开了对外交往与合作的新局面。这个时期，中国与160多个国家和地区有业务往来，并登上了世界旅游业的舞台。

（一）积极参加国际性的旅游活动

世界旅游组织是一个政府间的国际性旅游组织，1975年该组织成立时，即宣布承认中华人民共和国政府是中国的唯一合法代表，曾多次邀请中国加入并参加各种会议活动。1980年9月，世界旅游组织在菲律宾首都马尼拉召开首次世界旅游大会，讨论旅游业的性质和未来发展，阐明各国政府应负的责任以及交流经验和技术等。这也是中国政府旅游机构与国际旅游组织建立友好联系的良好开端。1982年8月，世界旅游组织在墨西哥阿卡普尔科召开第二次世界旅游大会，中国首次正式派出了以王越毅副局长为首的代表团前往参加，受到了与会代表们的热烈欢迎。通过与各国同行们进行广泛的接触和交流经验，不仅增进了相互间的了解，也为中国正式加入该组织创造了有利条件。

1983年10月5日，世界旅游组织在印度新德里举行的第五次全体会议上，一致通过接纳中华人民共和国为正式成员国。1986年10月，世界旅游组织首次在中国北京召开了东亚及太平洋地区委员会第十六次会议和亚太地区旅游宣传战略研讨会，共商进一步开展亚太地区旅游业的大计，以及各国如何在旅游宣传推销中成为既有竞争又有合作的伙伴。经过共同讨论、相互切磋交流，增进了中国与亚太地区各国旅游界的友好合作关系。1987年10月1日，在西班牙首都马德里召开的世界旅游组织第七次全体会议上，中国当选为该组织执委会成员，并担任东亚及太平洋地区委员会副主席。这标志着中国旅游业已跨入世界旅游业的行列，中国在国际旅游事务中发挥着越来越重要的作用。

随着世界旅游形势的发展,中国参加和举办的国际性、地区性旅游活动不断增多。1983年2月,国家旅游局和中国民航局在北京联合召开了首届中国国际旅游会议,并组织了中国旅游展览和旅游工艺品、纪念品展销评比活动。世界旅游组织秘书长、来自47个国家和地区的政府旅游部长(局长)、高级官员、国际旅游界的知名人士和中外旅游业专家共1200多人出席了会议。通过这次会议,外国旅游业专家对中国的旅游资源和旅游业的发展现状与前景有了进一步的了解。1984年,全国接待外国旅游者突破百万人次大关,达113.4万人次。[①] 1987年3月,章新胜副局长出席了在德意志联邦共和国召开的各国政府旅游部长圆桌会议,研究旅游发展对策,以推动世界旅游业持续发展。通过参加国际性的旅游会议和展览等活动,宣传了自己,了解了别人,有力地扩大了中国旅游业在国际旅游市场的影响,有利于中国旅游业走向世界。

(二)同各国政府旅游部门的友好交往与合作日益加强

改革开放以来至1991年,中国已接待近30个国家的政府旅游部长(或副部长,局长或副局长)前来参观访问和考察讲学;中国国家旅游局局长、副局长也先后出访过五大洲的30多个国家和地区。同时,与美国、墨西哥、埃及、苏联、罗马尼亚、匈牙利、德意志民主共和国、马耳他、塞浦路斯、希腊、日本、巴基斯坦、新加坡等10多个国家签有旅游双边合作协定、协议(或备忘录、会谈纪要),定期或不定期举行会晤,派遣人员互访,沟通信息,商讨问题,加强合作,共同促进旅游业的进一步发展。为了加强旅游对外宣传和业务联系,国家旅游局从1981年开始在国外设立旅游办事机构。到1987年,已先后在东京、纽约、巴黎、伦敦、法兰克福、悉尼、洛杉矶设立了旅游办事处;在我国香港地区设立了香港中国国际旅游有限公司。1985年11月,中国聘请了新加坡前第一副总理、经济学家吴庆瑞博士担任中国政府旅游业顾问,加强对外学习和引进工作。

旅游业是一项国际性的事业。改革开放10多年的实践表明,在坚持自力更生的同时,积极贯彻对外开放的方针,加强与国际旅游组织和各国旅游部门以及旅游界的友好交往与合作,及时了解国际旅游市场的动向,学习国外旅游业先进的技术和管理经验,取长补短,可以推动中国旅游事业更快更好发展。

[①] 《当代中国的旅游业》编辑委员会:《当代中国的旅游业》,当代中国出版社、香港祖国出版社2009年版,第52页。

三、就业功能显现

旅游业是劳动密集型行业,提供了大量的就业机会,解决了许多劳动人员的就业问题。截至 1990 年底,我国国际旅游业从业人员为 61.97 万人,比 1989 年增长 19.8%。其中涉外旅游饭店和旅行社从业人员分别为 46.32 万人和 6.25 万人,分别占国际旅游业总从业人员的 74.7% 和 10.1%;旅游管理机构、旅游车船公司及旅游服务公司等企事业单位从业人员共 9.40 万人,占比为 15.2%。① 同时,旅游业的迅速发展对解放思想、树立新观念也起了积极作用。

四、在国民经济中占比较小

1978—1991 年,从旅游业总收入的增长幅度可以看出,旅游业虽然保持了较高的增长速度,但是旅游业总收入占第三产业增加值的比重较小,最高仅为 6.01%,在 GDP 中占比不足 2%(见表 2-12),对国民经济的影响力较小。

表 2-12 旅游业总收入占第三产业增加值、GDP 的比重

年份	GDP（亿元）	旅游业总收入（亿元）	第三产业增加值（亿元）	旅游业总收入占 GDP 的比重(%)	旅游业总收入占第三产业增加值的比重(%)
1985	8964	117	2556	1.31	4.58
1986	10202	159	2946	1.56	5.40
1987	11963	209	3507	1.75	5.96
1988	14928	271	4510	1.82	6.01
1989	16909	220	5403	1.30	4.07
1990	18548	276	5814	1.49	4.75
1991	21618	351	7227	1.62	4.86

(资料来源:根据历年《中国统计年鉴》、《中国旅游统计年鉴》、《1991 年中国旅游业统计公报》相关数据整理而成。)

---

① 中华人民共和国国家旅游局:《中国旅游统计年鉴 1991》,中国旅游出版社 1991 年版,第 751 页。

五、在世界旅游市场的位次较低

随着由计划经济向社会主义市场经济转变,旅游业在国民经济发展中的地位日显重要,中国旅游在世界旅游市场中的地位日渐突出。1978年,我国接待入境旅游人次、旅游外汇收入在世界旅游市场中排不上位次。而到1991年,我国接待入境过夜游客人次已居世界旅游市场第12位,旅游外汇收入居世界旅游市场第21位,虽然位次依然较低,但反映了中国入境旅游呈现强劲的发展势头。

第三章
在市场经济中旅游业稳步发展
（1992—2001）

随着中国市场经济改革的不断深入，特别是邓小平1992年"南方谈话"之后，中国经济进入了发展的快车道，旅游业也步入了在市场经济条件下稳步发展的时期。从1992年到2001年的10年间，市场意识全面强化，旅游产业市场准入障碍基本扫除，行业内的多种所有制形式日益普遍化，市场规则逐步形成，并探索出了一些具有成效的发展旅游业的阶段性模式。在旅游市场上，国内旅游发展势头迅猛，出境旅游也冲破了多年的政策限制，改变了长期入境旅游雄踞市场的局面。在旅游产品上，为适应新的竞争，各地注意深度开发，不断推出新的产品类型，突破了原来观光旅游产品占主导的形式。产业的发展在更大程度上表现为产业内部的结构调整和产业素质的提高，同时，这一时期是旅游业真正全面发展的时期，也是产业内部积累的问题逐渐暴露的过程。

这个时期，确定了旅游业的产业地位，实现了旅游业的常规发展，旅游业的经济贡献日益显现。旅游业形成了入境旅游、出境旅游和国内旅游三个稳定的市场，产业规模不断扩大，产业功能也获得较好的发挥，促进行业健康发展的政策措施以及加强行业管理的法规不断出台，中国旅游业市场经济的框架体系大致形成，中国步入世界旅游大国的行列。旅游产业的稳步发展时期也可以划分为两个阶段，即产业地位确立阶段和产业规模扩展阶段。

第一节　旅游业稳步发展的条件

一、指导思想

坚持以邓小平同志中国特色社会主义理论和党的基本路线为指针，调动各有关方面的积极因素，充分利用和发挥我国在旅游资源方面所具有的优势，继续大力加强旅游业的产业化发展，使旅游业在促进我国对外开放、改善投资环境、满足人民群众的精神文化需求、培育新的经济增长点、带动地方经济发展、缩小地区发展差距、为国家创汇增收等方面发挥更加显著的作用；继续坚持"适度超前发展"的方针，在与国民经济相关产业发展基本协调的前提下，其发展速度要略快于国民经济发展的总体速度，行业的总体发展水平和投入产出效益要明显高于传统产业；继续坚持"一手抓国际旅游，一手抓国内旅游"的方针，使我国的国际旅游业和国内旅游业持续、快速、健康发展，进一步提高我国旅游业在国际上的地位。

二、旅游发展方针变被动为主动

新中国成立初期，旅游业针对外国人、海外华侨入境旅游的外联和接待功能被高度强化。1978年以后，以创汇为导向的旅游业仍然选择以入境旅游为优先和重点发展的市场。政府对国内旅游采取"不宣传、不提倡、不反对"的方针。由表3-1可以看出，1978—1991年，旅游业的创汇作用十分明显，其创汇总额在我国外汇储备中也占有较大的比例，平均为40%左右。进入20世纪90年代以来，随着国内生产总值不断增加，居民人均收入有了大幅度提升，中国国内旅游业迅速崛起，1990年，国内旅游人次达2.8亿人次，国内旅游收入达170亿元；[①]2001年，国内旅游人次为7.84亿人次，国内旅游收入为3522亿元。1992—2001年，旅游的创汇功能逐渐弱化，其创汇额占外汇储备的比重降至平均为12%左右，与此相适应的是，旅游的综合功能开始显现。

[①] 中国旅游研究院：《中国旅行社产业发展年度报告2012》，旅游教育出版社2012年版，第4页。

表 3-1　1978—2001 年旅游外汇收入基本情况

年份	旅游外汇收入（亿美元）	外汇储备（亿美元）	旅游外汇收入占外汇储备比重（%）
1978	2.63	1.67	157.49
1979	4.49	8.40	53.45
1980	6.17	−12.96	−47.61
1981	7.85	27.08	28.99
1982	8.43	69.86	12.07
1983	9.41	89.01	10.57
1984	11.31	82.20	13.76
1985	12.50	26.44	47.28
1986	15.31	20.72	73.89
1987	18.62	29.23	63.70
1988	22.47	33.72	66.64
1989	18.60	55.50	33.51
1990	22.18	110.93	19.99
1991	28.45	217.12	13.10
1992	39.47	194.43	20.30
1993	46.83	211.99	22.09
1994	73.23	516.20	14.19
1995	87.33	735.97	11.87
1996	102.00	1050.29	9.71
1997	120.74	1398.90	8.63
1998	126.02	1449.59	8.69
1999	140.99	1546.75	9.12
2000	162.24	1655.74	9.80
2001	177.92	2121.65	8.39

（资料来源：根据历年《中国旅游统计年鉴》和《中国统计年鉴》相关数据整理而成。）

这个时期，伴随旅游业经济功能的强化，旅游业发展思路越来越以市场为导向，发展方针从行政接待为主的被动式发展向服务大众的主动性发展过渡。1992 年，《中共中央　国务院关于加快发展第三产业的决定》中明确提出把旅游列为第三产业中重点发展的第一位。1998年,中央经济工作会议将旅游业确定为国民经济新的增长点。随着中国经济的发展和国民旅游需求在入境旅游示范效应作用下的急剧增长,政府对旅游产业功能的诉求逐步趋于多元化,并最终形成"大力发展入境旅游,积极发展国内旅游,适度发展出境旅游",实现三大市场协调发展的政策格局。

三、消费结构由温饱型向小康型转变

经过改革开放20多年的发展,国民经济增长迅速,社会事业加快发展,人民生活水平和质量得到显著改善。1978年,我国人均GDP只有339元。2001年,我国人均GDP已达7543元,中国已由低收入国家跨入中等收入国家行列,[①]处于从温饱型向小康型的转变。根据世界旅游业发展的规律,当人均收入达到1000美元时,国内旅游就会兴旺起来。

改革开放的逐步深入,城乡居民人均可支配收入持续增长。1992—2001年,农村居民人均可支配收入由784元增加到2366元;城镇居民人均可支配收入由2027元增加到6860元(见表3-2)。

表3-2　1992—2001年居民人均可支配收入变化比较　　(单位:元)

项目	1992年	1993年	1994年	1995年	1996年	1997年	1998年	1999年	2000年	2001年
城镇	2027	2577	3496	4283	4839	5160	5425	5854	6280	6860
农村	784	922	1221	1578	1926	2090	2162	2210	2253	2366

(资料来源:《中国统计年鉴2002》。)

随着人均可支配收入的大幅提高,从消费结构上根本改变了新中国成立以来以吃、穿等生存资料为主的单一格局。城镇居民和农村居民用于吃、穿的开支占全部生活费支出的比重分别由新中国成立初期的80%和90%下降至2000年的49.2%和54.9%。随着收入的增长,城镇居民生活消费也发生了巨大的变化。1989年以前呈现出由供给式消费向温饱型消费发展的模式,1989年以后则呈现出由温饱型消费向小康型消费的发展过程。2001年,城镇居民人均消费支出5309元,比1989年增长3.4倍。[②]

这个时期,中央和地方对有关社会保障、公共事业的投入力度加大,使

[①] 根据世界银行数据库相关数据整理而成。
[②] 国家旅游局规划发展与财务司:《中国旅游景区发展报告2005》,中国旅游出版社2005年版,第46页。

消费者的信心指数不断提高,国内旅游者有向农村及西部地区转移的趋势。一方面,探新求异成为一个主导趋势,旅游者逐渐厌倦了城市、东部地区已经开发得很成熟的旅游地,喜欢去新的旅游目的地;另一方面,城市、东部地区很多旅游目的地已经人满为患,旅游质量逐渐下降,开始进入停滞阶段。于是一些旅游者开始逐步分流,西部偏远地区旅游资源价值高、开发晚、受人类干扰少,正好迎合了国内旅游者的需求,西部旅游(包括青藏高原旅游、宁甘陕旅游、新疆旅游)也成为新的热点。① 因此,通过东部人的"西进"和城市人的"下乡",促使国内旅游逐步发展,这样,改革开放初期的国内旅游发展方针已经不适合当时旅游业发展的实际情况。

第二节 旅游业成长发展概况

20世纪90年代以后,中国改革开放逐渐深入,市场经济意识大大加强,市场经济的力量发挥着更加明显的作用,因此,中国的旅游业也出现了蓬勃发展的新局面。整个旅游的市场格局发生了重大变化,从原来仅仅只有入境旅游的中国旅游业逐渐转化为国际(包括入境旅游和出境旅游)、国内旅游并重,旅游发展从海外市场外生变量的拉动转化为内外市场的驱动。在经济规模上,旅游业也有了质的飞跃,这表现在它对地方经济发展的刺激带动作用大大加强,从往昔是政府才关心的"外事"变成了与百姓生活息息相关的"家事"。因此,发展旅游就成为举国上下普遍关注的热点问题。这个时期产业发展政策方面的突出表现,是各地政府对发展旅游业的鼓励、支持,社会各界对旅游业发展的热情。各级旅游管理机构纷纷建立,行业管理从上至下形成了比较完整的系统;旅游业在各地经济发展中的地位空前提高,成为国家和地方经济发展的增长点。其中至关重要的一点是,各地将中央发展旅游业的宏观决策转化为具体行动,并针对各地旅游业发展的要素结构,出台了比较系统完善的政策体系。至此,旅游业发展获得了跨世纪发展的政策空间。

一、主要特征

(一)产业地位日益凸显

1992年6月,《中共中央 国务院关于加快发展第三产业的决定》明确

---

① 张辉:《中国旅游产业发展模式及运行方式研究》,中国旅游出版社2011年版,第46页。

了旅游业是第三产业发展的重点,各级政府及有关部门相继把旅游业列入经济和社会发展计划。1998年,中央经济工作会议将旅游业确定为国民经济新的增长点,这是一个历史性的变化,这个变化使旅游业真正被纳入国家的主流位置。整个旅游业包括入境旅游均获得了很好的政策支撑。2001年4月,《国务院关于进一步加快旅游业发展的通知》中重申改革开放以来旅游业"在促进对外开放,推动国民经济增长,增加就业和消除贫困,提高人民生活质量等方面发挥了重要作用",提出要"树立大旅游观念","进一步发挥旅游业作为国民经济新的增长点的作用"。与此同时,旅游业作为国家、地区经济新的增长点的观念也成为各地政府的共识。到2001年为止,全国已有24个省、自治区和直辖市政府提出要把旅游业作为支柱产业、重点产业、先导产业来发展,表明其对旅游业的作用有了新的认识,旅游业在国民经济发展中的产业地位日益凸显。

(二)国内旅游迅猛发展

20世纪90年代,中国经济发展跃上了新台阶,国内居民可自由支配的收入和闲暇时间大大增多,再加上中央政府为刺激消费、扩大内需制定了一系列相关政策,国内旅游得到了迅猛发展。国内旅游需求不再是单纯的数量上的满足,在质量等级上也提出了新的要求。国内旅游的需求方式也发生了重大变化,国内旅游者已不再满足于单一的游山玩水式的观光旅游,一些人要利用充裕的休息时间调整身心、完善自我,产生了度假、观光、会议、商务等多种形式的旅游消费需求。在这个需求层次上,国内旅游与国际旅游开始接近,从而使中国的旅游开始逐渐拥有完整的旅游市场。在这个统一的市场中,国际旅游与国内旅游的本质性差异越来越小,更多的是消费层次、消费方式上的差异,由此形成了充满个性、丰富多彩的市场需求。在庞大的人口基数的支撑下,特别是城市居民的出游需求,汇聚成继20世纪80年代第一轮入境旅游需求冲击之后的第二轮需求冲击。这一轮需求冲击的特点表现为,虽然规模巨大,来势迅猛,但由于它产生于中国社会经济发展的沃土中,其需求和供给之间的空间距离大大小于国际旅游,而在规模流量的稳定程度上又大大高于入境旅游,这就给我国旅游产业体系的构建创造了较长时间的反应机会,使之得以从容调整,从而根据市场的变化开发不同的产品,提供相应的服务。

(三)市场意识化作促销活动

在20世纪80年代旅游业发育期,旅游业的发展主要是以现成的吸引物为依托,被动接待国际旅游者。进入90年代以来,随着社会主义市场经济体系的建立和完善,这一特征有所改变,中国的旅游业已不是简单地依赖资源,而是以资源为凭借,以市场为导向,主动地开发旅游产品,满足不同旅游者的需求。旅游业的发展由外生变量的拉动转为内生变量的推动发展。经过1989年严重的市场波动之后,无论是政府还是业界,都对市场的力量有了新的感受和认识,并将认识变成行动,开始重视旅游的市场营销和推广。1992年的中国旅游年活动是中国第一次有准备、有策划的全国性的旅游促销活动。此后,国家和地方都相继在主题促销方面下功夫,以主题促销为主的海外市场宣传标志着旅游推广的重要性已经为政府所认识。在20世纪的最后十年里,中国利用重大的历史性活动和大型的节庆活动,如1997年香港回归、1999年澳门回归、1999年昆明世博会、建国五十周年庆典、千年庆典等,进行规模空前的旅游市场促销,对树立国家和地区整体的旅游目的地形象起到了很好的推动作用。

(四)民营资本介入旅游业

随着政策瓶颈的逐步放宽和民间资本的不断壮大,民营企业看中旅游业良好的发展前景,纷纷介入旅游行业,涌现出一批像宋城集团、横店集团、中云集团、万向集团等这样的民营旅游投资集团,而温州私营企业则购买了四架俄式新型直升机,直接经营当地旅游航线。旅游业开始成为民间投资的一个新热点。大量具有规模经济的民间资本的介入,使得旅游投资主体多元化、旅游供给多样化。在美国《福布斯》杂志2000年评选出的中国内地50位富豪中,有15位从事的行业与旅游有关。各民营旅游企业在其发展过程中,其产权制度逐渐走向成熟,组织形式从中小企业向大企业集团转变,经营方式从单纯的生产经营向生产经营与资本经营相结合转变,经营者从老板向专业经理人转变。民营企业介入旅游行业,促进了旅游业向更加广阔的领域发展,尤其是扩大了新型旅游资源的开发范围,有利于扩大社会就业。

(五)旅游需求日趋个性化

20世纪90年代以后,随着社会经济和技术条件的变革以及旅游业的不断发展,旅游者旅游消费的经历和经验不断丰富,加之教育的发展和人们文化水平的提高,旅游者对于严重束缚其个性发展的团体包价旅游的需求强度日趋弱化,旅游市场因此自然地分化成若干大小不一的细分市场,具有不同需求的群体在不同的细分市场上寻求不同的旅游产品。与此同时,随着以资本为核心资源的工业社会向以智力为核心资源的知识经济社会的转化,特别是以国际互联网为代表的信息技术的飞速发展,旅游者的信息渠道和消费意识发生了深刻的变化,旅游需求的个性化和多样化进程得以加速,旅游市场的划分出现了越来越细的发展趋势。

这个时期,旅游市场需求总体呈现出差异化、复杂化和个性化的特征,旅游者在不断改变和创新着自己的个性化需求,从而使旅游者分散于日趋超细划分的不同市场需求群体中,大规模同质的旅游需求开始分散为微观多样化的需求。旅游市场的不断成熟正在造就一大批新型旅游者,其特点是阅历广、经验多、要求高。这意味着传统的消极旅游模式逐渐被对多种兴趣和富有新意的旅游经历的追求所超越,这一趋势发展的结果是包价旅游的重要程度相对下降,人们对自定计划(日程)的散客旅游,或者至少是对按自己的要求而"定制"的旅游安排越来越感兴趣。因此,个性化旅游是对大众旅游的继承和发展,它继承和发展了大众旅游的普及性,并在此基础上开始关注旅游者的个性化追求,从而使普及性和个性化成为当代旅游的两个突出特征。

二、两个阶段

旅游业的稳步发展时期,大体上可以分成两个阶段,即产业地位确立阶段和产业规模扩展阶段。

(一)产业地位确立阶段(1992—1998年)

从1992年到1998年,随着国家市场经济体制的确立,旅游业从起步期跨入了稳步成长期。在这一阶段,旅游业实现了行业的新发展,产业地位进一步提升,产业体系初步形成;接待能力与接待规模同步增长,产业规模稳步扩大;建立了比较规范的行业管理秩序并及时开展了旅游市场专项治理;产品结构开始从单一的观光产品向观光、度假、专项相结合的多元化方向发展,出现了国家级的旅游度假区;市场需求快速增长,特别是国内旅游逐渐成为旅游业的主体。在这个阶段,中国旅游业顺利完成了发展阶段的转换,跃上了一个新的台阶,朝阳产业的特征进一步显现。

1. 确定旅游业为国民经济新的增长点

随着旅游业的壮大以及对国民经济的贡献不断增大,旅游业作为国民经济新的增长点的特征日益突出。国家对旅游业的认识在20世纪90年代有了两次大的飞跃。第一次是1992年,《中共中央 国务院关于加快发展第三产业的决定》第一次将旅游业列为第三产业发展的重点。第二次是在1998年的中央经济工作会议上,旅游业和房地产业、信息业被确定为国民经济新的增长点,旅游业具有市场前景广阔、国际竞争力及产业关联度大、提供就业机会多和有利于促进地区经济平衡发展等突出的特点。同时,全国各省、自治区和直辖市把旅游业作为支柱产业、重点产业、先导产业来发展,大大地加强了政府主导的力度。到20世纪末,中国国际旅游业的规模大大扩大,在世界上的地位有了明显的提升,无论是在入境旅游者的人次还是旅游外汇收入方面,都已进入世界旅游大国的行列,旅游业对国民经济的贡献也有了很大的增加。1998年,全国旅游总收入占GDP的比重达到4.3%。[①]

2. 旅游行业管理市场化进程加快

依据1992年《中共中央 国务院关于加快发展第三产业的决定》精神,强化了对旅游市场宏观管理的调控功能,初步建立了面向全行业的旅游管理体制,注重采用市场手段,通过行业法规和质量标准来协调、引导行业发展的方向。同时,管理手段日趋多样,管理方式更加规范,管理领域不断拓展。在旅游市场促销方面,国家旅游管理部门提出了1993年至1997年的"五年促销计划"。在市场规范方面,制定了不同行业的管理办法,并着力推出多项行业标准。1993年,国家技术监督局明确提出国家旅游局归口管理综合类、旅游设施类、旅游服务类的行业标准。1994年,开始实行旅行社质量保证金制度。在要素结构调整方面,初步形成了以对市场主体资格的规范认证和对市场行为的引导为特色的行业管理机制。1996年,国务院发布《旅行社管理条例》,对各类旅行社实行年度检查制度。对于旅游饭店等行业特色明显的企业,采取市场引导的方法,传统的行政管理办法逐渐淡化。旅游行业管理市场化进程的加快,使中国的旅游业更快地步入市场经济发展的轨道。

3. 旅游产品结构与市场结构呈多元化

进入20世纪90年代,中国的旅游产品出现了多元化发展的趋势。以山水风光、文物古迹、民俗风情为主的传统旅游产品更加注重深度开发。度假旅游产品日益受到青睐,原有度假区开始调整目标市场和产品,围绕着国家级和省级度假区,在全国范围内开发了一批针对度假旅游者的产品,形成了一批环城市旅游度假区(带)。观光旅游产品深度发展和度假旅游产品的兴起和繁荣是本阶段的基本特征。一些新的旅游产品,如森林旅游、绿色旅游以及科考、都市、乡村、商务、修学旅游等,也都有了长足的发

[①] 张广瑞、魏小安、刘德谦:《2000—2002年中国旅游发展:分析与预测——中国社会科学院旅游研究中心研究报告》,社会科学文献出版社2002年版,第12页。

展。随着中国社会经济的发展和国际关系的调整,中国的国际旅游市场格局也发生了明显的变化,区域市场的份额大大增加,周边国家和地区成为市场的主体。这个时期国内旅游全面提升,出境旅游处于大发展的准备期。

(二) 产业规模扩展阶段(1999年至今)

20世纪90年代后期,中国市场经济体制逐步深化,旅游业的发展出现了新的态势:旅游业的产业地位得以确立;大旅游、大市场、大产品、大产业的概念形成,大大突破了传统计划经济下的固有观念;旅游地的形象更加突出,旅游市场定位更加明确;旅游企业改革不断深化,现代企业制度逐步建立;经济全球化发展的压力继续增加,国外资金、管理、技术更多地进入旅游业的各个部门,国内企业面临境内、境外的双重竞争。国内旅游的发展刺激了国民的消费,在一定程度上起到了扩大内需的效果。作为中国经济新的增长点,旅游业切实地发挥了带动地方和区域经济发展以及整体经济发展的明显作用。

1. 旅游业在区域经济中的地位得以确立

国内旅游的蓬勃发展极大地激发了各地政府发展旅游业的积极性,特别是中、西部地区和经济欠发达地区,重新审视当地旅游资源的优势,把旅游业作为促进地方经济发展的重要产业。重庆市把旅游业定位为该市经济新的支柱产业;吉林提出努力把旅游业办成重要经济产业,发展成为第三产业中的重点产业;四川将旅游业确定为今后培育壮大的六大支柱产业之一;湖南把旅游业作为国民经济的新兴支柱产业、第三产业的龙头产业、提高人民生活素质和加快老少边穷地区脱贫致富的高效产业;河南把旅游业作为优先发展的支柱产业之一;山西明确旅游业已成为全省对外开放和产业结构调整的先导产业;内蒙古提出要切实把旅游业作为第三产业的龙头产业、提高人民生活质量和加快脱贫致富的高效产业。虽然,在上述地区中,不少地区距真正实现其规划的产业发展目标还有很大的距离,尚需艰苦的努力和一段时日,但是,旅游业作为国民经济新的增长点的观点已经成为社会共识,得到了地方政府的广泛响应和支持,并开始付诸行动。

2. 旅游产品结构调整取得突破性进展

新中国成立以来,中国度假旅游产品和专项旅游产品一直处于紧缺状态。这种产品结构上的明显缺陷,使我国在旅游资源方面的优势不能充分地发挥出来。1992年8月,国务院做出了试办国家旅游度假区的决定,先后批准兴办12个国家旅游度假区,为解决这方面问题找到了突破口。跟进国际潮流开发的度假旅游、滑雪旅游、生态旅游、会展旅游和其他特种旅游快速起步,一批产品已拥有世界知名度。10000多个旅游区(点)涵盖了自然景观、历史古迹、社会生活等各个方面。旅游业"六大要素"配套发展具体表现在以下方面。

(1)"吃":旅游饭店内的餐饮设施有很大改进,餐馆迅猛发展,"吃饭难"已不成为问题。

(2)"住":到2001年底,全国共有星级饭店7358座,客房数达82万间,比"七五"期末增加52万间,公寓、别墅等住宿设施也有很大增长。全国旅游住宿设施普遍经营良好,全国旅游涉外饭店客房全年出租率保持在65%左右,经营效益逐年有明显提高。

(3)"行":民航、铁路、公路运输条件较20世纪80年代末期有明显改善,"乘机难"问题基本缓解,长江游轮运力成倍增加,主要旅游景区内的交通也有一定改进。

(4)"游":以山水风光、文物古迹、民俗风情为特色的传统产品普遍进行了更新改进,充实了新的游览内容。以深圳"锦绣中华"为代表的有一定规模的人造景观在许多地方崛起,多数取得了良好的经济效益和社会效益。度假产品和专项旅游产品的开发取得了阶段性成果。

(5)"购":到1995年底,全国旅游定点购物商店达1400家,加上社会上的大商场、专业店、精品店迅速增加,旅游者购物的选择性已经大大增加,购物创汇在旅游总创汇中的比重也有相应增加。

(6)"娱":它是这个时期非常突出的一个薄弱环节。各旅游饭店普遍开展晚间娱乐活动,配备娱乐和健身设施;重点旅游城市设置了晚间定点演出场所;重点旅游景区兴办了白天定点演出场所,把游览与娱乐结合起来。加上晚间娱乐场所的增多,过去存在的"白天看庙,晚上睡觉"的状况已有根本性改观。

这个时期,旅游城市和旅游景区在吃、住、行、游、购、娱及旅游厕所建设方面,旅游景点在游、购、娱方面,旅游饭店在吃、住、购、娱方面,配套水平都有明显提高,旅游业总需求与总供给大体平衡。特别是旅游厕所建设,通过实施旅游厕所工程,开展创建中国优秀旅游城市活动,全国的旅游厕所面貌全面改观,旅游厕所已不再是境外旅游者的投诉重点。

3. 旅游产业形象日益鲜明

根据旅游市场需要进行促销,有力提升了产业形象。在1992年举办了中国友好观光年,并提出了1993—1997"五年促销计划",使市场促销工作大大增强了计划性和主动性,也有力地促进了主题产品的开发建设。

1996年到2000年这个时期,以主题促销为主的海外市场宣传和国内宣传成效显著,1996中国度假休闲游、1997中国旅游年、1998华夏城乡游、1999生态环境游及2000神州世纪游等系列旅游主题活动的推出,集中体现了中国旅游新的魅力、水平和成就,弥补了以往我国度假休闲和生态旅游等专项旅游产品的不足,引导旅游产品从观光型向观光、度假和专项旅游相结合的多元化格局发展,明显提高了我国旅游业在国际市场上的竞争力。针对一些主要旅游客源市场发生的金融危机和经济影响,旅游全行业通过采取增加促销投入,提高促销频率,改进促销方法,完善促销手段,举办1998年中国国际旅游交易会、2000年中国国际旅游交易会,以及加强与主要客源国和国际旅游组织的交往等系列措施,使中国旅游业最大限度地克服了亚洲金融危机的严重影响,在1997年和1998年仍然保持了稳定发展,并在1999年和2000年得到迅速发展。从国内来看,系列主题活动的推出,扩大了旅游业在社会各层面的影响,使旅游产业形象日益鲜明,对扩大内需、拉动增长起到了积极的作用。[①]

4. 旅游市场秩序进一步规范

这个时期,各级旅游行政管理部门积极探索旅游管理体制改革,从广度和深度上强化了职能,各地加强了对旅游行业的管理和市场秩序专项治理力度,进一步规范了旅游市场。《旅行社管理条例》、《导游人员管理条例》、《旅游统计管理办法》、《旅游区(点)质量等级的划分与评定》等一大批由国务院或有关主管部门发布实施的法规和标准,大大提高了旅游行业管理和质量监督的力度。由国家旅游局组织开展的"创建中国优秀旅游城市"的活动结出丰硕成果,对于改善旅游业发展环境、强化城市的旅游功能、推动城市树立鲜明的旅游形象、形成适应21世纪市场需求的旅游精品起到了极大的推动作用,对探索加快城市经济社会发展的规律,促进城市旅游业及相关行业的发展和精神文明建设,以及促进城市的国际化、现代化发展,做出了贡献,积累了经验。

三、旅游市场全面发展

1992—2001年,受世界经济复苏缓慢、国际政治局势不稳定和美国

---

① 中华人民共和国国家旅游局:《中国旅游业发展"十五"计划和2015年、2020年远景目标纲要·总体篇》,中国旅游出版社2001年版,第17页。

"9·11"恐怖袭击事件的影响,世界旅游业整体进入了一个迅速收缩和缓慢恢复的时期。由于亚洲金融危机的影响,1997年、1998年国际旅游收入的增长率分别为0.2%和0.6%;受到美国"9·11"恐怖袭击事件的影响,2001年世界旅游收入比2000年下降了1.6%,全球入境旅游人次增长率为零。① 中国旅游业在这种不利的国际环境中,逆流而上,取得了良好的发展业绩。入境旅游持续增长,国内需求全面释放,出境旅游在规范中发展,旅游市场结构逐步优化,旅游发展质量有所提高,旅游业大发展的环境逐渐形成,旅游业作为国民经济新的增长点的地位得到了巩固。

（一）入境旅游持续增长

20世纪90年代以来,我国入境旅游遇到了诸多不利因素,从亚洲金融危机、中美撞机事件以及此后阻挠美国游客到中国旅游的"劝诫令",到美国的"9·11"恐怖袭击事件和对阿富汗的反恐战争,以及美、欧、日三大经济区（中国入境旅游的主要客源市场）步入低谷等,跌宕起伏的外部环境对我国入境旅游造成一定的负面影响。但是中国旅游界对此也做出了及时有效的反应。例如,国家旅游局迅速发布公告,树立中国是旅游安全目的地的形象;组织大篷车促销团到美国8个城市巡回促销;2001年,江泽民同志回信给一个美国旅游者,充分肯定旅游在促进民间交往中的重要作用;国家旅游局组织举办了中国国际旅游交易会等促销活动。这些措施和行动都取得了良好的效果,极大地缓解了外部不利因素对中国入境旅游业的冲击。

1992—2001年,在世界旅游业整体出现负增长的形势下,中国入境旅游继续保持增长。2001年,入境旅游者达8901.3万人次,比1992年增长133.5%;入境过夜旅游者达3316.7万人次,比1992年增长100.9%;国际旅游外汇收入177.9亿美元,比1992年增长350.4%（见表3-3）。总体来说,这个时期,我国入境旅游是在困难中前进,虽然增长速度有所下降,但是绝对数量指标依然延续了改革开放以来继续增长的趋势。②

---

① 根据世界银行数据库相关数据整理而成。
② 张广瑞、魏小安、刘德谦:《2001—2003年中国旅游发展:分析与预测——中国社会科学院旅游研究中心研究报告》,社会科学文献出版社2002年版,第2页。

表 3-3　1992—2001 年入境旅游人次、入境过夜旅游人次和旅游外汇收入情况

年份	入境旅游人次		入境过夜旅游人次（万人次）	旅游外汇收入（亿美元）
	人次（万人次）	增长率（%）		
1992	3811.5	14.3	1651.2	39.5
1993	4152.7	9.0	1898.2	46.8
1994	4368.5	5.2	2107.0	73.2
1995	4638.7	6.2	2003.4	87.3
1996	5112.8	10.2	2276.5	102.0
1997	5758.8	12.6	2377.0	120.7
1998	6347.8	10.2	2507.3	126.0
1999	7279.6	14.7	2704.7	141.0
2000	8344.4	14.6	3122.9	162.2
2001	8901.3	6.7	3316.7	177.9

（资料来源：《中国旅游统计年鉴 2002》。）

值得提出的是，如图 3-1 所示，这个时期，入境过夜旅游人次远远低于入境旅游人次。如果再把港澳台地区的数据剔除，外国入境过夜旅游人次仅相当于入境过夜旅游人次的 25%～40%，最多相当于入境总人次的 15%。这说明提高入境旅游者人次任重道远。[①]

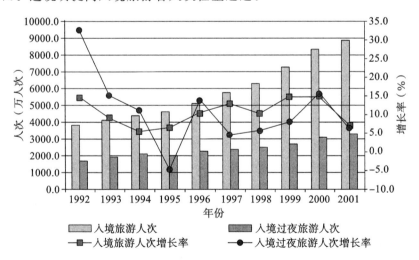

图 3-1　1992—2001 年中国入境旅游人次、入境过夜旅游人次及增长率情况

（资料来源：《中国旅游统计年鉴 2002》。）

---

①　黄先开：《中国旅游经济结构研究（上册）》，中国经济出版社 2013 年版，第 112 页。

(二) 国内需求全面释放

为了满足国内旅游日益增长的需要,1993年国务院办公厅转发了国家旅游局《关于积极发展国内旅游业的意见》,明确提出要将国内旅游业纳入国民经济和社会发展计划,逐步建立统一开放、有序竞争的国内旅游市场,努力发展大众旅游服务产品,提高国内旅游业的水平,努力提高质量,维护旅游者权益。该意见同时提出,旅游行政管理部门要会同有关部门逐步建立国内旅游业的吃、住、行、游、购、娱各个方面的服务质量标准,加强旅游职业道德教育,提高旅游从业人员素质。该意见的出台标志着国内旅游业正式纳入旅游行业管理的范围,国内旅游在中国开始扮演重要的角色。

20世纪90年代前期,宏观经济出现了新一轮的经济波动,过热发展引发的通货膨胀使我国经济开始了又一轮的宏观调控,以期达到经济的软着陆。在这种社会背景下,旅游管理部门对国内旅游的政策由改革开放初期的"三不"转变为"积极引导",以期达到回笼货币、减轻通胀压力的目的。1995年,中国开始实行每周"双休制",大大刺激了城市居民周末游、城郊游的需求,国内旅游开始发展,当年参加国内旅游的人次就超过了5亿人次,在拉动内需方面取得了显著成绩。1996年以来,中国经济改革已进入结构性调整阶段,此时社会有效需求不足、供过于求的矛盾突出,市场制约经济发展的矛盾日趋明显。1997年的东南亚金融危机以及日本经济持续低迷,使转轨中的中国外向型经济面临严峻考验,出口贸易受阻,于是转而立足国内市场的"扩大内需"成为一项重要的经济调控政策。在1998年召开的中央经济工作会议上,房地产业与旅游产业被定位为国民经济增长点,在这一精神的指引下,我国先后有24个省(区、市)把旅游产业定位为支柱产业重点产业、先导产业,国内旅游成为启动内需的支柱性动力之一。在这种条件下,1999年,国务院修订了《全国年节及纪念日放假办法》,按照新的规定,五一、十一、春节,形成了3个旅游黄金周,出现了20世纪90年代以来前所未有的大众旅游度假游的"井喷"现象,国内旅游人次、国内旅游收入都实现了不同程度的增长。旅游业扩大内需的拉动功能得以充分体现。

2001年,我国国内旅游人次达7.84亿人次,是1994年①的1.5倍,已经形成世界上人次最多的国内旅游市场;国内旅游收入达3522.4亿元人民币,是1994年的3.4倍(见表3-4)。

---

① 中国国内旅游的正式统计是从1993年开始的,因此这里的相关数据以1994年为起点。

表 3-4 1994—2001 年中国国内旅游人次、国内旅游收入及增长率

年份	国内旅游人次（百万人次）	国内旅游人次增长率(%)	国内旅游收入（亿元）	国内旅游收入增长率(%)
1994	524	—	1023.5	—
1995	629	20.0	1375.7	34.4
1996	640	1.7	1638.4	19.1
1997	644	0.6	2112.7	28.9
1998	695	7.9	2391.2	13.2
1999	719	3.5	2831.9	18.4
2000	744	3.5	3175.5	12.1
2001	784	5.4	3522.4	10.9

（资料来源：《中国统计年鉴 2002》。）

我国国内旅游自 20 世纪 80 年代中期开始活跃，到 90 年代步入了快车道，到 2001 年已发展成为广大城乡居民新兴的消费领域和扩大内需的重要力量。值得指出的是，1995—2001 年国内旅游收入的年均增速低于同期 GDP 的年均增速，[①]国内旅游市场还处于快速发展的初始阶段。

（三）出境旅游稳步增长

1. 两个阶段

中国的出境旅游经历了一个从无到有、从"赴港探亲游"到"自费出国游"的逐步市场化的发展过程。这一过程大致可以划分为起步阶段和成长阶段。

1）起步阶段（1983—1996）

中国公民出境旅游产生的宏观背景是中国改革开放政策的逐步实施，其微观背景是中国入境旅游发展对国民产生的"示范效应"和国内旅游蓬勃发展所导致的国民对更高消费层次的旅游活动的追求，其直接肇始是香港回归前，中国公民赴香港地区的探亲旅游。

1983 年 11 月，广东省作为试点首先开放本省居民赴港澳探亲旅游，由广东省旅游公司在广东省内试行组织赴港探亲旅游团。1984 年，国务院批准开放内地居民赴港澳探亲旅游，从此拉开中国公民出境旅游的序幕。港澳游的发展为中国公民出境旅游的发展奠定了基础。

与此同时，边境旅游作为出境旅游的一种形式，开始在中国的一些沿

---

① 根据《中国旅游统计年鉴 2002》和《中国统计年鉴 2002》相关数据整理而成。

边省份出现,并且得到了较快的发展。1987年11月,国家旅游局和对外经济贸易部首先开放辽宁丹东—朝鲜新义州一日游,由此拉开了中国边境旅游的序幕。

1992年7月16日,国家旅游局向国务院递交了《关于扩大边境旅游促进边疆繁荣的意见》,进一步明确了边境旅游的意义:发展同周边国家的边境旅游事业,既利于我国兴边富民、稳定边疆,又利于对外扩大影响、提高我国国际地位,符合中央的改革开放政策。

在中国出境旅游发展的起步阶段,以"探亲游"和"边境游"为突出特征的中国公民出境旅游取得了长足的进展,并形成了相当的规模,为中国出境旅游的进一步发展奠定了基础,积累了经验。

2)成长阶段(1997—2001)

面对蓬勃发展的中国公民出境旅游形势,经国务院批准,国家旅游局和公安部于1997年7月联合发布了《中国公民自费出国旅游管理暂行办法》。该办法于1997年7月1日正式实施。该办法的颁布和实施标志着中国出境旅游业务的全面展开,也标志着中国旅游业开始形成入境旅游、出境旅游和国内旅游三足鼎立的完整市场格局。中国出境旅游的发展进入了一个崭新的时代。

《中国公民自费出国旅游管理暂行办法》是规范中国公民出国旅游活动的重要法规,它规定中国公民自费出国旅游主要以团队形式进行,旅游目的地国家和地区由国家旅游局会同外交部、公安部提出,报国务院批准。该办法还明确了中国公民自费出国旅游"有计划、有组织、有控制"的指导方针,确定了出国游"入出挂钩、总量控制和配额管理"的原则,从总体上体现了国家确定的"大力发展入境旅游,积极发展国内旅游,适度发展出境旅游"的基本方针。

《中国公民自费出国旅游管理暂行办法》实施前已经获准的中国公民自费出国旅游新的目的地国家包括新加坡、马来西亚、泰国和菲律宾四国。《中国公民自费出国旅游管理暂行办法》实施当年又增加了澳大利亚、新西兰两个大洋洲国家为中国公民自费出国旅游新的目的地国家,此后中国公民自费出国旅游新的目的地国家数量一直保持良好的增长势头。截至2001年底,中国公民出境旅游的目的地国家和地区已达60多个,已经开展公民组团旅游业务的达50多个。

《中国公民自费出国旅游管理暂行办法》将中国公民出境探亲旅游正

式改变为中国公民自费出国旅游[①],从而使得包括赴香港、澳门及东南亚四国的探亲游概念在中国出境旅游进入成长阶段后已经不复存在,出国游和边境游成为中国出境旅游成长阶段的主要表现形式。

随着《中国公民自费出国旅游管理暂行办法》的颁布与实施,中国出境旅游的管理工作力度明显加大,出境旅游市场秩序大为改观,中国的出境旅游逐步走上了健康发展的轨道。1997年到2001年,中国的出境旅游尽管曾出现过这样或那样的问题,但始终保持了良好的发展势头,并逐步发展成为亚洲地区一个快速增长的新兴客源输出国。

2. 出境旅游市场规模

在市场规模方面,中国的出境旅游市场起步于20世纪80年代的港澳探亲游,进入20世纪90年代以后,随着探亲游市场范围的扩大、边境游的兴起和自费出国旅游的全面启动,中国的出境旅游市场进入成长期,并一直保持快速增长的势头。1994年到2001年,中国公民出境旅游市场继续发展壮大。2000年,中国出境旅游者首次突破1000万人次,达到1047.26万人次。2001年,我国出境旅游者已达1210.00万人次,其中因私出境者达694.54万人次(见表3-5)。在出境旅游人次中,因私出境人次逐渐上升,从1994的164.23万人次提升到2001年的694.54万人次,中国已经成为亚洲地区一个新兴的客源输出国。

表3-5　1994—2001年中国出境旅游情况　　（单位:万人次）

年份	出境旅游人次	因公出境人次	因私出境人次
1994	610.60	446.37	164.23
1995	713.90	508.51	205.39
1996	758.82	517.43	241.39
1997	817.54	573.58	243.96
1998	842.56	523.54	319.02
1999	923.34	496.63	426.61
2000	1047.26	484.18	563.09
2001	1210.00	518.77	694.54

（资料来源:根据历年《中国旅游业统计公报》相关数据整理而成。）

---

① 参见何光晖主编:《中国旅游业50年》,中国旅游出版社1999年版,第226页。考虑香港和澳门的特殊情况,本研究没有简单采取"出国旅游"的概念,而是更倾向于使用"出境旅游"的说法,因为后者能够更加准确地表达出国旅游、港澳旅游和边境旅游的全部内涵。

四、国际旅游市场结构稳定

20世纪80年代至90年代上半期,我国的国际旅游不断波动、变化;90年代后半期,国际旅游市场虽然还有局部波动,但在结构方面没有发生根本性的变化,表现出结构稳定和深入开掘的总体趋势。

(一) 入境旅游结构变化

1. 不同客源国(区)入境旅游增长速度

从不同客源国(区)入境旅游增速来看,1992—2001年为经过1989年政治风波以来的调整缓速增长时段(见图3-2)。这是一个缓速增长阶段。[①]

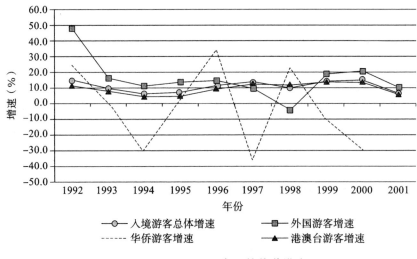

图3-2　1992—2001年入境旅游增速

(资料来源:《中国旅游统计年鉴2002》。)

(1) 这个时期的增速曲线变动幅度较小,增速曲线走势比1978—1991年时段趋于平缓,反映了该时段游客正常增长的特点。

(2) 入境游客总体增速曲线和港澳台游客增速曲线极为相似,反映这个时期中国入境旅游主要受港澳台游客流的影响,这一点与1978—1991年的特征一样。

(3) 入境游客总体增速曲线和外国游客增速曲线较为相似,反映出中国入境旅游受入境外国游客流的影响较大。两者曲线形状相似,但走势有差异:前者更为平缓,后者波动幅度较大。

---

① 马耀峰、李天顺等:《中国入境旅游研究》,科学出版社1999年版,第101—102页。

（4）华侨游客增速曲线呈不规则波动趋势。华侨游客来自不同国家，尚未形成明显的旅游流规律。

从入境旅游消费增长率来看，1996—2001 年，我国入境过夜旅游者人均每天消费额逐渐增长，从 131.2 美元/（人·天）增加到 138.8 美元/（人·天）（见表3-6）。总体来看，我国入境过夜旅游者人均每天消费额增幅较为平稳，增幅不大。①

表 3-6　我国入境过夜旅游者人均每天消费情况

年份	实际人均每天消费额（美元/（人·天））	增长率（%）
1996	131.2	—
1997	135.1	3.0
1998	133.9	−0.9
1999	135.0	0.8
2000	136.9	1.4
2001	138.8	1.4

（资料来源：《中国旅游统计年鉴》(1997—2002)。）

2. 入境旅游客源地（区）结构

1992—2001 年，港澳台游客依然是我国入境旅游的第一大主体，外国游客是第二大主体，华侨游客是第三大主体（见表3-7）。与 1978—1991 年数据相比，这个时期外国游客所占比重趋于增长，港澳台游客所占比重趋于减少，华侨游客所占比重没有明显变化。

表 3-7　1992—2001 年中国入境旅游者结构变化　　　（单位：%）

年份	外国游客占比	华侨游客占比	港澳台游客占比
1992	10.5	0.4	89.1
1993	11.2	0.4	88.4
1994	11.9	0.3	87.8
1995	12.7	0.2	87.1
1996	13.3	0.3	86.5
1997	12.9	0.2	86.9
1998	11.2	0.2	88.6

---

① 黄先开：《中国旅游经济结构研究（上册）》，中国经济出版社 2013 年版，第 98 页。

续表

年份	外国游客占比	华侨游客占比	港澳台游客占比
1999	11.6	0.1	88.3
2000	12.2	0.1	87.7
2001	12.6	—	87.4

(资料来源:《中国旅游统计年鉴2002》。)

从总体上看,20世纪90年代,港澳台游客的比重为86.5%～89.1%,相较于80年代约90%的比重稍低一些;同期,外国游客占全国入境游客的比重为10.5%～13.2%,而在80年代这一比重为5%～9%,说明外国游客的增幅在90年代已超过港澳台游客的增幅;这一时期,华侨游客占全国入境游客的比重为0.1%～0.4%,低于80年代的水平。

从洲际客源市场结构来看,20世纪90年代以来,亚洲客源国的市场发展强劲。除韩国、日本外,东北亚的蒙古国及东南亚四国(菲律宾、新加坡、泰国、印尼)等洲内市场成为中国的主体客源市场。美洲的加拿大、大洋洲的澳大利亚及欧洲三国(英国、德国和法国)这些旅游产出国除年度间有所波动外,基本保持平稳发展态势。[①] 2001年,亚洲占外国客源市场的比重为62.2%,是我国最重要的海外旅游市场;欧洲占22.9%,美洲占11.4%,大洋洲和非洲占3.5%的份额(见表3-8)。

表3-8 1992—2001年入境外国旅游者洲别构成及比重 (单位:%)

年份	亚洲	欧洲	美洲	大洋洲	非洲
1992	46.1	37.9	12.4	2.6	0.7
1993	50.1	34.2	12.1	2.7	0.6
1994	58.7	25.5	12.2	2.6	0.6
1995	59.8	24.7	11.8	2.7	0.7
1996	60.3	24.2	12.0	2.6	0.7
1997	59.4	25.4	11.7	2.6	0.7
1998	58.2	24.4	13.3	3.2	0.7
1999	60.6	23.7	12.2	2.9	0.6
2000	61.3	23.3	12.0	2.8	0.6

---

① 黄先开:《中国旅游经济结构研究(上册)》,中国经济出版社2013年版,第115页。

续表

年份	亚洲	欧洲	美洲	大洋洲	非洲
2001	62.2	22.9	11.4	2.8	0.7

(资料来源:根据《中国旅游统计年鉴》(1998—2002)相关数据计算整理。)

1992—2001年,亚洲市场在旅华市场中发展最快,其客源占来华入境外国旅游者人次从46.1%上升到62.2%。同期,日本成为中国第一大客源市场国,一直保持旺盛增长态势,从79.2万人次增长到238.6万人次;韩国成为中国第二大客源市场国,从1993年的19.0万人次增长到2001年的167.9万人次(见表3-9)。亚洲洲内市场促销,投入相对较低,回报相对较高,游客再访率较高,入境后的流向分布较广,受国际意外事件影响较小,从长远看将成为我国相对稳定的主要客源市场。

表3-9　1992—2001年15个主要客源国入境人次　　(单位:万人次)

客源国	1992年	1993年	1994年	1995年	1996年	1997年	1998年	1999年	2000年	2001年
日本	79.2	91.2	114.1	130.5	154.9	158.2	157.2	185.5	220.2	238.6
韩国	—	19.0	34.0	52.9	69.4	78.1	63.3	99.2	134.5	167.9
俄罗斯	89.5	9.1	40.0	48.9	55.6	81.4	69.2	83.3	108.0	119.6
美国	34.6	40.0	47.0	51.5	57.6	61.6	67.7	73.6	89.6	94.9
菲律宾	13.8	14.7	18.5	22.0	24.4	27.7	25.6	29.8	36.4	40.8
马来西亚	—	16.8	20.9	25.2	29.8	36.1	30.0	37.3	44.1	46.9
新加坡	15.3	20.1	23.2	26.1	28.6	31.7	6.5	5.8	7.2	9.8
蒙古	—	23.1	30.1	26.2	28.2	34.2	36.5	35.4	39.9	38.7
泰国	14.7	15.2	16.4	17.3	19.3	16.9	14.4	20.6	24.1	29.8
英国	13.0	15.4	16.7	18.5	20.5	22.8	24.3	25.9	28.4	30.3
澳大利亚	—	9.9	11.0	12.9	13.3	15.7	18.6	20.4	23.4	25.5
加拿大	9.3	10.5	11.3	12.9	15.7	17.4	19.6	21.4	23.7	25.4
印尼	—	11.0	12.0	13.3	13.8	14.7	10.5	18.3	22.1	22.4
德国	12.1	13.9	14.9	16.7	17.9	17.2	19.2	21.8	23.9	25.3
法国	11.6	11.5	11.2	11.8	12.3	13.1	13.8	15.6	18.5	20.0

(资料来源:根据《中国旅游统计年鉴》(1998—2002)相关数据计算整理。)

洲际市场主要包括西欧(英国、法国等)、北美(美国、加拿大)、大洋洲(澳大利亚、新西兰)等一级市场,北欧(瑞典、挪威、丹麦、芬兰)、中欧(瑞士、奥地利、意大利等)等二级市场,距我国较远、国际交通不便的南非、南美等三级市场。其中,一级市场一向是我国国际旅游的重点客源市场;二级市场尽管客源人次相对较少,但发展速度较快,发展形势看好;三级市场每个国家每年的旅华人次一般不足1万人次。洲际市场的增幅也较大。从总体上看,洲际市场上的游客旅华潜力很大,2001年欧洲、美洲、大洋洲游客占来华入境外国旅游者人次的比重为37.1%。

港澳台地区是入境旅游的主体市场。从1992年到2001年,从入境人次看,这一市场占到入境总人次的86%以上;从我国旅游外汇收入看,这一市场占到旅游外汇收入总数的40%左右。该市场客源过往率高、再访率高,停留时间相对较短。

15个主要客源国来华游客占入境外国游客总人次比重,从1992年的73.2%上升到2001年的83.4%。抓住了这些市场的稳定发展,就抓住了旅游发展的大局。

进一步从数量分层,从1992年到2001年的10年间,中国入境旅游的外国游客已经形成1个200万人次以上的市场——日本;3个100万人次左右的市场——韩国、俄罗斯和美国;2个40万人次以上的市场——马来西亚、菲律宾;2个30多万人次的市场——蒙古、英国;6个20多万人次(含20万人次)的市场——泰国、澳大利亚、加拿大、印度尼西亚、德国、法国;1个10万人次左右的市场——新加坡。[①]

从发展的动态来看,基数大的市场仍然保持了较高的增长速度,其他市场也在迅速成长之中。这就应该有针对性地对市场进行开发,对于重点市场要狠抓不放,以保障入境旅游发展的基础。对于发展中的市场要加大促销力度,促进其不断发育。对于潜在市场要努力配合有关部门,缓和或解决相应的制约条件,使其逐步向新兴市场转化。

3. 入境外国游客年龄、性别、目的和入境方式

从外国游客年龄构成变化趋势(见表3-10)来看,31~50岁的游客变化较为平稳,所占比重基本上保持在45%左右;51岁以上的老年人游客市场呈现明显的增长势头,所占比重从1992年的25.8%增加到2001年的34.3%;而30岁以下的游客所占比重呈递减趋势,由1992年的30.1%下降至2001年的11.4%。

---

① 魏小安、韩健民:《旅游强国之路:中国旅游产业政策体系研究》,中国旅游出版社2003年版,第132页。

表 3-10　1992—2001 年入境外国旅游者年龄、性别、职业构成　（单位:%）

项目	1992年	1993年	1994年	1995年	1996年	1997年	1998年	1999年	2000年	2001年
按年龄分										
16岁以下	3.9	4.2	4.3	3.9	3.6	3.4	3.4	3.4	3.5	3.6
17～30岁	26.2	26.5	24.6	25.0	22.6	20.9	8.7	8.0	8.1	7.8
31～50岁	44.1	44.8	47.0	47.6	46.5	44.5	50.1	49.1	48.7	48.6
51岁以上	25.8	24.5	24.1	23.5	27.3	31.2	32.3	33.5	33.8	34.3
按性别分										
男	66.3	69.9	69.1	68.8	68.6	67.5	67.8	65.6	64.6	64.9
女	33.7	30.1	30.9	31.2	31.4	32.5	32.2	34.4	35.4	35.1
按职业分										
专业技术人员	10.2	8.5	8.3	8.2	7.2	8.1	6.0	5.8	—	—
行政管理人员	11.9	6.6	5.9	7.7	6.7	6.1	9.2	8.1	—	—
办事员	11	11.6	8.7	7.3	6.5	6.8	6.2	5.0	—	—
商人	22.5	26.3	20.5	19.9	17.5	17.7	19.0	18.0	—	—
服务人员	5.7	8.1	9.4	8.0	6.5	6.7	4.7	3.9	—	—
农民	2.1	1.7	1.1	1.0	0.9	0.5	0.3	0.2	—	—
工人	13.8	12.2	10.4	9.2	7.7	6.5	6.4	5.9	—	—
其他职业人员	15.5	17.1	22.3	24.8	26.9	30.8	41.0	45.7	—	—
无业人员	7.3	4.2	13.3	13.9	20.2	16.8	7.0	7.4	—	—

注:《中国旅游统计年鉴1999》,从1998年开始,入境外国旅游者分为以下五类:14岁以下、15～24岁、25～44岁、45～64岁、65岁以上。

(资料来源:根据《中国旅游统计年鉴》(1993—2002)相关数据整理而成。)

如表 3-10 所示,与 1978—1991 年相比,1992—2001 年入境的男性旅游者依然多于女性,所占比重相近,仍然为 65% 左右。1992—1999 年外国游客职业构成明显表现出多样化特征,工人、专业技术人员、行政管理人员、办事员、农民甚至商人等职业类型的游客在总体中所占比重均有下降。其他职业类型的游客所占比重增长迅速,由 1992 年的 15.5% 上升到 1999 年的 45.7%,无业人员也由 1992 年的 7.3% 上升到 1996 年的 20.2%,随后又下降到1999年的7.4%。①

从表3-10可以看出,除农民、工人游客在1992—1999年8年间持续减少外,其他各职业游客均有不同程度增长和起伏。

从旅游组织方式来讲,我国境外游客经历了从20世纪90年代初期及以前以团体游客占主体、零散游客占少数,到90年代中后期以来零散游客占主体、团体游客比重较小的较大变化。1985年,全国有组织接待境外游客所占比重为78.4%。到1997年,旅行社接待境外旅游者仅占过夜旅游者总数的12.8%。② 零散游客在整个境外游客中所占比重的上升,说明我国旅游服务质量全面提高,旅游业显现进一步发展的良好势头,也是旅华客源市场日趋成熟的一种表现。

从入境旅游交通方式构成(见表3-11)来看,境外旅游者旅华方式有5种:船舶、飞机、火车、汽车和徒步。1992—2001年,总体来看,飞机是外国游客入境最主要的交通工具,所占比重多在50%左右;其次为船舶、汽车,占比多在15%左右和14%左右;以徒步和火车的方式入境者也占有一定比重。

从入境外国旅游者交通方式的增长率来看,1992—2001年以乘坐飞机和徒步方式入境者增长较快,乘坐汽车与船舶者增长速度较缓,而乘火车入境的游客则在同期内呈现负增长。

表3-11　入境外国旅游者交通方式构成及增长率　　　　(单位:%)

项目	1992	1993	1994	1995	1996	1997	1998	1999	2000	2001
交通方式构成										
船舶	18.6	17.5	17.1	16.3	8.1	15.6	14.5	13.4	13.0	13.3
飞机	41.3	46.2	51.1	53.8	10.4	52.6	52.2	53.3	53.0	53.4
火车	12.6	10.1	8.8	6.9	2.0	5.2	4.6	4.7	4.3	4.0
汽车	14.9	16.6	13.7	12.9	14.7	13.9	14.3	13.6	15.3	15.7
徒步	12.6	9.6	9.2	10.1	64.7	12.7	14.4	15.0	14.3	13.6

(资料来源:根据《中国旅游统计年鉴》(1993—2002)相关数据整理而成。)

---

① 马耀峰、李天顺等:《中国入境旅游研究》,科学出版社1999年版,第27页。
② 马耀峰、李天顺等:《中国入境旅游研究》,科学出版社1999年版,第29页。

（二）出境旅游市场结构

由表 3-12 可知,从 1994 年到 2001 年,我国出境旅游中因公出境人次从 446.3 万人次增加到 519.1 万人次,因私出境旅游人次从 164.3 万人次增加到 690.9 万人次。这个时期,因公出境旅游人次占总出境旅游人次的比重整体呈下降趋势,因私出境旅游人次占比则整体呈上升趋势,出境旅游处于高速增长的初始阶段。

表 3-12　1994—2001 年中国出境旅游情况

年份	出境旅游人次（万人次）	因公出境旅游人次占比（%）	因私出境旅游人次占比（%）
1994	610.6	73.1	26.9
1995	713.9	71.2	28.8
1996	758.8	68.2	31.8
1997	817.5	70.2	29.8
1998	842.6	62.1	37.9
1999	923.3	53.8	46.2
2000	1047.3	46.2	53.8
2001	1210.0	42.9	57.1

（资料来源:根据《中国旅游统计年鉴》(1999—2002)相关数据整理而成。）

20 世纪 90 年代以来,中国公民的出境旅游相当活跃。2001 年,中国已经成为保持快速增长的亚洲新兴国际客源市场。从总体上来看,可从以下几个方面分析。

（1）保持两位数的高速增长。1994—2001 年,我国出境旅游高速增长,其人次从 610.6 万人次增加到 1210.0 万人次,年均增速高达 10.3%。其中,因私出境旅游人次的年均增长率较高,说明因私出境旅游有较大的增长潜力和空间。

（2）因公出境旅游人次占比先降后升,因私出境旅游升幅趋缓。其中,因公出境旅游人次在经历 1998—2000 年连续 3 年的减少后,于 2001 年出现正增长,这与我国进一步扩大对外开放和国际交流有关。支撑出境旅游总人次增长的是因私出境旅游,经历了 1998—2000 年连续 3 年的高速增长。2000 年,由于出境旅游总体规模的扩大,因私出境旅游的占比在不断增加,并超过了因公出境旅游的占比。

（3）团体旅游波动幅度较大,增幅趋于下降。从真正意义上讲,通过旅行社组织的旅游团队人次才是反映我国出境旅游的指标。与我国政府签订旅游协议成为中国公民出境旅游的目的地国(地区)政府,只发给团体旅游者以旅游签证。旅行社组织的出境游在经历1998—2000年的持续增长后,2001年出现大幅下降。但是,出国旅游团人次并没有下降,反而上升。赴港澳地区的旅游团人次和边境旅游团人次出现了大幅下降。这说明,这种总体上的下降并不是对美国"9·11"恐怖事件的直接反应。部分原因是,港澳回归后人次激增有了回落;另一部分原因是,中国公民对外国的旅游目的地,特别是新开辟的国外旅游目的地更加感兴趣,香港地区旅游的价格表现出较小的竞争力。与此同时,原来一次出境旅游多目的地的情况有所变化,越来越多的旅游者更愿意到一个自己喜欢的地方多逗留几天,而不是一口气马不停蹄地跑几个国家(地区)。包机旅游在出境旅游中的份额增加,这个特点则更加突出。

1994—2001年,我国经旅行社组织出境旅游总人次呈现持续增长态势。2001年,我国经旅行社组织出境旅游的总人次为369.5万人次,比1994年增长了2.4倍。

(4)公民出境第一站前十名的排位基本没有大的变动。从1996年到2001年,中国公民出境第一站按人次排前10位的国家和地区(见表3-13)基本没有大的变化,2001年的排名依次是香港、澳门、泰国、日本、俄罗斯、韩国、美国、新加坡、朝鲜、澳大利亚。这个时期港澳游继续保持旺盛,日本、俄罗斯和韩国游逐渐升温,香港、澳门、泰国一直是中国公民出境游的重要目的地。中国成为亚洲地区增长较快的新兴客源国。而随着公民收入的提高和出境游目的地选择的增加,产品老化,再加上旅游市场秩序上出现的经营不规范甚至"欺客""宰客"等问题,出境旅游开放早期出现的东南亚游的热度正在逐年衰减。

表3-13 1996—2001年中国公民出境旅游第一站前10位排名情况

项目	1996年	1997年	1998年	1999年	2000年	2001年
香港	2	1	1	1	1	1
澳门	3	2	2	2	2	2
泰国	4	4	3	3	3	3
日本			4	4	4	4
俄罗斯	8	8	5	5	5	5
韩国			6	6	6	6
美国			7	7	7	7

续表

项目	1996年	1997年	1998年	1999年	2000年	2001年
新加坡	6	6	8	8	8	8
朝鲜	9	9	9	9	9	9
澳大利亚			10	10	10	10
缅甸	1	3				
越南	5	5				
马来西亚	7	7				
菲律宾	10	10				

（资料来源：根据《中国旅游统计年鉴》(1997—2002)相关数据整理而成。）

（5）出境旅游消费的国际比较。表3-14展示了1995—2001年中国、澳大利亚、加拿大、法国、日本、新西兰、德国和印度出境旅游者消费情况。从表3-14可以看出，从总体上看，德国的出境旅游者消费最高，平均为608亿美元，而新西兰的出境旅游者的消费最低，平均为14亿美元。从1995年到2001年，出境旅游者消费增幅最大的是中国和印度，分别增长了305.4%和340.0%，而增幅最低的是日本，为－24.5%。

表3-14　1995—2001年部分国家出境旅游者消费情况

（单位：十亿美元）

年份	澳大利亚	加拿大	中国	法国	日本	新西兰	德国	印度	世界
1995	7.3	12.7	3.7	20.7	47.0	1.3	66.5	1.0	462.4
1996	8.2	13.8	4.5	22.0	46.8	1.5	64.7	0.9	485.3
1997	8.6	14.2	9.2	17.5	41.4	1.5	59.0	1.3	484.5
1998	8.1	13.4	9.9	18.8	35.3	1.4	60.3	1.7	490.1
1999	8.6	14.0	11.6	22.2	41.2	1.4	61.2	2.0	511.2
2000	8.8	15.1	14.2	26.7	42.6	1.2	57.6	3.7	536.5
2001	8.1	14.6	15.0	26.7	35.5	1.3	56.5	4.4	526.9

（资料来源：世界银行数据库。）

1999年，中国公民的出境旅游支出总额为116亿美元，占同期全球旅游总支出的2.3%，在世界排名第九。我国出境游的发展不仅引起了中国政府、旅游部门的重视，也受到国际社会尤其是目的地国家（地区）的广泛关注，各目的地国家（地区）纷纷加大了对中国市场的促销和宣传。

五、城乡旅游差距扩大

(一) 城乡居民出游人次差距较大

从 1994 年到 2001 年,城乡居民出游人次提高,但差距逐渐拉大。表 3-15 展示了 1994—2001 年我国全国、城镇和农村居民旅游人次的增长趋势。这个时期,农村居民出游人次为 3174 百万人次,城镇居民出游人次为 2204 百万人次,前者比后者高 970 百万人次。这与我国农村人口基数大的国情有关。更重要的是,我国政府在 1994—2000 年实施的"国家八七扶贫攻坚"计划,使得我国农村贫困率由 1978 年的 30.7% 减少至 2000 年的 3.5%[①],农村扶贫工作的减贫效应显现,使农村居民开始追求精神生活,增加了国内旅游人次。

从总体上看,全国居民国内旅游总人次、城镇居民旅游人次、农村居民旅游人次呈平稳增长,但是增长速度波动较大,尤其是农村居民 1999—2001 年的增长速度均为负值,分别为 -2.2%、-4.6% 和 -1.4%。1994—2001 年,城镇居民旅游人次的年均增速为 9.0%,高于全国旅游人次的年均增速 5.9%,也远远高于农村居民旅游人次的年均增速 3.6%。

表 3-15　1994—2001 年中国国内旅游人次及增长率情况

年份	全国居民 旅游总人次（百万人次）	增长率（%）	城镇居民 旅游人次（百万人次）	增长率（%）	农村居民 旅游人次（百万人次）	增长率（%）
1994	524	—	205	—	319	—
1995	629	20.0	246	20.0	383	20.1
1996	640	1.7	256	4.1	383	0.0
1997	644	0.6	259	1.2	385	0.5
1998	695	7.9	250	-3.5	445	15.6
1999	719	3.5	284	13.6	435	-2.2
2000	744	3.5	329	15.8	415	-4.6
2001	784	5.4	375	14.0	409	-1.4

(资料来源:《中国旅游统计年鉴 2002》。)

---

① 赵玺玉:《新时期中国农村扶贫开发面临的挑战及其对策》,《中国石油大学学报(社会科学版)》,2008 年第 5 期。

(二) 城乡居民旅游消费差距较大

从国内旅游总消费情况来看，1994—2001年，全国居民、城镇居民和农村居民旅游总消费呈现稳步递增趋势，但是增长率波动幅度较大。这个时期，全国居民旅游消费总额从1023.5亿元增加到3522.4亿元，增长了2.4倍；城镇居民旅游消费总额从848.2亿元增加到2651.7亿元，增长了2.1倍；农村居民旅游消费总额从175.3亿元增加到870.7亿元，增长了4.0倍。同期，全国居民旅游总消费的增长率由1995年的34.4%降至2001年的10.9%，城镇居民旅游消费增长率表现为先下降后上升。农村旅游消费增长率波动较大，1997年为107.7%，2000年和2001年则陡降为负值，分别为－13.2%和－7.4%（见表3-16）。这个时期，城镇居民旅游消费占全国居民旅游总消费的比重平均为75%左右，而农村居民的这一比重平均仅为25%左右，凸显了农村居民国内旅游总消费的不足。

表3-16　1994—2001年中国国内旅游总消费情况

年份	全国居民 旅游总消费（亿元）	全国居民 增长率（%）	城镇居民 旅游总消费（亿元）	城镇居民 增长率（%）	农村居民 旅游总消费（亿元）	农村居民 增长率（%）
1994	1023.5	—	848.2	—	175.3	—
1995	1375.7	34.4	1140.1	34.4	235.6	34.4
1996	1638.4	19.1	1368.4	20.0	270.0	14.6
1997	2112.7	28.9	1551.8	13.4	560.9	107.7
1998	2391.2	13.2	1515.1	－2.4	876.1	56.2
1999	2831.9	18.4	1748.2	15.4	1083.7	23.7
2000	3175.5	12.1	2235.3	27.9	940.3	－13.2
2001	3522.4	10.9	2651.7	18.6	870.7	－7.4

（资料来源：《中国旅游统计年鉴2001》。）

从人均旅游消费情况来看，从1994年到2001年，全国居民、城镇居民、农村居民人均消费不像旅游人次、旅游总消费的变化趋势那样平稳增长，而是呈现不规律的增长现象，甚至农村居民人均消费有几年呈现下降态势。从总体上看，无论是全国居民人均消费，还是城镇和农村居民人均消费，都呈现持续增长态势。全国居民人均消费从1994年的195.3元增加到2001年的449.5元（见表3-17），增加了1.3倍，相应地，城镇居民、农村居民的人均消费分别增加了0.7倍和2.9倍，三者增长率的波动幅度较大,其中农村居民增长率的波动幅度最大。1997年农村居民国内旅游消费增长率高达106.7%,2000年和2001年又分别降至-9.2%和-6.1%,这是由于与城镇居民相比,农村居民旅游消费更容易受到许多不可控因素的影响。城乡居民国内旅游消费存在较大差距。

表 3-17 1994—2001 年中国国内旅游人均消费情况

年份	全国居民		城镇居民		农村居民	
	人均消费（元）	增长率（%）	人均消费（元）	增长率（%）	人均消费（元）	增长率（%）
1994	195.3	—	414.7	—	54.9	—
1995	218.7	12.0	464.0	11.9	61.5	12.0
1996	256.2	17.1	534.1	15.1	70.5	14.6
1997	328.1	28.1	599.8	12.3	145.7	106.7
1998	345.0	5.2	607.0	1.2	197.0	35.2
1999	394.0	14.2	614.8	1.3	249.5	26.6
2000	426.6	8.3	678.6	10.4	226.6	-9.2
2001	449.5	5.4	708.3	4.4	212.7	-6.1

(资料来源:《中国旅游统计年鉴2002》。)

值得指出的是,由于20世纪90年代中后期中国经济刚刚摆脱"短缺经济",国内旅游处于刚刚起步阶段,1997年国家旅游局提出"积极发展国内游"的旅游政策,其经济效应还没有充分发挥出来。

从总体上来说,中国国内旅游总消费呈平稳增长态势,说明该时期国内旅游市场作为三大旅游市场的主战场之一正在形成,为出境旅游和入境旅游发展做出了贡献。但是,城镇居民旅游消费高于农村居民,这与农民收入的相对减少以及税费的增多密切相关,而城乡差距的扩大以及农村市场的不甚乐观在一定程度上影响了国内旅游全面持久的发展。

第三节 旅游住宿业快速成长

一、现状分析

（一）快速、曲折发展

1992年邓小平南方谈话为中国饭店业的发展开创了新局面。当时,全国掀起了新一轮改革浪潮,经济发展异常活跃,各类投资主体纷纷进入饭店业,商务、会议、观光等活动也日益增多。在供给和需求的双重作用下,我国饭店业总体发展迅猛。1980年涉外旅游饭店数量为203家,2000年增长到10481家(见图3-3),2000年涉外旅游饭店数量是20年前的51.6倍。1980—2000年,中国旅游涉外饭店客房数增长28.6倍,床位数增长23.4倍(见图3-4)。尤其是1996年和1997年,饭店的客房数每年增长10万多间,两年的新增数相当于1980—1988年的总和。同时,经营效益也在逐步上升,在一个更高的层次上满足了社会需求的增长和旅游发展的需要。至1997年底,全国已有旅游涉外饭店5201家,平均客房出租率为53.78%,营业收入逾812亿元,利润总额达8.14亿元人民币。

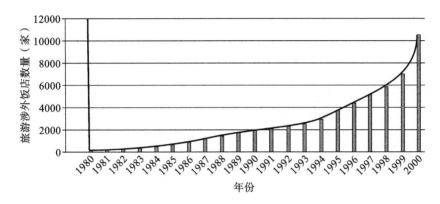

图3-3 1980—2000年中国旅游涉外饭店数量增长情况

(资料来源:1980—1985年饭店数据源自旅游定点饭店的统计,1986—2000年数据源自《中国旅游统计年鉴》(1996—2001)。)

1998—2001年,中国旅游饭店经历了曲折发展阶段。1997年亚洲金融危机爆发,使中国饭店业陷入了史无前例的客源危机和行业经营危机。全国饭店的总数虽然持续增长,效益却持续下滑,饭店市场进入了一个竞争异常激烈、经营非常艰难的时期。1998年,全国5782家旅游涉外饭店的营业总收入约为797亿元,较1997年明显减少,全行业亏损32亿元人民币,1999年亏损额更是达到了57亿元人民币。

1998年5月1日,在1993年版本基础上修订的《旅游涉外饭店星级的划分与评定》(GB/T 14308—1997)正式实施,三星级以上饭店在设施设备和服务项目配备上有了必备项目和选择项目之分,这在很大程度上给予了饭店自主选择权,有利于创造饭店的特色和避免设施与服务的浪费,促进了饭店业的健康发展。

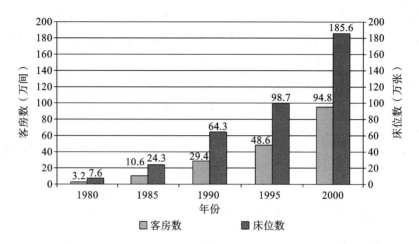

图 3-4 1980—2000 年中国旅游涉外饭店客房总数增长情况

（资料来源：1980—1985 年饭店数据为旅游定点饭店客房数、床位数的统计，1986—2000 年数据来源于《中国旅游统计年鉴》(1996—2001)。）

1999 年，国家计委、国家旅游局联合下发的《关于进一步加强和改善旅游饭店建设调控工作的指导意见》指出，从全国范围看，旅游饭店在地区分布和结构档次上发展不平衡。"今后 3 年内，我国将严格限制批准一般性的新建旅游饭店项目（含一切有客房出租业务的宾馆、招待所、办事处、培训中心、服务中心及酒店式公寓等住宿接待设施）"[①]。

然而，我国饭店市场日趋激烈的竞争并未阻止或减缓国际饭店集团在中国的扩张步伐。1999 年 11 月 15 日，中美签署中国加入 WTO 双边协议，规定 3 年内允许美方旅馆服务管理业不受限制地准入，这为国外饭店集团大规模进入中国扫清了障碍。至 21 世纪初，胜腾、洲际、万豪、贝斯特韦斯特、喜达屋、希尔顿、凯悦等当时客房数全球排名前 10 位的国际饭店集团已悉数进入中国。凭借强大的品牌优势、先进的管理技术以及广泛的市场营销网络，这些国际饭店集团所属饭店的经营绩效明显优于中国本土饭店。在巨大的竞争压力下，本土饭店企业开始不断反思，重新探索适合自身发展的道路，中国饭店业在曲折中不断前行。

（二）国有饭店的市场规模与经营绩效

在中国旅游饭店和相关旅游住宿产业构成中，尽管自 1987 年以来，国

---

① 龚雯：《国家计委旅游局联合发文要求　从严控制新建一般性旅游饭店》，《人民日报》1999 年 6 月 29 日。

有旅游涉外饭店企业数量和客房数量在全国旅游涉外饭店中的比重呈下降趋势,但是国有资产在20世纪90年代仍然居于占绝对多数份额的地位。

从运行结果上看,国有饭店居主体地位的企业数量和生产规模并没有随之带来相应份额的经济绩效。尽管从营业收入上看,国有饭店一直处于增长的状态,在部分区域市场上,大型国有饭店集团甚至居于相对垄断地位,如北京首旅集团在2001年以占全市5%的饭店客房数拥有16%的市场份额,但从客房出租率、利润总额、全员劳动生产率等经营效益指标(见表3-18)来看,国有饭店处于不利态势。在企业规模(饭店数量)和生产能力(客房数)不断增长的情况下,国有饭店的利润总额却从1994年起逐年下降,从1997年起转入群体亏损状态,而且亏损总额越来越大。

表3-18 1991—2000年国有饭店经营绩效

年份	国有饭店客房出租率(%)	国有饭店营业收入(万元)	国有饭店利润总额(万元)	职工总数(人)	全员劳动生产率(万元/人)	人均利税(万元/人)
1991	63.47	920663	94900	—	2.90	0.30
1992	66.99	1251916	140214	374011	3.35	0.55
1993	67.80	1818777	221815	414499	4.63	0.70
1994	61.93	2431308	216751	439763	5.53	0.75
1995	57.26	2712172	119793	508344	5.34	0.49
1996	54.56	3440738	81162	550746	6.25	0.47
1997	52.43	3691318	−59407	594075	6.21	0.20
1998	50.46	3638661	−210375	618751	5.88	0.06
1999	51.45	3743793	−299639	680999	5.50	0.16
2000	54.34	4650009	—	621551	7.48	0.38

(资料来源:根据历年《中国旅游统计年鉴》整理而成。)

在买方市场态势和境内外饭店集团扩张的双重制约下,中国的国有饭店正面临着包括制度、市场、管理等方面系统创新的压力。

(三)合资外资饭店经营现状

1. 合资外资饭店平稳发展

1989—2000年,合资外资饭店在中国的发展基本上是正常的、平稳的。1989年共有312家合资外资旅游饭店,到2000年增加到833家,增加了

521家,增长了1.7倍,平均每年增长速度为9.3%(见表3-19)。

表3-19　1989—2000年合资外资饭店、国有饭店在中国的发展情况

年份	全国旅游饭店		合资外资饭店			国有饭店		
	总数（家）	增长率（%）	总数（家）	占总数比例（%）	增长率（%）	总数（家）	占总数比例（%）	增长率（%）
1989	1788	—	312	17.4	—	1328	74.3	—
1990	1987	11.1	372	18.7	19.2	1420	71.5	6.9
1991	2130	7.2	411	19.3	10.5	1528	71.7	7.6
1992	2354	10.5	476	20.2	15.8	1683	71.5	10.1
1993	2552	8.4	498	19.5	4.6	1820	71.3	8.1
1994	2995	17.4	529	17.7	6.2	2069	69.1	13.7
1995	3720	24.2	646	17.4	22.1	2478	66.6	19.8
1996	4418	18.8	694	15.7	7.4	2936	66.5	18.5
1997	5201	17.7	734	14.1	5.8	3345	64.3	13.9
1998	5782	11.2	694	12.0	−5.4	3639	62.9	8.8
1999	7035	21.7	719	10.2	3.6	4512	64.1	24.0
2000	10481	49.0	833	7.9	15.9	6646	63.4	47.3

(资料来源:《中国旅游统计年鉴》(1977—1999),《中国旅游涉外饭店经营统计及排序2000》,《中国旅游统计年鉴(副本)2001》,《中国旅游饭店发展蓝皮书(1979—2000)》。)

相比国内饭店20年来的高速增长,合资外资饭店相对平稳发展。1989—2000年,虽然合资外资饭店的增长速度与我国政府相关准入政策有一定关系,但不能否认外商投资态度慎重与理智因素的存在。

合资外资饭店在中国的发展只在1998年出现了唯一的一次负增长。

1998年合资外资饭店数比1997年的减少40家,客房数减少4.5万间。这次负增长的直接原因是,1997年下半年东南亚金融危机的影响,使得境外投资商特别是东南亚投资商减少和撤出对我国境内的饭店业投资。

2. 合资外资饭店经营情况

合资外资饭店在进入中国的初期(1989—1992年),经营情况并不理想(见表3-20)。这不仅与境外投资者对国内情况不够了解有关,同时也与中

方在引进外资上缺乏经验有关。当时饭店建造工期不能按计划完成,或是建成开业后负债累累、步履艰难。原因是多方面的,例如,由于缺少经验,合资合同中写有本息同时偿还的条款,增加了前期还贷的负担;由于存在饭店投资少、收效快、获利高的错误认识,议定的合资合作期限过短;对外汇汇率变化估计不足;国内相应的管理力量、工程技术、建筑材料等不能满足需要致使工期延误等。尽管如此,北京建国饭店、长城饭店等前期建造起来的饭店仍然进行了前所未有的试验,克服了无数困难,用实践为合资外资饭店的进一步发展提供了极为珍贵的模式和经验,它们也同时与其他几个前期运作起来的合资外资企业一起为我国首部《中外合资经营企业法》的出台奠定了基础。

表 3-20　1989—2000 年合资外资饭店与国有饭店经营情况比较

(单位:亿元)

年份	合资外资饭店收入	合资外资饭店经营利润	国有饭店收入	国有饭店经营利润
1989	46.6	3.0	62.0	7.4
1990	30.3	3.1	69.9	8.3
1991	87.9	—	93.1	9.5
1992	128.7	−3.7	125.2	14.6
1993	194.2	15.0	181.9	22.2
1994	272.1	30.7	243.1	21.7
1995	315.5	29.2	271.2	11.9
1996	321.0	27.2	344.1	8.0
1997	351.2	1.0	369.1	−5.9
1998	273.3	−16.0	363.9	−21.0
1999	268.7	−24.0	374.4	−30.0
2000	216.6	−9.0	465.0	−25.0

(资料来源:根据国家旅游局统计数据整理而成。)

1993 年,进入中国的合资外资饭店完成了市场培育阶段,开始了被动状况的改变,在经营管理方面无论是出租率还是经营利润等各项指标都赶上和超过了全国旅游饭店和国有饭店企业的平均水平。虽然,合资外资饭店在拥有饭店的数量上只是国有饭店数量的 1/4 甚至 1/7,营业收入却等于或超过了占全国饭店 70% 份额的国有饭店的总和,成为全国饭店行业的骨干企业。1994年,当国有饭店整体利润开始下降时,合资外资饭店延续到1997年才开始进入低利润期,并于1998年比国有企业晚一年进入亏损期。

2000年,合资外资饭店平均出租率比全国旅游饭店平均出租率高出5.7个百分点,比国有饭店平均出租率高出7.2个百分点(见表3-21)。

表3-21　合资外资饭店同国有饭店平均出租率比较　　(单位:%)

年份	全国旅游饭店平均出租率	合资外资饭店平均出租率	国有饭店平均出租率
1989	57.2	49.6	59.9
1990	59.4	48.7	62.1
1991	61.3	55.5	63.5
1992	66.2	64.0	67.0
1993	67.6	67.1	67.8
1994	62.2	63.1	61.9
1995	58.1	61.3	57.2
1996	55.2	59.0	54.6
1997	53.8	58.8	52.4
1998	51.7	54.8	50.5
1999	65.4	57.8	51.5
2000	55.8	61.5	54.3

(资料来源:根据历年《中国旅游统计年鉴》整理而成。)

从历史统计数据看,合资外资饭店在经营方面一直占据优势地位。统计资料表明,2000年,我国内资饭店数量占92%,合资外资饭店数量占总数的8%。但在营业收入方面,内资饭店仅占74.88%,合资外资饭店占25.12%。[①]从表3-22可以看出,2001年仅占全国旅游饭店8%的合资外资饭店却获得了全国旅游饭店总收入份额的32.6%;而占全国旅游饭店59.0%的国有饭店只获得饭店总收入的41.5%。这说明国有饭店虽然拥有数量上的优势及不低的档次,但是并没有获得应有的经营收入。合资外资饭店不仅能够获得高出租率,而且能够比土生土长的国有饭店在经营收入上取得更好的效益。这主要是因为合资外资饭店通过自己的品牌和国

---

① 张广瑞、魏小安、刘德谦:《2001—2003年中国旅游发展:分析与预测——中国社会科学院旅游研究中心研究报告》,社会科学文献出版社2002年版,第144页。

际销售渠道在获得境外高消费客源方面占有优势,在经营体制、市场运作、销售方针以及价格策略等方面也占有较大优势。

表 3-22　2001 年合资外资饭店同国有饭店经营状况比较

项目	饭店数量		营业收入		平均出租率（%）
	数量（家）	所占份额（%）	收入（亿元）	所占份额（%）	
全国旅游饭店	7358	100.0	763.3	100.0	58.45
外资饭店	268	3.6	112.9	14.8	64.15
港澳台合资饭店	324	4.4	135.9	17.8	64.65
国有饭店	4339	59.0	316.9	41.5	55.13

(资料来源:《2001 年中国星级饭店统计公报》。)

二、跃升为国民经济中的一个亮点

1978 年,在中共十一届三中全会确立的解放思想、实事求是的思想路线的指引下,党和国家的工作重点转移到以经济建设为中心。随着我国改革开放的不断深化,中国的旅游业也步入蓬勃发展的新时期。23 年来,我国旅游业从艰辛创业到取得辉煌业绩,充分证明了邓小平同志的英明论断:旅游业大有文章可做。

实践证明,改革开放使我国旅游饭店业受益巨大,同时我国旅游饭店业的发展也极大地推动了改革开放的历史进程,在推动开放,促进国民经济增长,增加就业和消除贫困,刺激消费和提高人民生活质量,加强社会主义精神文明建设和弘扬民族文化、传播现代文明,发挥创汇功能,以及改善投资环境等方面发挥了重要而积极的作用。到 2001 年,我国旅游饭店业已形成了比较完善的行业体系,积累了比较丰富的经营管理经验,为进一步发展奠定了良好的基础。随着国民经济的持续、快速、健康发展,人民生活水平的日益提高,以及我国对外开放的不断扩大,旅游饭店业发展空间仍然很大。可以说,旅游饭店业已成为我国改革开放伟大成就的重要窗口和载体。在我国 21 世纪由亚洲旅游大国向世界旅游强国迈进的宏伟征程中,旅游饭店业依然会担负着开拓性的历史重任。

1978 年 12 月,中共十一届三中全会确定党和国家的工作重点转移到以经济建设为中心。随后,做出了对内搞活经济、对外实行开放等一系列重大决策,来华旅游的大潮涌起。当年全国旅游入境人次达 180.9 万人次,超过此前20多年的总和。在改革开放之初,旅游饭店业在国民经济中的地位是微不足道的,1979年全国所有旅游涉外饭店营业收入不足1亿美元。到1990年,全国1987家旅游涉外饭店的营业收入已达139亿元,利润总额达4亿元。

1992年小平南方谈话后,饭店建设驶入快车道,其速度超过世界上任何一个国家,中国旅游饭店业逐步形成了一个规模巨大的行业,经济效益加速上升。1994年,全国旅游涉外饭店有2995家,营业收入达548亿元,利润总额5.4亿元。到2000年底,全国旅游饭店有10481家,客房94.8万间,床位185.6万张。而从固定资产上看,全国旅游饭店共拥有固定资产原值2531.75亿元。从收入上看,2000年,旅游饭店业营业收入总额达862.3亿元,上缴营业税44.07亿元,全员劳动生产率达7.67万元/人。

在对外开放、引进外资和先进管理经验上,旅游饭店亦是排头兵,敢为人先,成为我国开放时间早、开放程度高、较早与国际接轨的行业之一。1978—2000年吸引外资200多亿美元,占全国引进外资总额的7%。2000年,外商和港澳台客商投资兴建的饭店共有833家,共实现营业收入216.6亿元。这批饭店为旅游接待贡献了力量,成为旅游业中一个重要的组成部分,每年承担着几千万人的住宿接待任务。

我国绝大多数省、自治区、直辖市都建有一批布局合理、档次齐全的星级饭店,一些发达地区如北京、上海、广东、浙江等地的不少县市都有三星级以上的饭店,我国旅游饭店业呈现出大行业、大市场、大发展的蓬勃态势。

改革开放20多年,中国引进了外国的先进管理技术和经验,培养了一支懂得现代饭店管理技术、全面掌握饭店管理知识的业务骨干队伍。2000年,饭店员工有96万人,其中主管以上管理骨干有19.6万人。[①] 中国不仅能够管好国内的高档饭店,并已开始向国外输出管理技术,总结出了一套以东方文化为底蕴的具有中国特色的管理模式,逐步形成了重视礼仪、有人情味的特色管理,创出了中国的品牌。

三、特色品牌崭露头角

在国际饭店史上,外国的知名饭店品牌有不少,但尚没有中国旅游饭

---

① 中国旅游饭店业协会、上海社会科学院旅游研究中心:《中国旅游饭店发展蓝皮书1979—2000》,中国旅游出版社2002年版,第4页。

店品牌的一席之地。改革开放后,中国旅游饭店业在学习、借鉴外国先进管理模式、经验和提供优质服务的基础上,为树立有中国特色的旅游饭店品牌做出了不懈的努力。金陵饭店就是其中一个响当当的品牌。1983年,一座高110米的现代化饭店——金陵饭店,在南京市中心拔地而起。当时,它因拥有全国楼宇第一高度、国内唯一旋转餐厅和最大的室内停车场而蜚声海内外。在当时国内引进外资兴建的大型饭店中,它是唯一由中国人自己管理的。经过十几年的艰辛探索,中国第一个现代化饭店的管理模式——金陵管理模式在这里诞生。"金陵人"选择了既代表现代化国际饭店业先进水平又具有东方管理特色的香港文华东方饭店(世界十大最佳饭店之一)的先进管理模式为范本,采取"先仿后创"的方针,边实践、边摸索、边总结,逐步形成了比较完整的与国际水准保持同步发展并具有自己鲜明特色的金陵管理模式。金陵管理模式强调管理服务中的科学合理的协调,既有系统的质量标准,又有严密的质量监控体系,充分突出宾客在饭店管理和服务中的主体和中心地位,体现了"优质取胜"的经营思想。金陵管理模式在我国旅游饭店业中产生了巨大的品牌效应。国内新建的旅游饭店纷纷把金陵饭店视作学习的楷模。截至2001年底,先后有70多家饭店派出5000多人次到金陵饭店对口培训,金陵饭店成为中国旅游饭店发展史上的一块里程碑。[①]

随着改革开放的不断深入,中国旅游饭店的品牌正为世界所熟悉和认同,赢得了很高的声誉,中国旅游饭店的品牌已融入全球饭店的品牌排行榜中。如锦江集团、首旅国际酒店集团、凯莱国际饭店管理集团均已进入全球饭店300强,尤其是锦江集团和首旅国际酒店集团已进入百强之列。

在我国旅游饭店范围内的饭店品牌中既有国有企业,如北京饭店、四川总府集团等,也有合资合作企业,如白天鹅宾馆、花园酒店、中国大饭店等。还有一些母公司与子公司的品牌,或一个母公司旗下数个子公司同时享誉海内外的,例如,北京首旅国际酒店公司及其麾下的北京建国饭店、亮马河饭店,锦江集团名下的北京昆仑饭店、昆明锦华大饭店等。

可喜的是,在旅游饭店业相对不发达的我国西部,也产生了上佳的旅游饭店品牌。例如,成都的西藏饭店,以其餐饮特色产品和严格管理在市场上打响了自己的品牌。饭店内以布达拉宫内"红宫"命名的餐厅,因先后

[①] 中国旅游饭店业协会、上海社会科学院旅游研究中心:《中国旅游饭店发展蓝皮书1979—2000》,中国旅游出版社2002年版,第7页。

推出富有西藏民族特色的"雪域风情宴"和"藏式婚宴"而深受宾客青睐,闻名遐迩。"雪域风情宴"从设置环境装饰、菜肴配置到歌舞编排都充满藏族风情;"藏式婚宴"由饭店组织的迎亲队载歌载舞把男女客人送到红宫,并由饭店的司仪主持婚礼,自始至终洋溢着诙谐热情而又突出社会主义精神文明的气氛。

四、非常规型壁垒结构问题凸显

与市场经济发达国家相比,20世纪90年代中国饭店业市场壁垒呈现出典型的经济体制转轨与旅游市场完善过程中的非常规型壁垒结构。这一结构的主要特征为:生产要素市场发育不完善、相关法律缺乏与地方保护主义等因素所导致的市场壁垒居主导地位,整体市场上的低产业集中度、过度竞争与部分区域市场、细分市场上的高度垄断并存,民族与地域文化差异产生的市场壁垒尚处于萌芽之中。具体来说,表现为以下四个方面。

(一)技术性/生产要素壁垒

随着商务、度假等高消费旅游者更加成熟,其对饭店的需求越来越趋于个性化,消费需求层次也越来越高,加上更多的信息、安保措施及虚拟技术的介入,使得饭店客房传统的"舒适"、"安全"等标准被更新,[①]而那些没有能力运用现代高科技手段的饭店被迫退出高星级饭店的市场范围。对于那些大量存在的中小型饭店企业来说,其面临着越来越多的旅游者通过各种网络进行饭店客房预订的现实。以信息、虚拟技术为核心的现代科技已形成中国饭店业新的壁垒。另外,在人力资源方面,特别是企业家和职业经理人的短缺严重制约着中国饭店市场的发展。

(二)结构性壁垒

产业集中度是衡量一个产业成熟程度的重要指标。从全国饭店市场的总体情况来看,饭店市场的产业集中度还远远低于垄断竞争的标准,尚处于较为充分的竞争态势,或者说市场静态壁垒较弱。然而从一些细分市场如高星级饭店市场来看,产业集中度已经开始构成壁垒。特别在一些区域市场上,那些拥有知名品牌的饭店企业如锦江集团、新亚集团、花园酒店等,在特定的细分市场上已经拥有相对垄断的市场地位,从而对潜在的竞争者造成品牌壁垒。而那些定位于全国旅游市场的大型旅游集团如中旅

---

① 郑一:《未来的酒店客房》,《中国旅游报》2000年6月14日。

系统、招商国旅、民航饭店委员会等也正在借助其内在的行政隶属关系和旅游营销网络整合自己的饭店资源。一旦这些企业建立起全国性的市场网络,其品牌优势会对潜在进入者形成更大的市场壁垒。

(三) 制度性壁垒

相关法律法规的在位和缺位都有可能形成市场壁垒。法律在位所导致的壁垒比较容易辨识。比如北京市曾出台地方性法规,要求包括饭店在内的企业在招聘操作层面的人力资源时原则上不得使用外地人,这就使得饭店市场上的在位企业和潜在进入企业的经营成本增加了。法律缺位所导致的市场壁垒即"法律缺乏综合征",致使饭店企业的财产权利和经营过程中的契约权利得不到有效保障。这种法律缺位所造成的壁垒一方面极大地阻碍了潜在进入主体,特别是民营经济对饭店市场的介入;另一方面也不利于在位企业通过并购、特许、联合等方式进行规模扩张,从而使得饭店市场的资产存量难以得到有效调整,制度性壁垒的另一表现就是政府,特别是相关主管部门工作人员的作为与不作为。由于饭店企业的服务内容广泛,包括客房、餐饮、娱乐、健身甚至购物、旅游代理等多个方面,工商、税务、公安、消防、卫生、环保、技术监督等公共管理部门在饭店业领域"都管都不管",形成了饭店日常运作过程中最大的制度性壁垒。其常见的表现形式就是既多又杂的收费。这些收费中除少部分是合理的外,相当多是不合理的,而饭店由于害怕得罪某些管理部门,多数情况下是不敢违背的,从而提高了企业的运营成本。这些强加于企业身上的"第二税"和政策执行过程中的模糊性大大增加了饭店企业运作中的制度壁垒。

(四) 文化性壁垒

由于跨区域竞争尚未完全展开,这一壁垒主要体现在国内的境外饭店集团所属企业那里,而且主要体现在所有者及代理人与国内从业人员之间。随着更多的外资饭店集团市场本土化战略的实施,外资饭店企业的经营理念、管理模式、服务行为与国内旅游者之间的文化冲突会愈来愈突出。

第四节 旅行社市场化发展

1992—2001年,随着社会主义市场经济体制改革逐步确立,中国旅行社业开始朝着市场化的方向发展。从中国旅行社业宏观发展环境的分析入手,对中国旅行社业在这个时期的发展状况和发展特点进行系统研究,对旅行社发展的地位和功能以及存在的主要问题进行深入考察,以期为21

世纪旅行社高速发展做铺垫。

一、市场化演进环境

(一) 市场规模不断扩大

进入 20 世纪 90 年代以后,中国旅游业逐步实现了由入境旅游单点支撑到入境旅游、国内旅游和出境旅游相互融合、互补互促的时期,中国旅游市场的规模不断扩大,为中国旅行社业提供了良好的市场环境和发展机遇。

由表 3-23 可以看出,20 世纪 90 年代中国公民在出境旅游方面对于旅行社的依赖性较强,而且呈现出良好的增长势头。出境旅游者对于旅行社的依赖性是与当时中国出境旅游发展的现状密切相关的:一是出境旅游的手续较为复杂;二是中国公民缺乏出境旅游的经历与经验;三是出境旅游存在较大的语言和文化差异。

表 3-23　1995—2001 年中国旅行社出境旅游接待情况

年份	旅行社组织出境人次(万人次)	占出境总人次比例(%)	比上年增长比例(%)
1995	125.99	27.9	14.7
1996	164.00	32.4	30.2
1997	143.07	26.9	−12.8
1998	181.09	21.5	26.6
1999	249.56	27.0	37.8
2000	430.25	41.1	72.4
2001	369.53	30.5	−14.1

(资料来源:根据历年《中国旅游业统计公报》相关数据整理而成。)

在国内旅游方面,由于旅游者基本不存在语言和文化等方面的差异,外出旅游的手续也较为简单,加之国内居民旅游习惯和旅行社接待质量等方面的原因,国内居民在国内旅游方面对于旅行社的使用率相对较低,但这种状况随着人们旅游消费观念的转变和旅行社服务质量的改进而有所变化。

入境旅游是中国旅游业起步最早和重点发展的一个方面,进入 20 世纪 90 年代以后,中国旅行社在入境旅游方面的接待情况相对比较稳定(见表 3-24)。

表 3-24 1994—2001 年中国旅行社入境旅游接待情况

年份	过夜旅游者人次（百万人次）	旅行社接待人次（百万人次）	旅行社接待人次所占比重(%)	年份	过夜旅游者人次（百万人次）	旅行社接待人次（百万人次）	旅行社接待人次所占比重(%)
1994	21.07	2.91	13.8	1998	25.07	2.90	11.6
1995	20.03	3.05	15.2	1999	27.05	7.10	26.2
1996	22.76	2.77	12.2	2000	31.23	6.28	20.1
1997	23.77	3.04	12.8	2001	33.17	7.83	23.6

(资料来源：根据历年《中国旅游统计年鉴(副本)》和《中国旅游统计年鉴》相关数据整理而成。)

综上所述，在旅行社的总体市场上，保持以出境旅游占主体、以国内旅游和入境旅游为补充的状况，规模、效益的金字塔形结构进一步凸现，即作为基础的国内旅游规模最大、效益最低，入境旅游规模、效益均居中，出境旅游规模最小、效益最高。2000 年，入境旅游、国内旅游和出境旅游收入分别占旅行社总收入的 29.96%、55.88% 和 14.20%。[1] 中国旅行社业在继续稳定入境旅游业务的同时，在出境旅游和国内旅游方面尚存在巨大的市场潜力。

(二) 行业管制不断加强

在中国旅游业中，旅行社业是政府管制较多的行业。改革开放以来，中国旅游业方面由国务院发布的两个规格较高的法规——《旅行社管理条例》和《导游人员管理条例》均是与旅行社业紧密相关的。

早在 1985 年，国务院就颁布了第一部国家旅游行政法规——《旅行社管理暂行条例》。1988 年，国家旅游局颁布了《旅行社管理暂行条例施行办法》。《旅行社管理暂行条例旅行办法》明确规定了国家对旅行社的行政管理方针，并对旅行社的性质、分类、开办条件、审批程序和基本职责做了明确规定，同时包括违反规定的罚则。中国对旅行社业实施的双重注册、分类管理制度由此得以正式确立，经理资格认证制度在其中也有所体现。

1991 年，国家旅游局建立了对旅行社的年检年审制度，要求旅行社向旅游行政管理部门汇报企业当年的经营情况，以便从总体上准确把握旅行社业的发展。从 1993 年开始，国家对旅行社的审批制度进一步规范化，并

---

[1] 张广瑞、魏小安、刘德谦：《2000—2002 年中国旅游发展：分析与预测——中国社会科学院旅游研究中心研究报告》，社会科学文献出版社 2002 年版，第 19 页。

且在每年的年检年审之后,发布旅行社百强名单,表彰经营先进的旅行社。1995年,以国家旅游局局长令的形式发布《旅行社质量保证金暂行规定》,实行旅行社质量保证金制度,当年因不能足额缴纳保证金而被吊销的旅行社共有1500多家。同年,在全国组建了国家旅游局、省旅游局和地市旅游局三级旅游质量监督管理所。

1996年,国务院颁布实施了《旅行社管理条例》,重新划分了旅行社类别,将原来的一、二、三类旅行社变更为国际旅行社和国内旅行社两类,并提高了旅行社注册资金额。国家旅游局随后发布《旅行社管理条例实施细则》。同年,国家旅游局开始实行导游等级制度。

1999年5月14日,由朱镕基签发国务院令,发布《导游人员管理条例》,以取代于1987年发布实施的《导游人员管理暂行规定》。《导游人员管理条例》于1999年10月1日起正式实施。由于其实施对象是作为旅行社重要组成部分的导游人员,所以其对旅行社业产生了较大的影响。

国家旅游行政管理部门之所以对旅行社加强规制,主要原因是旅行社业作为旅游市场上起龙头作用的行业,与饭店、景点、交通、娱乐及购物等部分有着紧密的联系,加强对旅行社业的管理,对整个旅游行业能起到提纲挈领的效果。此外,旅行社固有的高风险特性也是其中的重要原因之一。当然,旅游局作为新成立的部门,由于对其他行业缺乏直接的管理权限,也是其对旅行社业的管理力度大于旅游业内其他行业的原因。

(三)黄金周制度的激励

1999年黄金周制度的实行推动了中国旅行社产业的蓬勃发展。1999年国庆第一个黄金周,全国出游人次达2800万人次,旅游综合收入141亿元,全国旅行社企业数量由1998年的6222家激增为7326家,到2001年,这项数字已达到10532家。黄金周制度刺激了居民旅游需求的大规模释放,同时也引发旅行社产业的规模扩张。

(四)面临市场开放的巨大压力

随着中国与有关方面"入世"谈判的结束,中国在2001年底正式加入世界贸易组织(WTO)。加入世界贸易组织,对中国经济产生划时代的影响。旅游业作为中国对外开放最早的行业,饭店和景点等相关部门已向国际接轨迈出了重要的步伐,因而受"入世"的冲击较为有限。但旅行社业作为旅游业中最后一个未完全开放的领域,其进一步的发展引起了各方的普遍关注。

加入世界贸易组织对中国旅行社业产生的积极影响:一是有利于引进

新的旅行社运行机制,促进中国旅行社业运行效率的提高;二是有利于引进先进的旅行社经营管理和行业管理经验,中国旅行社业在外部的经营压力下走上国际化和规范化;三是有利于在利益导向的前提下提高国外旅行社经营中国旅游业务的积极性,从而促进中国国际客源的开发和旅游业综合效益的提高。

与此同时,加入世界贸易组织不可避免地要对中国旅行社业的发展带来一定冲击。随着合资旅行社开放步伐的加大,外方携其先进技术、市场和管理等优势进入中国市场,意欲形成海外客源"一条龙"接待体系,独揽利润,并把关注焦点指向发展潜力极大的中国公民出境旅游市场。外方旅行社的加入使本已进入微利时代的中国旅行社业加剧竞争,部分原有的旅行社面临被挤出市场的风险。

(五)面临先进网络技术的挑战

在欧美等发达国家,信息技术的普及和推广,特别是全球分销系统(GDS)的扩张给旅行社业带来了一定的冲击。这种国际上主要用于航空和旅游预订的代理人分销系统,一端连接旅游产品要素提供者(如酒店、航空公司等),另一端连接销售代理人(如旅行社等)。旅行社等销售代理人可以通过在系统中进行信息查询,直接为游客完成各种预订。网络技术的发展和普及一方面改变了旅行社的经营方式,另一方面,由于旅游者可以通过发达的互联网直接进行预订,所以旅行社传统的简单预订业务也因此受到威胁。

中国旅游业发展潜力巨大,但20世纪90年代网络技术的应用水平很低,所以国外GDS一直对中国市场虎视眈眈。由于中国一贯实行航空市场保护,旅游市场开放也是有步骤推进,所以国际GDS当时尚无法全面、合法地进入中国。但随着中国"入世",国外GDS进入中国航空市场,并以航空代理业为突破口,进军旅游市场。国外GDS发展多年,网络潜在消费者群体庞大,功能全面,信息丰富,对中国旅游、航空企业极具吸引力。加之中国民航的网络预订系统存在许多明显的弱点,市场开放之后,航空代理业迅速被国际大型GDS瓜分、占领成为必然。

(六)市场竞争日益加剧

进入20世纪90年代以来,中国旅行社的数量基本保持增长的趋势,1991—2001年,旅行社数量由1561家增长到10532家(见表3-25)。

表 3-25　旅行社增长变化情况　　　　　　　　　　（单位：家）

年份	一类社	二类社	三类社	总数
1987	17	677	551	1245
1988	44	811	718	1573
1989	61	834	722	1617
1990	68	834	701	1603
1991	73	738	750	1561
1992	136	701	1755	2592
1993	164	703	2371	3238
1994	267	716	3399	4382
1995	360	665	2801	3826
1996	352	607	3995	4954

年份	国际旅行社	国内旅行社	总数
1997	991	3995	4986
1998	1312	4910	6222
1999	1256	6070	7326
2000	1268	7725	8993
2001	1310	9222	10532

注：由于1996年《旅行社管理条例》出台，使旅行社类别由原来的一、二、三类调整为国际、国内两大类，所以在表中1997—2001年有不同的表达。

（资料来源：根据《中国旅游统计年鉴2002》整理而成。）

随着中国旅行社数量的急剧增加，旅行社间的竞争不断加剧，与之相对应，旅行社的利润率也在迅速下降。1995—2000年，全国国际旅行社的平均营业利润率从9.0%降至2.2%，2001年国内旅行社更处于全面亏损状态。[①]

中国旅行社业发展历史短，加上体制和分工方面的诸多制约，使得多数旅行社在产品开发方面的能力有限，加上中国整体旅游发展水平的制约，产品种类本身就不丰富。因此，旅行社在竞争中不是通过加强管理和产品开发，各自有针对性地占据细分的旅游市场，而是局限于价格等低水

---

① 根据《中国旅游统计年鉴2000》和《关于2000年度全国旅行社业务年检情况的通报》整理而成。

平的竞争方式,导致市场经营秩序不稳定,旅行社的发展受到很大影响。

二、粗放式发展特征显著

1992—2001年,中国旅行社产业总数和规模不断扩大,所接待人次不断提高,主要表现为国内旅行社占压倒优势,小规模的旅行社占绝对多数,旅行社在全国的分布基本合理,以及旅行社行业利润率总体呈下降趋势等粗放型发展特征。

(一) 国内旅行社占压倒性优势

从1997—2001年中国旅行社行业的类型结构来看,国内旅行社占压倒性优势。截至2001年,中国共有国内旅行社9222家,占中国旅行社总数的87.6%。其主要原因是国家休假制度调整形成的黄金周极大地促进了国内旅游的发展,使得国内旅游的市场规模进一步扩大,这就为国内旅行社的发展提供了良好的市场基础。与此同时,各省旅游局根据本地国内旅游发展的需要,对国内旅行社实行了依法正常审批的政策,积极支持有实力、基础好、积极性高的投资者进入旅行社行业。此外,绝大多数的国际旅行社在经营国际旅游业务的同时也经营国内旅游业务。这一方面反映出中国国内旅游市场的巨大规模和潜力,另一方面也表明中国旅行社对国内旅游业务的依赖性。

(二) 小规模的旅行社占绝对多数

从中国旅行社行业的经营规模来看,小规模的旅行社占绝对多数。国家旅游局《关于2000年度全国旅行社业务年检情况的通报》提供的资料表明,2000年中国旅行社的平均营业收入仅为522.57万元,其中国际旅行社平均营业收入为2551.87万元,超过这一行业平均线的国际旅行社只有152家,占总数的12.0%。这表明中国近90%的国际旅行社的年营业收入额在行业平均水平以下,属于中小规模的企业。中国国内旅行社的规模结构与国际旅行社的情况基本相同,只是单体旅行社的规模要比国际旅行社小得多。2000年度全行业国内旅游业务收入平均值为204.7万元,超过平均值的国内旅行社有2881家,占37.3%,其余均低于平均值。

需要指出的是,从旅行社的内部结构来看,中国众多的小型旅行社具有"小而全"的建制特点。在经营方面,除因国家特许经营权力的分配和地理分布的原因而导致的部分旅行社的市场差异外,不同规模的旅行社之间基本上没有明显的专业分工,资源迥异的旅行社都以相似的方式参与市场竞争,这也构成中国旅行社业的一大特点。

(三) 全国分布基本合理

从中国旅行社行业的地理分布情况来看,旅行社在全国的分布基本合理。我国旅行社相对集中的地区主要包括以下几种情形。

(1) 经济相对发达的地区,如广东、北京、上海、江苏和浙江等。这些地区由于经济较为发达,每年输出的旅游者数量较多,旅行社面对的客源市场规模较大,这为当地旅行社的发展提供了良好的市场条件。

(2) 旅游资源相对丰富的地区,如北京、云南、山东、四川和浙江等。这些地区由于旅游资源比较丰富,每年进入这些地区的旅游者规模可观,这为以接待为主的旅行社的发展提供了良好的外部环境。

(3) 拥有国际空港的地区,如北京、上海和广东等。这些地区是国际旅游者重要的进出口岸和中转地,客流量较大,为旅行社的发展提供了丰富的客源。

(4) 边境地区,如黑龙江、云南和辽宁等。边境旅游的发展为边境地区旅行社的发展提供了良好的条件。

当然,其中有些地区兼有几个方面的优势,如北京和广东,其旅行社行业自然更趋发达。中国旅行社行业的这种地理分布特征无疑是基本合理的。

(四) 行业利润率呈下降趋势

从表3-26可以看出,相比1994年,2001年中国全国旅行社的营业收入和利润总额均大幅提高,分别增加了9.7倍和0.8倍,但是行业利润率显著降低,从12.2%降至2.1%。

表3-26 1994—2001年中国全国旅行社经营情况

年份	营业收入(亿元)	利润总额(亿元)	行业利润率(%)
1994	55.1	6.7	12.2
1995	65.5	15.2	23.2
1996	200.4	5.5	2.7
1997	233.7	5.1	2.2
1998	250.6	3.3	1.3
1999	324.0	6.2	1.9
2000	470.0	10.4	2.2

续表

年份	营业收入(亿元)	利润总额(亿元)	行业利润率(%)
2001	589.8	12.3	2.1

注:旅行社行业利润率=利润总额/营业收入。
(资料来源:《中国旅游业统计公报》(1994—2001)。)

从以上反映旅行社经营状况的几项指标可以看出,相比1994年,2001年中国旅行社业的营业收入和利润总额均有较大幅度的增长,其主要原因是行业规模的扩大,特别是国内旅行社数量的急剧增加。

2000年,中国旅行社行业的利润总额也有较大幅度的增长,特别是国际旅行社利润总额的增幅超过40%。相比之下,旅游业务利润就没有那么乐观,除国际旅行社旅游业务利润实现两位数的增长外,全行业旅游业务利润呈下降趋势,这主要是国内旅行社旅游利润总额大幅下跌所致。国际旅行社旅游利润增幅(15.8%)远远低于其利润总额增幅(40.9%)(见表3-27),说明国际旅行社利润增长点是旅游业务以外的多元化经营。2000年,国内旅行社出现了整体亏损的状况,这一方面是因为国内旅行社数量的增加进一步加剧了市场竞争;另一方面是因为大量新设立的国内旅行社尚处于初创阶段,需要一个学习和实践的过程。此外,旅行社业普遍存在的隐性收入也使得其利润水平没有得到真实的体现。我国旅行社上缴利税在国内旅行社全面亏损的情况下尚有较大幅度的增长,其主要原因是国际旅行社良好的经营业绩,当然,旅行社行业规模扩大导致的营业税的增长也发挥了一定的作用。

表3-27 2000年中国旅行社利润情况

分类	旅游利润		利润总额	
	总额(亿元)	比上年增长率(%)	总额(亿元)	比上年增长率(%)
国际旅行社	10.13	15.8	11.57	40.9
国内旅行社	0.65	−69.6	−1.13	−197.5
合计	10.78	−1.6	10.44	11.7

(资料来源:《关于2000年度全国旅行社业务年检情况的通报》。)

在旅行社的总体市场上,继续保持以国内旅游和入境旅游为补充的状况,规模、效益的金字塔形结构进一步凸显,即作为基础的国内旅游规模最大、效益最低,入境旅游规模、效益均居中,出境旅游规模最小、效益最高。

2000年,在旅行社的总收入中,入境旅游、国内旅游和出境旅游收入分别占总收入的30%、56%和14%。①

三、地位和功能

改革开放以来,伴随着旅游业的发展,我国旅行社业发生了巨大的变化,特别是1992—2001年的10年间,行业规模不断扩大,从业人员不断增加,经营体制不断创新,经营环境不断改善,旅行社业已经成为我国拉动经济增长、扩大就业渠道的重要服务行业之一。

(一) 为就业提供了巨大空间

我国的旅游业是一个劳动密集型产业,旅行社作为旅游业的龙头,10年间得到了飞速发展,也为就业提供了广阔的空间。截止到2001年底,全国旅行社直接从业人员为19.24万人,比1991年底增加了13.72万人,年均增长13.30%。如按国际经验,旅游业每增加1个直接就业人员则间接增加5个人就业来计算,相当于增加了68.6万个间接就业机会。

导游人员作为旅游业的形象大使,10年间从业人员的数量也有大幅度增长。从1994年起,导游人员资格考试对社会开放,截止到2001年底,全国取得导游资格证书的人数已达到15.0万人,比1991年底增加了13.2万人,增加了约8倍,年均增长23.6%,相当于增加了66万个间接就业机会。除此之外,临时导游和景区(点)的导游人员数量也增长较快,导游已经成为一项热门职业。

(二) 为拉动经济增长起到了积极作用

我国的旅行社是从有组织地接待国际入境旅游者的发展模式开始的,20世纪90年代中期以后,随着我国人民生活水平的不断提高和可自由支配收入的增加,特别是每年增加了三个黄金周的假期,国内旅游异军突起,旅行社组织国内旅游以更强劲的增长势头发展。另外,随着我国对外开放步伐的加快,以及国家对出境游政策的调整,我国出境旅游的发展也很快,旅行社组织出境旅游也成为一个亮点。旅行社在旅游行业中的龙头地位日益显现,其对经济的拉动作用是非常明显的。

一是在扩大内需中起了积极作用。据统计,2001年度,在国内旅游方面,全国旅行社组织的国内旅游业务收入为331.3亿元,占全国国内旅游

---

① 张广瑞、魏小安、刘德谦:《2000—2002年中国旅游发展:分析与预测——中国社会科学院旅游研究中心研究报告》,社会科学文献出版社2002年版,第19页。

收入的9.4%。在入境旅游方面,全国旅行社组织的入境旅游业务收入为150亿元,约占全部国际旅游收入的10.2%。

二是旅行社的投资对经济增长也有促进作用。旅行社是综合性比较强的行业,具有较强的关联带动作用,同时具有较高的投入产出率。2001年底,全国旅行社资产总额达到415.5亿元,同比增长13.6%;负债总额为199.1亿元,同比增长2.1%;所有者权益总额为216.4亿元,同比增长26.6%;注册资本金额为130.6亿元,同比增长15.4%。

三是拉动了国内生产总值。2001年,全国旅行社营业收入为589.8亿元,占旅游业总收入4995亿元的11.8%,相当于国内生产总值的0.53%。旅行社营业收入的增长速度为25.51%,远远高于GDP的增长速度,这表明旅行社业在GDP中占的比重越来越大。

四是对财政收入的贡献率呈上升趋势。2001年度,全国旅行社实缴税金为7.63亿元,占全国财政收入16371亿元的0.0466%。随着我国旅行社行业的发展,对财政收入的贡献会越来越大。

(三) 不断开发的新产品满足了旅游者的需求

20世纪90年代以来,为了适应旅游者需求日趋个性化和差异化的发展态势,我国旅行社加大了市场开发力度,在产品设计、营销手段、客户关系、品牌塑造等方面引入了新理念,实现了新发展。产品由过去单一的文化观光产品为主逐步发展到观光旅游、度假旅游、专项旅游特种旅游等种类齐全、结构完整的格局,满足了不同层次旅游者的需求,促进了旅行社行业的发展。

在观光旅游产品方面,我国的文物古迹、山水风光、民俗风情最能反映东方文明和神州风韵,这类旅游产品具有垄断性,而且内容丰富,已形成一定规模,成为我国旅游产品在世界上竞争的长久优势。适应市场需求,旅行社大力开发了观光旅游产品,使我国的观光旅游产品有了长足的发展。一些观光旅游产品参团人员踊跃,经久不衰,形成了品牌。如九寨沟之旅、长江三峡游、西部之旅,云南周末团、海南周末团等。

在度假旅游产品方面,1992年,国务院正式批准在中国开办12个国家旅游度假区,由此拉开了发展度假旅游产品的序幕。之后,又有一批省市级旅游度假区开始兴办,加上城市周边的度假地,初步形成了比较适应国际国内多层次需求的度假产品体系,家庭度假、乡间度假、海滨度假、周末度假、节日度假等已形成比较成型的市场。

旅行社开发的专项旅游产品比较新颖、独特、别致。如以中国历史文化名城为脉络的古城新貌、以青山秀水和乡村风情为主题的乡村旅游、丝绸之路游、长城之旅、马拉松团、西南少数民族风情游等。一些大的旅行社如中青旅积极应对市场需求,针对入境游客推出了夜游北京、中医保健、北京婚礼等入境旅游产品;中国旅行社总社的出境游产品在国内首家采用突出个性化服务的分团型旅游方式,以及北京-香港天天出团、"海上生明月"等特色产品,在国内市场上推出了"红色之旅-革命圣地参观团"、高考学生"放飞自我、回归自然"系列团等。广之旅国际旅行社适应旅游者不同年龄、不同兴趣、不同需求推出了豪华旅游团、亲子团、蜜月团、长者团等。

特种旅游产品20世纪90年代以来发展也很快,形成了品种多样、规模较大的特点。如修学旅游产品、滑雪旅游产品、商务会议旅游产品、自驾车旅游产品等。广之旅根据旅游的特点,推出了高文化含量的特种团,如修学团、滑雪团、烹饪团、自驾车团、球迷团、音乐欣赏团、科普旅游团等。

(四)更加注重企业形象和服务质量

随着我国旅行社业的对外和对内开放及旅行社市场竞争的加剧,大多数旅行社着眼于企业自身的发展,加强内部管理,努力提高服务水平和服务意识,一批服务水平高的企业逐步脱颖而出,成了市场竞争中的佼佼者。

一是旅行社加强了内部科学管理。大多数旅行社在认真贯彻执行国家旅游局出台的《旅行社出境旅游服务质量》、《国内旅游合同范本》、《出境旅游合同范本》等法规的同时,加强了内部质量管理。通过对直接影响旅游服务质量的过程控制,对地接社的选择与评价、出国领队管理、导游陪同规范、顾客投诉处理、门市部服务要求等容易存在隐患的环节加强了管理,使旅行社的质量有了明显的提高。如中旅首都旅行社对社内各部门的经营管理情况进行了全面、细致的调查,确定涉及服务质量的各个过程和环节,并以文件的形式加以规定,从而达到"凡事有章可循、凡事有人负责、凡事有据可查"。有些旅行社还加强了企业内部精神文明建设,营造了健康向上、生动活泼的企业氛围。

二是旅行社重视品牌树立。"品牌揽顾客,质量主沉浮",一批旅行社推出了自己的品牌,并产生广泛影响。如广之旅国际旅行社股份有限公司,于1994年在全行业率先导入CI(企业形象识别)系统,实施名牌战略,采用朗朗上口而又有丰富含义的"广之旅"简称,以及让人怦然心动的广告词"广之旅无限风光带给您",设计了新鲜、活泼、亮丽的新商标。导入CI系统后的广之旅不断通过外树形象、内抓质量,使"广之旅"的品牌形成了广泛的影响。2001年,广之旅被全国质协用户委员会评为用户满意服务单位。中青旅控股股份有限公司积极实施品牌战略，与国际知名广告公司合作，推出了全新的品牌形象——中青旅，并创立了"青旅在线"网站和16家中青旅连锁营业部。

三是一些旅行社完善了质量管理、质量保证体系。一批旅行社通过了ISO 9001质量体系认证，并自觉按照标准规程运作，不断提高服务质量标准，投诉率明显下降，游客满意度显著上升。如国旅总社，为实现旅游服务与国际接轨，在2000年积极开展了ISO 9001质量认证工作，明确了企业"诚信、优质、高效、安全"的质量方针，确定了质量发展目标，于2000年底顺利通过了ISO质量体系认证，企业广义的质量管理、质量保证体系初步完成，管理水平提升到与国际接轨的高度。

四是一些旅行社以提高游客满意度为目标，以强化员工服务意识为重点，向社会做出了更高层次、更为全面的文明服务承诺。把企业的服务内容、服务标准、服务时限向社会、消费者公开，制定专门的服务承诺制度。就前台营业员、国内游全陪、出境游领队、入境游陪同等业务操作及服务规范制定了专门的规章制度。同时还通过与接团的旅行社签订承诺协议书，保证了旅行社的承诺落到实处。此外，通过征求游客意见书，电话回访以及上门听取意见等形式来改进服务，使游客的满意度大大提高。如广之旅在公司内部推行"五心服务"——热心的态度、贴心的服务、精心的安排、称心的导游、开心的旅程，使游客的满意度达到98.6%。

四、存在的主要问题

1992年以来，随着市场经济体制的逐步确立，中国旅行社面临的冲击和压力很大，许多规模不大、没有竞争优势的旅行社甚至可能面临破产的危险。

（一）以市场分割为特征的水平分工体系

改革开放以来，中国旅行社业一直采取以市场分割为特征的水平分工体系，每家旅行社从产品开发到外联接待全方位出击，既无批发、零售的渠道差异，也无个性化的特色产品，所以旅行社只能在低层次上展开价格竞争，直接导致行业和市场陷入混乱局面。

（二）高新技术应用尚处于发展的初级阶段

20世纪90年代，中国旅行社业在利用高新技术方面远远落在其他行业的后面，尚没有企业站在战略发展的高度进行网络技术的研究和应用，这使得面临与国际接轨的旅行社业在挑战面前更显无力。中国民航建立了网络预订系统,但与国外的 GDS 相比,尚处于发展的初级阶段。同时,由于是计划体制下的产物,系统与航空公司是行政捆绑式联合,系统与航空公司、代理人关系松散,也无法对产品提供者和销售代理人进行有效监管,国家旅游局、部分地方旅游局和旅游企业已经尝试性地建立起许多以提供旅游方面信息为主的旅游资讯网,旅行社业中有实力的企业也在积极研究探索如何利用网络等高新技术拓展业务,增强企业的影响力和扩大市场覆盖面。这对于信息技术在旅行社业中的普及和发展无疑起到积极的推动作用。

(三)低水平的价格竞争

20 世纪 90 年代以来,中国旅行社处于发展初期,由于受多方面因素的制约,在面临激烈的市场竞争时,走入了低水平价格竞争的圈子中。在单纯价格竞争的过程中,多数旅行社都是失败者,单纯的降价竞争容易招致竞争对手的报复性降价,整个行业的利润率水平也会由于价格竞争而出现整体下降。面临市场开放和网络技术冲击等多方面的挑战,如何正确应对挑战,加速发展,是摆在中国旅行社业面前一个紧迫的课题。

作为新兴的行业,旅行社产业在 20 世纪 90 年代的发展还是很不成熟的,在现实中也存在着一系列的问题。旅行社数量增长过快,一方面适应了市场需求的增长,另一方面也带来了行业素质整体较低等问题。

第五节 旅游景区成长发展

20 世纪 90 年代,随着旅游者兴趣的不断拓展,旅游景区从过去古典园林、公园等单一类型逐步转向度假型旅游景区、观光型旅游景区等多元化类型。随着人们收入水平的不断提高和我国与外界的联系日益密切,景区的客源市场日趋全民化和全球化。

一、迈向多元化发展

1992—2001 年,在充分发展利用中国丰富的旅游资源、大力发展中国传统型旅游产品的同时,注重了现代旅游产品的开发,以及主题公园、各类专项旅游景区的建设,促使旅游景区向多元化方向发展。

(一)旅游景区已形成中国旅游业的半壁江山

改革开放以来,我国旅游景区的开发建设、管理和保护得到了各级政府和相关部门的重视,取得了重大成就,一大批高质量、高品位、高水平的旅游景区享誉海内外,成为中国旅游业发展的生力军和国际旅游形象的重要组成部分。截至 2001 年 12 月,我国已有各类旅游景区 15000 多个,其中,国家重点风景名胜区 119 个,国家自然保护区 155 个,国家森林公园 344 个,列入《世界遗产名录》的自然文化遗产 27 处,中国文明风景旅游区示范点 40 个,以及正在开发的工业旅游、农业旅游项目等多处。旅游景区(点)形成了旅游业的半壁江山。自然景区、人文景区、旅游度假区、主题公园、工农业科技旅游景区等各种类型的旅游景区构成了我国观光、休闲度假和专项旅游相结合的较完整的产品体系,为 21 世纪建设世界旅游强国奠定了较为坚实的基础。[①]

（二）景区建设已成为社会经济发展的重要内容

1995 年 3 月,国家旅游局发出《关于开展创建和评选中国优秀旅游城市活动的通知》。1998 年,国家旅游局制定《中国优秀旅游城市检查标准》。第一批中国优秀旅游城市的评定产生了重大影响,标志着中国旅游发展格局已经从一个部门、一个行业延展到了全行业,发生了根本改变。1993 年至 1996 年,我国确定了以景区为核心的年度旅游主题:1993 年中国山水风光游,1994 年中国文物古迹游,1995 年中国民俗风情游,1996 年中国度假休闲游。1998 年的主题为华夏城乡游。系列主题年活动的开展,扩大了旅游的影响,提升了旅游的地位,并对旅游市场产生了一定的影响。1998 年以后开始发行国债,解决了基础设施建设等一系列重大问题,景区的发展也得到更多的资金支持。在此期间,中国的高速公路网开始形成,极大地改变了旅游的方式;乡村道路、机场、能源、供水等基础设施建设突飞猛进,为旅游业提供了更为良好的发展条件。旅游国债重点支持旅游景区和支线旅游公路,引发了社会资金的进入和旅游景区建设的高潮。1998 年首旅集团组建,各地也纷纷成立地方性的旅游企业集团,如陕西旅游集团、金陵集团等。

（三）旅游景区数量、类型不断增加,质量持续提升

20 世纪 90 年代以来,中国旅游景区呈现出蓬勃发展的势头,旅游业对社会发展、地方经济的积极作用日益增强,各级地方政府对发展旅游业的重视程度日益提高,对旅游资源的开发力度进一步加大,从而形成了一批又一批新的旅游景区,景区类型也日益丰富。除了新开发的以传统旅游资源（自然资源、人文资源等）为依托的观光休闲景区外,还不断涌现出各类

---

① 唐洪广、孙逸民:《中国旅游景区精品建设探索与实践》,商务印书馆 2002 年版,第 2 页。

与我国现代化建设相关联的现代旅游产品和旅游景区,如生态旅游、工农业旅游、科教旅游、会展旅游、康体旅游、温泉旅游、滑雪旅游等。

随着我国旅游景区在数量上的快速增长,景区的质量在设施、环境和服务等方面都得到了提升。20世纪90年代以来,国家旅游局推行的A级旅游景区质量标准,进一步增强了旅游景区在规划、管理、服务以及环境保护、文化特色等方面的精品意识和品牌意识,从而使景区质量和档次大大提升。

(四)社会资本对景区的投资已经从策略行为变为战略力量

1985年,国务院批转国家旅游局《关于当前旅游体制改革几个问题的报告》,提出当前旅游体制改革的目标为:要从只抓国际旅游转为国际、国内旅游一起抓;从以国家投资为主建设旅游基础设施转变为国家、地方、部门、集体、个人一起上,自力更生与利用外资一起上;从主要搞旅游接待转变为开发、建设旅游资源与接待并举。1986年,国家明确了7个全国旅游重点发展地区。1985年,我国加入《保护世界文化和自然遗产公约》,第一批列入《世界遗产名录》的为6个。1989年建成开园的深圳"锦绣中华"浓缩了大江南北的旖旎风光,景区产品的类型也逐渐丰富。

随着大众市场的进一步发展和需求多元化,利用当代科技、文化、教育和人才支撑的社会资本力量开始介入景区投资、经营和管理。从乌镇到古北水镇、嵩山少林寺景区、清明上河园景区、凤凰古城、张家界的百龙天梯和"哈利路亚山"等,可以明显地看到,社会资本的力量有的已经从策略性行为走向战略性行为。再比如海航、万达、世纪金源、中信的产业投资基金,形成一种战略性投资力量,并逐步成长为景区业创新的引领者。盛大游戏、中坤投资等纷纷以信息技术和专业优势为切入点进军旅游业乃至景区业,也是这一趋势的集中体现。

二、存在的主要问题

20世纪90年代以来,中国旅游区(点)的开发建设、管理、保护得到了重视,取得了重大的成就,一大批高质量、高品位、高水平的旅游区享誉海内外,成为中国旅游发展的生力军和国际旅游形象的重要组成部分。但在实际工作中,该领域是旅游者投诉比较集中的地方,存在的一些问题影响了旅游景区的发展和旅游行业的管理。

(一)政出多门,体制混乱

20世纪90年代,一些地方的宏观管理格局是政出多门、体制混乱。景区管理"九龙治水水更大",在条块上都是各说各的话,把应该统一管理的景区经常搞得四分五裂,有的地方甚至划到海拔300米以下归谁管、300米至800米归谁管、800米以上归谁管。这是历史遗留下来的问题,也是多年以来始终解决不了的问题,这个问题需要长期的体制转换和市场经济培育才能解决。但从旅游者来说,其只会感到这个地方有点乱,不敢再来,这就从根本上影响旅游区(点)的市场形象和长远发展。

(二)机制落后,观念保守

旅游区(点)作为市场经济的微观主体还很不成熟,多数情况是机制落后、观念保守。这是多年的传统体制惯性形成的"老爷作风"的遗存和仍在延续的部分"大锅饭"体制所导致的。风景名胜区、文物点、博物馆等,有些是社会公益事业,有些是宗教事业,不能严格按企业来要求。因为财力不足,很多不应该作为企业的,进行企业化运作,但在机制上又是落后的,在观念上自然是保守的。也有的明确是企业,但又被赋予一定的政府职能,尤其是一些大的山岳型景区等。

(三)秩序较乱,造成隐患

一是市场竞争秩序的混乱已经产生,有可能向削价降质的恶性竞争方向发展,最终会损害所有旅游区(点)的长远发展。二是旅游区内外的旅游秩序较乱,这就造成一种安全隐患,旅游者的权益得不到基本保证,是造成大的旅游安全事故的主因。三是管理混乱,急功近利,内部机制不合理、不科学。

(四)破坏性建设持续

这个问题说大一点是管理体制问题,说深一点是文化素质问题。20世纪90年代的突出问题一是自然景区城市化,造成有些景区城市化设施建设太厉害,达到极端,越搞越贬值;二是一些地方将旅游庸俗化,本来很好的中国民居,是一种非常高的境界,但那些形成马赛克墙的民居显得不伦不类;三是一些小城市,本来很美,很有吸引力,反而成了"厕所一条街",这都是破坏性建设造成的。

(五)资源和产品不匹配

我国很多资源是一流的,但形成的一些产品是二流的、三流的,甚至是末流的。更值得担忧的是,有些地方对此并无忧患意识,始终得意于资源优势,反而成了包袱,影响了发展。资源和产品的不匹配,集中体现在配套措施上不去,其要害就是缺乏一套标准和相应的指导、规范。使潜在的吸引力无法转化成现实。这个问题在中、西部地区特别突出。如何将一流的资源转变成一流的产品、转化为一流的竞争力,已成为20世纪90年代旅游景区亟待解决的迫切问题。

总体说来,20世纪90年代,中国旅游景区的发展还处在快速发展的起步阶段,中、西部地区大量旅游资源还有待开发,旅游景区产品仍以传统型旅游产品为主,旅游景区的开发建设和经营管理仍然需要评定标准引导,总体上我国旅游景区的发展水平与国外优秀的旅游景区相比存在较大的差距。

第六节 旅游业成长发展的成效与不足

一、主要成效

(一)旅游产业体系进一步健全和发展

这个时期,我国旅游生产力得到了全面快速的发展,产业规模不断扩张。1996年,我国旅游外汇收入首次突破100亿美元大关。到1999年底,我国共有旅游住宿设施23.7万个,涉外饭店7035家,客房88.94万间;旅行社7326家,其中国际旅行社1256家;旅游区点14000多家;旅游车船公司466家。我国的旅游交通状况大大改善,民航、铁路、高速公路、内河游船及城市出租车业全面发展,旅游购物、旅游餐饮、旅游娱乐也在旅游需求的刺激下不断有数量上的增加和质量上的提高。旅游教育稳步发展,到1999年末,全国共有高等旅游院校及开设旅游系(专业)的普通高校209所,中等职业学校978所,在校学生共27.64万人。旅游从业队伍不断扩大,1999年末全行业直接从业人员已达512.13万人。

(二)旅游业已成为国民经济中新的增长点

1992—2001年,旅游业已具备相当的产业规模,形成了一定的产业体系,逐渐成为国民经济中新的增长点。这个时期,旅游业总收入占国内生产总值(GDP)的比重从1.72%上升到4.51%,占第三产业的比重从4.83%提高到10.93%(见表3-28)。与此同时,旅游外汇收入占服务贸易出口总额的比重从1992年的43.37%提高到2001年的54.08%,旅游创汇占服务贸易出口的比重较高,说明旅游在服务贸易中占有举足轻重的地位。旅游业凭借其广阔的市场前景、较强的创汇创收能力和国际市场竞争优势及其在促进对外开放、带动相关产业发展、增加就业、扩大内需、促进区域间经济和社会协调发展等方面的积极作用,成为国民经济中最具活力的产业和新的经济增长点之一,并得到了各级政府和社会各界的普遍重视。这个时期,全国绝大多数省、自治区、直辖市都已将旅游业明确定位为当地经济发展的支柱产业、先导产业或第三产业中的主导产业。

表 3-28　中国旅游业总收入占国内生产总值、第三产业增加值的比重

年份	旅游业总收入(亿元)	国内生产总值(亿元)	旅游业总收入占国内生产总值比重(%)	第三产业增加值(亿元)	旅游业总收入占第三产业增加值的比重(%)
1992	467	27195	1.72	9669	4.83
1993	1134	35673	3.18	12313	9.21
1994	1655	48638	3.40	16713	9.90
1995	2105	61340	3.43	20642	10.20
1996	2486	71814	3.46	24107	10.31
1997	3114	79715	3.91	27904	11.16
1998	3435	85196	4.03	31558	10.88
1999	3999	90564	4.42	34935	11.45
2000	4519	100280	4.51	39898	11.33
2001	4995	110863	4.51	45700	10.93

(资料来源:根据历年《中国旅游业统计公报》和《中国旅游统计年鉴2002》相关数据整理而成。)

(三) 国际地位不断提高,国际合作日益活跃

改革开放以来,中国入境旅游用20年的时间就从世界第41位跃升到第7位,国内旅游市场仅用了10多年时间就成为世界最大的旅游市场,出境旅游经过短短几年的发展就成为各国瞩目的市场热点,以旅游涉外饭店为代表的旅游基础设施建设只用了20年时间就走了许多国家用50年乃至100年才能走完的路。特别是在亚洲金融危机期间,许多国家的旅游业遭到沉重打击,我国旅游业却一枝独秀,继续保持较快发展。这些都充分显示了中国旅游业的实力,大大提高了我国旅游业的国际地位。同时,20世纪90年代,国家旅游局和各地旅游局都把进一步发展双边和多边旅游合作与交流作为我国旅游业进一步走向世界的桥梁,积极参加世界旅游组织和地区性旅游组织的各项活动,与主要客源国及周边国家和地区的交流也不断扩展和深化。在世界旅游组织内,中国连续多年担任执行委员会委

员;1997年,中国承办了亚洲太平洋旅游协会的年会;1998年,中国举办了中国国际旅游交易会;1999年,中国举办了昆明世界园艺博览会;2000年中国承办了世界金钥匙组织的年会。一系列大型旅游国际活动的成功举办,不断提高了中国旅游业的国际地位,加强了国际合作。

二、与世界旅游强国相比存在的主要差距

改革开放20多年以来,我国旅游生产力全面增长,旅游产品结构逐步完善,旅游业产出水平大幅度提高,旅游业在国民经济中的地位日益提高,作用日益增强。2001年,我国接待入境旅游者人次达8901万人次,其中入境过夜旅游者人次为3317万人次,居于世界第5位;旅游外汇收入178亿美元,为1978年的68倍,居于世界第5位,奠定了中国作为亚洲旅游大国的地位。① 但是,与世界旅游强国相比,还有很大的差距,主要表现在以下四个方面。

(一)亚洲旅游大国

20世纪90年代末,中国已经实现了从旅游资源大国到亚洲旅游大国的历史性跨越的目标。从入境旅游接待人次和创汇水平来说,从1995年到2001年,中国的旅游外汇收入在世界上的位次从第10位上升到第5位。但是从绝对数看,中国只能算是第二集团,除与美国差距较大之外,与意大利、法国、西班牙的差距也较大。②

从接待入境过夜旅游者人次来说,1999年我国接待入境过夜旅游者达2704.7万人次(见表3-29),位居亚洲第一、世界第五,但再向上攀升困难很大,与法国、西班牙、美国、意大利这前四强相比,中国还有较大差距。

表3-29　1985—2001年中国入境过夜旅游者人次情况

年份	中国入境过夜人次(万人次)	全球旅游过夜人次(万人次)
1985	713.3	32718.8
1986	900.0	33885.4
1987	1076.0	36376.6
1988	1236.1	39482.5

---

① 中华人民共和国国家旅游局:《中国旅游业发展"十五"计划和2015年、2020年远景目标纲要·总体篇》,中国旅游出版社2001年版,第14页。
② 中华人民共和国国家旅游局:《中国旅游业发展"十五"计划和2015年、2020年远景目标纲要·总体篇》,中国旅游出版社2001年版,第23页。

续表

年份	中国入境过夜人次(万人次)	全球旅游过夜人次(万人次)
1989	936.1	42647.6
1990	1048.4	45824.7
1991	1246.4	46396.9
1992	1651.2	50234.2
1993	1898.2	51753.2
1994	2107.0	55227.9
1995	2003.4	56738.1
1996	2276.5	59903.5
1997	2377.0	61971.8
1998	2507.3	63667.6
1999	2704.7	62832.1
2000	3122.9	67731.1
2001	3316.7	67751.6

(资料来源:根据《中国旅游统计年鉴2002》和世界银行数据库相关数据整理而成。)

(二) 国内旅游人均消费水平较低

在国内旅游方面,虽然我国的国内旅游人次已达到世界第一,但由于人均花费仅为394元,数额偏低,所以产出总量尚不高。1999年的国内旅游总收入为2831.92亿元人民币,折成美元只有约342.02亿美元,仅相当于墨西哥的相应水平。国内旅游收入与国际旅游收入的比例,国际水平一般为4~5,[①]而我国的这一比例不足2.5(见表3-30)。

表3-30 1994—2001年国际、国内旅游收入比较表

年份	国际旅游收入		国内旅游收入(亿元人民币)	国内/国际
	外汇(亿美元)	折合人民币(亿元)		
1994	73.23	631.1	1023.51	1.62
1995	87.33	729.3	1375.70	1.89
1996	102.00	848.0	1638.38	1.93

---

① 中华人民共和国国家旅游局:《中国旅游业发展"十五"计划和2015年、2020年远景目标纲要·总体篇》,中国旅游出版社2001年版,第25页。

续表

年份	国际旅游收入		国内旅游收入（亿元人民币）	国内/国际
	外汇（亿美元）	折合人民币（亿元）		
1997	120.74	1000.9	2112.70	2.11
1998	126.02	1043.3	2391.18	2.29
1999	140.99	1167.2	2831.92	2.43
2000	162.24	1343.1	3175.54	2.36
2001	177.92	1472.6	3522.36	2.39

（资料来源：《中国旅游统计年鉴2002》、《国际统计年鉴2002》相关数据计算整理。）

（三）自费出国旅游占比较低

出境旅游的规模也是衡量一个国家是否称得上世界旅游强国的标志。2001年，我国出境人次达1210.0万人次（见表3-31），在亚洲，绝对数低于日本，相对比例则低于周边许多国家和地区。此外，这个时期我国出境旅游人次中公费出境占了相当的比重，真正的自费出国旅游只是刚形成规模，远没有形成气候。

表3-31 中国1994—2001年出国旅游人次情况

年份	出境旅游人次（万人次）	因公出境旅游占比（%）	因私出境旅游占比（%）
1994	610.6	73.1	26.9
1995	713.9	71.2	28.8
1996	758.8	68.2	31.8
1997	817.5	70.2	29.8
1998	842.6	62.1	37.9
1999	923.3	53.8	46.2
2000	1047.3	46.2	53.8
2001	1210.0	42.9	57.4

（资料来源：历年《中国旅游业统计公报》。）

（四）其他经济指标低于世界平均水平

20世纪90年代，在其他经济指标方面，我国距离世界平均水平也有较大差距。世界旅游业理事会的相关统计数据显示，1996年全世界旅游业总产出占全世界生产总值的10.7%，全世界居民旅游消费支出占全世界居民总消费支出的 11.3%,全世界旅游业的资本投资占总投资的 11.9%,相比之下,这个时期我国的相应水平还不到上述指标的一半。[①] 此外,我国在旅游资源开发、旅游基础设施配套建设、旅游交通、旅游管理、旅游人才培训、科技对旅游产业发展的贡献率以及产业运行的质量与效益等各个方面都与世界旅游强国应该达到的水平相去甚远。这些差距的存在正是 21 世纪我国旅游业高速发展中需要格外关注的问题。

[①] 中华人民共和国国家旅游局:《中国旅游业发展"十五"计划和 2015 年、2020 年远景目标纲要·总体篇》,中国旅游出版社 2001 年版,第 25 页。

第四章
在市场经济中旅游业高速增长
（2002—2012）

2002—2012年,尽管受到政治、经济及自然灾害等大环境、大事件间断性的消极影响,但旅游业已成为世界经济中势头最强劲和规模最大的产业之一。旅游业对全球生产总值和就业增长贡献显著,全球旅游业发展很不平衡,亚太地区正成为国际旅游的热点区域。这个时期,中国旅游业进入持续高速增长的新阶段,综合功能全面释放。我国国际旅游持续发展,已经成为世界旅游大国;国内旅游进入大众化阶段,成为全面建设小康社会的重要内容;旅游产业体系日臻完善,产业竞争力不断提升;区域旅游合作方兴未艾,成为旅游发展的重要方向;体制改革不断深化,旅游管理体制逐步完善;履行"入世"承诺,对外开放稳步推进。旅游业成为国民经济的重要产业,对社会经济发展的促进作用日渐突显。在调整经济结构、转变经济增长方式、带动贫困地区经济发展以及改善环境、促进文化传承与交流等方面,旅游业发挥了积极的促进作用,对于外交、经贸以及对港澳台工作等都发挥了积极作用。笔者对2002—2012年中国住宿接待业、旅行社、旅游景区(点)三大行业的数量规模、质量等级、结构特征、空间分布及经济运行情况进行全面梳理和客观描述,在客观分析中国旅游业在世界旅游格局中的地位的基础上,剖析制约旅游业高速发展的主要问题,以期在关注中国旅游业数量增长的同时,更加关注中国旅游业质量的提升,从而为我国旅游业从高速增长迈向高质量发展提供客观的决策依据。

第一节 发展环境、指导思想和方针政策

2002—2012年,是社会主义市场经济体制逐步完善的过程,也是中国

旅游业高速增长的关键历史时期,是为建设旅游强国夯实基础的阶段。在这个关键的历史时期,随着工业化浪潮的发展,我国的综合国力大大提高;随着城市化战略的推行,产业结构调整逐步完善;随着市场化的发展,总体改革的势头越来越猛;随着加入世界贸易组织后国际化的发展,对外开放的步伐进一步加快。在这个历史时期,旅游业面临诸多机遇与挑战,压力与动力并存,促使旅游业振奋精神、开拓创新。

一、重要机遇

就国际环境来说,世界经济持续增长为旅游产业的发展提供了稳定的市场需求和充足的要素供给,为中国旅游业持续、快速、健康发展提供了有力支撑。中国积极参与全球化、区域化进程,有利于扩大旅游市场,降低旅游交易成本,更好地发挥优势,使中国旅游业实现规模扩张、水平提高,加快建设世界旅游强国的步伐。

就国内环境来说,一是全面建设小康社会给旅游业发展带来重要机遇。随着小康社会进程的稳步推进,我国人均消费水平持续增长,消费方式发生重大变化,居民消费将由实物消费为主走上实物消费与服务消费并重的轨道,旅游业是消费升级的主要受益行业之一。二是扩大内需的战略为旅游业发展提供了持久的发展动力。胡锦涛指出:扩大内需是我国经济发展的长期战略方针和基本立足点,也是保持经济平稳较快发展的必需条件。旅游产业具有扩大需求总量,提高消费能力和消费水平的特殊优势,在刺激国内消费需求战略中发挥积极作用,成为转变经济增长方式的重要推动力。同时,能够提升旅游者的消费层次与消费水平,拓展旅游市场空间,推动旅游产业的持续发展。[①] 三是信息技术的应用给旅游业超常规发展提供了新的机会。信息技术的发展使旅游业经营管理手段和经营方式都发生了革命性的变化,推动我国旅游企业加快网络化、国际化发展的进程,有助于中国旅游业直接面向世界水平实现跨越式发展。

二、基础条件

随着人们生活水平的不断提高,在旅游业发展中也不断产生新的需求变化。一是需求总量的扩大。21世纪前10年,我国国民经济年均增长速

[①] 中华人民共和国国家旅游局:《中国旅游业发展"十一五"规划纲要》,中国旅游出版社2006年版,第9页。

度保持在 7% 左右,人民的生活也更加富裕。经济发展必然带动生活水平的提高,特别是后富起来的居民,在基本生活得到保障之后也不断增加旅游需求。二是新的需求类型的产生。国际上传统的观光型和度假型产品已基本成熟,并为众多的旅游者所接受,但一些新的需求,如生态旅游、探险旅游、体育旅游、海洋旅游等,会随着世界旅游经济的发展不断涌现出来。在科学技术进步的前提下,太空旅游、深水旅游等特种需求也随之出现。三是新的需求质量的要求。在 21 世纪,人们追求新鲜和个性化的心理特征也更加突出;在旅游需求方面,除保证安全外,新鲜感和心理满足感也起到更大的作用。

(一)人均可支配收入大幅增长为旅游业高速增长奠定基础

经济环境的发展和变化极大地激发了人们的出游需求,也引起了人们出游方式和出游习惯的变化。如图 4-1 所示,一方面,2002—2012 年,国内生产总值保持两位数的速度持续增长,人均可支配收入水平也随之提高。同期,农村居民人均可支配收入从 2475.63 元增加到 7916.58 元;城镇居民人均可支配收入从 7702.8 元增加到 24564.72 元。人均可支配收入水平的提高直接促进了旅游消费的增长,2009 年全国旅游收入增长率为 16.4%,2010—2012 年的年均增长率则高达 21%。另一方面,收入的增长提高了人们对生活品质的要求,促使人们更加注重生活质量,这也具体反映在出游方式和出游目的的变化上:自驾游、自助游的比重在不断增加,由观光游览转向休闲度假的游客增多,户外体验的参与者也不断增长。以前,出游方式大多是跟团游,以观光游览为主,出游时间也基本集中在五一、十一等几个主要的假期。2002 年以来,游客特别是户外爱好者对出游质量要求逐渐提高,徒步游、骑行游、穿越游等活动迅速增长,游客出游需求日益多元化。以户外游市场的发展为例,户外用品市场发展迅速,如探路者、狼爪等品牌产品广受户外旅游者青睐;全国性或区域性的户外俱乐部及户外论坛大批涌现,如沐雨全球旅行俱乐部、8264 户外资料网等,反映了以户外游为代表的新型出游形式的快速发展。21 世纪以来,我国人均可支配收入增加使城乡居民出游的物质准备更加充足,为旅游业高速发展奠定了坚实的经济基础。

(二)人民币升值助推出境旅游快速发展

2008 年国际金融危机发生以后,国际经济发展持续低迷,而中国国内经济持续稳定增长,导致人民币对欧元、美元、日元等主要货币均呈不同幅度的升值。2009—2012 年间,人民币对欧元、美元持续升值,累计升值幅

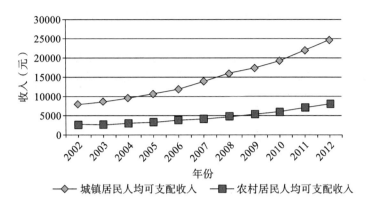

图 4-1　2002—2012年中国城乡居民可支配收入情况
(资料来源:《新中国六十年统计资料汇编》和《中国旅游统计年鉴2013》。)

度分别达到17.8%、8.6%;人民币对日元仅2012年升值幅度就达11%。人民币对主要外币的升值,使得人们出境旅游的成本降低,实际购买力明显增强,加之国际经济环境的不景气,以往国外昂贵的奢侈品等价格有所降低,出境旅游购物成为潮流,极大地激发了国民出境旅游的愿望和需求,有力地促进了我国出境游市场的更好更快发展。21世纪以来,中国出境游规模以每年近20%的速度增长。2002—2012年,我国出境旅游迅猛发展,出境旅游人次由约1660万人次增长到约8300万人次,增长了约4倍,成为全球出境游市场增长最快、潜力最大、影响力最广泛的国家之一。

(三) 快捷畅通的交通为旅游业快速发展提供出行保障

交通便利程度的提高在一定程度上扩大了人们活动的空间范围,在旅游目的地的选择上具有更大的自由度。2002—2012年,随着我国国民经济的不断增长,我国高速公路、高速铁路、民航等交通基础设施建设快速发展。另外,财政补贴以及减税等政策引发居民家庭汽车拥有量激增,导致交通格局和居民出行方式的变化。交通日益便捷,城市之间旅途时间大幅度缩短,亦为短途休闲游提供了便捷的交通条件。居民的旅游范围日益扩大,使得居民对旅游区的选择性增强,也增加了居民的旅游欲望,更多的居民选择在周末或者假期出游。

2002—2012年,我国铁路、公路、民航航线营业里程都有大幅增长。上述三项数值,2012年比2002年分别增长了36.1%、140.1%和100.2%,特别是高速公路迅猛增长,增长了284.0%(见表4-1)。从客运量情况来看,这个时期,各类交通方式客运量也出现明显的增长,其中民航增长率最高,达到271.6%,其次为铁路、公路和水运,增长率分别为141.1%、

79.3%和37.8%（见表4-2）。快捷畅通的交通是旅游发展必不可少的保障。

表4-1　2002—2012年交通运输业运输里程　　（单位：万公里）

年份	铁路里程	公路里程	♯高速公路	内河航道里程	民航航线里程
2002	7.2	176.5	2.5	12.2	163.8
2003	7.3	181.0	3.0	12.4	175.0
2004	7.4	187.1	3.4	12.3	204.9
2005	7.5	334.5	4.1	12.3	199.9
2006	7.7	345.7	4.5	12.3	211.4
2007	7.8	358.4	5.4	12.4	234.3
2008	8.0	373.0	6.0	12.3	246.2
2009	8.6	386.1	6.5	12.4	234.5
2010	9.1	400.8	7.4	12.42	276.5
2011	9.3	410.6	8.5	12.5	349.1
2012	9.8	423.8	9.6	12.5	328.0

注：2007年以后将民航航线里程改为定期航班航线里程。
（资料来源：《中国旅游统计年鉴》(2002—2013)。）

表4-2　2002—2012年客运量总计　　（单位：万人）

年份	铁路	公路	水运	民航
2002	105606	1475257	18693	8594
2003	97260	1464335	17142	8759
2004	111764	1624526	19040	12123
2005	115583	1697381	20227	13827
2006	125656	1860487	22047	15968
2007	135670	2050680	22835	18576
2008	146193	2682114	20334	19251
2009	152451	2779081	22314	23052
2010	167609	3052738	22392	26769
2011	186226	3286220	24556	29317
2012	189337	3557010	25752	31936

（资料来源：《中国统计年鉴》(2002—2013)。）

从各类交通方式的里程比例和承担客运比例来看,2012年,公路里程最高,占到所有交通里程54.7%,同时承担了93.5%的客运量。由此可见,公路依旧是最为重要的交通出行方式。民航航线里程占42.4%,只承担不到0.8%的客运量,民航还有很大的增长空间。铁路里程只占总里程的1.3%,承担了5.0%的客运量,是第二大交通出行工具。民航、公路、铁路等相关基础设施建设大发展,解决了长期以来制约旅游发展的主要瓶颈因素。

这个时期,随着交通日趋完善,我国旅游业迈入"快旅慢游"时期。2012年,我国旅客运输总量和运输周转量均比2002年增长了136.5%。与此同时,在不同的运输方式上,我国铁路、公路、水运和民航的旅游运输总量和旅客运输周转量均在2002年的基础上有明显的增长,其中民航交通的增长速度最为显著,年均增速高达14.0%;高铁旅游也备受人们关注,其占铁路客运周转量比重从2008年的0.2%跃升至2012年的14.7%,增加了14.5个百分点。[①]

(四)国内旅游强劲发展助推出境旅游高速增长

2002—2012年,国内旅游人次保持高速增长,2012年突破29亿人次,国内旅游收入突破22706亿元。国内旅游的强劲增长,为出境旅游发展稳固了基础,并开创了广阔的市场空间。国内旅游人次与出境旅游人次成正比关系:相关研究表明,我国国内旅游人次每增加1%,出境旅游人次就增加1.2%(见图4-2)。[②]

三、指导思想:突出"六个坚持"

"十五"期间,我国旅游业发展的指导思想是,以邓小平理论为指导,突出"六个坚持",全面夯实基础。一是坚持以资源为依托、产品为基础、市场为导向、效益为中心,全面发展旅游大产业;二是坚持大力发展入境旅游、积极发展国内旅游、适度发展出境旅游的方针,全面开拓旅游大市场;三是坚持政府主导与动员全社会各方面积极性相结合,大力培育和发展旅游业这个新的经济增长点;四是坚持旅游资源开发与生态环境保护相结合,全面推进旅游业的可持续发展;五是坚持硬件建设与软件建设相结合,全面

---

① 根据《中国统计年鉴》(2002—2012年)相关数据整理而成。
② 中国旅游研究院:《中国出境旅游发展年度报告2013》,旅游教育出版社2013年版,第16页。

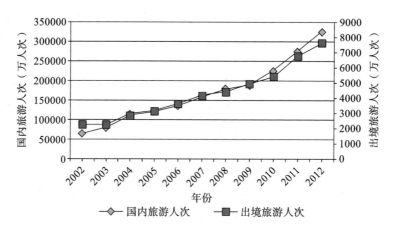

图 4-2 2002—2012 年中国国内旅游人次和出境旅游人次

（资料来源：根据历年《中国统计年鉴》相关数据整理而成。）

提高行业素质和社会主义精神文明建设水平；六是坚持动力产业、质量为本和全面创新的发展战略，更好地发挥旅游业在国民经济调整中的作用，全面夯实建设世界旅游强国的基础。①

四、旅游市场发展方针的阶段性调整

（一）国家政策的倾斜：扩大国内消费需求

2006 年初制定的《中华人民共和国国民经济和社会发展第十一个五年规划纲要》中明确指出：立足扩大国内需求推动发展，把扩大国内需求特别是消费需求作为基本立足点，促使经济增长由主要依靠投资和出口拉动向消费与投资、内需与外需协调拉动转变。毫无疑问，这一转变是未来我国经济改革的重点所在，这一转变也对我国旅游业的发展有重大的促进作用。诚然，国内需求是多方面的，但国内旅游需求必将成为内需中的热点。而内需和外需协调拉动正好是旅游发展的基本特征。21 世纪以来，国家的假期制度刺激了国内旅游消费，而消费者和业界对"黄金周"假期的适应与调节，有效地拓展了旅游休闲的时间与空间，带动了住宿业、餐饮业、商业、交通运输业等产业的发展，同时推动了诸如文化娱乐业、汽车租赁业等新业态的发展，进一步扩大了居民总消费。会展旅游、奖励旅游和其他多种形式的商务旅游的发展，也大大刺激了国内公共旅游的消费需求。

---

① 中华人民共和国国家旅游局：《中国旅游业发展"十五"计划和 2015 年、2020 年远景目标纲要·总体篇》，中国旅游出版社 2001 年版，第 48 页。

(二) 国家对发展旅游行业的扶持力度进一步加大

国家的政策导向为旅游业高速发展创造了良好的政策环境,有助于拉动国内消费、调整产业结构和促进社会就业支柱产业的形成。2006年,《中国旅游业发展"十一五"规划细要》明确提出,要全面发展国内旅游,积极发展入境旅游,规范发展出境旅游,确立了把旅游业培育成为国民经济重要产业的目标。2009年12月,《国务院关于加快发展旅游业的意见》提出,把旅游业培育成国民经济的战略性支柱产业和人民群众更加满意的现代服务业,国家将在融资、政府投入等方面加大对旅游业的支持。2011年12月,国家旅游局发布《中国旅游业"十二五"发展规划纲要》,明确提出,到"十二五"期末,把旅游业初步建设成为国民经济的战略性支柱产业和人民群众更加满意的现代服务业,在转方式、扩内需、调结构、保增长、促就业、惠民生等战略中发挥更大功能。

《国务院关于加快发展旅游业的意见》和《中国旅游业"十二五"发展规划纲要》提出要加大对旅游业的金融支持,对符合旅游市场准入条件和信贷原则的旅游企业和旅游项目,要加大多种形式的融资授信支持,合理确定贷款期限和贷款利率。符合条件的旅游企业可享受中小企业贷款优惠政策。支持符合条件的旅游企业发行短期融资券、企业债券和中期票据,积极鼓励符合条件的旅游企业在中小企业板和创业板上市融资。

2011年3月30日,国务院常务会议通过决议,自2011年起,每年5月19日为"中国旅游日",这标志着我国旅游业迈入一个更好地满足人民群众日益增长的旅游需求的新时期。

(三) 更加强调国内旅游的市场主体地位

2009年,国家旅游局邵琪伟局长在全国旅游工作会议上提出,要把工作重点转移到国内旅游上来,要正确处理国内旅游、入境旅游、出境旅游三大市场的关系,保持旅游业平稳、较快增长。自此,以往入境旅游、国内旅游、出境旅游的市场工作思路,转变为以国内旅游为重点、积极发展入境旅游、有序发展出境旅游,是从以入境旅游接待为导向的旅游业发展初级阶段向为国民大众旅游者服务的当代旅游业发展阶段迈进的标志。此外,2008年开始实施的《全国年节纪念日放假办法》和带薪年休假制度,使长假和长周末形成的大小旅游高峰次数增多,节日期间中短途旅游者增多,这些变化有利于民众自主选择旅游时间和方式,缓解结构性的供需矛盾和对环境的影响,以及全国不同地区旅游市场的协调发展。随着国民休假制度的不断完善和带薪休假制度的全面落实,为旅游消费市场提供政策性保障，有效推动了旅游业的发展。国家旅游层面的市场工作思路的转变，带动了旅游公共服务体系、旅游业态、旅游产品等一系列宏观和微观资源向国民旅游市场进行配置，为以国内旅游为主体的国民旅游市场提供了基础保障。

(四) 出境旅游发展政策导向由保守走向开放

1997年7月，经国务院批复，国家旅游局和公安部联合发布了《中国公民自费出国旅游管理暂行办法》。《中国公民自费出国旅游管理暂行办法》的出台，标志着国家正式开办中国公民自费出国旅游，也标志着中国出境旅游市场的形成。2002年7月1日开始实行的《中国公民出境旅游管理办法》则标志着中国出境旅游市场已达到一定的规模，并开始走向成熟。事实上，自出境旅游正式开放以来，中国公民出境旅游市场规模就连续保持两位数的增长速度，即使在2008年全球金融危机和甲型H1N1流感的双重抑制因素影响下，中国政府始终没有对公民出境旅游市场采取任何限制性措施，充分体现了政府维护旅游市场稳定发展的决心。

第二节　旅游业持续快速发展概况

随着经济全球化和世界经济一体化，世界旅游业历经多年的成长和多样化发展，已成为全球最受瞩目、发展势头最为强劲的世界第一大产业，大众化旅游消费时代全面来临。2002—2012年，面对全球经济停滞、中东和北非政局动荡以及日本遭受地震灾害等不利因素的影响，世界旅游业在短期波动中仍然稳步发展，增幅超过4%。旅游业极易受政治、经济及自然灾害等外界因素的影响，具有较大的外部环境敏感性和脆弱性。但全球旅游业在大事件后的迅速强劲反弹和逆转性增长，表现了世界旅游经济发展的极大潜力和弹性。这个时期是中国旅游业的高速发展时期。在此期间，出境旅游呈持续高位增长态势，入境旅游则呈波动放缓增长态势，而国内旅游呈现出稳步强劲提升的良好局面。旅游业已逐渐成为国民经济重要产业，为促进经济平稳较快发展以及区域协调发展做出了新贡献。旅游业不仅通过促进社会消费拉动了经济增长，而且提升了人们的生活品质，促进了社会就业。

一、国际旅游业运行态势

(一)全球旅游业呈波动向上的态势

2002—2012年,全球旅游业整体呈现波动向上、正向积极的基本态势。在这个时期,由于"9·11"恐怖袭击事件、"非典"及全球性金融危机的深刻影响,世界出境游客增速在2003年、2009年出现了负增长,但在短期波动之后国际旅游又实现上升发展,波动向上始终是全球旅游业发展的基本态势(见图4-3)。从2002年到2012年,国际游客规模从7.0亿人次快速上升至10.5亿人次,增长了50%;同期,全球入境旅游收入也从5904.0亿美元迅速增长到12759.8亿美元,增长了116%。① 2012年全球国际出境游客规模达到创纪录的12.3亿人次,较2002年的8.4亿人次增长了近46.4%,成为世界旅游发展新的里程碑。

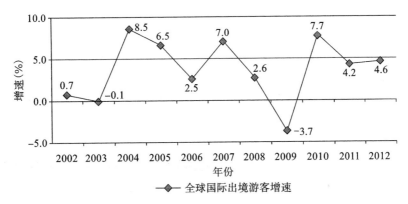

图4-3 2002—2012年全球国际出境游客发展态势
(资料来源:世界银行数据库。)

(二)旅游业对全球生产总值和就业增长贡献显著

2002—2012年,全球因国际入境旅游发展而产生的出口收入总额(包括旅行交通费)从0.59万亿美元增加到1.3万亿美元,平均每天从16亿美元增加到33亿美元;同期,全球旅游出口收入总额占世界商业服务出口总额的30%左右,占全球产品与服务出口总额的6%左右,旅游业成为全球仅次于能源、化工和食品的第四大出口行业;全球旅游业(含国内旅游及国际旅游)对全球生产总值的贡献率约为5%,对全球就业(含直接就业

---
① 根据世界银行数据库相关数据整理而成。

和间接就业)增长的贡献率为 6%～7%;旅游业对各国生产总值的贡献率在 2%～10% 内波动;对于某些小岛国家和发展中国家而言,旅游业对本国经济社会发展的贡献率达到 25% 左右。① 21 世纪以来,越来越多的国家开放投资发展旅游业,使其成为助推社会经济发展、创造就业机会、改善基础设施建设和提高外汇收入的关键驱动力。

(三)全球旅游业发展很不平衡

全球各地区在国际旅游客源市场上的份额及增长变化存在很大的空间分布差异。总体来看,2002—2012 年,欧洲与中亚地区、东亚与太平洋地区以及北美、拉丁美洲与加勒比海地区国际旅游发展抢眼,撒哈拉以南非洲地区和中东与北非地区发展变化剧烈。② 如表 4-3 所示,2012 年,欧洲与中亚地区是国际旅游业发展最主要的旅游目的地,全年共接待国际游客 53029 万人次,较 2002 年净增 13571 万人次,增幅达 34.4%,是全球国际旅游业发展速度最快、市场份额最大的区域;同年,东亚与太平洋地区及北美、拉丁美洲与加勒比海地区分别比 2002 年净增国际游客 10165 万人次和 4617 万人次,增幅分别为 84.8% 和 39.9%,是全球旅游业发展比较抢眼的地区。由于地区经济社会发展水平相对较低及地区政治局势持续不稳定,撒哈拉以南非洲地区、中东与北非地区国际旅游市场份额相对较小。

表 4-3　2002—2012 年全球国际旅游入境游客数量变化情况

(单位:万人次)

年份	欧洲与中亚地区	东亚与太平洋地区	撒哈拉以南非洲地区	北美、拉丁美洲与加勒比海地区	中东与北非地区
2002	39458	11984	1958	11559	4105
2003	39736	10763	2051	11211	4290
2004	41528	13772	2160	12487	5099
2005	43845	14865	2381	13236	5399
2006	46166	16007	2706	13579	5988
2007	48907	17711	2991	14333	6706
2008	49159	17581	3060	14731	7706
2009	46604	17293	2834	14036	7599

---

① 根据世界银行数据库相关数据整理而成。
② 胡静:《2012 中国旅游业发展报告》,中国旅游出版社 2012 年版,第 4 页。

续表

年份	欧洲与中亚地区	东亚与太平洋地区	撒哈拉以南非洲地区	北美、拉丁美洲与加勒比海地区	中东与北非地区
2010	47919	19502	3146	14850	8783
2011	51084	20684	3310	15493	7520
2012	53029	22149	3425	16176	8351

（资料来源：世界银行数据库。）

（四）国际旅游区域重心向亚太地区东移

在世界旅游业整体向上发展的大背景下，经济发展速度较快的东亚与太平洋地区旅游业保持快速发展的势头，并逐渐成为世界新的主要旅游目的地和客源地，其国际入境游客规模在2002—2012年间年均增长速度为6.3%，位于世界前列；东亚与太平洋地区在全球国际入境旅游市场中的份额也逐年上升，从2002年的17.4%增加到2012年的21.5%。随着旅游重心由传统市场向新兴市场转移速度的加快，欧洲与中亚地区国际旅游市场份额不断缩小，东亚与太平洋地区正成为国际旅游的热点区域。2012年国际入境游客规模增长5.1%，其中，东亚与太平洋、中东与北非地区的新兴经济体发展速度最快，其国际入境游客规模增长速度分别达7.1%、5.7%；其次是欧洲与中亚地区，增速为3.8%（见表4-4）。

表4-4 2002—2012年全球国际入境游客增速变化情况 （单位：%）

年份	欧洲与中亚地区	世界	中国	东亚与太平洋地区	撒哈拉以南非洲地区	北美、拉丁美洲与加勒比海地区	中东与北非地区
2002	3.0	3.0	11.0	8.2	7.1	−4.5	7.4
2003	0.7	−1.3	−10.4	−10.2	4.8	−3.0	5.9
2004	4.5	10.5	26.7	28.0	5.3	11.4	7.6
2005	5.6	6.2	12.1	7.9	10.2	6.0	−0.3
2006	5.3	5.9	6.6	7.7	13.7	2.6	4.7
2007	5.9	7.4	9.6	10.6	10.5	5.6	4.3
2008	0.5	1.7	−3.1	−0.7	2.3	2.8	13.0
2009	−5.2	−4.2	−4.1	−1.6	−7.4	−4.7	2.9
2010	2.8	6.6	9.4	12.8	11.0	5.8	8.4

续表

年份	欧洲与中亚地区	世界	中国	东亚与太平洋地区	撒哈拉以南非洲地区	北美、拉丁美洲与加勒比海地区	中东与北非地区
2011	6.6	4.3	3.4	6.1	5.2	4.3	−17.9
2012	3.8	5.1	0.3	7.1	3.5	4.4	5.7

（资料来源：世界银行数据库。）

二、中国旅游业发展特点

2002—2012年，我国国内旅游、出境旅游在国内良好经济社会基本面的支撑下继续保持较快增长，入境旅游受世界经济形势的影响持续低迷，旅游市场总体上呈"两增一平"的格局。这个时期，通货膨胀压力减缓，人均可支配收入不断增加，大众旅游产生新一轮的增长，但国际政治经济局势依然不容乐观，入境旅游呈低速增长态势。

（一）市场格局变化：三大市场全面繁荣

从维护国家利益、保护旅游者和企业合法权益出发，2005年，国家旅游局制定了"大力发展入境旅游，规范发展出境旅游，全面提升国内旅游"的新三大市场发展方针。2009年初，国家旅游局提出要"大力发展国内旅游，积极发展入境旅游，有序开展出境旅游"。而在2010年《中国旅游业"十二五"发展规划纲要（征求意见稿）》中，调整为"全面发展国内旅游，积极发展入境旅游，有序发展出境旅游"。这表明中国旅游业经历了非常规发展阶段后开始进入常规发展阶段。这一变化不仅体现在三大旅游市场的格局上，更重要的是体现在国家政策上，意义深远。优先发展入境旅游是我们长期坚持的国策，是发挥国家资源优势、增加国家财富、提高国家竞争力的重要途径。坚定地促进国内旅游和出境旅游的发展则体现了国家对国民旅游需求的关注。显然，将旅游和休闲消费列入国民小康生活的组成部分，是国家社会经济发展进入新阶段的体现，是构建和谐社会的需要，也是一个旅游强国的基本标准。当然，这一市场战略刚刚开始调整，一些政策和措施还没有真正到位，距离三大市场并驾齐驱的程度还有一定距离，但这是中国旅游发展模式重大变革的开始。21世纪以来，入境旅游主要是巩固和恢复老市场，积极开发新市场。中央政府充分发挥国家外交渠道的优势，通过发展与世界各国的友好关系，开展多种形式的国家间友好活动，促进了国际社会对中国历史文化和当代发展的了解，提高了其作为国际旅游目的地的知名度和竞争力。中法友好年、中俄友好年以及中印友好年等都产生了明显的积极效应。传统市场如我国港澳地区、东南亚国家以及俄罗斯、韩国继续保持增长,日本市场有了回升,欧洲市场增长更快,而新市场如印度、北欧也有了较大幅度的增长。国内旅游发展的特点是农村旅游红火,黄金周持续升温。全国各地普遍重视乡村旅游的发展,大城市郊区和周围乡镇开发的新的农村旅游景区、景点,与城市居民日益增长的休闲度假活动需求相契合,发挥着重要的作用。黄金周依然是国内旅游集中的时期,与以前不同的是,国内旅游者更加理智,在产品选择、时间安排上,尽量避开游客集中的区域和高峰时期。值得注意的是,专项度假产品和自驾车旅游非常流行。而新兴的网上预订系统日益普及,为这些特种旅游产品和旅游方式创造了条件。出境旅游中港澳游再创新高,高端市场应运而生。出境旅游的发展速度很快,市场结构与20世纪90年代很相似,港澳游仍然保持半壁江山。毫无疑问,这得益于中央政府开放自由行的改革措施。值得注意的是,出境旅游市场中出现了一个偏爱高端产品的群体。他们的表现是,近距离旅游青睐度假等特种产品,同时对包括非洲和拉丁美洲在内的远程目的地情有独钟。

1. 出境旅游:持续高速增长

中国公民出境旅游市场的逐步开放,一是因为中国经济水平及人民生活水平的提高。2000年,我国城镇居民人均可支配收入为6280.0元,恩格尔系数为39.4%;2012年,我国城镇居民人均可支配收入已经达到24564.7元,恩格尔系数为36.2%,这已经初步具备了实现出境旅游需要的经济条件。二是中国入境旅游发展给国民产生一种"示范效应",潜移默化地影响着人们的价值偏好,国内旅游蓬勃发展也促使人们产生对更高消费层次的旅游活动的追求。三是国家出境旅游政策从规范发展出境旅游到有序发展出境旅游的转变。在这样的背景下,中国出境旅游市场经历了一个从无到有、从"赴港探亲游"到"自费出国游"的逐步市场化的发展过程。

随着中国作为快速崛起的新兴经济体在世界经济舞台上大放异彩,对外交流活动日渐频繁,人民生活水平逐年提高,我国出境旅游业取得了持续快速的发展,出境旅游规模迅速扩张。如图4-4所示,2002年以来我国出境旅游呈持续高位增长的趋势,出境旅游总人次从2002年的约1660万人次增加到2012年的约8300万人次,增长了约4倍。其中,2002—2012年因私出境旅游人次增长最为迅速。因私出境旅游人次占出境总人次的份额增长也最快,2002年因私出境旅游人次占出境总人次的60.6%,而到2012年,因私出境旅游人次所占比率攀升至92.6%,基本呈现以因私出境旅游带动出境旅游发展的局面。

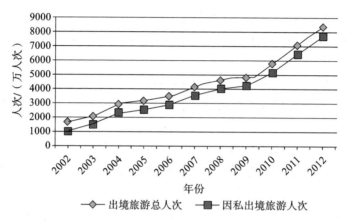

图4-4 2002—2012年中国出境旅游发展状况

(资料来源:《中国旅游统计年鉴2013》、历年《中华人民共和国国民经济和社会发展统计公报》。)

2. 入境旅游:波动放缓增长

随着我国对外开放水平的不断提高,旅游基础设施、服务设施的逐渐改善以及旅游业发展水平的稳步提升,我国已成为全球极具生机活力和安全的旅游目的地国家。2002—2012年,我国入境旅游呈波动放缓增长的局面(见图4-5)。其间,我国入境旅游发展受经济及自然灾害等突发事件的消极影响明显,特别是2003年受"非典"疫情、2008年受金融危机影响较大,在入境旅游人次和收入方面都有明显下降,入境旅游增长呈放缓的趋势。2008—2012年,我国入境旅游人次和收入增长放缓。

3. 国内旅游:强劲增长

2002—2012年,我国居民生活水平在总体上已进入了小康阶段,沿海发达地区已率先实现现代化。总体来说,人均GDP达到800～1000美元,不仅是小康社会的主要标志,也是旅游消费和旅游业发展上台阶的标志。发达国家的经验表明,在人均年收入达到800美元以后,旅游的大众化、普遍化即开始迅猛发展,旅游逐步成为人民生活的基本要素之一。从我国的情况来看,国内旅游消费发展势头迅猛。2002—2012年,国内旅游保持年均19.5%的高速增长,比国内生产总值平均增长率高出9.1个百分点,成为国民经济的重要拉动力量。

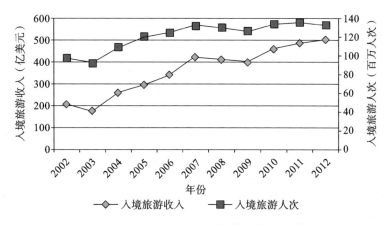

图 4-5　2002—2012 年中国入境旅游发展状况

（资料来源：《中国旅游统计年鉴 2013》、历年《中华人民共和国国民经济和社会发展统计公报》。）

随着国内居民生活水平的提高以及旅游休闲时间的增加，大众旅游需求得到更好的满足，我国国内旅游市场规模得以逐步扩大。2002—2012年，国内旅游市场表现出强劲的增长势头（见图 4-6），国内旅游人次和旅游收入均保持两位数的高速增长。特别是 2010 年以来，随着旅游业战略地位的提升改变，"国民旅游休闲"的需求释放，我国国内旅游市场增长更为迅猛，国内旅游人次和旅游收入的增长率分别高达 16.4% 和 31.5%。2012 年我国国内旅游人次同比增长 12.0%，国内旅游总收入同比增长 17.6%，均明显高于国内生产总值增长率（7.8%）以及第三产业增长率（8.1%）。

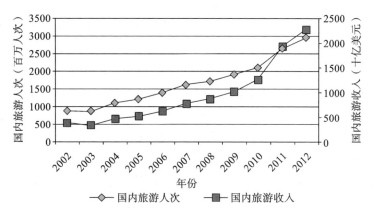

图 4-6　2002—2012 年中国国内旅游发展状况

（资料来源：《中国统计年鉴 2013》。）

(二) 行业发展走势:依据市场分工

1. 垂直分工和水平分工有明显进展,旅游交通业逐渐壮大

从旅游行业发展来看,根据市场需求变化进行分工的趋势逐渐明显。和以往不同的是,这些分工并非政府管理部门的行政安排,而是企业为了适应市场变化寻求自身发展所做出的战略选择。

在旅行社行业中,多年酝酿的垂直分工和水平分工都有了明显的进展,尤其是在出境旅游经营中,旅游批发商和旅游代理商的格局已经形成,而特种旅游、非传统旅游形式和特殊旅游经营业态的形成,促成旅行社行业的水平分工进一步深化。其中最典型的是会议与展览业、旅游娱乐业以及旅游网络和信息业。

饭店业有两个突出的行业分支引起了普遍关注。其一是经济型酒店的快速发展。一些民族品牌的经济性酒店已经形成了网络,赢得了市场。其二是度假地多样化的扩展,满足不同市场的需求。这两个趋势有一个共同背景,那就是国内旅游休闲需求的增长与变化,这与当年主要考虑入境旅游需求而发展的情况大不相同。而对这两个行业分支的投资,不仅仅来自境内,境外饭店集团和其他投资者也表现出了浓厚的兴趣。这一变化意味着我国饭店业更加成熟,境内外市场需求的可替代程度在提高。

旅游交通业作为一个独立的部门逐渐壮大。21世纪以来,低成本航空公司不断涌现,虽然开局并不顺利,但像春秋航空公司这样的企业坚持了下来,为行业树立了榜样,做出了示范。相关调查报告显示,79%的调查对象支持低价航空的发展,低价航空的主要消费群体年龄在15～34岁之间,[①]中档收入,消费目的倾向于旅游。这表明,低价航空公司在中国具有很大的发展潜力,并在中国国内旅游中发挥较大的作用。铁路交通是国内旅游的主要交通方式之一,而21世纪以来火车连续提速和调整运行时刻表,使铁路交通安全、经济、便捷的优势更加突出,受到国内旅游者的欢迎。2006年7月1日青藏铁路投入运营对西藏和铁路沿线旅游的影响引起了社会的关注。北京、成都、西宁、上海和广州五大城市与拉萨有火车直接相通,改写了西藏旅游的历史。青藏铁路建造的意义是多方面的,其中对西藏旅游的影响极其突出,而这一热点线路的功效还没有完全释放出来,如何围绕青藏铁路发展旅游是一个亟待深入研究的大课题。

---

① 张广瑞、刘德谦:《2007年:中国旅游发展分析与预测》,社会科学文献出版社2007年版,第7页。

2. 民间资本成为旅游投资的主力,区域投资差距较大

21世纪以来,随着经济水平的不断提高,旅游消费潜力进一步释放,旅游业发展表现出强大的生命力,除了国有企业、地方政府之外,股份制企业、外资企业、私营企业等企业集团纷纷投资旅游业。大量资本进入旅游业,国内旅游投资空前高涨,旅游投资主体呈现出多元化的局面。2012年全年旅游直接投资高达4063.2亿元,其中,民间资本成为旅游投资的主力,约占52%。民间资本的大量投入,对丰富旅游投资形式、完善旅游基础设施以及提升旅游发展质量具有重要意义,同时也为区域经济社会发展起到明显的带动作用。①

然而,随着我国旅游投资的快速增长,我国旅游投资在空间上差异明显,东部地区成为旅游投资的热点,而中、西部地区旅游投资偏少。2012年,我国东部地区旅游投资占总投资的65%左右,而中、西部地区旅游投资占总投资的比重仅为35%左右。根据《中国城市旅游投资竞争力研究报告》,我国旅游投资企业空间分布的地域差异明显,呈现东部多、西部少、南部多、北部少的空间分布格局。东部地区经济社会发展基础较好,旅游客源市场较为丰富,不管是旅游投资企业还是投资区域均占明显优势。我国中、西部地区,尽管在旅游资源上占一定优势,然而经济社会发展基础相对落后,旅游客源市场相对狭窄,因而旅游投资也相对较少。

3. 在线旅游发展势头迅猛②

随着旅游业与互联网的相互渗透与融合,越来越多的旅游消费者可以通过在线旅游获取旅游信息、进行旅游预订和消费。在线旅游信息的多样性、可靠性以及服务水平和质量的提升,使在线旅游对旅游者的旅游决策及消费的影响日趋明显。21世纪以来,我国在线旅游发展规模进一步提升,且粗具规模。2012年,我国在线旅游市场交易规模达到1708.6亿元,是2008年的3.5倍。如图4-7所示,2008年以来,我国在线旅游市场交易额发展异常迅猛,呈快速增长的趋势,反映出我国在线旅游市场呈良性发展态势。

随着我国互联网规模的不断扩大,互联网普及率不断提高,我国在线旅游预订使用率呈持续上升的态势。据《第33次中国互联网络发展状况统计报告》可知,2012年我国互联网网民用户规模达5.64亿人,互联网普

---

① 胡静、谢双玉:《2014中国旅游业发展报告(上)》,中国旅游出版社2014年版,第15页。
② 胡静、谢双玉:《2014中国旅游业发展报告(上)》,中国旅游出版社2014年版,第15页。

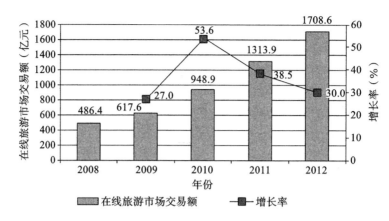

图 4-7　2008—2012 年中国在线旅游预订交易情况

（资料来源：艾瑞咨询集团：《2013 年中国在线旅游行业年度监测报告简版》。）

及率达 42.1%。与此同时，我国在线旅游预订用户规模及使用率也持续上升。2012 年，我国在线旅游预订用户规模达 1.33 亿，用户使用率为 22.4%，发展潜力巨大。如图 4-8 所示，2008 年以来，我国在线旅游预订用户规模增长异常迅猛，在线旅游对旅游消费者的影响日趋明显。

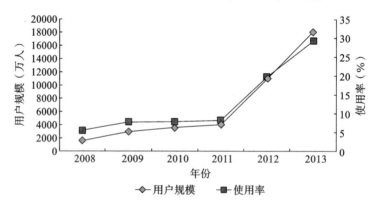

图 4-8　2008—2013 年中国在线旅游预订用户规模与使用率

（资料来源：历次中国互联网络发展状况统计报告。）

在线旅游预订用户规模的增长主要可归结为以下三个因素。①国民经济与旅游需求的联动效应。研究显示，当人均 GDP 达到 5000 美元时，旅游行业步入成熟的度假旅游经济。2012 年，中国人均 GDP 超过 6000 美元，已进入观光游、休闲游、度假游多元化发展阶段，居民的旅游预订需求全面释放。②旅游预订网站中景区信息的丰富性、媒介旅游攻略的实用性以及支付方式的便捷性极大地提升了在线旅游预订用户体验。③用户互联网使用程度的深化,企业的营销推广活动和手机 App 的丰富促使线下预订用户逐渐向线上转移。

4. 产业融合增强,催生多种旅游新业态

随着旅游产业与其他相关产业融合的进一步增强,促使旅游产业结构的调整,催生出多种旅游产品及其组合。旅游业与其他产业融合发展对旅游发展带来了深刻的变化,促进价值链重组与经济结构调整,不同产业在功能和范围上相互渗透和延伸,逐步改变了原来产业的边界和形态,最终融合为新业态。旅游业与农业、工业、林业、交通运输业等产业的融合,促进农业旅游、工业旅游、森林旅游、高铁旅游等新业态的发展;旅游业与会展业、创意产业、商业、金融业、房地产业等融合带来会展旅游、创意旅游、商务旅游、旅游地产等新业态,也产生了更多产品组合;旅游业与高新技术产业,尤其是与信息技术融合,推动了在线旅行商、旅游电子商务的发展。

(三) 市场需求趋势:重视个人体验

21 世纪以来,国民的旅游需求在不断变化,从最初长期积存的旅游需求释放所引发的"井喷现象",逐渐走向理性消费;从最初的为旅游而旅游,到 21 世纪以来注重体验与求异。国内旅游走马观花式的观光旅游开始向游览与度假相结合。随着私人汽车拥有量的增加和网上旅游信息的便捷,自驾车旅游或各种自由行开始广泛流行起来。出境旅游也逐渐摆脱了最初的"炫耀性"的多国游、低价游,开始青睐主题游、深度游和度假游,自由行逐渐受到年轻人的欢迎。尤其引起业界关注的是,"奢侈旅游族"的出现拉开了市场需求的距离。正像一位德国学者所说,中国的出境旅游市场度过了"儿童期"和"青春期",开始进入"成人早期"。

三、中国旅游市场结构

(一) 出境旅游市场结构

1. 出游类别构成:因私出境旅游成为主要拉动力

从出游类别来看,因私出境旅游成为出境旅游的主要拉动力。随着中国经济的发展,人民生活水平的提高,政府对公务出国经费监管力度的加强和出境旅游政策的放宽,中国的出境旅游市场经历了一个从无到有,从"以公务出国为主、出境探亲游为辅"到"公民出国为辅、公民自费出国游为主"的发展过程。从出境旅游开始萌芽之日起,国家采取的就是控制性措施,包括发展规模、监管手段等,目的在于控制外汇流失。因此,出境旅游最初只在"探亲"范围内试行,1993 年因私出境不到 147 万人次,因公出境则已突破227万人次。出境旅游虽一直强调"适度发展"的方针,并采取过计划和控制性手段,但由于人们生活水平提高以后有强烈的出境旅游需求,因此,其发展势头一直比较强劲。根据统计,出境旅游达到第一个1000万人次(2000年出境旅游达1047.27万人次,其中因公出境484.18万人次,因私出境人次首次超过因公出境人次而达到563.09万人次)用了约10年时间,达到第二个1000万人次(2003年出境旅游达2022.19万人次,其中因公出境541.10万人次,而因私出境1481.09万人次,因私出境人次已达到因公出境人次的2.74倍)只用了3年,而2004年一年净增量就接近1000万人次。出境旅游发展战略调整为"规范发展"后,很多中国公民走出国门,进行跨境旅游,到2012年因私出境人次已达7705.5万人次,从"入世"以来的10余年间,年均增长速度较快,其中2004年同比增幅达55.2%;因公出境人次由于国家公务出国经费监管力度的加强一直在600万人次左右徘徊(见图4-9)。可见,因私出境已成为出境旅游市场重要的拉动力量,其主导作用正处于不断上升之中。

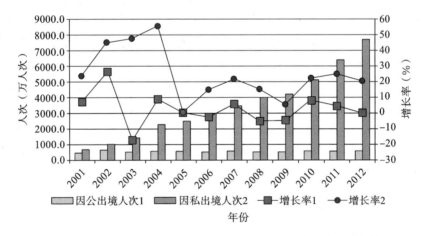

图4-9　2001—2012年中国内地因公及因私出境旅游人次及增长情况

(资料来源:《中国统计年鉴2013》。)

2. 出境旅游目的:以观光游览、休闲度假为主导

2012年我国内地受访出境游客的出游主要以观光游览、休闲度假为目的,分别占出游目的的46%和34%,较2002年有所降低;①而探亲访友、商务会议、公务活动、宗教朝拜等出游目的所占比例较小,较2002年有所提升,综合反映出我国公民出境旅游目的日益多样化。

---

① 根据《中国出境旅游发展年度报告2013》相关数据整理而成。

3. 出境旅游目的地:主要分布在亚太地区,逐渐覆盖全球

随着国际旅游合作的快速发展,全球化旅游的顺利推进,我国公民出境旅游目的地范围不断扩大,已基本覆盖全球主要旅游目的地。截至2012年底,与我国政府签订ADS[①]协议的国家和地区已有150多个,正式实施开放的旅游目的地约有114个。受时空距离、生活习俗以及出境政策等因素的综合影响,我国公民出境旅游目的地主要集中分布在亚太地区,近程化特征十分明显。2012年,我国内地赴亚洲国家和地区旅游人次约占出境旅游总人次的90%[②],其中,我国港台地区、韩国、日本、印度尼西亚、泰国等地的旅游增长较为迅速。

(二) 入境旅游市场结构

1. 入境旅游客源市场

中国入境旅游客源市场由两大部分即外国客源市场和港澳台地区客源市场组成。其中,港澳台地区客源市场在我国入境旅游客源市场中仍占绝对主导地位。2002年以来,除2009至2012年以外,港澳台地区游客均占全部入境游客的80%以上,最高年份甚至占到将近88%(见表4-5)。海外游客除2011—2012年外仅占总入境旅游人次的不到20%。总体来说,21世纪以来,我国入境旅游客源市场主要集中在港澳台地区,大洋洲、非洲成为新的增长点,已经形成港澳台地区市场、洲内市场和洲际市场3个层次、客源多样化的市场格局。

表4-5 2002—2012年入境游客构成及比重

年份	入境旅游人次 (万人次)	外国游客		港澳台地区游客	
		旅游人次 (万人次)	所占比重 (%)	旅游人次 (万人次)	所占比重 (%)
2002	9790.8	1344.0	13.7	8446.8	86.3
2003	9166.2	1140.3	12.4	8025.9	87.6
2004	10903.8	1693.3	15.5	9210.5	84.5
2005	12029.2	2025.5	16.8	10003.7	83.2
2006	12494.2	2221.0	17.8	10273.2	82.2
2007	13187.3	2611.0	19.8	10576.3	80.2

---

① Approved Destination Status,被批准的旅游目的地国家和地区。
② 根据《中国出境旅游发展年度报告2013》相关数据整理而成。

续表

年份	入境旅游人次（万人次）	外国游客		港澳台地区游客	
		旅游人次（万人次）	所占比重（%）	旅游人次（万人次）	所占比重（%）
2008	13002.7	2432.5	18.7	10570.2	81.3
2009	12647.6	2642.2	20.9	10005.4	79.1
2010	13376.2	3126.7	23.4	10249.5	76.6
2011	13542.4	3237.5	23.9	10304.9	76.1
2012	13240.5	2719.2	20.5	10521.3	79.5

（资料来源：根据《中国旅游统计年鉴2013》整理而成。）

从洲别来看，外国客源市场可分为亚洲、欧洲、美洲、大洋洲、非洲五大客源市场。中国旅游市场对外开放以来，外国客源市场一直呈现以亚洲为主体，欧洲、美洲为主翼，大洋洲、非洲为辅翼的市场格局。亚洲客源市场占我国外国客源市场的50%以上，是我国最重要的外国客源市场。2005年以来，亚洲客源市场一直维持60%左右的份额，欧洲客源市场占20.9%~25.1%，美洲客源市场约占10%，其余的为大洋洲和非洲客源市场（见表4-6）。21世纪以来，来自大洋洲和非洲的入境人次同比实现增长，成为我国最有发展潜力的客源市场。其中，2005—2012年，大洋洲、非洲入境旅游市场增长率分别从2.8%提高到3.4%、从1.2%提高到1.9%，成为我国入境旅游市场新的增长点。

表4-6　2005—2012年入境外国旅游者洲别构成及比重

年份	亚洲		欧洲		美洲		大洋洲		非洲	
	人次（万人次）	份额（%）	人次（万人次）	份额（%）	人次（万人次）	份额（%）	人次（万人次）	份额（%）	人次（万人次）	份额（%）
2005	1250.6	61.8	478.5	23.6	214.6	10.6	57.4	2.8	23.8	1.2
2006	1359.6	61.2	527.2	23.7	240.6	10.8	63.9	2.9	29.4	1.3
2007	1607.0	61.6	620.7	23.8	272.1	10.4	72.9	2.8	37.9	1.5
2008	1456.2	59.9	611.3	25.1	258.2	10.6	68.9	2.8	37.8	1.6
2009	1377.9	62.8	459.1	20.9	249.1	11.4	67.2	3.1	40.1	1.8
2010	1620.4	62.0	567.4	21.7	299.5	11.5	78.9	3.0	46.4	1.8

续表

年份	亚洲		欧洲		美洲		大洋洲		非洲	
	人次（万人次）	份额（%）	人次（万人次）	份额（%）	人次（万人次）	份额（%）	人次（万人次）	份额（%）	人次（万人次）	份额（%）
2011	1665.0	61.4	591.1	21.8	320.1	11.8	85.9	3.2	50.6	1.9
2012	1664.9	61.2	592.2	21.8	318.0	11.7	91.5	3.4	52.5	1.9

（资料来源：根据历年《中国旅游统计年鉴》整理而成。）

从国别来看，日本、韩国、俄罗斯、美国遥遥领先，构成中国较重要的客源市场（见表4-7）。其中，与我国邻近的日本、韩国、俄罗斯长期居于入境旅游客源国的前列。韩国来华旅游人次在20世纪90年代中韩建交后进入快速增长阶段。2005年，韩国首次超过日本，成为我国第一大客源国，除2009年排位落后于日本外，一直保持排名第一的地位。

表4-7　2005—2012年主要客源国入境旅游人次比重　　（单位：%）

国家	2005年	2006年	2007年	2008年	2009年	2010年	2011年	2012年
韩国	17.5	17.7	18.3	16.3	14.6	15.6	15.4	15.0
日本	16.7	16.9	15.2	14.2	15.1	14.3	13.5	12.9
俄罗斯	11.0	10.8	11.5	12.8	8.0	9.1	9.4	8.9
美国	7.7	7.7	7.3	7.3	7.8	7.7	7.8	7.8
新加坡	3.7	3.7	3.5	3.6	4.0	3.8	3.9	3.8
菲律宾	3.2	3.2	3.2	3.3	3.4	3.2	3.3	3.5
蒙古	3.2	2.8	2.6	2.9	2.6	3.0	3.7	3.7
加拿大	2.1	2.3	2.2	2.2	2.6	2.6	2.8	2.6
澳大利亚	2.4	2.4	2.3	2.4	2.6	2.5	2.7	2.8
泰国	2.9	2.7	2.3	2.3	2.5	2.4	2.2	2.4
德国	2.3	2.2	2.1	2.2	2.4	2.3	2.3	2.4
英国	2.5	2.5	2.3	2.3	2.4	2.2	2.2	2.3
印尼	1.9	2.0	1.8	1.8	2.1	2.2	2.2	2.3
印度	1.8	1.8	1.8	1.8	2.1	2.1	2.2	2.2

（资料来源：根据历年《中国旅游统计年鉴》整理而成。）

从洲际市场来说,21世纪以来,除韩国、日本外,东北亚的俄罗斯、蒙古国及东南亚的菲律宾、新加坡、泰国、印尼等洲内市场成为中国的主体客源市场。美洲的加拿大、大洋洲的澳大利亚及西欧3国(英国、德国、法国),这些旅游产出国除年度间有所波动外,基本保持平稳发展的态势。

2. 入境旅游目的:以观光休闲为主,洲际差异明显

受经济社会发展水平、发展历史以及地缘文化等诸多因素的综合影响,我国入境旅游市场的不同客源地游客在出游目的方面表现出一定的相似性或差异性。2008—2012年,我国入境旅游整体上以观光休闲目的为主,占入境旅游目的的45%左右;以会议/商务为目的的入境游客约占23%,另有约10%的入境游客为来华服务员工,以探亲访友及其他为目的的外国游客占入境外国游客总人次的比例分别平均为0.36%和19.9%(见表4-8)。这表明中国对外国游客的吸引力更多表现在中国的山水风光等自然资源和文物古迹等人文资源方面。

表4-8 2008—2012年入境外国旅游者构成(按目的划分)

项目	2008年 数量(万人次)	比重(%)	2009年 数量(万人次)	比重(%)	2010年 数量(万人次)	比重(%)	2011年 数量(万人次)	比重(%)	2012年 数量(万人次)	比重(%)
总计	2432.6	100.0	2193.8	100.0	2612.7	100.0	2711.2	100.0	2719.2	100.0
会议/商务	567.8	23.3	523.7	23.9	619.7	23.7	632.6	23.3	628.0	23.1
观光休闲	1204.0	49.5	1013.3	46.2	1238.2	47.4	1221.8	45.1	1162.9	42.8
探亲访友	6.8	0.3	8.0	0.4	9.1	0.3	11.0	0.4	10.8	0.4
服务员工	243.2	10.0	227.4	10.4	246.3	9.4	269.4	9.9	286.5	10.5
其他	410.8	16.9	421.4	19.2	499.4	19.1	576.4	21.3	631.0	23.2

(资料来源:根据《中国旅游统计年鉴》(2008—2013)整理。)

不同客源地游客入境旅游目的差异较为明显。2012年,在以会议/商务为旅游目的的入境旅游市场中,非洲入境旅游市场所占比重较大,约为

44.96%,大洋洲所占比重最少,仅为16.99%。在以观光休闲为旅游目的的入境旅游市场中,美洲和大洋洲入境旅游市场旅游者占有重要地位,非洲所占比重则相对较小。在以探亲访友为旅游目的的入境旅游市场中,亚洲入境旅游市场所占比重较大,非洲和欧洲所占比重较小。在以服务员工为旅游目的的入境旅游市场中,亚洲和欧洲入境旅游市场所占比重较大,分别占出游目的的11.96%和10.32%,美洲和大洋洲入境旅游市场所占比重较小,分别占出游目的的5.5%和4.32%。[1]

(三) 国内旅游市场结构

1. 游客市场:主要集中在东部沿海

从国内旅游客源地来看,2002年至2012年,游客市场主要集中在东部地区,中、西部地区出游率不断提升。我国国内客源市场潜力较大的地区主要是长三角、珠三角以及环渤海湾地区。这个时期,广东、山东、江苏、四川、浙江、湖北、辽宁等多个省(区、市)的国内旅游人次超过4亿人次,并都呈现出了快速增长的态势,其发展规模和潜力超过许多发达国家。随着旅游业战略地位的提升,我国区域出游能力差距变小,东部地区省(区、市)的出游能力已呈现一定程度下降,而中、西部地区略有上升,表明中、西部地区正处于区域旅游快速发展过程之中,国内旅游消费规模不断扩大,国民旅游休闲的需求也获得持续释放。

从国内旅游目的地来看,主要分布在东部地区,中、西部增长态势明显。由于旅游资源禀赋、交通可达性、经济发展水平以及基础设施等因素的空间差异,我国旅游业发展在空间上表现出一定的不均衡性,区域差异较为明显。2002—2012年,我国东、中、西三大区域间国内旅游发展水平差异较大,且区域内部国内旅游人次和国内旅游收入差异也很明显,在空间上呈东强西弱的梯度性渐变格局。广东、山东、江苏、四川、浙江、河南等地国内旅游接待人次和收入均位居全国前列,这些地区旅游资源数量众多、类型丰富,人口较为稠密,为国内旅游发展提供了广阔的市场。这也表明,我国国内旅游目的地分布与旅游资源、人口的空间分布的耦合性较强。这个时期,由于区域旅游发展逐步受到重视、旅游交通可达性不断提高以及旅游服务设施日益改善,中、西部地区已成为我国旅游发展的新兴增长点。云南、贵州、江西、山西、陕西、甘肃、西藏等省(区、市)的国内游客接待人次增长率位居全国前列。

---

[1] 根据《中国旅游统计年鉴2013》相关数据整理而成。

2. 出游目的:以探亲访友、观光游览为主

国内旅游出游目的在一定程度上反映了国内旅游者的出游习惯以及出游能力水平。按照国内旅游者出游目的的分类,从2002年到2012年,在国内旅游目的构成中,探亲访友所占比例最高,高达39%;观光游览次之,约为32%;[①]而休闲度假、商务出差以及健康疗养所占比例相对较低;表明我国国内旅游者的出游习惯还有待培养和优化,出游能力水平也有待进一步提升。

四、中国旅游业消费结构

(一) 出境旅游消费

1. 出境旅游消费结构:购物消费成主流

2012年我国内地受访出境游客出境消费中以购物消费所占份额最大,高达34%,交通、住宿、餐饮所占份额在10%~20%;[②]而景点门票、文化娱乐、其他等消费所占份额相对较小,表明我国公民出境旅游消费渐趋成熟。

2. 出境旅游消费的国际比较:中国出游消费增幅最大

从国际比较来看,中国出游消费增幅最大。21世纪以来,中国出境旅游异军突起,引发了全世界的关注。表4-9展示了2002—2012年澳大利亚、加拿大、中国、法国、日本、新西兰、德国、印度和美国旅游者出境旅游消费情况。从表4-9中可以看出,从总体上看,美国的出境旅游消费最高,平均为1054亿美元,而新西兰的出境旅游消费最低,平均为28亿美元。其中,增长幅度较大的是中国和澳大利亚,分别增长了5.0倍和2.9倍;而增长幅度最低的是日本,增长了17.1%;其次是美国,增长了58.5%。由此可见,中国出境旅游有广阔的发展潜力。

表4-9 2002—2012年主要国家出境旅游支出比较 (单位:亿美元)

年份	澳大利亚	加拿大	中国	法国	日本	新西兰	德国	印度	美国
2002	90	140	170	280	350	10	600	40	820
2003	100	160	170	330	370	20	730	40	820
2004	140	190	210	360	480	20	810	60	950
2005	160	230	220	390	480	30	850	80	1010

[①] 根据《中国旅游统计年鉴》(2003—2013)整理而成。
[②] 中国旅游研究院:《中国出境旅游发展年度报告2013》,旅游教育出版社2013年版,第43页。

续表

年份	澳大利亚	加拿大	中国	法国	日本	新西兰	德国	印度	美国
2006	170	260	240	390	380	30	860	90	1070
2007	220	310	300	460	370	30	960	110	1130
2008	260	340	360	500	390	30	1060	120	1200
2009	230	300	440	450	350	30	930	90	1030
2010	280	370	550	470	390	30	910	110	1100
2011	340	410	730	560	400	40	1000	140	1160
2012	350	430	1020	500	410	40	960	140	1300

(资料来源：世界银行数据库。)

(二) 入境旅游消费

在我国入境旅游人均消费构成中，旅游交通和购物消费等基本旅游消费支出所占比重远远高于非基本旅游消费支出。其中，旅游交通在入境旅游消费构成中所占比重最大，高达30％左右；购物在入境旅游消费构成中所占比重次之，约为20％；文化娱乐在入境旅游消费构成中所占比重较小，不足10％。由此可以看出，我国入境过夜旅游者的消费构成存在一些不合理的地方，具体表现在以下两个方面。一方面，入境旅游者用于住宿、餐饮、长途交通、游览等基本旅游消费的支出占总消费的一半以上（见表4-10）。其中，长途交通费较高的原因与我国旅游景点的地理分布有关。入境旅游者希望在有限的时间内游览多个景点，就要以长途交通工具代步，从而导致"行"的高消费。此外，我国非基本旅游消费支出所占的比例小，这表明我国旅游产品的结构还不够完善，购物产品还不足以吸引外国消费者的购物消费。另一方面，在旅游总消费中，物质消费多，精神消费少。说明旅游活动中娱乐活动项目太少，旅游基础设施有待进一步改善。

表4-10　2005—2011年我国入境过夜旅游者的消费构成　　（单位：％）

年份	长途交通	住宿	餐饮	游览	娱乐	购物	市内交通	邮电通信	其他
2005	31.2	14.2	8.4	3.8	5.3	20.9	2.1	2.5	11.6
2006	23.9	15.8	8.6	3.0	3.3	31.8	1.9	1.6	10.1
2007	28.9	15.4	9.0	3.9	4.8	24.2	1.8	1.6	10.4
2008	33.4	13.0	8.5	4.9	6.4	20.1	2.2	2.2	9.3
2009	33.1	12.5	9.7	4.5	6.5	21.8	2.1	2.1	7.7

续表

年份	长途交通	住宿	餐饮	游览	娱乐	购物	市内交通	邮电通信	其他
2010	31.6	12.3	9.0	3.7	6.0	25.1	2.1	2.0	8.2
2011	34.5	11.6	6.8	4.6	6.2	23.7	2.4	1.7	8.5

(资料来源:根据《中国入境旅游发展年度报告2012》相关数据整理而成。)

(三)国内旅游市场消费

1. 人均消费:呈上涨趋势

从2002年到2012年,我国全国、城镇、农村居民国内旅游人均消费呈现上涨趋势。全国居民国内旅游人均消费从2002年的441.8元增加到2012年的767.9元,提高了73.8%,城镇和农村居民国内旅游人均消费分别提高了20%和130%,其中农村居民国内旅游人均消费增长幅度最大。这个时期,农村居民国内旅游人均消费年均增长率也最大,高于全国、城镇居民国内旅游人均消费年均增长率(见图4-9)。这是由于21世纪以来,中国经济发展进入了工业反哺农业、城市带动乡村的新阶段,解决"三农"问题成为经济工作的重中之重。农村居民国内旅游人均消费增长率高于全国和城镇的水平,成为贯彻"以人为本"的科学发展观的重要表现。

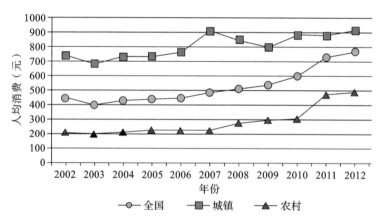

图4-9 2002—2012年全国居民、城镇居民、农村居民国内旅游人均消费情况

(资料来源:《中国统计年鉴2013》。)

2. 消费结构:旅游交通、餐饮消费所占比重较大

在我国国内旅游者的消费构成中,旅游交通、餐饮消费所占比重较大,娱乐、购物等旅游消费所占比重较小,同时游客消费也因出游方式的不同而呈现出明显的差异性。从2002年到2012年,在散客外地游消费和散客

本地游消费中,交通和餐饮消费所占比重较大,分别达57.9%和56.2%,①虽然吃、住、行等必要支出仍是消费构成的重点,但旅游购物消费所占比例已明显超出住宿、游览和娱乐消费部分,表明我国国内旅游者的消费理念渐趋成熟。

综上所述,从三大市场旅游人次来看,自1997年以来,国内旅游市场占主体地位,国内旅游人次占旅游总人次的比重平均超过90%,出境旅游市场所占比重平稳发展,入境旅游市场所占比重不断下降。2012年国内、入境、出境三大旅游市场结构为:0.932:0.042:0.026,与2002年的市场结构0.884:0.099:0.017相比,入境旅游所占比重有所下降,国内旅游和出境旅游所占比重均有所上升。其中,国内旅游人次所占比重在2010年后快速增长,2012年国内旅游人次占旅游总人次的比重为93.2%(见图4-10)。

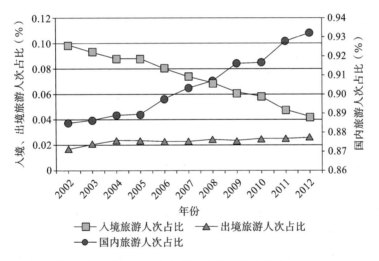

图4-10　2002—2012年三大市场旅游人次占比情况

(资料来源:根据历年《中国统计年鉴》相关数据整理而成。)

从三大市场旅游消费来看,21世纪以来,入境旅游人均消费平稳增长。② 2002年入境旅游人均消费为182美元,2012年为367美元,年均增长率为7.3%。国内旅游消费略高于入境旅游消费。国内旅游人均消费在1993年以前一直在百元以内,走势平缓,从1993年开始迅速增长,在经过2003年的小幅下降后稳步增长。2002年国内旅游人均消费仅为426元,

---

① 根据《中国旅游统计年鉴》(2003—2013)相关数据整理而成。
② 根据历年三大市场旅游消费规模与旅游人次的数据计算出人均旅游消费情况。

2012年为767元,年均增长率为6.1%。随着国民收入水平的提高以及国家出境政策的不断宽松,我国出境游的发展在2002—2012年出现井喷。出境旅游消费的增长速度几乎始终高于国内旅游与入境旅游。2002年我国出境游人均消费为123美元,2012年为1037美元,年均增长率为23.8%(见图4-11)。

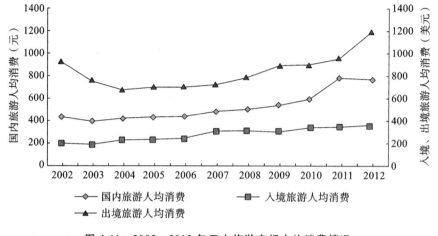

图4-11 2002—2012年三大旅游市场人均消费情况

(资料来源:根据《中国旅游统计年鉴》(2003—2013)相关数据整理而成。)

3. 城乡旅游业消费

如图4-12所示,2002—2009年,农村旅游人次高于城镇出游人次,但二者差距不断缩小,2010年后城镇居民旅游人次超过农村,2012年城镇居民旅游人次占到国内市场的65.4%。从城乡居民旅游人次来看,两者差距显著。从2002年到2012年,城镇居民旅游人次从38500万人次增加到193300万人次,农村居民旅游人次从49300万人次增加到102400万人次,前者增加了4.0倍,后者增加了1.1倍。这个时期,从城乡居民旅游人次年均增速来看,两者依然差距显著。同期,城镇居民旅游人次的年均增速为17.5%,高于农村居民旅游人次的年均增速(7.6%)。这表明城镇居民旅游人次和增速均高于农村,这一方面是由于农村居民基数较大,以及国家法定节假日的增加和《职工带薪年休假条例》的实施,导致城镇居民旅游需求意向强于农村居民。另一方面,尽管我国政府颁布了《中国农村扶贫开发纲要(2001—2010)》,但是政府"输血"的扶贫政策出现递减效应。这意味着在21世纪,旅游业成为大众化需求面临的新挑战。

从旅游消费情况看,2002—2012年全国、城镇、农村居民国内旅游总消

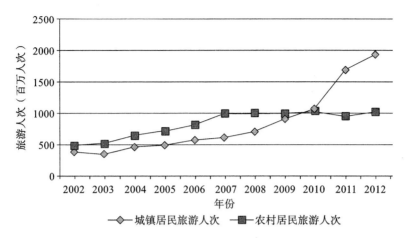

图 4-12　2002—2012 年中国国内城镇、农村居民旅游人次情况

（资料来源：根据历年《中国旅游统计年鉴》相关数据整理而成。）

费呈现稳步递增趋势，城镇居民旅游消费始终高于农村居民旅游消费，占国内旅游总消费的 70% 左右（见图 4-13）。这个时期，农村居民旅游消费占国内旅游总消费的比例仅为 28% 左右，占旅游总消费的 20% 左右。同期，全国居民旅游消费从 3878.4 亿元增加到 22706.2 亿元，城镇和农村居民旅游消费也分别从 2848.1 亿元增加到 17678.0 亿元、从 1030.3 亿元增加到 5028.2 亿元，增幅分别为 4.9 倍、5.2 倍和 3.9 倍。从增长幅度来看，农村居民旅游消费不仅低于城镇，也低于全国平均水平。值得提出的是，党的十七届三中全会把发挥旅游业作用纳入农村重大改革发展决定，使旅游业全面参与社会经济发展体系再次上升为国家意志，为乡村旅游在 21 世纪的跨越式发展提供了历史性的战略机遇。

　　综上所述，从出境游客市场区域来看，主要集中在东部发达地区，中、西部地区发展潜力较大。由于对外开放水平以及经济社会发展的差异性，我国出境旅游市场主要集中在广东、上海、江苏、浙江等东部沿海发达地区，而青海、贵州、宁夏等中、西部地区出境旅游市场规模较小。2012 年我国出境旅行社数量在空间上分布不均，明显呈自东向西递减的趋势，北京、广东两地出境旅行社数量居全国之首，分别高达 233 家和 182 家，两地出境旅行社占我国出境旅行社的 27.67%，而西部地区的出境旅行社数量较少，多在 10 家左右。[①] 21 世纪以来，由于中、西部地区经济社会发展水平的不断提升，中、西部地区出境旅游人次持续上升，增长较为明显，高于全

---

① 根据国家旅游局网站相关数据整理而成。

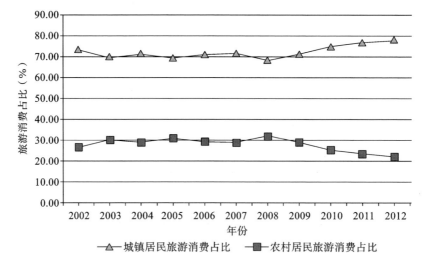

图 4-13 2002—2012 年中国城镇、农村居民旅游消费占国内游总消费情况

（资料来源：根据历年《中国统计年鉴》相关数据整理而成。）

国平均水平,显示出较大的发展潜力。

从入境旅游目的地来看,主要分布在东部沿海地区,中、西部地区后来居上。21 世纪以来,我国入境旅游目的地主要分布在东部沿海地区,长三角、珠三角、环渤海湾地区是我国入境旅游流最为集中的地区,入境旅游经济较为发达;中、西部地区入境旅游发展则相对滞后,且入境旅游规模较小、入境旅游收入较少。随着区域旅游发展环境的不断改善,对国外客源市场的营销以及旅游宣传力度的加大,我国中、西部地区在入境旅游人次增长和入境旅游收入增加两方面均表现不俗,其发展速度远远高于全国平均水平,显示出良好的入境旅游发展潜力。

第三节　旅游住宿业全面发展

2002—2012 年,我国饭店数量高速增长,规模逐渐扩大。截至 2012 年末,我国上规模的住宿机构已有 6.5 万家左右,如果算上城市客栈、乡村旅馆等小微型住宿设施,其数量更加庞大。同年,共有 11367 家星级饭店,其中包括 640 家五星级饭店和 2186 家四星级饭店、5379 家三星级饭店等,提供约 150 万间客房。

一、发展概况

笔者以星级饭店为重点研究对象,从市场行为、市场结构和市场绩效等方面,全面分析2002—2012年我国住宿接待业的发展现状。

(一)饭店增长趋势明显放缓

1. 三星级饭店数量最多,所占供给市场比重最大

从数量规模来看,从2002年到2012年,星级饭店总数从8880家增至11367家,三星级饭店增长最为明显,高星级的四星级和五星级饭店也呈不断增长态势,而二星级和一星级饭店下降趋势比较明显。这个时期,三星级饭店从2846家增至5379家,增加了89.0%。从2008年起,三星级饭店数量首次超过二星级饭店,成为中国星级饭店数量最多的一类(见图4-14)。但是,总体而言,星级饭店的增长速度呈明显放缓趋势。

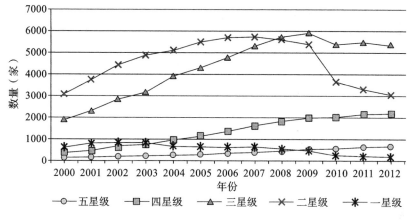

图4-14　2000—2012年各星级饭店数量及增长情况

(根据历年《全国星级饭店统计公报》相关数据整理而成。)

从星级饭店供给市场中的占比来看,一星级饭店占比自2002年起呈降低趋势;以客房数为评价指标来看,2002年以来,三星级饭店所占份额始终处于整个星级饭店供给市场的首位,2005年达到最高,占41.58%。此后,虽然占比有所下降,但2012年仍有40.29%,数量优势明显。作为星级饭店中市场份额最大的一种饭店类型,三星级饭店的市场竞争力对中国饭店业整体的发展无疑有着较大的影响。

2. 三星级饭店客房数量最多,所占供给市场比重最大

自21世纪初开始,饭店业有了鲜明的分水岭,很多一、二星级饭店陆续退出了星级饭店行列;四、五星级饭店的绝对数量和比重则均在显著

增加。

从 2002 年起,四星级饭店市场开始呈现出强劲的增长态势;至 2012 年,四星级饭店客房数量是 2002 年的 3 倍。紧随其后的是五星级饭店,其从 2006 年起客房数量增势非常强劲,于 2012 年甚至超过了二星级饭店,成为当年增速最快的星级饭店,客房数量是 2002 年的 3.9 倍。一、二星级饭店发展趋势与四、五星级正好相反。二星级饭店经历了 10 多年的稳健增长之后,客房数量在 2006 年达到峰值,为 424100 间,之后从 2007 年起开始明显缩减;一星级饭店则在 2004 年后就一直不断递减,这也是唯一一个 2012 年客房数低于 2002 年客房数的星级饭店市场(见图 4-15)。从发展去向看,一、二星级饭店有很多转型为经济型酒店,并就此退出星级饭店序列。

反观三星级饭店,发展态势较为中庸。具体来看,三星级饭店在 2009 年前总体保持增势,但增幅趋缓,某些特殊年份,如 2006 年和 2008 年,客房数量较上年有所下降。

总体而言,星级饭店客房供应量的变化趋势反映出 21 世纪以来饭店新开发项目通常集中于高星级饭店市场,中低档星级饭店明显受到资本市场的冷落。

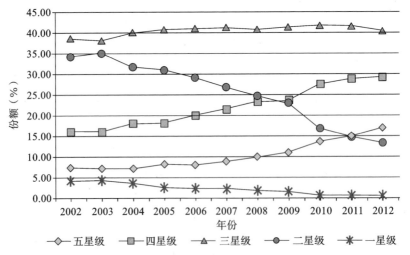

图 4-15 2002—2012 年中国星级饭店客房数占星级饭店供给市场份额情况

(资料来源:根据历年《全国星级饭店统计公报》相关数据整理而成。)

3. 内资饭店占主导地位

从星级饭店的整体情况来看,随着旅游活动的不断增加,自 2002 年以来,星级饭店整体数量呈不断上涨的态势,从8880家增加到2012年的11367家(见表4-11),特别是内资饭店增长明显,而外资饭店出现缓慢下滑态势。随着中国经济实力的提升,国内资本开始挤占外资的空间。20世纪80年代,以政策和市场换资金和技术使得外资主导饭店业发展的格局已经不复存在。21世纪以来,国外资本介入中国饭店业更多地采用输入品牌和管理的方式。

表4-11 2002—2012年星级饭店数量变化情况　　（单位:家）

年份	星级饭店	内资饭店	外资饭店
2002	8880	8194	686
2003	9751	9073	678
2004	10888	10357	531
2005	11828	11258	570
2006	12751	12166	585
2007	13583	12991	592
2008	14099	13538	561
2009	14237	13663	574
2010	11779	11242	537
2011	11676	11184	492
2012	11367	10900	467

注:由于统计口径的变化,2010年以后,《中国旅游统计年鉴(副本)》的星级饭店数据是完成年度财务报表的数据,2010年,中国星级饭店总数实际为13991家,2010年《中国旅游统计年鉴(副本)》的星级饭店数据是对完成年度财务数据填报的11779家饭店进行了统计,因此,2010年星级饭店数量与2009年相比实际上并没有明显下降。

(资料来源:历年《中国旅游统计年鉴(副本)》。)

（二）饭店投资主体向多元化发展

中国饭店业是与国际接轨最早的行业之一,1982年就有了第一家中美合资饭店——北京建国饭店。20世纪80年代起,国家的许多部门,企事业单位、学会、基金会及社团、集体单位等,纷纷进入投资建设旅游饭店的行列,加之新中国成立后收归国有用于政府接待的宾馆饭店,国有饭店和集体所有制的饭店占了绝大多数。至1997年,三星级饭店中仍有近六成属于国有饭店,加上集体所有制饭店,这一比例占总数的67.7%。

2003年5月,国务院颁布《企业国有资产监督管理暂行条例》,之后随着国有资产分级管理体制的形成,以及中央和地方政府国有资产监督管理部门的组建与运行,国有饭店体制改革被提上了日程。部分国有饭店资产向国有独资和国有控股的旅游集团集中,部分通过转制、出售等方式退出国有资产序列,民营经济、股份制经济开始崛起,投资和经营主体日益多元化。

从 2000 年到 2012 年,在星级饭店的构成中,国有经济占比从 57.0%降至 30.8%;私营经济从 6.3%提高至 37.1%;外商及港澳台投资经济占比从 7.7%降至 4.3%;联营、股份等其他经济类型占比从 19.0%提高至 23.3%(见表 4-12)。可见,我国国有饭店比例显著减少,私营饭店所占比例逐渐增加,星级饭店经济类型逐步向多样化趋势发展。一方面,星级饭店的投资主体日益多元化;另一方面,私营经济成为星级饭店投资中的重要组成部分。此外,外商及港澳台投资经济的减少使得星级饭店的经营更具有本土化的特色。

表 4-12 2002 年和 2012 年全国星级饭店所有制结构比较

项目	国有企业	私营经济	集体企业	港澳台投资经济	外商投资经济	联营、股份等其他经济类型
2002 年						
数量(家)	5061	556	893	407	279	1684
占比(%)	57.0	6.3	10.1	4.6	3.1	19.0
2012 年						
数量(家)	3315	3996	478	240	227	2505
占比(%)	30.8	37.1	4.4	2.2	2.1	23.3

(资料来源:《中国旅游统计年鉴 2003》和《中国旅游统计年鉴 2013》。)

(三) 饭店经营效益不容乐观

1. 客房出租率基本维持在 60%左右,说明了需求的长期存在

截至 20 世纪末,国际旅游者一直是星级饭店的重要客源,因此,星级饭店在 20 世纪 80—90 年代的经营状况始终不错。直到 1997 年发生亚洲金融危机,国际旅游者数量急剧下滑,尤其是亚洲周边国家旅游者减少,对星级饭店造成了重大影响。1998 年,三星级饭店全年平均客房出租率为 52.62%,创历史最低点。之后的年份,从 2002 年到 2012 年,星级饭店客房出租率基本稳定在 60%左右(见表 4-13),这是一个较为合理的出租率,说明了星级饭店的市场需求是长期存在的。

表 4-13　2002 年和 2012 年星级饭店基本情况

项目	客房数(间/套)	客房出租率(%)	营业收入(千元)	固定资产原价(千元)
2002 年	897206	60.2	9144287	26723697.6
2012 年	1497188	59.5	243021576	476754348

(资料来源:《中国旅游统计年鉴 2003》和《中国旅游统计年鉴 2013》。)

2. 全员劳动生产率持续提高,但人均实现利润较低

在饭店业积极创新的氛围中,星级饭店也在不断尝试新的管理方式和管理技术,积极采用组织结构调整、业务外包、劳务输出等多种方式来缓解劳动力成本居高不下的压力。经过各方努力,成效较为显著。从表 4-14 可以看出,2002 年到 2012 年,全员劳动生产率持续提高,从 9.93 万元/人提高到 15.28 万元/人,但是人均实现利润提高较慢,一直低于 1 万元/人的水平。

表 4-14　2002 年和 2012 年全国星级饭店的人均效益

项目	全员劳动生产率(万元/人)	人均实现利润(万元/人)	人均占用固定资产原价(万元/人)	年末从业人员(人)
2002 年①				
全国	9.93	0.09	30.19	415597
2012 年				
全国	15.28	0.32	29.97	1590590

资料来源:《中国旅游统计年鉴(副本)2003》和《中国统计年鉴(副本)2013》。

总体而言,星级饭店的经营状况堪忧,企业在连续十几年人均利润较低的状态下运营,通常会由于没有充足的资金投入,出现设施老化、产品陈旧、人员流失率高、服务质量下降等问题。

(四) 星级饭店"中高型"等级结构加强

1. 档次结构:以中档饭店为主体的"中高型"结构

从全国来看,2002 年,星级饭店中的五星级、四星级、三星级、二星级和一星级饭店数分别占全国星级饭店总数的 2.0%、7.2%、32.0%、49.7%和 9.1%,2012 年上述数据分别为 5.6%、19.2%、47.3%、26.6%和 1.3%(见表 4-15)。2002—2012 年,我国三星级以上(含三星级)饭店所占比例

---

① 2002 年数据指的是全国大中型星级饭店的人均效益。

均有所增加,二星级和一星级饭店所占比例有所减少,使得2012年高档(五星级、四星级)、中档(三星级、二星级)、低档(一星级)饭店的比例变为1∶2.97∶0.05,与2002年的1∶8.96∶1相比,呈现出以中档的三星级饭店为主体的"中高型"趋势,但是,与发达国家高、中、低档饭店比例1∶4∶5的结构相比差别较大,尤其是低档饭店的比例偏低,这说明饭店业的档次结构呈不断上升态势,对应了旅游者住宿需求的不断升级。

表4-15 2002—2012年星级饭店星级结构变化情况　　（单位:家）

年份	五星级	四星级	三星级	二星级	一星级
2002	175	635	2846	4414	810
2003	198	727	3166	4864	796
2004	242	971	3914	5096	665
2005	281	1146	4291	5497	613
2006	302	1369	4779	5698	603
2007	369	1595	5307	5718	594
2008	432	1821	5712	5616	518
2009	506	1984	5917	5375	455
2010	545	2002	5384	3636	212
2011	615	2148	5473	3276	164
2012	640	2186	5379	3020	142

（资料来源:历年《中国旅游统计年鉴（副本）》。）

2. 等级饭店业绩:高档饭店业绩好且发展快,低档饭店业绩欠佳

从全国来看,2002—2012年,全国星级饭店的营业收入从914.4亿元增加到24302.2亿元,增幅为25.6倍（见表4-16）;同时,每间客房年收入保持了较高的增幅。从不同等级星级饭店营业收入的变化来看:2012年营业收入仍是四星级和五星级饭店处于领先地位,分别是一星级饭店营业收入的281.7倍和261.5倍、二星级饭店总营业收入的6.1倍和5.7倍;与2002年相比,高等级饭店的营业收入呈现较快的增长趋势,尤其是五星级饭店营业收入的增幅较大。总体而言,从2002年到2012年,高档饭店的经营业绩较好、发展较快,低档饭店的经营业绩欠佳。

表 4-16　2002 年、2012 年星级饭店基本情况变化表

项目	饭店数（家）	房间数（间）	床位数（张）	客房出租率（%）	营业收入（万元）	营业税金（万元）	固定资产原值（万元）
2002 年							
五星级	175	64899	102424	66	1817270	96354	5391696
四星级	635	143478	248375	65	2389790	119860	6871714
三星级	2846	346482	680018	61	3187576	172555	9956338
二星级	4414	305984	622097	56	1622321	91090	4173999
一星级	810	36363	76546	50	127329.8	6650	329951
2012 年							
五星级	640	252035	385219	60	77029128	4246138	175921790
四星级	2186	437364	827957	61	82962005	5890299	161965291
三星级	5379	603185	1081088	59	69138811	4115911	115984288
二星级	3020	197534	369338	57	13597078	1025858	22389517
一星级	142	7070	13834	54	294554	16971	493461

（资料来源：《中国旅游统计年鉴》(2002—2013)。）

（五）区域差距显著但呈缩小趋势

1. 数量规模：区域差距显著但呈缩小态势

从三大区域星级饭店的数量规模及其变化来看，2002—2012 年，东部地区的星级饭店数量最多，但是中、西部地区增幅较大，表现出较强的增长潜力，虽然区域差距整体显著，但呈逐步缩小态势。这个时期，东部地区的星级饭店总数从 4691 家增加到 5554 家，增幅为 18.4%，占全国的比例基本稳定为 50% 左右；中部地区的星级饭店总数从 2146 家增加到 2549 家，增幅为 18.8%，占全国的比例为 22% 左右；西部地区的星级饭店总数从 2043 家增加到 3264 家，增幅为 59.8%，占全国的比例为 25% 左右（见表 4-17）。由此可见，从 2002 年到 2012 年，全国星级饭店规模发展具有进一步向东部地区聚集的趋势，使东部地区星级饭店的地均密度（单位陆地面积拥有的饭店数）在 2012 年达到 35.87 家每万平方千米，比中部和西部地区分别高出 14.13 家每万平方千米和 31.03 家每万平方千米。[①]

---

① 胡静：《2013 中国旅游业发展报告》，中国旅游出版社 2013 年版，第 31 页。

表 4-17　2002 年和 2012 年三大区域星级饭店数量规模比较

区域	星级饭店数量			占全国的比例	
	2002 年数量（家）	2012 年数量（家）	增幅（%）	2002 年占比（%）	2012 年占比（%）
东部地区	4691	5554	18.4	52.8	48.9
中部地区	2146	2549	18.8	24.2	22.4
西部地区	2043	3264	59.8	23.0	28.7

（资料来源：《中国旅游统计年鉴 2003》《中国旅游统计年鉴 2013》。）

2. 资产规模：东部地区所占份额较大，中、西部地区增幅较大

从三大区域星级饭店的资产规模及其变化来看：2012 年，东部地区星级饭店的固定资产为 3108.9 亿元，比 2002 年增幅为 68.1%，占全国的比例为 65.2%；中部地区星级饭店的固定资产为 748.9 亿元，比 2002 年增幅为 105.0%，占全国的比例为 15.7%；西部地区星级饭店的固定资产为 909.7 亿元，比 2002 年的增幅为 98.9%，占全国的比例为 19.1%（见表 4-18）。可见，东部地区星级饭店的固定资产所占份额最大，但增长速度低于中、西部地区，中部地区星级饭店的资产规模最小，但增长速度最快。同时，东部地区也是星级饭店等级越高，其总固定资产原值越大，与总体保持一致。

表 4-18　2002 年和 2012 年三大区域星级饭店资产比较

区域	固定资产原值（亿元）		占全国的比例（%）		2012 年比 2002 年的增幅（%）
	2002	2012	2002	2012	
东部地区	1849.3	3108.9	69.2	65.2	68.1
中部地区	365.3	748.9	13.7	15.7	105.0
西部地区	457.7	909.7	17.1	19.1	98.8

（资料来源：《中国旅游统计年鉴 2003》《中国旅游统计年鉴 2013》。）

3. 人员规模：东部地区规模最大

从三大区域星级饭店的从业人员规模（见表 4-19）及其变化来看：2012 年，东部地区星级饭店年末从业人员为 877465 人，占全国的比例为 56.5%，平均从业人员为 157.99 人/家，比 2002 年增加了 0.51 人/家；中部地区星级饭店年末从业人员数为 308252 人，占全国的比例为 19.9%，平均从业人员数为 120.93 人/家，比 2002 年增加了 9.18 人/家；西部地区星

级饭店年末从业人员数为 366136 万人,占全国的比例为 23.6%,平均从业人员数为 112.17 人/家,比 2002 年减少了 4.08 人/家。可见,2012 年东部地区星级饭店的年末从业人员及占全国的比例、平均从业人员都最高,其从业人员增加幅度也较大;中部地区虽然年末从业人员最低,但其平均从业人员要比西部地区高,并且呈现继续增大的趋势。

表 4-19 2002 年和 2012 年三大区域星级饭店从业人员规模比较

区域	2002 年			2012 年		
	年末从业人员(人)	占全国的比例	平均从业人员(人/家)	年末从业人员(人)	占全国的比例	平均从业人员(人/家)
东部地区	738760	60.7	157.48	877465	56.5	157.99
中部地区	239811	19.7	111.75	308252	19.9	120.93
西部地区	237505	19.5	116.25	366136	23.6	112.17

(资料来源:根据《中国旅游统计年鉴(副本)》(2002 至 2013)数据计算整理。)

4. 等级结构:东、中部地区低中档饭店不足,西部地区高档饭店缺乏

2002 年,三大区域的高、中、低档星级饭店的比例分别为 61.9∶30.7∶44.3、12.0∶10.6∶21.9 和 18.3∶11.1∶25.7,2012 年该比例数据分别为 55.6∶45.8∶35.5、17.1∶18.6∶20.2 和 20.9∶28.2∶36.5。[①] 2002 年和 2012 年,虽然都表现为"中高型",与全国星级饭店等级结构一致,但在程度上存在一定差异。从 2002 年到 2012 年,东部地区高、中档饭店比例差距逐渐变小,而中、低档饭店比例的差距也逐渐变小;中部地区高、中档饭店的比例接近发达国家水平,但中、低档饭店比例差距逐渐变小;西部地区则是高档饭店的比例显得不足,而中、低档饭店比例较为协调。

5. 经营业绩:东部地区最优

从三大区域星级饭店客房的平均出租率来看,2002—2012 年三大区域中,东部、中部、西部差距变化不大,中部地区从 58.1% 增加到 61.9%,东部地区基本稳定在 60% 左右的水平,西部地区从 54.3% 增加到 58.0%,变化幅度不超过 10 个百分点。从变化趋势来看,这个时期,西部地区平均客房出租率增长最快,增幅为 3.7%,变化幅度大于东部和中部地区。

从三大区域星级饭店的营业收入状况来看:2002—2012 年,东部地区

---

① 根据《中国旅游统计年鉴(副本)》(2002—2013)相关数据整理而成。

营业收入最高,从 647.9 亿元增加到 15344.9 亿元,增幅为 22.7 倍;中部地区从 90.2 亿元增加到 3389.0 亿元,增幅为 36.6 倍;西部地区从 125.3 亿元增加到 4304.2 亿元,增幅为 33.4 倍。中、西部地区的增幅大于东部地区。[①] 总之,三大区域星级饭店经营业绩的区域差异主要表现为东部沿海地区与西部内陆地区之间的差距,且这种差距具有明显缩小的发展趋势。

6. 盈利情况:东部地区盈利,中、西部地区亏损

从三大区域星级饭店来看,东、西部地区盈利能力差距扩大。2002 年,三大区域的利润、人均利润和利润率均为负值。2012 年,东部地区盈利能力最强,区域利润合计达 477297.6 万元,占全国星级饭店总利润的 94.6%;中部地区区域利润达到 2958.2 万元;西部地区区域利润为 24380.7 万元,较 2002 年有较大提高。从三大区域星级饭店的利润率来看:2012 年,东部地区利润率最高,为 2.24%,而中部地区为负值,为 -4.3%,西部地区为 0.1%。从三大区域星级饭店的劳动效率来看:2012 年,东部地区人均实现利润最高,为 0.58 万元/人;而中、西部地区人均实现利润均为负值(见表 4-20)。可见,2012 年无论总盈利能力,还是总利润率和劳动效率,呈现出东部地区最好,而中、西部地区则处于亏损的发展状态。

表 4-20 2002 年和 2012 年三大区域星级饭店盈利水平比较

区域	2002 年			2012 年		
	利润(万元)	利润率(%)	人均利润(万元/人)	利润(万元)	利润率(%)	人均利润(万元/人)
东部地区	-91187.4	-6.66	-0.35	477297.6	2.24	0.58
中部地区	-77212.3	-7.50	-0.34	2958.2	-4.3	-0.02
西部地区	-134892.1	-9.55	-0.466	24380.7	0.1	-6.94

(资料来源:《中国旅游统计年鉴(副本)》(2002—2013)。)

二、主要特征

继 2001 年北京申奥成功和中国加入 WTO 之后,2002 年上海获得了 2010 年世博会的主办权,中国日益成为世界瞩目的焦点,国内外投资者纷纷看好中国经济发展的大好环境,中国饭店业迎来了一波新的建设热潮,

---

① 根据《中国旅游统计年鉴(副本)》(2002—2013 年)相关数据整理而成。

步入了全面发展阶段,呈现出以下几大特点。

(一) 饭店业整体规模持续扩大,投资主体更加多元化

截至2012年底,全国纳入星级饭店统计管理系统的星级饭店共计12807家,其中有11367家完成了2012年财务状况表的填报,并通过省级旅游行政管理部门审核。相关数据显示,到2012年末,全国11367家星级饭店拥有客房149.72万间、床位267.74万张,拥有固定资产原值4767.54亿元,实现营业收入总额2430.22亿元,上缴营业税金152.95亿元,全年平均客房出租率为59.5%。而就在这一阶段发展起来的经济型连锁酒店,2000年仅有23家连锁酒店,共计3236间客房,到了2012年,在全国范围内已增长至9924家连锁酒店,共计981712间客房。[①] 从数字上可以看出,中国饭店业的整体规模在持续扩大,整体水平也得到极大提升。

同时,由于21世纪以来国内外众多资本都争先注入中国饭店业,收购、兼并狂潮几度掀起,饭店业投资主体向多元化发展。到2012年末,按注册登记类型划分,在全国11367座星级饭店中,国有饭店有3315座,占总数的29.16%;集体饭店为478座,占4.21%;港澳台投资饭店为240座,占2.11%;外商投资饭店为230座,占2.02%。以上四种注册登记类型的饭店,共占全部饭店的37.50%。此外,联营、股份制、私营等其他注册登记类型的饭店共有7104座,占全部星级饭店总数的62.50%[②]。

(二) 国际品牌加紧入驻,本土品牌迅速崛起

在中国经济不断繁荣的市场环境下,国际饭店集团采用合同管理、特许经营、合资等多种方式,加快了在中国扩张的步伐。据中国旅游饭店业协会调查,2011年中国饭店业国际饭店管理公司(集团)10强分别为洲际酒店集团、豪生国际酒店集团(中国)、法国雅高酒店集团、喜达屋酒店与度假村国际集团、万豪国际集团所属酒店及酒店公寓(中国地区)、戴斯酒店管理集团、香格里拉股份有限公司、康年国际酒店集团、贝斯特韦斯特(北京)国际酒店管理有限公司、凯悦国际酒店管理(北京)有限责任公司。这些国际饭店集团很多都是旗下多个品牌进驻中国,例如洲际酒店集团入驻中国的品牌包括英迪格、皇冠假日、智选假日等。喜达屋旗下涵盖瑞吉、豪华精选、W饭店、艾美、威斯汀、喜来登、福朋和雅乐轩等。

国际饭店品牌的大量入驻,给了中国本土饭店业强大的竞争压力,但

---

① 《2000—2012全国经济型连锁酒店规模增长》,中国连锁酒店网,2013年5月28日。
② 《2012年度全国星级饭店统计公报》,国家旅游局官网,2013年7月4日。

同时也带来了前所未有的发展机遇。在"国际竞争国内化,国内竞争国际化"的市场环境下,中国本土品牌迅速崛起。在 HOTELS 杂志全球饭店集团 2012 年度 300 强排行榜中,中国有 27 个饭店集团上榜(含总部在香港、澳门地区的饭店集团)(见表 4-21),锦江国际、如家更是连续 2 年跻身全球饭店集团排行榜的前 10 位。同时,7 天、华住、格林豪泰这 3 家 21 世纪之后发展起来的以经济型酒店为主打的连锁集团,连续几年位列全球 50 强,体现出极快速的增长态势。另据中国旅游饭店业协会统计,2012 年度规模较大的 30 家中国本土饭店管理公司(集团)共管理饭店 2830 家、客房 580731 间(均含筹建项目),平均每个集团管理饭店 94 家、客房 19358 间。饭店数量排名前 5 位的集团分别:锦江国际、山东银座、开元酒店、南京金陵和首旅股份。其中前 4 家集团的成员饭店数量均已超过 100 家。客房数量排名前 5 位的集团是锦江国际、开元酒店、南京金陵、首旅股份和港中旅酒店,其饭店客房数量均已超过 2.6 万间。[①]

表 4-21　2012 年全球饭店集团 300 强中上榜的中国饭店品牌

序号	年度排名		饭店集团	总部所在地	客房数	饭店数
	2012 年	2011 年				
1	9	9	锦江国际	上海	214796	1401
2	10	10	如家	上海	214070	1772
3	14	15	7 天	广州	133497	1345
4	16	20	华住	上海	113650	1035
5	18	27	格林豪泰	上海	96800	880
6	36	35	香格里拉	香港	33553	78
7	37	109	金陵	南京	32040	120
8	41	38	港中旅维景国际	北京	27739	81
9	56	46	首旅建国	北京	19960	82
10	69	279	海航	北京	16974	80
11	72	94	开元旅业	杭州	16062	61
12	100	195	瑞士贝尔国际	香港	11853	61
13	144	215	新世界	香港	8582	39

---

① 中国旅游饭店业协会:《中国本土饭店管理公司(集团)2012 年度发展报告》,《饭店现代化》2013 年第 9 期。

续表

序号	年度排名 2012年	年度排名 2011年	饭店集团	总部所在地	客房数	饭店数
14	145	76	君澜	杭州	8396	29
15	154	146	文化东方	香港	7881	28
16	161	153	粤海	香港	7662	33
17	168	150	海逸	香港	7427	10
18	170	155	天伦	北京	7335	29
19	176	181	金源	北京	7052	15
20	196	212	华侨城国际	深圳	6283	32
21	199	194	富豪国际	香港	6042	13
22	223	244	朗廷	香港	5227	16
23	228	275	帝盛	香港	5158	19
24	237	237	凯莱	北京	4924	20
25	261	258	马可波罗	香港	4456	16
26	298	—	萨维尔	上海	3848	33
27	299	—	银河娱乐	香港	3842	6

(资料来源：HOTELS杂志官网，2013年12月1日。)

(三) 饭店产品日趋个性化，多种新型饭店业态涌现

在旅游者需求日益多样化和市场竞争日趋激烈的双重压力下，中国饭店企业开始寻求新的突破口，实施差异化竞争战略，着力打造自身与众不同的竞争优势。2003年修订的《旅游饭店星级的划分与评定》(GB/T 14308—2003)开始规定某些特色突出或极其个性化的饭店可以直接向全国旅游饭店星级评定机构申请星级，这直接体现了国家对于中国饭店业多元化发展的支持和引导。如今，围绕某一主题文化打造的主题饭店、服务于高端人群的小而精致的精品酒店、随着乡村旅游成长起来的客栈和民宿、满足长住者需要的长住型公寓酒店、适合普通商务客人和度假旅游者需要的经济型酒店和有限服务型中档饭店等各种新型饭店业态逐渐发展壮大，在不同旅游细分市场中承担着重要的接待功能。

其中，发展最快的饭店新业态当属经济型酒店。尽管1997年2月锦江国际就推出了国内最早的经济型酒店品牌——锦江之星，但直到2002

年,中国经济型酒店才开始全面兴起。此后,一大批国内经济型酒店连锁品牌,诸如如家快捷、莫泰168、7天连锁、汉庭、格林豪泰等迅速崛起,速8、宜必思等国际知名品牌也相继进驻。据中国连锁酒店网统计,在2000年,中国经济型连锁酒店有23家,拥有客房3236间;而到了2012年,经济型连锁酒店已增加至9924家,拥有客房共计981712间。① 经济型酒店的快速发展,在为中国饭店业带来新的经济增长点的同时,也更好地满足了国内外旅游者对住宿的多元化需求。

(四) 饭店业的国家行业管理政策不断调整,饭店业发展日趋良性

为了适应我国旅游业发展的需要,尽快提高饭店业的管理和服务水平,使之既具有中国特色又符合国际标准,保护饭店经营者和消费者的利益,我国饭店业的行业管理政策也在不断调整。

中国"入世"之后,2003年6月25日,国家旅游局修订的《旅游饭店星级的划分与评定》(GB/T 14308—2003),由国家质量监督检验检疫总局正式发布,并于2003年12月1日起实施。该标准中不再使用"旅游涉外饭店"的概念,取而代之的是按国际惯例定义的"旅游饭店"。该标准规定旅游饭店使用星级的有效期限为5年,并增设了"白金五星级",降低了一星级饭店客房最低数量要求(将原来的20间改为15间),对餐饮要求适当简化,鼓励特色突出或极其个性化的饭店可以直接向全国旅游饭店星级评定机构申请星级。对三星级以上饭店增加了饭店品牌、总经理资质、环保等内容,对四星级以上饭店的核心区域前厅、客房和餐饮强化了要求,增加整体舒适度等内容。

2011年,《旅游饭店星级的划分与评定》(GB/T 14308—2010)正式启用,首次提出一星级、二星级、三星级饭店是有限服务饭店,评定星级时应对饭店住宿产品进行重点评价;四星级和五星级(含白金五星级)饭店是完全服务饭店,评定星级时应对饭店产品进行全面评价。星级标志的有效期进一步缩短为3年。这一版本星级评定标准的执行,更加契合21世纪以来饭店业的发展。

(五) 一体化联合吸纳多元投资,集团化趋势加强

随着饭店行业发展的逐步深入与成熟,一体化发展已经成为饭店业发展的必然趋势。不管是在集团化发展方面,还是在纵向一体化或横向一体化发展方面,在以整合上下游资源和产业为特征的纵向一体化发展趋势

---

① 《2000—2012全国经济型连锁酒店规模增长》,中国连锁酒店网,2013年5月28日。

中,以锦江国际为代表的饭店企业已崭露头角,初显优势,开始引领我国饭店集团一体化发展潮流。

饭店企业的联合发展在很大程度上丰富了行业的投资来源,壮大了行业规模,不仅实现了一定的规模效益,还提升了饭店业的整体经营水平。为了规避政策风险、土地增值交易税费,提升现金流,同时基于投资者对中国房地产价格有持续上涨的预期,房地产行业资本纷纷进入中国的饭店业,成为饭店业供给增长的推动因素。万达、富力、碧桂园等开发商在全国各城市加大了对高星级饭店的投资,这种情况导致房地产价格上涨,尤其是上涨初期,饭店业的新增供给不仅没有得到抑制,反而越发增强。以万达为例,2010年万达投资200亿元,以开发全国37座一、二、三线城市的饭店业,到2012年,有近40家五星级标准饭店开业。对这部分业外资本而言,进行饭店投资的预期收益将主要来自房地产升值,因此对饭店经营性盈利水平的要求并不高。

随着饭店市场由供不应求转向供过于求,饭店业利润水平由暴利跌至平均利润,甚至出现亏损。为了摆脱困境,获得规模效益,饭店集团间的联合兼并、强强联合渐成趋势,表现为从兼并、接管单一饭店向饭店集团之间的兼并、收购与联盟转型,以及"二次集团化"等多种扩张方式。我国饭店业发展开始呈现出饭店集团寡头垄断的新局面。

相关数据显示,中国饭店集团呈金字塔形排列。最高一级的饭店管理公司,数量占全国饭店集团总数的比例不到20%,但管理房间数却占全国饭店集团管理房间总数的60%。由此可见,这个时期国内饭店业品牌垄断格局已基本形成。

与此同时,国内外饭店业的竞争压力也迫使国内本土饭店集团必须积极参与国际竞争,一些实力雄厚的大型本土饭店集团品牌开始向国际市场扩张。例如,锦江国际在跨国并购方面率先走出了第一步,计划全面实施国际发展战略,已经启动海外上市和跨国收购计划,力争实现资产证券化、资本多元化、产业国际化。

三、影响全面发展的主要因素

(一)低档饭店偏少,等级结构偏离合理状态

2002—2012年,在我国星级饭店中,五星级饭店的增长速度最快,而一星级和二星级饭店都呈现负增长,致使我国星级饭店的等级结构越来越偏离发达国家的一般水平。这种发展趋势,一方面不利于满足各个不同层次

旅游者的多样化需求,让很多旅游者面对高档饭店"望而却步",影响他们的旅游动机,从而不利于促进旅游业的整体发展。另一方面不利于资产的充分利用。如从不同等级星级饭店的百元固定资产创造的营业收入及其变化来看:2012年,二星级饭店的最高,为60.7元,而五星级饭店的最低,仅为43.8元;与2002年相比,二星级和一星级饭店的增长幅度较大,年增长率分别为22.5%和12.7%,四星级饭店的增长幅度最小,年增长率只有6.94%。这表明高等级饭店的资产利用效率不如低等级饭店。① 因此,需要大力促进低档饭店的发展,不仅仅是增加该类饭店的数量,更要配备应有的设备,并提供质价相符的服务。同时,在发展中对不同区域要有不同的发展思路,针对东、中部地区低档饭店相对不足的局面,应加强低档饭店的发展,而针对西部地区高档饭店较缺乏的现状,高档饭店的供给也不能忽视。

(二)面临严峻的国际竞争态势

具有雄厚资金、先进管理和品牌优势的国际饭店集团进入我国已有30多年,21世纪以来,它们已经成为我国饭店业高端市场的主导,而且更多的国际化的超级饭店集团在占领和巩固沿海发达大中型城市以及高档饭店市场的基础上,逐渐向内陆中小城市以及中低档饭店市场大规模扩张。相关数据显示,2005—2010年,国内30个主要旅游城市,共有超过61万多间国际品牌星级饭店客房进入市场,总供给量达到近160万多间。同时,还有84万多间国际品牌星级饭店客房要进入中国市场。本土饭店集团面临与国际饭店集团更为激烈的竞争。

(三)集团化规模与国际水平差距较大

从与国际饭店集团的规模对比来看,根据2012年7月 HOTELS 杂志公布的2011年全球饭店集团规模排名,位于前10名的国际饭店集团拥有饭店总数达到了37695家,客房总数为4580431间,平均每家饭店集团拥有客房约458043间。居于首位的洲际酒店集团在2011年底拥有客房658348间,超过我国较具规模的30家饭店集团在2011年底的客房总量。② 由此可见,虽然我国饭店集团保持了规模上的持续快速扩张,但与国际发达水平相比还有较大差距,尤其是纵向一体化发展才刚刚起步,未来还有很大的发展空间。

---

① 根据《全国星级饭店统计公报》(2002—2012)相关数据整理而成。
② 胡静:《2013中国旅游业发展报告》,中国旅游出版社2013年版,第65页。

(四)酒店团购网站不规范,难以保证质量

21世纪以来,国内酒店团购网站五花八门,不论是在线旅游网站还是电子商务网站,大多处于无监管状态,网站资质参差不齐,一些团购网站甚至毫无售后服务可言。由于缺乏法律法规和相关部门的有效监管,酒店团购网站丧失诚信发布虚假广告、顾客投诉无门无果的现象屡见不鲜,这些都不利于酒店团购网站行业的健康、持续发展。

团购产品的定价由酒店单方面自行制定,而酒店团购产品的价格是以挂牌价或门市价为基准点计算折扣率,其实这些酒店产品都是按折扣价或前台价出售,这样就变相地夸大了优惠折扣,消费者的实际感知远小于预期水平,使得顾客满意度低下,购买团购产品的顾客享受的服务大打折扣,也给酒店团购市场蒙上了一层阴影,不利于酒店团购的持续、良性发展。

第四节 旅行社业持续快速增长

2002—2012年,我国旅行社业保持快速增长。从规模上来看,全国旅行社数量有所增加,资产总值不断攀升,区域发展不平衡的问题依然存在,但是中、西部地区也显示出巨大的发展潜力。从效益上看,曾经小、弱、散、差的旅行社业积极寻求转型升级和创新突破的新路径,向着集中度更高、品牌影响力更强、产业链条更完善的方向发展。

一、现状分析

(一)规模不断扩张

1. 数量规模:波动增长

从全国范围来看,截至2012年底,全国旅行社数量为24944家,比2002年末的11552家新增了13392家,增幅为115.9%。2002—2012年,全国旅行社数量逐年增加,年均增长率为8.0%,但每年的增长率呈浮动变化。其中,2010年旅行社数量的增长率为11.24%,2009年的增长率最低,为1.44%。总体来说,2002—2012年全国旅行社数量呈波动增长(见图4-16)。

2. 资产规模:不断扩大

从资产规模来看,截至2012年底,全国旅行社的资产总额为714.77亿元,较2002年末的412.25亿元增加了302.52亿元。2006—2012年,我国旅行社资产总额保持了强劲的增长势头(见图4-17)。

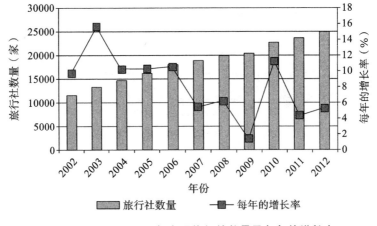

图 4-16　2002—2012 年中国旅行社数量及每年的增长率

(数据来源:2003—2013 年的《中国旅游统计年鉴》和《中国旅游统计年鉴(副本)》。)

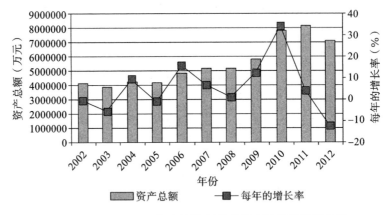

图 4-17　2002—2012 年全国旅行社总资产及每年的增长率

(资料来源:《中国旅游统计年鉴》(2003—2012)。)

3. 人员规模:逐年增加

从总体数量上看,2002—2012 年,全国旅行社从业人员数量从 229147 人增加到 318223 人,较 2002 年增加了 89076 人,增长了 38.9%。在人员规模上呈上升趋势,同时 2012 年的数量已经接近 2008 年的历史峰值(321655 人)。①

---

① 根据《中国旅游统计年鉴》(2003—2013 年)相关数据整理而成。

(二)行业结构逐步优化

1. 类别结构：百强旅行社经营业务范围逐步拓展

2002年，百强国际旅行社（简称"百强社"）仅占国际旅行社总数的7.36%，百强国内旅行社仅占国内旅行社总数的0.98%。2002年以来，随着百强旅行社在行业中的地位提升，经营业务范围逐步拓展。从经营业务范围来看：2012年百强社①全部具有经营入境旅游业务和出境旅游业务的业务经营许可；而在赴台资质方面，百强社中具备经营赴台旅游业务资质的旅行社共有78家，占全国赴台游旅行社总数的36%。自2008年7月，大陆居民赴台旅游启动，我国第一批经营赴台旅游的33家旅行社分布在全国13个省（区、市）。到2012年我国大陆赴台组团社增至216家，承办赴台业务的百强社占百强社总数的78%。②

从百强社数量的区域分布来看，总体呈现由东到西递减趋势。在具体分布格局方面，2012年我国东部地区百强旅行社数量共计78家，占全国百强社总数的78%；中部地区共计16家，占全国总数的16%；西部地区共计6家，占全国总数的6%。

2. 等级结构：大多数旅行社已评为4A级以上级别

从全国范围来看，2012年对旅行社进行质量等级评定的省（区、市）共计11个，等级从高到低依次为5A级、4A级、3A级等。在百强社中，被评为5A级的旅行社共59家，占已评级百强旅行社的59.0%；被评为4A级的共4家，占已评级百强旅行社的4.0%；没有质量等级或未参与评级的百强旅行社共37家，占百强社的37.0%。

从区域分布格局来看：2012年已开展旅行社质量等级评定的11个省（区、市）中，东部地区共计51家，占已评级旅行社的81.0%；中部地区10家，占已评级旅行社的15.9%；西部地区则仅有2家，占3.2%。其中，东部地区评为5A级的共计47家，占已评级的74.6%，评为4A级的仅4家，占6.4%；中部地区评为5A级的共计10家，占已评级的15.9%，无评

---

① 由于我国旅行社数量众多，发展状况差异十分显著，以我国所有旅行社为分析单位既不现实也不必要，故本部分所做的类别结构、等级结构与所有制结构分析均以"2012年度全国百强社"为对象来进行分析。百强社是我国众多旅行社发展中的佼佼者，能在一定程度上反映我国旅行社业总体的结构状况，对于本部分的研究具有现实意义。本部分以国家旅游局官方网站公布的"2012年度全国百强旅行社"、"赴台旅行社"、"边境旅行社"、"出境旅行社"和"外商投资旅行社"名单为依据，通过百度、谷歌等搜索引擎查找各旅行社以及全国各省（区、市）旅游局的官网，通过检索网站信息最终核定百强社的类别、质量等级和所有制状况，并对百强社的行业结构进行初步分析。

② 胡静、谢双玉：《2014中国旅游业发展报告（上）》，中国旅游出版社2014年版，第84页。

为 4A 级的;西部地区评为 5A 级的共计 2 家,占已评级的 3.2%,无评为 4A 级的。①

(三) 经营方式多元化

1. 旅游线路:出境游超过国内游,包价游占主导

从整体来看,截至 2012 年底,全国百强旅行社共提供了 5 万多条旅游线路,从旅游线路所涉及的旅游目的地来看,共有 96 家旅行社提供国内旅游线路,共计 25175 条,涉及全国 34 个省(区、市、特别行政区);几乎所有的旅行社都提供出境旅游服务,共计 29714 条线路,②涉及亚洲、欧洲、大洋洲、非洲和美洲。虽然百强旅行社拥有了完善的旅游线路服务体系,数量规模巨大,但是产品特色不够突出。例如,亲子游线路几乎每个旅行社都有,在官网上却没法体现其特色,大多数旅行社只是把自己所拥有的线路挂到了网上,缺少特色产品。

从百强旅行社提供的旅游线路产品的类型来看:以包价旅游为主,自由行产品发展相对缓慢。相关研究表明,无论国内线路还是出境线路,包价旅游线路数量远远大于自由行产品线路数量,包价旅游线路数量大致是自由行线路的 6 倍。此外,所有的旅行社均提供包价旅游产品,只有 16 家旅行社提供自由行产品。而这 16 家旅行社几乎全为 2012 年度全国百强旅行社名单中的前五十强,其中 10 家为全国二十强。③

2. 单项服务:导游与咨询服务发展最成熟

全国百强旅行社提供的单项服务主要包括酒店预订、交通工具预订、景区门票预订、邮轮预订、导游领队服务、代办出入境和签证、定制服务和咨询服务。提供导游/领队服务、咨询服务和定制服务的旅行社数量最多;其次是提供酒店预订、交通工具预订、代办出入境和签证服务的旅行社数量较多;提供景点门票和邮轮预订的旅行社最少。

3. 网络营销:官网 BBS 论坛发展缓慢,微信及微博平台迅速普及,App 营销成为旅游营销的全新模式

2012 年旅游营销方式不断出新,网络营销的关注度持续升温。微博、微信营销以及智能手机的普及带来的 App 移动广告逐渐成为营销的亮点。相关调查表明,各大旅行社官网所使用的技术手段主要包括微博平台、微

---

① 胡静、谢双玉:《2014 中国旅游业发展报告(上)》,中国旅游出版社 2014 年版,第 84 页。
② 胡静、谢双玉:《2014 中国旅游业发展报告(上)》,中国旅游出版社 2014 年版,第 85 页。
③ 胡静、谢双玉:《2014 中国旅游业发展报告(上)》,中国旅游出版社 2014 年版,第 86 页。

信平台、BBS论坛、淘宝营销和官方App。

首先,官网BBS论坛发展缓慢。百强旅行社中有30家旅行社在官网设有BBS论坛专区,占总量的30%。以在百强旅行社中排名第一的上海春秋国际旅行社为例,其官网中游记数量较多,从2012年5月至2014年3月,论坛中共发表国内游记1002篇、境外游记1556篇。然而,排名第32位的常州国旅官网虽然有BBS论坛,可是其游记仅有4篇,且无一条评论。由此可以看出,官方旅游论坛发展差异显著,部分BBS论坛几乎处于停滞状态。[①] 究其原因,除了技术不成熟、模式单一外,还有来自专业旅游攻略类和点评类网站迅猛发展所带来的冲击。例如,马蜂窝主打"旅游攻略"为旅游爱好者提供精彩的路书攻略,驴评网注重"酒店点评"来分享真实的住店经验,另一家旅游点评类网站到到网则推出"酒店中国通"帮助顾客直接联系到酒店。

其次,微信及微博平台迅速普及,被越来越多的旅行社所接受。百强旅行社中拥有微博平台的有56家,拥有微信平台的有43家。截至2012年底,中国网民规模突破6.2亿,手机微博用户数为1.96亿,微信、微博平台的使用处于上升趋势。因此,微信、微博平台逐渐成为不能忽视的营销渠道。

再次,淘宝营销刚刚起步,但前景广阔。在淘宝上销售的旅游产品主要包括门票、酒店、旅游线路、机票和租车、导游服务等。在百强旅行社官网的营销方式中,有淘宝销售服务的仅有14家。在淘宝上开店需要押金和年费等,投入相对较高,但淘宝网用户数量巨大,基于淘宝网的旅行社营销不失为一个可供选择的销售方式。

最后,App提供更为便捷的旅游服务,成为旅游营销的全新模式。百强旅行社中有App营销的有9家,仅占总量的不足10%。但是由于中国手机网民数量巨大,因此其发展潜力不容忽视。根据中国互联网络信息中心数据显示,截至2013年12月底,我国手机网民数量为5亿人,占网民总数的81%,较2012年底增加了8009万人。[②]

(四)经营绩效大幅提升

1. 组接情况:国内旅游和入境旅游平稳增长,出境旅游强劲增长

1)国内旅游业务平稳增长,向休闲度假游转型

2002—2012年,全国旅行社国内旅游组织从38303173人次增加到

---

① 胡静、谢双玉:《2014中国旅游业发展报告(上)》,中国旅游出版社2014年版,第90页。
② 胡静、谢双玉:《2014中国旅游业发展报告(上)》,中国旅游出版社2014年版,第90页。

143686432 人次、从 148012770 人天增加到 434237192 人天,分别增长 275.1%、193.4%;国内旅游接待从 79690367 人次增加到 163034855 人次、从 123219580 人天增加到 384076701 人天,分别增加 104.6%、211.7%(见表 4-22)。可见,虽然国内旅游组织和接待的人次数增幅不大,但组织和接待的人天数保持了较大幅度的增长,这表明我国旅行社组织和接待的国内旅游有向休闲度假游转型的趋势。

表 4-22 2002 年、2012 年全国旅行社组织接待国内旅游情况对比

项目	组织		接待	
	人次数	人天数	人次数	人天数
2002 年	38303173	148012770	79690367	123219580
2012 年	143686432	434237192	163034855	384076701
增幅(%)	275.1	193.4	104.6	211.7

(资料来源:根据《中国旅游统计年鉴》(2003—2013 年)相关数据整理而成。)

2)出境旅游业务强劲增长,亚洲地区为主要目的地

21 世纪以来,我国出境旅游市场依然保持强劲增长,人民币升值等因素更是进一步推动了出境旅游市场的发展。2003—2012 年,全国旅行社出境旅游组织从 372.2 万人次增加到 2830.6 万人次,增长了 660.5%。

在客源流向方面,进入 21 世纪以来,位居中国出境旅游前 10 位的目的地国家和地区基本保持稳定状态,主要包括我国香港地区、我国澳门地区、日本、俄罗斯、越南、韩国、泰国、美国、新加坡和马来西亚,其中,我国香港地区和我国澳门地区始终稳居前两位,泰国、日本、俄罗斯、韩国、美国、新加坡在 20 世纪 90 年代均已进入前 10 位,朝鲜、越南、马来西亚和澳大利亚略有变动。由此可以看出,中国出境旅游目的地除美国和澳大利亚外,大都是与我国大陆接壤或近邻的国家和地区,特别是香港和澳门的回归,使之与内地的联系更加紧密,同时也极大地促进了内地居民到这两个地区的旅游活动。

3)入境旅游业务平缓增长;亚、欧、美洲为主要客源地,大洋洲发展迅速

2002—2012 年,全国旅行社入境旅游外联从 9342154 人次增加到 16436443 人次、从 39468753 人天增加到 68826950 人天;接待从 17615094 人次增加到 23666135 人次、从 43189769 人天增加到 77718562 人天,分别增长 75.9%、74.4%、34.4%、79.9%(见表 4-23)。

表 4-23　2002 年、2012 年全国旅行社外联、接待入境旅游情况

项目	外联		接待	
	人次数	人天数	人次数	人天数
2002 年	9342154	39468753	17615094	43189769
2012 年	16436443	68826950	23666135	77718562
增幅(%)	75.9	74.4	34.4	79.9

(资料来源:根据《中国旅游统计年鉴》(2003—2013 年)相关数据整理而成。)

从入境旅游外联游客的客源地来看,2012 年,在外联入境旅游的 1643.6 万人次中,亚洲、欧洲、美洲的外联人次分别为 1298.9 万人次、201.1 万人次、91.9 万人次,分别占市场份额的 79.0%、12.2%、5.6%,三大洲合计所占市场份额达到 96.8%,为我国入境旅游的主要客源地;而大洋洲、非洲和其他地区的外联人次分别为 28.3 万人次、2.7 万人次、20.8 万人次,占市场份额的 1.7%、0.2%、1.3%。可见,入境旅游市场的洲际差异较大,亚洲地区的市场份额最大,其中又以我国港澳台地区的贡献最多,外联游客分别为 364.9 万人次、120.0 万人次、195.1 万人次,合计占总市场份额的 41.4%。[1]

从入境旅游接待游客的客源地来看,在 2012 年接待的 2366.6 万人次中,亚洲、欧洲、美洲分别以 1745.3 万人次、357.1 万人次、186.0 万人次的市场规模和 73.7%、15.1%、7.9% 的市场占有率成为我国入境旅游的主要客源地;而大洋洲、非洲和其他地区则分别只有 50.3 万人次、4.0 万人次、24.0 万人次的市场规模和 2.1%、0.2%、1.0% 的市场份额。作为我国入境旅游市场顶梁柱的亚洲地区,其内部构成中港澳台市场依旧是主力,来自港澳台地区的旅游接待规模分别为 496.7 万人次、157.5 万人次、306.7 万人次,合计占总市场份额的 40.6%。[2]

2. 经营收入:国内旅游业务占主导,出境旅游增长迅速

2002—2012 年,全国旅行社营业收入从 710.7 亿元增加到 3374.8 亿元,增长了 374.9%,全国平均劳动生产率从 31.0 万元/人增加到 82.2 万元/人,增长了 165.2%。[3] 特别是自 2004 年以后,旅行社旅游业务营业收入持续增加,但是增长率波动明显(见图 4-18)。

---

[1] 根据《中国旅游统计年鉴 2013》相关数据整理而成。
[2] 《2013 年中国旅游业统计公报》。
[3] 根据《中国旅游统计年鉴》(2003—2013)相关数据整理而成。

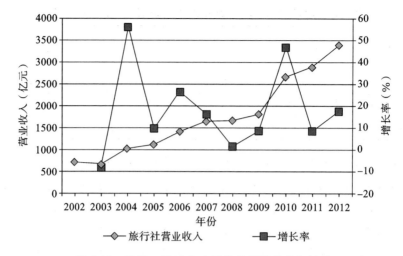

图 4-18　2002—2012 年中国旅行社营业收入情况

(资料来源:《2002 年度全国旅行社行业状况通报》、《国家旅游局关于 2012 年度全国旅行社统计调查情况的公报》。)

从旅行社营业收入构成来看,国内旅游业务占主导。2012 年,国内旅游业务营业收入 1878.3 亿元,比 2002 年增长 366.1%,占旅行社旅游业务营业收入总量的 60.7%;出境旅游业务营业收入 936.1 亿元,比 2002 年增长 799.1%,占旅行社旅游业务营业收入总量的 30.2%;入境旅游营业收入表现较差,只有 282.4 亿元,较 2002 年增加了 65.0%,仅占旅行社旅游业务营业收入总量的 9.1%(见表 4-24)。由此可见,2012 年,全国旅行社旅游业务营业收入中,国内旅游业务所占份额最大,出境旅游业务次之,入境旅游业务份额最小;而且,出境旅游业务营业收入增长势头迅猛,国内旅游业务营业收入保持平稳上涨,入境旅游业务增幅最小。

表 4-24　2002—2012 年旅行社三大业务营业收入对比

业务构成	旅行社营业收入构成(亿元)			占总市场份额比例(%)		
	2002 年	2012 年	增幅(%)	2002 年	2012 年	增幅(%)
入境旅游业务	171.1	282.4	65.0	25.2	9.1	−16.1
出境旅游业务	104.1	936.1	799.2	15.3	30.2	14.9
国内旅游业务	403.0	1878.3	366.1	59.4	60.7	1.3

(资料来源:《2002 年度全国旅行社行业状况通报》、《国家旅游局关于 2012 年度全国旅行社统计调查情况的公报》。)

3. 盈利水平:国内旅游业务利润占主导

2002—2012年,全国旅行社营业利润从11.9亿元增加到24.6亿元,增长了106.7%。① 这个时期,全国旅行社旅游业务利润从11.51亿元增加到181.34亿元,增加了14.8倍。其中国内旅游业务利润逐渐增大,占旅行社旅游业务利润总量的比重从22.15%增加到58.68%;出境旅游业务紧跟其后,贡献率从22.8%增加到30.13%;入境旅游业务利润逐渐降低,占比从55.1%降低到11.2%。②

(五)区域差距显著但呈缩小趋势

1. 数量规模:由东部向中、西部递减

从区域数量规模来看,2002—2002年,我国东部地区旅行社数量从6698增加到14478家,占全国总量稳定在58.0%左右;中部地区从2294家增加到5447家,占比从19.9%提升到21.8%;西部地区从2560家增加到5019家,占比从22.2%降到20.1%。③ 中、西部地区旅行社的数量呈现快速增长,显示出了中、西部地区旅游发展的巨大潜力。但是,东部地区旅行社数量占据了全国旅行社总量的半壁江山,体现了东部地区在我国旅行社业中的主导态势。同时,旅行社数量规模由东部向中、西部逐步递减,存在明显的区域发展不平衡性。

2. 资产规模:东部地区优势明显

从三大区域的旅行社资产规模来看:2002—2012年,东部地区旅行社的固定资产原值从282.3亿元增加到473.6亿元,占全国的比重从74.9%降至65.6%;中部地区旅行社的固定资产原值从34.3亿元增加到160.9亿元,占全国的比重从9.1%增加到22.3%;西部地区旅行社的固定资产原值从60.5亿元增加到87.1亿元,占全国的比重从16.0%降至12.1%。④ 可见,从2002年到2012年,东部地区旅行社固定资产所占份额最大,在全国的领头羊地位无法撼动。

3. 旅游线路数量:东部地区提供的旅游线路最多

从提供的旅游线路数量的区域格局来看:东部地区提供的旅游线路最多。在线路总量上,截至2012年,我国东部地区百强旅行社提供的线路数量共计21938条,占全国总量的75.8%;中部地区线路数量共计4760条,

---

① 根据《中国旅游统计年鉴(副本)》(2003—2013)相关数据整理而成。
② 根据《全国旅行社统计调查情况公报》(2002—2012)相关数据整理而成。
③ 根据《中国旅游统计年鉴(副本)》(2003—2013)相关数据整理而成。
④ 根据《中国旅游统计年鉴(副本)》(2003—2013)相关数据整理而成。

占全国总量的 16.4%；西部地区共计 2243 条，占全国总量的 7.8%。可见，东部百强旅行社的线路数量占据全国将近 80%，同时，由东向西百强旅行社提供的旅游线路数逐级递减。从三大区域百强旅行社提供的旅游线路的平均值来看：西部地区平均每家提供 374 条线路，位于首位；东部地区平均每家提供 285 条线路；中部地区每家旅行社提供的旅游线路最少，仅有 143 条。①

从三大区域百强旅行社提供出境旅游线路的数量来看：2012 年，东部百强旅行社提供的出境旅游线路条数共有 26565 条，占出境旅游线路总数的 89.4%，而且平均每家旅行社提供的出境旅游线路达到 345 条；中部百强旅行社提供的出境旅游线路共有 2466 条，占出境旅游线路总数的 8.3%，同时，平均每家旅行社提供的出境旅游线路有 154 条；西部百强社提供的出境旅游线路数只有 683 条，只占出境旅游线路总数的 2.3%，但平均每家旅行社提供的出境旅游线路并不少，有 113 条。② 可见，东部百强社境外旅游发展迅速。

4. 单项服务：东部地区优势显著

从提供不同单项服务的百强旅行社数量的区域差异来看：2012 年，在 77 家位于东部的百强旅行社中，提供所有 6 项主要单项服务（导游/领队服务、咨询服务、定制服务、酒店预订、交通工具预订、代办出入境和签证服务）的旅行社超过了 60 家，占东部地区百强旅行社总数的 77.9%；其次，16 家中部旅行社中，提供所有 6 项主要单项服务的旅行社超过了 10 家，占中部旅行社总数的 62.5%；西部地区百强旅行社虽然只有 6 家，其中 3 家（占 50%）提供了 6 项主要单项服务。③

5. 网络营销模式：东部地区引领互联网营销

从区域发展情况来看：东部百强社网络营销模式多样化，其中微博营销最为常见，2012 年，在 77 家东部百强社中有 49 家采取微博营销；中部百强社的网络营销方式主要是 BBS 论坛、微信和微博营销，其中最多的是 BBS 论坛营销；西部百强社网络营销模式只有一种，即 BBS 论坛。可见，在网络营销方面，东、中、西部地区差异较为显著。这可能是由于西部地区百强旅行社较少，但根本原因还是经济发展水平、旅游发展阶段以及观念的落后。

---

① 胡静、谢双玉：《2014 中国旅游业发展报告（上）》，中国旅游出版社 2014 年版，第 86 页。
② 胡静、谢双玉：《2014 中国旅游业发展报告（上）》，中国旅游出版社 2014 年版，第 88 页。
③ 胡静、谢双玉：《2014 中国旅游业发展报告（上）》，中国旅游出版社 2014 年版，第 89 页。

6. 组接情况:东部地区独占鳌头

从三大区域旅行社的国内旅游组织人次数来看,2002—2012年,东部地区的旅行社组织国内旅游从28583124人次增加到98532018人次,增长了244.7%,占全国的比重从74.6%减少到68.6%,基本稳定在70%左右;中部地区组织国内旅游从5011222人次增加到22231041人次,增长了343.6%,占全国比重从13.1%提高到15.4%;西部地区组织国内旅游从4708827人次增加到22923373人次,增长了386.8%,占全国的比重从12.3%增加到16.0%(见表4-25)。由此可见,这个时期旅行社国内旅游组织规模保持进一步向东部地区聚集的趋势,中、西部地区发展水平不分伯仲,但发展趋势上中部地区更胜一筹。

表4-25 2002年、2012年三大区域旅行社国内旅游组织人次数对比

区域	旅行社国内旅游组织人次(人次)			占全国比例(%)	
	2002年	2012年	增幅(%)	2002年	2012年
东部地区	28583124	98532018	244.7	74.6	68.6
中部地区	5011222	22231041	343.6	13.1	15.4
西部地区	4708827	22923373	386.8	12.3	16.0

(资料来源:根据《中国旅游统计年鉴》(2003—2013)相关数据计算整理。)

2002—2012年,东部地区的旅行社接待国内旅游从58371509人次增加到95895601人次,增长了64.3%,占全国的比重从73.2%降低至58.8%;中部地区接待国内旅游从8033866人次增加到26649986人次,增长了231.7%,占全国的比重从10.1%提高到16.4%;西部地区接待国内旅游从13284992人次增加到40489268人次,增长了204.8%,占全国的比重从16.7%增加到24.8%(见表4-26)。由此可见,这个时期旅行社国内旅游接待规模上,东部地区仍占据主导地位,而且保持平稳增长的态势,西部地区次之,中部地区旅行社接待规模最小。

表4-26 2002年、2012年三大区域旅行社国内旅游接待人次数对比

区域	旅行社组织国内旅游接待人次(人次)			占全国比例(%)	
	2002年	2012年	增幅(%)	2002年	2012年
东部地区	58371509	95895601	64.3	73.2	58.8
中部地区	8033866	26649986	231.7	10.1	16.4
西部地区	13284992	40489268	204.8	16.7	24.8

(资料来源:根据《中国旅游统计年鉴》(2003—2013)相关数据计算整理。)

7. 经营收入:东部地区霸主地位持续

从三大区域旅行社营业收入来看,2002—2012年,东部地区旅行社营业收入从534.3亿元增加到2450.2亿元,增长了358.6%,占全国旅行社营业收入的比重从75.2%降至72.6%,基本稳定在70%左右;中部地区旅行社全年营业收入从63.4亿元增加到437.2亿元,增长了589.6%,占全国旅行社营业收入的比重从8.9%提升至13.0%;西部地区旅行社营业收入从113.0亿元增加到487.4亿元,增长了331.3%,占全国旅行社营业收入的比重从15.9%降至14.4%(见表4-27)。由此可见,东部地区旅行社的营业收入占了全国的大部分,领先地位持续,但所占份额有所下降;中部地区旅行社营业收入所占份额最少,但上涨幅度最高,后劲十足。

表4-27 2002年、2012年三大区域旅行社营业收入对比

区域	旅行社营业收入(亿元)			占总市场比例(%)	
	2002年	2012年	增幅(%)	2002年	2012年
东部地区	534.3	2450.2	358.6	75.2	72.6
中部地区	63.4	437.2	589.6	8.9	13.0
西部地区	113.0	487.4	331.3	15.9	14.4

(资料来源:根据《中国旅游统计年鉴(副本)》(2003—2013)相关数据整理而成。)

从三大区域旅行社的平均劳动生产率来看,东部地区平均劳动生产率从2002年的31.8万元/人增加到2012年的100.5万元/人,增长了216.0%,2002年、2012年东部地区均超过全国平均水平;中部地区平均劳动生产率从15.4万元/人增加到69.5万元/人,虽然比全国平均水平低,但发展速度可观,上涨了351.3%;西部地区平均劳动生产率从18.9万元/人增加到68.7万元/人,均低于当年全国平均水平,但上涨了263.5%(见表4-28)。由此可见,与旅行社营业收入总规模一致,东部地区旅行社的劳动生产率也最高,但中部地区上涨幅度最大。

表4-28 2002年、2012年三大区域旅行社平均劳动生产率对比

区域	旅行社平均劳动生产率(万元/人)		
	2002年	2012年	增幅(%)
东部地区	31.8	100.5	216.0
中部地区	15.4	69.5	351.3

续表

区域	旅行社平均劳动生产率(万元/人)		
	2002年	2012年	增幅(%)
西部地区	18.9	68.7	263.5
全国	23.6	82.2	248.3

(资料来源:根据《中国旅游统计年鉴(副本)》(2003—2013)相关数据整理而成。)

8. 盈利水平:东部地区独大且呈加强态势

从三大区域旅行社的营业利润来看,2012年,东部地区旅行社营业利润从2002年的87134.4万元增加到181251.8万元,增长了108.0%,占全国旅行社营业利润的比重从2002年的73.0%上升到73.7%,基本稳定在70.0%左右;中部地区旅行社营业利润从2002年的7988.6万元增加到33553.2万元,增长了320.0%,占全国旅行社营业利润的比重从6.7%上升到13.7%;西部地区旅行社营业利润从2002年的24183.1万元增加到30979.9万元,增长了28.1%,占全国旅行社营业利润的比重从2002年的20.3%降低到12.6%(见表4-29)。由此可见,2002—2012年,东部地区旅行社营业利润的霸主地位继续加强;中、西部地区旅行社营业利润规模较小,中部地区呈逐步上升趋势,西部地区所占份额呈逐步下降趋势。

表4-29　2002年、2012年三大区域旅行社营业利润对比

区域	旅行社营业利润(万元)			占全国比重	
	2002年	2012年	增幅(%)	2002年	2012年
东部地区	87134.4	181251.8	108.0	73.0	73.7
中部地区	7988.6	33553.2	320.0	6.7	13.7
西部地区	24183.1	30979.9	28.1	20.3	12.6

(资料来源:根据《中国旅游统计年鉴(副本)》(2003—2013)相关数据整理而成。)

从旅行社人均实现利润来看,2012年,全国旅行社人均实现利润从2002年的0.86万元/人降至0.52万元/人,增长了-39.5%;东、中、西部旅行社人均实现利润分别从0.47万元/人升至0.69万元/人、从0.18万元/人升至0.39万元/人、从1.63万元/人降至0.41万元/人,分别增长了46.8%、116.7%、-74.8%(见表4-30)。可见,三大区域中,东部地区旅行社人均实现利润水平最高,但是增长幅度较小,而中、西部地区旅行社人均

实现利润水平较低,中部增长潜力较大,西部下降幅度较大。

表 4-30　2002 年、2012 年三大区域旅行社人均利润对比

区域	旅行社人均利润(万元/人)		
	2002 年	2012 年	增幅(%)
东部地区	0.47	0.69	46.8
中部地区	0.18	0.39	116.7
西部地区	1.63	0.41	−74.8

(资料来源:《中国旅游统计年鉴(副本)》(2003—2013)相关数据计算整理。)

二、主要特征

(一)在线与传统旅行社的双向融合

21 世纪以来,伴随旅游信息化的进一步推行,产业融合趋势的不断延伸,自助游需求的增强,我国旅行社行业线上发展较为迅速。相关研究表明,2012 年中国旅游企业前 20 强中,以在线预订业务为主的携程旅游集团已经迅速赶超北京首都旅游集团等老牌旅游集团,位列旅游集团第二。2012 年除了去哪儿网、同程网、艺龙等专业在线旅游供应商的参与外,百度、淘宝、中航信、Expedia 等国内外大型集团也以各种形式进军国内在线旅游市场。在互联网飞速发展的环境下,在线旅行社正在成为旅游产业链条中重要的一环,并与线下业务不断融合,对我国旅行社行业格局产生持续影响。[①]

(二)旅游产品专业化、个性化趋势明显

信息技术的快速发展和日益普及,使得旅游的相关信息越来越透明,旅游信息的提供已不是旅行社的主要服务卖点。同时,随着旅行社市场的发展与完善,顾客越来越挑剔,旅行社企业的竞争也将越来越激烈,各旅行社为争夺顾客,需要不断提升自身的品牌竞争力,在为顾客服务的过程中,更加注重附加服务的作用,并逐步向专业化、个性化方向发展。

(三)区域差异显著,东部地区地位稳固

2002—2012 年,旅行社发展的地区差异显著,从旅行社的数量、规模、经营效益上看,东部地区旅游业主导地位明显,中、西部地区增长迅速、发

---

① 胡静:《2013 中国旅游业发展报告》,中国旅游出版社 2013 年版,第 110 页。

展潜力巨大。2012年,全国旅行社总数为24944家,东部10个省(区、市)的旅行社数量均超过1000家,江苏和山东的旅行社数量均超过1800家,东部地区旅行社总量约占全国旅行社总量的50%。①

(四)国内旅游业务占主导地位,出境旅游业务发展迅猛

2002—2012年,在旅行社业务构成方面,主要呈现"国内旅游为主,出入境旅游为辅,国内旅游稳定增长、出境旅游迅猛"的特征。这个时期,国内旅游占据旅游业务的半壁江山,且增长速度稳定,2002—2012年全国国内旅游业务营业收入从402.99亿元增加到1878.33亿元,增长了3.66倍,占全国旅行社旅游业务营业收入总量的比重从59.42%增加到60.65%。入境旅游因受国际经济局势的影响而增长速度放缓,占旅游业务的份额较低。全国入境旅游业务营业收入从2002年的171.13亿元增加到2012年的282.36亿元,仅增长了0.65倍,占全国旅行社旅游业务营业收入总量的比重从25.23%降低到9.12%。在全国出境旅游业务方面,全国出境旅游业务营业收入从2002年的104.13亿元增加到2012年的936.06亿元,增长了7.99倍,增长非常迅猛,占全国旅行社旅游业务营业收入总量的比重从15.35%增加到30.23%。②

(五)网络营销增长迅速,微信、微博、第三方平台突出

面对互联网的发展与大数据时代的到来,出现了一大批在线旅游企业,传统旅行社的经营、营销也有了新的发展。相关统计分析发现,2012年采用网络营销渠道微信平台、第三方平台的百强社已经分别达到60%以上,采用微博平台的百强社也有50%。③ 随着移动社交媒体的快速发展,微信等社交平台不仅用户群体越来越大,而且能够做到精准营销。第三方平台凭借其强大覆盖面与受众面,正在成为旅行社的重要营销手段。另外,官方App发展势头迅猛,潜力巨大,更深入、专业地影响消费者,提升旅行社自身影响力。

三、影响旅行社持续快速发展的主要因素

(一)平均规模小,集团化程度较低

2002—2012年,我国百强旅行社表现突出。例如,2012年中青旅控股

---

① 《2012年度全国旅行社统计调查情况公报》。
② 根据《全国旅行社统计调查情况公报》(2002—2012)相关数据整理而成。
③ 谢双玉、冯娟:《2015中国旅游业发展报告》,中国旅游出版社2015年版,第109页。

股份有限公司位居百强旅行社首位,其总资产为77.78亿元,营业收入为102.80亿元,其中旅游主业收入67.5亿元。然而,与国际大型旅行社集团相比仍存在较大差距。以全球排名第二的日本交通公社(JTB)为例,其2008年的营业收入为12760亿日元,而2012年我国旅行社营业收入总和仅仅相当于JTB的1/5。①

我国旅行社集团化程度较低具有深层次的历史原因。我国大多数旅行社集团源自计划经济时代的国有旅行社,每一个旅行社集团既有旅行社总社,在不同的行政区又分布着许多地方分、支社。这些总社和分、支社具有相同的品牌名称,但是很多根本不存在产权关系。在政企分开的过程中,主管部门通过划拨资金、联号经营等方式将其发展成为紧密、半紧密型的旅行社集团,少有资本上的"母子"关系。这些政府主导下组建的旅行社集团空有庞大的资产规模,但在组织结构和企业制度等方面并没有实现真正的集团化,从而削弱了集团的整体效应。虽然几大旅行社集团已经意识到这个问题,并开始资产整合,但是,我国旅行社要壮大到能与国外大型旅行集团竞争和抗衡,还需要较长时间。

(二)经营层次较低,缺乏研发创新

作为现代服务业,旅行社的服务内容十分广泛,包括为旅游者提供休闲度假、观光游览、餐饮、住宿、交通等各种服务,提供旅游活动设计、旅游咨询、领队服务、导游服务等;提供交通运输工具、景区门票和住宿方式的预订;提供签证、出入境等服务代办;接受社会团体、企事业单位等的委托,为其提供商务旅游和奖励旅游等服务。然而,2002—2012年,在我国旅行社业中,绝大多数旅行社的产品既没有产品特色,也没有做到差异化营销,雷同性较高。即使在全国百强旅行社中也存在这种现象,例如,几乎每一家前十强旅行社都提供了"香港亲子游"这一旅游线路,但是几乎每一家旅行社对于这一产品的描述都几近相同。总之,包价旅游产品、观光旅游产品在我国旅行社产品中依然大行其道,个性化、品牌化产品亟待开发,国内旅行社业的产品创新能力仍较弱。

(三)营销策略匮乏,新媒体利用层次低

随着互联网以及信息技术的发展,旅行社的营销渠道也从报纸、杂志等传统媒体转向网站、微博、微信等新媒体。但目前我国旅行社对新媒体的利用层次仍较低,多限于旅游线路咨询、线路广告等,没有配合公关营销

---

① 胡静、谢双玉:《2014中国旅游业发展报告(上)》,中国旅游出版社2014年版,第103页。

传播,全方位地使用传播渠道。

综观21世纪我国旅行社的官方网站,从形式上看,大多数网站内容杂乱无章,页面包装简陋,经营重点和产品特色不够突出;从内容上看,基本以旅游线路的广告为主,且信息更新不够及时。此外,微博、微信等官方互动平台也疏于管理,信息发布滞后,与游客的互动较少,没能培养起足够数量的忠实粉丝,营销效果不甚理想。而基于传统媒体的营销也多以报纸杂志的线路广告为主,内容陈旧无新意,难以吸引消费者关注。总之,21世纪我国旅行社营销策略匮乏,观念陈旧,缺乏深度、广度和效度。

第五节 旅游景区快速发展

2002—2012年,我国旅游景区得到迅猛发展,景区规模尤其是A级景区不断壮大,精品旅游景区数量不断增加,新兴旅游景区不断涌现,在带动就业、引导投资、拉动消费、增加农民收入、解决"三农"问题、推动区域经济发展等方面综合效益日益显著,成为推动我国旅游业发展的重要支撑。

一、快速发展概况

(一)景区规模大幅增加

截至2012年,我国拥有景区2万余家,其中共有A级旅游景区6042家,比2002年增加5574家,增长了11.9倍;除5A级旅游景区外,2A至4A级旅游景区数量相较2002年均有较大幅度的增加。[①]

2004—2012年,全国A级旅游景区接待游客人次、营业收入都实现了大幅增长,旅游景区的营业收入增加的幅度明显高于游客人次,说明旅游景区环境不断完善,软硬件水平不断提高,带来游客人次和收入不断增长,全国各地的A级旅游景区经营业绩逐年攀升(见表4-31)。

表4-31 2004年和2012年中国A级旅游景区指标比较

项目	游客人次(亿人次)	营业收入(亿元)	总就业人数(万人)
2004年	2.16	81.66	15.33
2012年	29.26	2898.93	144.27
增幅(倍)	12.5	34.5	8.4

(资料来源:《中国旅游景区发展报告》(2005—2013)。)

---

① 《中国旅游景区发展报告》(2005—2013)。

(二)收益结构逐步优化,社会功能逐渐增强

1. 旅游景区收益正从门票经济迈入复合型旅游消费

随着市场经济和旅游业的发展,旅游景区的收入模式与结构正在发生本质上的转变,旅游景区门票收入占总收入的比重呈逐渐降低趋势。2004—2012年,门票收入占营业总收入的比重从46.40%降低到31.98%,9年间下降了近15个百分点。同时,餐饮、住宿、商品收入明显提升,2012年这三项收入所占的比重分别为18.92%、18.78%和15.76%。逐渐形成以门票、餐饮、住宿和商品收入共同主导的营业收入构成状况,打破了以往门票单一赢利模式,逐渐形成较为完善的旅游景区产业体系。

2. 减免票游客总量不断增多,旅游景区公益性不断加强

由于国家对旅游景区免费开放、减免票政策力度持续加大,以及旅游景区经营理念的不断改变,免费开放型旅游景区和减免票游客的数量都得以快速提升。2004年,从游客人均消费情况来看,全国A级景区人均消费额为36.2元,人均门票价格为16.79元,4A级景区的门票平均价格仅为19.39元,总体水平不高。说明我国旅游景区在经营上还有较大挖掘潜力;另一方面也反映出许多传统景区还存在着大量的免票接待游客和优惠接待游客的客观现实。[①] 2012年,全国A级旅游景区政策性免票总人次为10.58亿人次,占接待总量的36.16%,度假休闲类、红色旅游类和博物馆类旅游景区已基本实现了免票模式。[②]

3. 市场化经营进程加快,旅游景区管理日益规范

从2002年到2012年,全国A级旅游景区经营主体机构性质进一步向市场化转变,整体呈现出由事业单位主导,向企业和事业单位共同支撑转变的局面,市场化运营程度明显加快。旅游景区行业管理日益规范,景区内部管理日趋成熟。

2002年底,国家旅游局在1999年的旅游景区评定工作实践的基础上,于2003年2月24日颁布了《旅游景区质量等级的划分与评定》(GB/T 17775—2003)。2004年,国家技术监督检验检疫总局又对该标准做了细微修改和勘误。根据规定,我国旅游景区质量等级划分为五级,从高到低依次为AAAAA、AAAA、AAA、AA、A级旅游景区。2007年的《中国旅游

---

① 国家旅游局规划发展与财务司:《中国旅游景区发展报告2005》,中国旅游出版社2005年版,第38页。
② 中国旅游研究院:《中国旅游景区发展报告2013》,旅游教育出版社2013年版,第21页。

强县评定标准》,对于景区规范性的提升均起到一定助推作用。2009年在党中央、国务院的高度重视下,旅游业的发展纳入了国家战略体系。经国务院常务会议审议,于12月1日正式下发《国务院关于加快发展旅游业的意见》(以下简称《意见》),它被社会各界一致认为是一个具有里程碑意义的重要文件,是我国改革开放以来发展旅游业30年实践的总结和全行业智慧的结晶,也是推动未来30年发展新格局的标志性的新起点。《意见》提出抓紧旅游综合立法,加快制定旅游市场监管、资源保护、从业规范等专项法规,不断完善相关法律法规。《意见》的出台加快了旅游综合立法的步伐。2012年,国家旅游局修订了《旅游景区质量等级管理办法》,加强了对A级旅游景区检查员的培训和考核,形成了一支作风严谨、专业程度较高的检查员队伍,尤其加强了对A级旅游景区服务质量的监管力度,有力地促进了旅游景区的规范化发展。与此同时,景区自身加强了对内部服务质量和环境质量的管理,按照A级旅游景区标准,在基础设施建设和改造、人员培训等方面的工作力度逐步加强。

(三)景区发展呈橄榄形结构,逐步向度假休闲类转型

1. 等级结构:整体呈"两头小中间大"的橄榄形结构

2012年,中国A级景区数量达到6042家。2002年,4A、3A、2A、1A级景区占A级景区总数的比重分别为34.2%、15.9%、44.0%、6.0%,2012年5A、4A、3A、2A、1A级景区占A级景区总量的比重分别为2.4%、32.5%、35.1%、28.0%、1.9%。从2002年到2012年的11年间,不同级别景区数量均有不同程度的增长,整体呈"两头小中间大"的橄榄形结构。[①]

2. 类型特征:以自然景观和历史文化类景区为主,向休闲度假类景区转型

从2004年4A级景区接待入境游客的情况看,人文景区年接待入境游客最多,为7.28万人次;其次是现代游乐型景区和自然景区,分别为4.68万人次和4万人次;旅游度假型景区和工农业科技型旅游景区则相对较少,分别为1.79万人次和1.37万人次。[②] 说明我国悠久的历史文化和壮丽的自然景观以及新开发的现代游乐产品对外国游客具有较大吸引力,而旅游度假型产品和工农业科技型旅游产品的主要客源市场仍然是国内游客。

---

① 《中国旅游景区发展报告》(2005—2012)。
② 国家旅游局规划发展与财务司:《中国旅游景区发展报告2005》,中国旅游出版社2005年版,第36页。

2012年全国A级旅游景区以自然景观类为主，共计1866家，占全国A级旅游景区总量的30.9%；其次是历史文化类，共计1475家，占全国A级旅游景区总量的24.4%；再次是度假休闲类，共计923家，占全国A级旅游景区总量的15.3%；工业旅游类和科技教育类数量较少，分别为75家和51家，分别占全国A级旅游景区总量的1.2%和0.8%。①

从2012年"中国旅游百强景区"排行榜榜单景观分类来看，我国旅游景区发展逐渐向休闲度假类景区转型。一方面，人们选择旅游时仍然以山水自然景观和历史人文景观（历史遗迹、古镇、古城等）居多，自然风景旅游景区上榜所占比例高达61%，历史遗迹、古镇、古城等人文景观占28%；另一方面，主题公园等景区发展迅速，比例达到11%，主题公园中的深圳华侨城旅游度假区、广州长隆旅游度假区、横店影视城等景区的游客接待量排名位居前十。②

（四）旅游收入、年接待游客量从高到低逐级减少

1. 旅游收入从高级别向低级别逐级减少

2004—2012年，从不同级别景区的收入情况来看，旅游景区年营业收入和门票收入随级别降低而呈现明显的下降趋势。2004年，4A级景区的年平均营业收入为4456万元，门票收入为2242万元；3A级景区的年平均营业收入为770万元，门票收入为346万元；2A级景区的年平均营业收入为406万元，门票收入为70万元；1A级景区的年平均营业收入为229万元，门票收入为19万元。③

2012年，全国A级旅游景区总收入达到2898.93亿元。其中，5A级、4A级旅游景区的旅游收入分别为1055.21亿元和1318.72亿元，分别占全国A级旅游景区总收入的36.40%和45.49%，两者合计共占81.89%，构成A级旅游景区旅游收入的主体部分；3A级旅游景区旅游收入为380.2亿元，占全国A级旅游景区总收入的13.12%；2A级旅游景区和1A级旅游景区旅游收入较少，分别为139.90亿元和4.90亿元，分别占全国A级旅游景区总收入的4.83%和0.17%。

2. 年接待游客量从高级别向低级别逐级减少

从不同级别景区的接待情况来看，景区的年接待游客量从高级别向低

---

① 中国旅游研究院：《中国旅游景区发展报告2013》，旅游教育出版社2013年版，第23页。
② 中国旅游研究院：《中国旅游景区发展报告2013》，旅游教育出版社2013年版，第24页。
③ 国家旅游局规划发展与财务司：《中国旅游景区发展报告2005》，中国旅游出版社2005年版，第37页。

级别逐级减少。2004年,4A级、3A级、2A级、1A级景区年平均接待游客分别为116万人次、26万人次、14万人次和7万人次。①

2012年,全国A级旅游景区旅游接待总量达29.26亿人次。从分级情况来看,全国A级旅游景区接待量最多的是4A级旅游景区,达13.48亿人次,占全国A级旅游景区接待总量的46.07%;其次是3A级、5A级旅游景区,游客接待量分别为6.38亿人次和6.25亿人次,分别占全国A级旅游景区接待总量的21.80%和21.36%。

（五）景区数量、门票收入和游客接待量区域差距显著

1. 旅游景区数量：东部地区最多

截至2012年底,全国A级旅游景区数量最多的是华东地区,共计2088家,占全国A级旅游景区总量的34.56%;其次是中南地区和华北地区,A级旅游景区数量分别为1098家和869家,分别占全国A级旅游景区总量的18.17%和14.38%;此外,西北地区有A级旅游景区701家,占全国A级旅游景区总量的11.60%;西南地区有A级景区665家,占全国A级旅游景区总量的11.01%;东北地区有A级景区621家,占全国A级旅游景区总量的10.28%（见表4-32）。由此可见,虽然经济发达地区依然是旅游热点地区,但中、西部地区旅游发展已开始整体发力,呈现奋起直追的态势。②

表4-32　2012年全国A级旅游景区数量分区分布

地区	华东	中南	华北	西北	西南	东北	合计
数量（家）	2088	1098	869	701	665	621	6042
比例（%）	34.56	18.17	14.38	11.60	11.01	10.28	100

（资料来源：《中国旅游景区发展报告2013》,第28页。）

2. 门票收入情况：西部地区门票收入最高

2004—2012年,从不同地区A级景区收入情况来看,年平均门票收入从东到西依次递减。2004年,东部地区、中部地区、西部地区年平均门票收入分别为1005.76万元、637.79万元和555.5万元;而年平均营业收入则是中部地区最高,为3493.34万元,其次是东部地区,平均年营业收入为

---

① 国家旅游局规划发展与财务司：《中国旅游景区发展报告2005》,中国旅游出版社2005年版,第36页。

② 中国旅游研究院：《中国旅游景区发展报告2013》,旅游教育出版社2013年版,第28页。

1718.56万元,西部地区最低,为897.8万元。从门票收入占总收入的比重来看,西部地区最高,为62%;中部地区最低,为18%。① 这体现出中部地区景区以度假型景区为主、综合收入高的特点;而西部地区4A级景区仍然是资源垄断型,综合开发程度较低,营业收入以门票收入为主。

3. 游客接待情况:从东到中到西逐渐递减

从不同地区景区的接待情况来看,2004年,4A级景区年平均接待游客中,东部地区、中部地区和西部地区分别为150万人次、68万人次和61万人次;3A级景区中,东、中、西部地区分别为38万人次、18万人次和14万人次;2A级景区中,东、中、西部地区分别为12万人次、17万人次、15万人次;1A级景区中,东、中、西部地区分别为3万人次、22万人次和5万人次。这说明4A级和3A级景区的年接待游客量从东到中到西呈现明显的梯度差。②

2004—2012年的分区域A级旅游景区游客接待情况,体现出我国主要旅游景区越往东部,市场驱动型特点越突出;越往西部,资源驱动型特点越突出。而中部地区的2A级和1A级景区的年接待游客量都较高,则反映出中部地区旅游业呈增长势头,有许多新兴的景区正逐步占据市场。

二、主要特征

(一) 地位凸显,品牌市场认可度进一步增强

21世纪以来,A级旅游景区,尤其是精品旅游景区已成为旅游业发展的基础与主体。2004—2012年,全国A级景区接待游客从2.16亿人次增加到29.26亿人次,营业收入从81.66亿元增加到2898.93亿元,分别增长了12.50倍和34.50倍,增速明显高于全国旅游业总收入的增速,在全国旅游业总收入中的比重不断提高,成为我国旅游产业发展的基础支撑。2012年,5A级和4A级旅游景区接待游客人次为19.73亿人次、收入为2373.93亿元,分别占全国A级旅游景区接待总人次和总收入的67.43%、81.89%,③A级旅游景区的品牌认可度进一步增强。

旅游景区对优质资源的覆盖面广泛,精品旅游景区是"魅力中国"的最

---

① 国家旅游局规划发展与财务司:《中国旅游景区发展报告2005》,中国旅游出版社2005年版,第37页。
② 国家旅游局规划发展与财务司:《中国旅游景区发展报告2005》,中国旅游出版社2005年版,第36页。
③ 中国旅游研究院:《中国旅游景区发展报告2013》,旅游教育出版社2013年版,第19页。

好阐释。21世纪以来,我国旅游行政主管部门高度重视与相关部门、地方政府、中央企业的合作,有力推动了我国优质资源的景区化开发。在我国的世界自然和文化遗产、国家级风景名胜区、国家森林公园、国家水利风景区、国家地质公园等资源类型中,约有60%为国家A级旅游景区,数量超过860家。其中,超过90%的国家级风景名胜区、超过80%的世界自然和文化遗产已成为A级旅游景区。[1] 同时,随着A级旅游景区国际化、现代化、特色化、专业化发展水平的提升,精品旅游景区已成为"美丽中国"的最好阐释和展示我国国家形象的主要载体。

政府重视、社会关注,A级旅游景区品牌市场认可度不断提高。截至2012年底,全国已有28个省(区、市)提出把旅游业作为战略性支柱产业或支柱产业,各级政府把打造精品旅游景区列为工作重点。社会对旅游景区的关注程度不断增加,对旅游景区建设发展的信心不断增强,对旅游景区的投资热度不断提高。与此同时,游客对A级旅游景区的品牌认可度不断提高,精品旅游景区更成为游客出游的首选。

(二)营销方式现代化气息浓郁

在"智慧旅游"备受瞩目的情况下,"智慧景区"的提法也不断涌现,同时景区的建设以及营销方式也更多地采用先进的科学技术手段,不仅使得营销覆盖面更广,也使得游客的游览质量得到了提升。景区与目的地的营销已经不仅仅局限于传统的城市旅游、招商、广告形象宣传片等形式,景区微博成为营销时尚,景区微电影已经成为微时代的新传播载体。

(三)区域特色日趋明显,新兴、新型旅游景区发展迅速

各地充分发挥区域旅游市场优势,旅游景区差异化、特色化发展趋势日益明显。2002—2012年,华东地区继续发挥其在客源市场、历史文化资源和社会资本等方面的优势,旅游景区发展各项指标继续保持领先地位;东北地区充分利用高纬度气候优势,围绕夏季避暑和冬季冰雪体验主题,以产品链为导向,完善旅游景区的功能结构和空间结构,积极改善旅游景区服务质量;华北地区依托历史文化资源和环渤海大都市圈的市场优势,大力提升传统类型旅游景区,积极发展生态度假旅游景区;西北地区围绕独特的地域文化和大尺度地貌景观资源两大主题,不断改善旅游景区建设投资环境,各方面扶持力度继续加大;中南地区依托良好的文化旅游资源、生态环境和承东启西的区位优势,积极扶持大旅游景区发展,鼓励中小型

---

[1] 中国旅游研究院:《中国旅游景区发展报告2013》,旅游教育出版社2013年版,第20页。

旅游景区开发建设，已形成以文化类、休闲度假类旅游景区为代表的特色鲜明的景区集群；西南地区不断深入挖掘少数民族文化特色，大力改善喀斯特地貌区域的外部开发条件，旅游景区建设速度明显加快，旅游景区效益明显改善。

度假休闲类旅游景区持续成为投资的热点，新兴、新型旅游景区发展迅速，拓展了旅游景区的发展空间。以度假休闲类旅游景区为代表的新兴、新型旅游景区不断受到外界关注，投资额、投资比例不断提高，投资回报率较高。2004 年，A 级度假型景区的平均资产规模最小，人均拥有资产额最低，分别为 4041.53 万元和 36.65 万元，反映出我国度假型旅游产品发展还不成熟，总体投资水平和资金密集度都不高；工农业科技旅游景区的员工规模最小，平均为 79 人，反映出这类景区经营灵活的特点。[①] 2012 年，度假休闲类旅游景区建设投资为 362.91 亿元，占 A 级旅游景区投资总额的 21.68%；景区总收入为 535.89 亿元，占 A 级旅游景区旅游总收入的 18.49%；与此同时，新型文化类、体育运动类、温泉度假类、商业类和复合型旅游景区不断涌现，既丰富拓展了我国旅游景区的类型，也扩大了旅游景区的经济总量，为我国旅游景区在产品特色化、经营多样化、服务专业化等重点领域和核心问题上开拓出新的发展方向和发展空间。

（四）为大众旅游发展做出了不可替代的阶段性贡献

我国发展入境旅游市场伊始，长城、兵马俑、大熊猫、桂林山水、黄山、丽江等就是中国旅游的代名词，是当时乃至很长一段时间内中国旅游业的核心支撑点。外国人来中国也好，老百姓外出旅游也罢，在相当长时间里就是指向这些景区的，直到进入 21 世纪以来很多外国人还奔着这些来。应当说在我国旅游业发展的创汇阶段，景区解决了供给短缺的问题，甚至由于中国自然文化景观和山河的壮美，使大家对接待环境的不匹配都忽视了。旅游景区也是释放大众旅游需求、培育旅游创新主体的重要领域。2002—2012 年，我国人均国内生产总值从 1135 美元增加到 6091 美元，居民旅游意愿不断增强。2012 年，我国居民年人均出游次数达 2.2 次，与美国的年人均 7 次、日本的年人均 9 次相比还有较大差距，广大人民群众的旅游消费需求远未充分释放，而且在较长一个时期内仍以观光旅游为主导，这必然要求景区业加快建设、加强服务。"美丽中国"和"新四化"战略

---

① 国家旅游局规划发展与财务司：《中国旅游景区发展报告 2005》，中国旅游出版社 2005 年版，第 36 页。

为旅游景区和目的地发展带来新的历史性机遇,在 21 世纪以来中国经济迫切需要转型升级和持续增长的背景下,以旅游景区为导向的旅游消费和投资受到越来越多的关注。

(五)景区业粗具规模,发展潜力巨大

从早期河北野三坡、北京十渡等自然风景区的开发,到西游记、大观园、世界之窗等人文类景区的开发,再到周庄、乌镇、宏村、西递等古村古镇的开发,资本对于景区的追逐从来没有停止过。就政府的角度而言,从早期的旅游度假区、风景名胜区、森林公园到 A 级标准,到《旅游法》,旅游景区一直是政府对旅游监管的重点。2002—2012 年,全国的旅游景区从 3409 家增加到两万余家;这个时期,我国 A 级旅游景区的营业收入从 202.19 亿元跃升至 2898.93 亿元,占全国旅游总收入的比重从 8.9% 增加到 11.2%。2012 年,我国 A 级景区有 6042 家,A 级景区接待游客人次 29.26 亿人次。[①] 景区业已经粗具规模,发展潜力巨大。

该段时期,携程旅行网正式上线全球门票预订平台,将景区等地面业务列为核心业务板块之一。海航旅业成立古镇网等地面服务实体。以景区门票、周边游为主的电子商务网站驴妈妈自 2008 年成立,到 2012 年,其营业收入突破 20 亿元,用户超过千万,合作景区超过 1 万家。国旅、绿地等企业还在韩国等境外国家和地区加大景区投资,济州岛的 9 个重点景区开发中就有 7 个是中国企业投资。这些充分说明了我国大众旅游市场的繁荣稳定,具有合适的产品和商业模式,景区业获得了快速增长。

景区业的发展环境更加优化,国家战略使景区业加快释放巨大的发展潜力。党的十八大确定了建成小康社会、建设美丽中国的战略目标,在政治、经济、文化、社会、生态方面进行"五位一体"的战略部署。国务院将新型工业化、信息化、城镇化、农业现代化作为我国经济持续增长和打造中国经济升级版的基本动力,城市棚户区改造等使城镇化加快推进。《旅游法》颁布实施后,旅游发展规划正式成为国家法定规划,各级政府已经或即将开展相应的规划和投资,例如成都、扬州将城区定位为宜游城市并加以改造,作为主要载体的景区得到了快速发展。

(六)带动了城乡经济社会的发展

景区业是投资密集型行业,社会投资等全面建设为景区业发展提供了有力保障,景区作为旅游业主要载体的地位日益凸显。2002 年,我国旅游

[①] 《中国旅游统计年鉴(副本)》(2003—2013)。

景区（点）的固定资产共有516.0亿元，而到2012年，景区总投资达1673.69亿元。景区建设也成为地方社会经济发展的重要内容，持续吸引政府部门和社会资本加大投入建设。在2012年9月的第十六届中国国际投资贸易洽谈会上，国家旅游局所率旅游展团一举取得13.8亿美元的合同外资额，占洽谈会合同外资总额的26%。①

旅游景区还带动消费需求、产业服务和扩大就业。开辟新的旅游景点，还须新建、扩建旅游饭店，建造道路、车站、码头、机场、会议大厦、博物馆、展览馆等，以及配备相应的给排水、供电、煤气等市政工程项目，很多地方政府将旅游业和城乡综合开发结合起来。目的地要想发展国际旅游业，还须发展航空交通，建造机场。2002年，我国旅游景区的从业人员只有23.45万人。2012年全国A级景区总就业人数达144.27万人，平均每家A级景区提供就业岗位239个。全国已有5.3万个村庄开展乡村旅游，农家乐超过150万家，休闲农业园区1.8万个，使1500万左右的农民受益。②

（七）大众化和市场化是景区业发展的必然方向

2002年以来，国内外战略投资者、企业和个人等社会投资主体不断增加，产生了自建自管、委托管理、专业管理、第三方咨询和中介管理等多种投资管理模式，形成了黄山、乌镇、丽江、张家界等典型景区和华侨城、港中旅、陕旅等以景区为依托的旅游企业，宋城、万达、盛大游戏、中坤投资等以信息技术和专业优势为切入点进军旅游业乃至景区业，也是这一趋势的集中体现。2012年，以迪士尼、世博园、园博园、世园会、万达长白山度假区、中青旅环球影城、三沙市海洋旅游景点和智慧景区为代表的景区项目建设和经营创新将我国景区投资带到一个新的发展阶段。

2002—2012年，景区需求呈现大众市场扩张和公务市场受限的"一高一低"的局面。一方面，党中央、国务院计划大范围增加明令禁止的政府相关部门召开会议和采购饭店的风景名胜区数量。另一方面，更加适合国民大众休闲需要的景区类型、占景区总量比例79%的非A级景区越来越成为消费和投资的热点，景区业态创新发展势头明显，呈现出市场化、多元化和国际化等趋势和特点。外来者的旅游行为与本地居民的休闲行为进一步融合，景区的内涵不断被拓展，各种潜在的或新型的休闲资源被纳入旅游资源的范畴。这一趋势类似于对饭店业的经济型酒店的态度转变，只盯

---

① 中国旅游研究院：《中国旅游景区发展报告2013》，旅游教育出版社2013年版，第4页。
② 中国旅游研究院：《中国旅游景区发展报告2013》，旅游教育出版社2013年版，第4页。

着A级景区特别是精品景区则类似于以前只关注星级酒店而忽视了大量存在的经济型酒店等基础供给。这个时期,景区业呈现既有迪士尼这种大型的主题公园,也有泰迪熊博物馆这种小型展览馆的多元化局面,经济型景区、中小景区与城乡生活融为一体,成为老百姓日常生活中的事物。随着景区业市场化的发展,景区的投资更加常态化,更加理性,更具创新,将产生更多面向未来的而不是依赖传统的、面向文化体验的而不是单纯观光的景区类型。

三、影响旅游景区快速发展的主要因素

(一) 精品旅游景区总量供给不足,旅游供给与旅游需求之间矛盾突出

1. 精品旅游景区总量供给不足,旅游供给与旅游需求之间矛盾突出

2012年全国5A级和4A级旅游景区数量为2113家,仅占A级旅游景区总量的34.97%;而游客接待量达到19.73亿人次,占全国A级旅游景区游客接待总量的67.43%。以5A级旅游景区为例,2012年全国5A级旅游景区总量147家,游客接待量达到6.25亿人次,平均每家5A级旅游景区接待量约为425.2万人次,接待压力巨大。2012年,全国5A级和4A级旅游景区数量比上年增加了8.69%,而游客接待量增加了13.33%,接待量增速明显高于景区数量增速。[①] 从上述数据来看,精品旅游景区供给总量明显不足,旅游供给与旅游需求之间矛盾较为突出;同时,伴随全民休闲时代的到来,旅游需求发生井喷式增长,到精品旅游景区游览的游客量还将迅速增加,精品旅游景区的发展速度远不能满足游客需求。

2. A级旅游景区产品类型结构不合理,区域发展不平衡

2012年,全国A级旅游景区仍以传统观光型的自然景观和历史文化类为主,休闲度假和专项旅游产品虽然发展较快,但仍滞后于游客不同类型消费需求的增长;加之新兴、新型旅游景区正处于发展阶段,不能满足广大游客日益增长的个性化需求。

中、西部地区A级旅游景区接待人次和景区容量不成比例,区域旅游景区发展极为不均衡,差异明显。例如,2007—2012年,我国东部地区5A级旅游景区占全国5A级旅游景区的比重由48.5%增至49.7%,基本稳定

[①] 国家旅游局规划财务司:《2012年中国旅游景区发展报告》,中国旅游出版社2013年版,第16页。

在50%左右,中部地区从19.7%增至22.1%,西部地区从31.8%下降到28.3%。[①] 特别是西部地区由于受到交通、客源市场、景区知名度、旅游环境等多种因素的影响,A级旅游景区接待规模较小,距离其承载量尚有很大的发展空间。

(二)旅游景区淡旺季明显,假日供需矛盾突出

1. 旅游淡旺季明显

2012年全国A级旅游景区总体经营状况呈季节性变化,第三季度的旅游接待人次和旅游总收入较高。旅游淡旺季明显,特别是旅游淡季过淡、旺季过旺的问题,给旅游景区的资源、环境、社会、经济以及游客体验带来不良影响,因而如何协调并解决淡旺季之间存在的矛盾成为A级旅游景区可持续发展亟须解决的问题。

2. 节假日压力突出

一方面是景区超载,环境破坏。时间短、节奏快、游客多的假日旅游,使许多旅游地的客流量远远超过旅游地的容量和接待能力,导致旅游景区景点及旅游线路超负荷承载,景区管理、配套服务失控,自然生态环境、旅游资源、视觉空间环境、观景审美情绪受到人为破坏。另一方面是交通拥挤,住宿、用餐困难。公共交通服务体系建设不够完善,假日旅游出行难、停车难、回程难。浪潮式的假日旅游使得饭店宾馆拥挤、爆满,住宿困难大大影响了游客的旅游质量并导致安全隐患。由于各种主观、客观原因,导致接待标准名不副实,服务质量明显下降,严重影响了行业声誉和旅游地形象。

(三)旅游设施综合配套不足,个性化服务欠缺

1. 旅游景区综合配套尚有不足

主要表现为:部分A级旅游景区内部存在断头路,道路标识系统缺乏,景区道路等级跟不上景区发展要求;停车场、游客服务中心、旅游厕所等服务设施和服务功能不到位;景区发展跟不上游客需求,与自助游、自驾车游、探险游、生态游等新兴产品对应的汽车旅馆、特种安全救援系统等配套设施建设滞后;景区信息化建设缺乏对当地文化内涵的挖掘与展示。

2. 适应市场化需求的个性化服务理念有待加强

一部分A级旅游景区个性化服务理念较弱,缺乏针对不同年龄结构、不同文化水平、不同个性化需求的设施和服务。例如,有的景区缺乏残障

---

① 根据《中国旅游统计年鉴(副本)》(2008—2013)相关数据整理而成。

人士专用椅、无障碍游览通道、无障碍厕所等服务设施;针对婴儿和儿童的休息室、婴儿车等设施不完善;导游讲解服务千篇一律。

(四)旅游景区多头管理问题突出,经营机制落后

1. 部分 A 级旅游景区多头管理的问题仍然突出,体制不顺阻碍景区进一步发展

21 世纪以来,我国管理旅游景区的部门较多,包括建设、国土、水利、文化、林业、环保等,不同部门管理的理念、方向和侧重点各不相同。有的景区由于多头监管、职能交叉、权责模糊、利益纷争等问题,导致景区建设、管理和经营缺乏统一性、协调性和完整性,出现无序甚至失控状态。

2. 市场化经营管理程度不高,经营管理机制落后

2012 年,全国旅游景区的经营管理机构多为行政单位和事业单位。部分旅游景区由于存在政、企、事不分的经营管理机制,导致其在资源保护方面的投入不足;尤其员工工资来源于财政拨款的景区,存在着旅游景区经营积极性不高的现象;同时缺少必要的激励制度,市场活力不足,景区经济效益不明显。

(五)国家对旅游景区发展的财政支持力度相对不足

1. 针对旅游景区发展方面的专项资金较少

21 世纪以来,我国用来支持旅游景区发展建设的国家级专项资金包括国家红色旅游专项资金、国家"十一五"历史文化名城名镇名村专项保护资金、国家文化和自然遗产地保护资金中的部分资金,专门用于旅游景区发展建设的资金相对较少。

2. 国有体制旅游景区营业收入再投资不足

2012 年,国有体制 A 级旅游景区 2012 年营业收入达 1733.98 亿元,但全年 A 级旅游景区的财政投入仅为 343.92 亿元,占营业收入的 19.83%,旅游景区经营收入的再投资不足,尤其投入到环境补偿的资金比例极低;旅游景区的社会投入反而达 1240.72 亿元,约为旅游景区财政投入的 3.6 倍。[①]

[①] 国家旅游局规划财务司:《2012 年中国旅游景区发展报告》,中国旅游出版社 2013 年版,第 18 页。

第六节 中国旅游业在世界旅游格局中的地位

21世纪以来,我国旅游业不断发展壮大,旅游业的国际影响力稳步提升。世界已进入"旅游时代",13亿中国人积极融入这一时代,共促全球旅游发展,在世界旅游发展史上极具划时代的意义。在全球经济不稳定之际,国际贸易摩擦加剧、保护主义抬头,全球旅游发展相对低迷,而中国旅游业发展依然保持良好的势头,对全球旅游经济发展的贡献也是有目共睹,是开创全球旅游新时代的决定性力量之一。2012年,中国首次成为全球第一大出境旅游消费国,继续保持全球第四大入境旅游国的地位;同时,我国国内旅游发展持续强劲,拥有全球最大的国内旅游市场,在世界旅游发展格局中具有举足轻重的地位,是促进世界旅游重心向亚太地区转移的主要力量。

一、世界第一大出境旅游消费国

21世纪以来,我国公民出境旅游渐成时尚,出境旅游成为部分先富起来的中国人的一种常态休闲生活,其消费能力令世界侧目。随着旅游休闲意识的逐渐增强、人均可支配收入的不断增加以及对公民出境旅游限制的逐步放松,我国已经成为出境旅游消费规模最大和市场增长最快的国家。

(一)发展速度

随着中国作为快速崛起的新兴经济体在世界经济舞台上的地位日渐重要,中国出境旅游业也取得了长足的发展,并逐步发展成为世界主要出境旅游客源国。与发展初期的数百万人次相比,2000年首次突破1000万人次,2002年达到约1660万人次。2011年,中国公民出境人次达到7025万人次,超过日本而成为亚洲出境旅游人次最多的国家。中国强劲增长的出境旅游市场正在成为世界旅游经济持续发展的重要引擎。2002—2012年,我国出境旅游由约1660万人次增长到约8300万人次,中国出境旅游市场实现了接近20%的年均增长速度。2012年,中国已连续两年占据亚洲第一大出境旅游客源国地位,是全球出境游市场增长最快、潜力最大、影响力最广泛的国家之一。中国出境旅游的快速发展,正在改变亚太地区乃至世界旅游的格局,是促进世界旅游重心向亚太地区转移的主要力量。

(二)消费规模

随着国民收入的逐步提高,出境旅游渐成时尚。发展势头强劲的出境旅游,不仅丰富了我国公民的休闲生活,而且给我国出境旅游主要目的地国家带来滚滚财源。改革开放以来,我国居民出境旅游消费的高增长令世界侧目。从1982年有数据至2012年,中国公民出境旅游消费增长较快。根据世界旅游组织最新数据,2012年中国出境旅游消费仍然延续高位增长态势,国际旅游支出总额高达1020亿美元(见表4-33)。"十三五"及未来一个时期,我国出境旅游市场份额及消费支出规模将继续保持上升态势,有庞大出游消费潜力的中国将成为全球旅游业持续繁荣的动力源泉。

表4-33 2012年中国在出境旅游消费的世界排名

排名		出境旅游消费（十亿美元）	市场份额(%)	人均消费（美元）
1	中国	102.0	9.5	75
2	德国	83.8	7.8	1023
3	美国	83.5	7.8	266
4	英国	52.3	4.9	828
5	俄罗斯	42.8	4.0	302
6	法国	37.2	3.5	586
7	加拿大	35.1	3.3	1007
8	日本	27.9	2.6	218
9	澳大利亚	27.6	2.6	1210
10	意大利	36.4	2.5	433

(资料来源:UNWTO Tourism Highlights,2013 Edition.)

二、世界第四大入境旅游目的地

(一) 发展速度

2002—2012年,由于中国、印度、韩国等国家和地区的旅游业不断发展,亚太地区旅游业表现出强劲的发展势头,旅游发展速度远远高于同期世界平均水平。2012年,亚太地区入境旅游接待增长率高达6.8%,高于非洲的6.3%、美洲的3.7%、欧洲的3.3%(见图4-19)。根据世界旅游组织报道,21世纪是亚太旅游世纪,其中的旅游热点之一是中国。2002—2012年,我国入境过夜游客人次从36800万人次增加到57700万人次,旅游外汇收入从203.9亿美元增加到500.0亿美元,增幅分别为56.8%和

145.2%。这个时期旅游业的迅猛发展,我国入境旅游人次在 2002 年仅为 9791 万人次,而到 2011 年已超过日本,跃居亚太地区第 1 位。

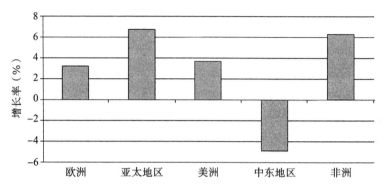

图 4-19　2012 年世界入境旅游目的地地区增长率
(资料来源:世界银行数据库。)

(二) 市场份额

伴随着亚太地区在世界旅游发展格局中的地位上升,中国在全球及亚太地区国际旅游市场中的份额逐年上升。我国接待的入境游客规模占全球的比重从 2002 年的 5.3% 增加到 2007 年的 6.0%,又从 2007 年的 6.0% 缓慢回落至 2012 年的 5.5%,增长较为缓慢。而在亚太地区旅游发展格局中,我国入境游客规模表现出阶段性特征:2000—2005 年我国接待的入境游客占亚太地区的份额呈不断上升趋势,从 30.7% 升至 31.5%;2005—2012 年,我国入境旅游接待量占亚太地区入境接待量的比重略有回落之势,从 31.5% 降至 26.2%(见图 4-20)。这也说明我国入境旅游发展格局开放度的进一步扩大,客源市场结构得到不断优化。

中国入境旅游收入占全球及亚太地区入境旅游收入的比重则分别由 1995 年的 1.8% 和 10.6% 上升到 2010 年的 4.2%、18.3%,2012 年,占比分别为 3.9% 和 15.7%(见图 4-21)。如果加上香港、澳门和台湾地区的旅游市场,则中国在亚太地区及世界旅游发展格局中的地位将更加显著。

(三) 排名变化

2002—2012 年的 11 年间,中国在世界旅游目的地的排名呈现出不断上升且接近榜首的趋势。2002 年过夜游客人次和旅游外汇收入均居世界第 5 位;2012 年,这两项指标分别跃居第 3 位和第 4 位(见表 4-34)。根据世界旅游组织的预测,中国将于 2020 年成为世界第一大旅游目的地。这表明了在全球旅游业持续增长,新兴国家的旅游业成为增长主角的形势

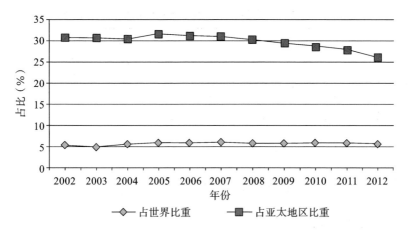

图 4-20 2002—2012 年中国入境游客规模占世界及亚太地区的市场份额
（资料来源：世界银行数据库。）

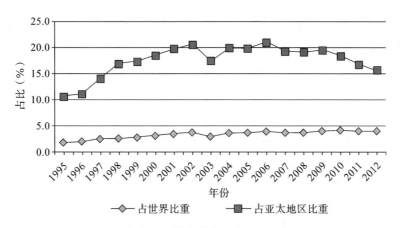

图 4-21 1995—2012 年中国入境旅游收入占世界及亚太地区的市场份额
（资料来源：世界银行数据库。）

下，中国已扮演了"主角中的主角"，也标志着中国入境旅游已经有了质的飞跃。究其原因，一是作为东方文明的代表性国家，中国的神秘感持续存在；二是作为一个经济迅猛发展的世界性大国，中国的影响力逐年上升；三是旅游业发展迅速，特别是国内旅游业的兴旺提升了整个旅游业的软硬件环境，为入境旅游的提升创造了良好条件，成为全球最具生机活力和安全保障的旅游目的地之一。

表 4-34 中国在世界入境旅游市场中的排名变化示意表

项目	1990年	1995年	2002年	2005年	2007年	2008年	2009年	2010年	2011年	2012年
过夜游客人次	11	8	5	4	4	4	4	3	3	3
旅游收入	25	10	5	6	5	5	5	4	4	4

（资料来源：《中国旅游统计年鉴 2013》相关数据计算整理。）

三、世界第一大国内旅游市场国

（一）发展速度

自改革开放以来，国内旅游市场增长速度一直以高于国民经济增长速度在发展。21 世纪以来，随着我国综合国力的显著增强和人民群众收入水平的不断提高，旅游业实现了持续快速增长，逐渐成为"国民经济战略性支柱产业和人民群众更加满意的现代服务业"，国内旅游市场需求进一步释放，国内旅游规模不断得到新的突破和发展。① 2003—2012 年，国内旅游人次每年净增 1 亿人次以上，其中 2004 年和 2007 年均净增 2 亿人次以上，分别比上年净增 2.3 亿人次和 2.2 亿人次。2001 年我国国内旅游人次为 7.8 亿人次，国内旅游收入为 3522 亿元。2010 年国内旅游人次达 21 亿人次，国内旅游收入 1.26 万亿元，分别是 2001 年的 2.7 倍和 3.6 倍。2012 年，国内旅游市场需求持续旺盛，旅游人次和旅游收入都再创新高，国内旅游人次高达 29.57 亿人次，比 2002 年增长 236.8%，达到了人均两次以上的旅游密度；国内旅游收入 22706 亿美元，比 2002 年增长 485.5%，成为世界上数量最大、潜力最强的旅游市场，国内旅游市场规模位居世界第 1。其中，广东、山东、江苏、四川、浙江、辽宁、河南、湖北、湖南等地的国内旅游人次超过 3 亿人次（见表 4-35），其规模和发展潜力超过诸多国家。

表 4-35 2012 年中国国内旅游情况

地区	国内旅游收入（亿元）	国内旅游人次（亿人次）	地区	国内旅游收入（亿元）	国内旅游人次（亿人次）
北京	3301.30	2.26	湖北	2553.53	3.42
天津	1663.30	1.20	湖南	2175.46	3.03

---

① 胡静：《2012 中国旅游业发展报告》，中国旅游出版社 2012 年版，第 19 页。

续表

地区	国内旅游收入（亿元）	国内旅游人次（亿人次）	地区	国内旅游收入（亿元）	国内旅游人次（亿人次）
河北	1553.91	2.29	广东	6400.00	5.17
山西	1766.28	1.94	广西	1578.94	2.08
内蒙古	1080.65	0.59	海南	356.79	0.32
辽宁	3742.00	3.62	重庆	1576.67	2.88
吉林	1146.89	0.89	四川	3229.83	4.35
黑龙江	1247.52	2.52	贵州	1849.49	2.13
上海	3224.39	2.51	云南	1579.49	1.96
江苏	6055.80	4.64	西藏	119.80	0.11
浙江	4475.80	3.91	陕西	1609.52	2.29
安徽	2521.58	2.92	甘肃	469.65	0.78
福建	1650.00	1.62	青海	122.16	0.16
江西	1371.97	2.03	宁夏	103.05	0.13
山东	4335.03	4.87	新疆	541.75	0.47
河南	3325.48	3.61			

（资料来源：据国家旅游局网站数据整理。）

（二）消费规模

随着我国城乡居民收入的稳步提高，消费观念和消费结构悄然变化，我国居民出游消费意愿不断增强，国内旅游消费已经成为拉动国内总需求的一个重要环节。从消费总量看，旅游消费对社会总消费的贡献明显，我国国内旅游消费一直呈现持续高位增长态势。1997年超过2000亿元，达到2112.7亿元，2000年超过3000亿元，达到3175.5亿元，2004年超过4000亿元，达到4710.7亿元，从2005年开始每年跨过1个千亿元台阶，2012年达22706.2亿元。根据《2012年中国休闲发展报告》可知，2010年我国居民国内旅游消费达到12580亿元，占居民消费总支出的9.4%。2011年我国居民国内旅游休闲的总人次为22.53亿人次，国内旅游休闲的总消费已达16200.54亿元，相当于我国居民休闲核心部分消费的56.7%。从旅游消费结构来说，城市居民旅游消费远远高于农村居民。2012年我国国内旅游人均消费767.9元，比2002年增长73.8%；其中，我国城市居民旅游消费和农村居民旅游消费分别为17678亿元和5028.2亿元,分别比2002年增加5.2倍和3.9倍。① 由此可见,21世纪以来,旅游已逐渐从少数人的"奢侈消费"演变为多数人的"日常消费",国内旅游消费规模不断扩大,成为拉动国内总需求的一个重要环节,也将进一步强化和巩固我国作为世界第一大国内旅游市场国的发展地位。

第七节 旅游业快速发展的主要成效

一、奠定了建设世界旅游强国的坚实基础

2002—2012年,我国入境旅游和出境旅游均取得了新的进展。2012年,我国入境过夜旅游人次、旅游外汇收入分别居于世界第3位和第4位,在出境旅游人次方面稳居亚洲最大客源国地位,并成为全球出境旅游增长最快的国家之一。2012年,旅游外汇收入500亿美元,比2002年增加296亿美元;入境旅游人次达1.3亿人次,比2002年增加3450万人次;入境过夜旅游者人次达5772万人次,比2002年增加2092万人次;外国入境旅游者人次达2719万人次,比2005年增加1375万人次。②

快速稳健发展的出境旅游也有力彰显了我国作为旅游大国的积极形象。2012年,我国出境旅游人次为约8300万人次,亚洲第一大出境旅游大国的地位更加巩固。出境旅游的目的地接待质量和出境游客的安全保障机制进一步改善,为我国旅游产业的国际化战略奠定了市场基础。在国际金融危机期间,我国的出入境旅游市场成为全球旅游市场走出低谷的重要力量,赢得了国际旅游业界的好评。

截至2012年底,经国务院批准的中国公民出国(境)旅游目的地国家和地区总数达到140多个。我国与美国、俄罗斯、欧盟、东盟、日本、韩国等的多边及双边合作取得了较大进展,初步形成有效的工作方式和运行机制。我国出入境旅游在发挥民间外交功能、促进服务贸易等方面取得重要进展,全面融入世界旅游发展新格局。我国在国际旅游业发展事务中的影响和地位进一步增强,世界旅游大国地位更加突出,建设世界旅游强国的基础进一步加强。

---

① 根据《中国旅游统计年鉴》(2003—2013)相关数据整理而成。
② 根据《中国旅游统计年鉴》(2003—2013)相关数据整理而成。

二、旅游业全面融入国家战略体系

随着产业功能的释放，旅游业对国民经济的促进作用日益受到中央和地方政府以及社会各界的高度重视，对旅游产业的认识实现了质的飞跃。2009年12月，《国务院关于加快发展旅游业的意见》正式出台，首次提出"把旅游业培育成国民经济的战略性支柱产业和人民群众更加满意的现代服务业"，实现了旅游产业定位的历史性突破。2009年，还出台了《国务院关于进一步促进广西经济社会发展的若干意见》、《国务院关于推进海南国际旅游岛建设发展的若干意见》等一系列文件，把旅游业发展摆到了更加重要的位置。在推动区域协调发展的20多个国家战略中，旅游业都成为重要内容之一。[①] 旅游业发展已经深度融入了国家战略体系，成为推动我国现代服务业创新发展、调整优化国民经济结构、促进发展方式转变、推进区域协调发展、改善人民生活的重要力量。

2002—2012年，围绕国家重大战略和中央工作部署，根据"保增长、扩内需、调结构、促就业、惠民生"的基本战略方针，还研究制定了《关于大力发展旅游业促进就业的指导意见》、《关于加快发展乡村旅游的指导意见》，编制实施了《2004—2010年全国红色旅游发展规划纲要》，积极出台各种措施，形成了旅游业应对金融危机的中国经验，保持了旅游消费的较快增长，为我国经济的平稳较快发展做出了重要贡献。此外，追踪国家重大区域发展战略，特别是中部崛起、振兴东北老工业基地、长三角区域规划、珠三角区域规划、海峡西岸经济区建设、北部湾经济区建设、辽宁沿海经济带发展、江苏沿海地区发展、长株潭城市群和武汉城市圈两型社会建设、关中-天水经济区发展、长吉图地区发展、鄱阳湖生态经济区发展、黄河三角洲高效生态经济区发展、成渝综合配套改革试验区、皖江城市带规划、少数民族边疆地区发展等，编制了相应的区域旅游规划，采取了相应的市场促销和产业促进举措，在支撑区域发展战略方面发挥了重要作用。旅游业还在推进海峡两岸交流，支持香港和澳门保持经济繁荣稳定等方面做出了突出贡献。在建设社会主义新农村，构建和谐社会，促进革命老区、民族地区、边疆地区、贫困地区经济社会发展，建设两型社会，推动文化繁荣以及提升国家形象、发挥民间外交功能等诸多方面，旅游业也发挥了积极而重

[①] 中华人民共和国国家旅游局：《中国旅游业"十二五"发展规划纲要》，中国旅游出版社2011年版，第5页。

要的作用。

三、通过体制机制创新形成旅游业发展合力

21世纪以来,我国旅游业形成了"政府引导、部门联动、条块结合、分类指导"的大产业综合推进的发展格局。

地方政府主导旅游业发展格局基本形成。这个时期,各省(区、市)对旅游业发展高度重视,纷纷出台促进旅游业发展的政策,制定关于旅游业发展的地方性法规及政府规章,加大了政策引导力度,为旅游业发展营造了良好的政策环境和法制环境。全国已有27个省(区、市)把旅游业作为支柱产业或第三产业的龙头。

旅游部门的横向、纵向合作力度进一步增强,形成了常态化的工作机制。旅游部门与文化、文物、农业、商业、工业、体育、环保、林业、气象、海洋、工商、金融等部门合作更加紧密,旅游产业与文化产业、体育产业等相关产业融合不断深化,形成了旅游产业融合发展的大格局。局省合作机制取得明显成效。国家旅游局先后与安徽、吉林、广东、湖北、浙江、江苏、湖南、山东、云南、重庆、陕西、宁夏、四川、天津、广西、河南、河北、深圳、贵州、甘肃、海南等20多个省(区、市)签订旅游合作备忘录或合作协议,条块结合、分类指导,有力推动了地方旅游业发展。

区域旅游合作方兴未艾。区域旅游发展格局渐趋成熟,跨区域旅游合作、旅游城市群和无障碍旅游区已成为旅游业发展的重要模式。众多旅游区域依托中心城市展开了联合宣传推广、对接旅游线路、促进要素流动、规范市场管理等多层次的合作。区域旅游一体化的"同城效应"愈发明显,城市群内部旅游合作日益增强,长三角无障碍旅游区建设成效显著。内地(大陆)与港、澳、台的旅游交流与合作更为密切,内地居民赴港、澳旅游健康发展,大陆居民赴台旅游有序推进,CEPA协议有关旅游政策逐步得到落实。

旅游管理体制和行业管理方式不断创新。各地成立了以主要领导为负责人的旅游产业领导小组或旅游委员会,各级财政对旅游业投入大幅度增加。新一轮省级机构改革中旅游部门普遍增加了职能、机构和编制,旅游行政管理部门的公共服务与社会管理职能得到加强。全行业大力推进服务型机关建设,机关工作规范化、制度化水平有了明显提高。建立了旅游经济运行分析制度和预警机制,旅游提示制度、旅游质量监督与执法等宏观调控和行业管理手段进一步加强。旅游法规建设成效显著,出台了新

的《旅行社条例》,旅游立法工作启动。标准化管理已成为旅游行业管理的重要手段,从旅游产业要素扩展到旅游安全、质量、秩序等公共服务领域。以全国游客满意度调查为抓手,深入推动质量工程建设,取得了明显效果。探索建立了针对地方旅游业与旅游企业发展的分类指导机制。

四、旅游产业竞争力显著提升

进入 21 世纪以来,我国旅游产品转型初步实现,逐渐从观光旅游占绝对主体地位转向以观光旅游为主体,观光、度假休闲和专项旅游协调发展,特别是红色旅游、乡村旅游、生态旅游、文化旅游等专项旅游势头良好。新型旅游业态蓬勃发展,自驾旅游、旅游演艺、游船游艇、房车营地、网络旅游等旅游新业态大量涌现。我国旅游产业规模不断扩大,截至 2012 年,旅行社数量超过 2.4 万家,星级饭店 1.1 万多家,景区 2 万多家,全国共有高、中等旅游院校(包括开设旅游系或专业的院校)2236 所,导游总数超过 60 万人。[①] 旅游市场化程度不断提高,初步培育了一批有竞争力的大型旅游集团和旅游知名企业。国有企业、多种所有制结构旅游企业竞相发展,旅游市场主体的企业活力和产业竞争力进一步增强。旅游投融资体系不断完善,境内外上市成为新兴旅游企业的重要融资渠道和发展平台,社会资金以更大力度介入旅游业发展,有力推动了旅游产业的市场化进程。

旅游科技创新和人才队伍建设得到进一步增强。旅游信息化建设进展顺利,旅游电子商务、电子政务得到较大发展,初步建立起一批旅游电子运营商、数字旅游城市和数字景区。强化了与教育部门、人力资源与社会保障部门的合作,进一步提升了我国旅游行政管理人才、企业经营人才和专业技术人才队伍的整体素质。

2002—2012 年,我国旅游业发展取得了巨大成绩,但是与"国民经济战略性支柱产业和人民群众更加满意的现代服务业"两大战略目标相比,与建设世界旅游强国的目标相比,依然存在较大差距:市场秩序长期失范的问题一直没有得到有效的解决;旅游业发展方式比较粗放,重规模轻质量,整体效益较低;体制机制相对滞后,缺乏创新观念,管理效率较差;法制环境尚需完善,旅游执法力度较弱;人才科技支撑不足,都需要在进一步的发展中加以解决。从保障条件来看,财政导向投入尚需进一步增加,基础设施和公共服务设施还不尽完善,缺乏有力的产业发展协调机制和宏观调控

---

① 根据《2012 年中国旅游业统计公报》相关数据计算整理。

手段等,也在不同程度上影响了我国旅游业的健康发展。

五、旅游业综合功能快速释放

21世纪以来,旅游业在国民经济和服务业中的比重不断提高,综合功能不断加强。从旅游业总收入占GDP的比重来看,这一比重持续提高,从2002年的4.57%提高到2012年的4.79%,接近5%。除了2003年"非典"疫情造成暂时性的旅游业比重下滑,2008年国际金融危机造成连续三年持续下降外,其余年份均保持在4%以上的水平。从旅游业总收入占第三产业比重来看,与前述变化情况相似,除了2003年、2008年、2009年、2010年这一比重为8%左右外,其余年份均保持在10%左右的水平(见表4-36)。

表4-36　2002—2012年中国旅游业总收入占GDP、第三产业增加值的比重

年份	旅游业总收入占GDP的比重(%)	旅游业总收入占第三产业增加值比重(%)
2002	4.57	10.82
2003	3.55	8.45
2004	4.23	10.26
2005	4.10	9.93
2006	4.07	9.74
2007	4.06	9.46
2008	3.63	8.47
2009	3.69	8.33
2010	3.80	8.61
2011	4.59	10.38
2012	4.79	10.56

(资料来源:根据《中国旅游统计年鉴2013》和《中国统计年鉴2013》相关数据整理而成。)

从国际旅游外汇收入占服务贸易出口的比重来看,其波动整体不大,但在2004年"非典"恢复期以后,这一比重呈现递减态势(见表4-37),反映了服务贸易发展加快,产业规模不断扩大,这种发展态势应引起业内关注;也反映了旅游的创汇功能逐渐减弱,社会、外交功能逐渐增强。

表 4-37 2002—2012 年国际旅游外汇收入占服务贸易出口额的比重

年份	国际旅游外汇收入(亿美元)	服务贸易出口额(亿美元)	国际旅游外汇收入占服务贸易出口额的比重(%)
2002	203.85	394	51.74
2003	174.06	464	37.51
2004	257.39	621	41.45
2005	292.96	739	39.64
2006	339.49	914	37.14
2007	419.19	1216	34.47
2008	408.43	1465	27.88
2009	396.75	1286	30.85
2010	458.14	1702	26.92
2011	484.64	1821	26.61
2012	500.28	1905	26.26

(资料来源:根据《中国旅游统计年鉴2013》和《中国统计年鉴2013》相关数据整理而成。)

第八节 旅游业快速发展面临的挑战和主要矛盾

2002—2012年是中国旅游业发展的黄金时期,旅游业展现出全面发展的兴盛局面,整体属于规模扩张型增长态势,但随着发展状态的深入,旅游业在快速发展中出现一系列比较突出的问题。

一、旅游行业受外部环境影响较大

(一) 世界经济减速对旅游消费产生负面影响

2002—2012年,欧元区面临着债务危机影响、国际需求疲软、失业率居高不下以及公共债务不断增加的困境;美国经济前景虽然较欧洲乐观,但失业率依然高于危机前水平,抑制了消费者的消费,减缓了经济的增长。欧美国家经济衰退使国外需求下降,不仅直接导致我国入境旅游人次下降,还导致我国出口下降,企业利润和居民收入下降,最终对我国国内旅游市场和出境旅游市场产生影响。世界经济减速对三大市场产生较大负面影响,抑制了游客量和旅游消费的增长。因此,我国入境旅游市场呈现疲软,如何通过开发新型旅游项目,提高和完善旅游服务,开拓国内旅游市场,通过开发三大旅游市场以树立我国良好的旅游形象,成为亟待解决的问题。

(二)旅游行业受许多不确定性因素影响较大

旅游行业受外部环境影响较大,这是由行业自身特点所决定的。旅游行业的发展很难完全避免一些不确定性因素和突发事件的干扰,例如,经济危机、金融动荡等经济因素,地震、海啸等自然灾害,"非典"、禽流感、甲流等流行性疾病,地区冲突、战争、动乱、恐怖活动等政治因素,都会导致旅游需求下降,给旅游业发展带来不利影响。例如,中日钓鱼岛争端的持续升温以及"购岛"闹剧的上演严重影响了东亚地区的政治稳定和中日之间的正常经济往来,中日两国间的旅游活动也由此蒙上了一层阴影。此外,2008年国际金融危机导致各国寻求新的发展途径,发达国家和许多新兴经济体普遍提高旅游业地位,采取更加积极的目的地推广和市场策略,使我国入境旅游发展的战略形势趋于严峻。而我国的政策创新对国际市场影响相对较小,缺乏大的政策触动,旅游系统内的营销创新也不足,因此面临着极大的挑战。

二、旅游法规建设不断完善,但依然滞后

改革开放后,我国加强了旅游行业管理,加快旅游业法律、法规建设,正不断地完善旅游方面的立法,使旅游市场的各种经营行为有法可依,为我国旅游业高速发展提供了有力的保障,但当时的旅游法规也存在不够完善之处。

(一)旅游基本法长时间缺位

旅游基本法作为我国旅游业发展的根本大法,主要规定旅游业的发展宗旨和政策原则,能够确保旅游业的健康发展。从各国旅游立法的实践来看,大多制定有旅游基本法,如美国的《全国旅游政策法》、日本的《旅游基本法》及墨西哥的《旅游法》等,都是具备旅游"宪法"地位的基本法。旅游基本法的缺位使得整个中国旅游法制建设处于"群龙无首"的状态,也使得地方性旅游立法活动缺乏可供遵循的立法根据和原则。同时,这也是引起旅游市场秩序混乱的重要原因之一。

(二)旅游法律体系尚不完备

在我国旅游法律体系中,法律、行政法规和部门规章作为社会公共产

品在数量上供给严重不足,在立法的位阶上处于比较低的层次,有的行政法规和部门规章立法思想过时,内容简单、抽象,缺乏可操作性。国务院颁布的三部旅游法规①及其配套规定,涉及面较窄,不能完全适应旅游业发展的需要。特别是旅游业综合性强、关联度大,对相关产业较为完善的法律体系而言,旅游业法律体系保障较弱,对解决旅游业面临的实际问题效力不足。如我国饭店业已进入了一个国际现代化管理的新阶段,但随着饭店业的发展,涉及饭店的纠纷也在增多,却没有一部专门规范饭店管理的"饭店法"与之相适应,与之共同发展。

(三) 部分法规内容已经过时

现有的旅游法律、法规有一些内容逐渐跟不上行业发展的步伐,与旅游业发展不相协调甚至起了阻碍作用。有的法规、条例内容已过时,不适应某些行业、部门的实际情况,如旅游住宿方面的《旅馆业治安管理办法》、旅游投诉方面的《旅游投诉处理办法》、《旅游安全管理暂行办法》等具有暂时性,法律效力较低,对相应部门、行业的规范和约束力不强。有的法规、条例涉及内容大多为宏观规定,对于许多在旅游资源开发及保护、管理过程中涉及的实际问题,并没有相应的法律予以规定、调整,缺乏可操作性,针对具体的外部不经济行为也缺乏明确的惩治性规定,因而大多沦为一纸空文。

(四) 地方旅游立法各自为政

21世纪以来,一些地方为了确立和实现旅游业在本地产业中的支柱性地位,相继出台了不少地方性旅游法规。但由于现行的法规在立法层次上没有对国家发展旅游业的原则和措施做出根本性的规定,也没有对旅游业所涉及的各方面关系做出有效的约束和调整,加之各地市场经济和旅游业发育程度不同,这些地方性旅游法规立法水平参差不齐,都会着力体现自身旅游要素和地方特色,因而在旅游市场规范、服务标准的内容要求上往往存在较大差异。同时,由于其适用范围分别仅限于本行政区域,因而无法实现对旅游资源的跨区域整合,也不可能统一协调各地区之间的利益关系,更无法实现跨省、跨区域间的旅游合作。

三、旅游信息化建设不断推进,但任重道远

21世纪以来,我国旅游信息化建设取得了显著的成绩,但从整体来说,

---

① 即《旅行社条例》、《导游人员管理条例》、《风景名胜区条例》。

旅游业信息化发展滞后于旅游业的发展需要,仍存在以下问题。

（一）信息化发展整体水平不高

我国与世界旅游信息化水平较高的国家和地区相比,仍存在很大的差距,信息化的整体水平亟待提高。从旅游饭店来看,四星级、五星级饭店信息化发展状况良好,三星级饭店的情况较差,一星级、二星级饭店几乎没有信息化建设。网上预订还没有成为旅游消费的常态,只有不到40％的旅行社建立了网站,10％左右的旅行社可以实现网上预订。我国有2/3的旅游行政管理部门应用了办公自动化系统,但信息化建设水平参差不齐,发展很不平衡①,所建的网站很多是静态网站,搭载过时的信息较多,缺乏实时更新维护,时效性差。旅游管理部门旅游信息化工作机制尚不完善,在机构设置、人员编制和经费投入等方面,还远远不能适应旅游信息化与产业化融合发展的要求。

（二）信息化技术创新能力不强

经过10多年的摸索和积累,国内已有一小部分旅游企业开始在信息化建设之路上迈开脚步,不断前进。但大多数旅游企业还不能完全与时俱进,仍然沿用传统的经营管理模式,信息传递不畅、信息共享水平低,应用水平依然处于初级阶段,表现出保守被动、不成体系和实用性差等特点。国内很多旅行社还沿用传统作业方式,导致诸多弊端,如缺乏完整、实时的数据库,旅游信息分散,更新不够及时,数据无法共享;各自为政,规模效应不能得到体现;成本高,办公效率低下;无法整合客户信息,造成客户流失,出现财务管理监控漏洞;市场反应迟钝等。旅游信息化技术创新能力不强,不仅影响到旅游产业结构的升级,也不能充分满足旅游者的个性化、综合化需求。

（三）信息化基础设施建设不足

早在1994年,国家实施金旅工程之际,一些省市就开始推进旅游信息化建设,取得了一些成绩,如各地政府网站建立、运行以及提供信息查询服务等,但发展速度缓慢。信息化建设更新换代较快,资金需求较大。不少行政管理人员对信息化理解不够,很少安排专门的资金进行旅游信息化的基础设施建设,导致一些地区旅游信息化发展的动力不足,区域信息服务存在盲点,形成无信息服务的"信息孤岛",造成旅游景区景点的旅游信息

---

① 胡静:《2012中国旅游业发展报告》,中国旅游出版社2012年版,第137页。

资源效益低下和严重浪费,一些偏远的旅游景区景点的旅游信息化投入渠道不顺畅,投入资金不足,信息化基本建设和运行维护都存在很大缺口。而企业的信息化基础设施建设比较滞后,重复建设现象较多,很少能够形成规模经营,相互之间缺乏资源共享机制,信息资源交流不畅。

(四) 信息化技术人力资源短缺

21世纪以来,我国旅游信息化技术方面的人力资源非常短缺,尤其缺少高素质、复合型的旅游信息化建设管理人员、技术研发人员。在现实中,多数旅游业从业人员对信息技术知之甚少,往往仅涉及计算机软件的一些简单操作和文字处理,缺少高层次的信息技术专门人员,无法满足旅游企业信息化发展的要求。全国旅游景区景点中也很少有专职的信息管理人员,致使旅游信息化建设工作很难有效开展。此外,政府旅游信息化队伍不强,尚未建立旅游信息化事业机构。旅游信息中心人力资源十分匮乏,现有人员难以支撑已建成的多套信息系统的正常运行,更无法满足新系统的建设和旅游相关管理部门电子政务的要求。

四、旅游业发展方式加快转变,但仍较粗放

我国旅游业大而不强,发展方式较为粗放,尚存在重建设、轻管理,重速度、轻质量,重效益、轻生态等问题,以及"一流资源、二流开发、三流服务"等现象。

(一) 重开发建设,轻管理服务

"重开发建设,轻管理服务"是我国旅游界长期以来的一个通病。一些地方非常重视搞大项目、大活动,对吸引旅游投资、建设旅游大项目出台了一系列产业鼓励和引导政策,而对旅游发展软环境的建设,对旅游市场秩序的整治、旅游服务质量的提升重视不够,出台的鼓励政策较少,有效的措施和办法也不多。很多旅游主管部门和投资主体,过分强调旅游硬件的开发建设,大有蜂拥而上之势,往往舍得在景区、饭店建设等硬件方面慷慨投资,甚至存在乱投资、盲目投资,低水平重复模仿建设、制造假人文景点的不良现象,造成了不可挽回的损失;而投入到旅游软件方面的经费较为有限,甚至吝啬,不够重视旅游业的管理人才队伍建设和导游队伍素质提高,旅游宣传、旅游营销、旅游纪念品等工作还相对滞后。一些景区的旅游服务设施形同虚设,并没有真正发挥作用,影响景区对游客服务功能。

(二) 重数量增长,轻质量提升

从总体上看,我国旅游业仍然是外延式、粗放式增长,与内涵式、集约

化发展的要求还有很大差距。游客数量和经济效益,一直被作为衡量一个地方旅游业发展的重要评价体系。不少地方一味贪大求快,单纯注重旅游经济规模数量增长,却忽视了旅游发展要使增长速度符合本地发展的阶段性特征、功能定位和资源禀赋条件。这导致很多地方旅游发展整体上处于数量增长型阶段,可发展质量不高:景区景点数量多,精品少;同质化产品多,特色产品少;接待游客数量多,经济效益少,处于低附加值环节、以门票为主要收入的景区占据了产业链的绝大部分。而位于上游的旅游研发、创意和位于下游的服务环节都是高附加值领域,却非常单薄。

(三)重政府支持,轻市场配置

实行政府主导型战略被视为我国旅游业发展的一条经验,也是有中国特色的旅游业发展模式。旅游业在发展规划制定、基础设施建设、整体形象宣传和市场环境优化等方面,要充分依靠和发挥政府作用,但一些地方因此就重政府支持而轻市场配置,如旅游融资、区域协作、节事活动过多地依赖政府的作用,而漠视市场在旅游投资、产品开发、市场价格和服务质量等方面的作用,忽略了市场在协调供需平衡上远比行政控制更具有效率。导致旅游资源无法得到充分整合,极大地限制了企业积极性、主动性的发挥空间。对于旅游业来说,需要强调发挥市场机制配置资源的主导性作用,实现对行政性支配资源、条块分割的约束的突破,让市场说话。

(四)重经济发展,轻生态建设

21世纪以来,旅游业成为新的"金矿",很多地方也从经济发展的战略高度对当地旅游业的提升提出了更高的要求。旅游业作为与生态环境联系紧密的产业,处理好保护和开发的关系,保持良好的生态人文环境是旅游业赖以持续发展的基石。我国旅游业一直存在重经济轻生态、重开发轻保护的现象,在现实中将两者割裂开来,甚至对立起来,单纯重视旅游业的经济功能,漠视旅游业的环境影响。许多地方旅游业发展方式还不完全符合科学发展的要求。一些旅游项目存在盲目开发、过度利用旅游资源、热衷建造人工景点等问题,景区、景点旅客容量超负荷问题也一直未得到及时的解决;一些基层领导还是更多地关心经济增长,对旅游环境的保护缺乏必要的认识,导致以牺牲环境为代价换取经济增长的现象时有发生,并且致使部分景区生态环境破坏严重。有调查显示,已有20%的自然保护区因旅游模式不当而遭到不同程度的破坏。

五、公共产品供给短缺和公共服务能力不强

旅游目的地形象及基础设施、社区居民培训、面向公众的旅游目的地信息系统等旅游公共产品和公共服务还有不适应和不完善的地方。就全国而言,旅游公共产品供给短缺和公共服务能力不强,是21世纪以来的一个普遍问题和突出难点。

(一)行政职能错位、缺位和越位现象仍然存在

受计划经济的惯性影响,各级旅游行政管理部门的职能转变还缺乏明确的目标,游离于微观管理与宏观管理之间,公共服务职能相对薄弱;政府对市场的反应较缓慢,仍然习惯直接面对企业和市场进行管理,管了一些不该管也管不好的事,造成行政资源配置不尽合理,效能低下;政府所提供的公共服务虽然覆盖面广,但在细节上往往不足,常会发生缺位和越位现象;行政执法体制不健全,依法行政的能力有待提高。

(二)应对大众化旅游发展的准备不足

旅游公共需求是随着旅游的消费水平、产业规模和社会功能的不断提升而变迁并逐步扩展的。2002—2012年,旅游业的高速增长阶段是推动旅游公共服务的最佳机遇期,但各级旅游管理部门在供给过程中占有主导地位,这就使得旅游公共产品和服务的供给取决于政府的需求和偏好,而对公共产品需求缺乏认知,缺乏公众参与。地方政府提供的旅游公共服务偏重于营利性的旅游基础设施建设、旅游目的地形象宣传,而旅游资源保护及生态环境建设,以及旅游公共安全、旅游信息平台等方面的建设一直滞后于大众化旅游发展的需要,导致旅游公共服务有效供给不足、质量不高等问题。

(三)旅游公共服务方式简单且缺乏创新

政府主导的旅游公共服务供给决定了政府不可能在旅游公共服务上做到面面俱到,尤其是在提供个性化服务上。政府供给一方面决定了政府垄断,造成旅游公共服务质量下降;另一方面决定了政府在满足旅游者个性化需求上工作不力,旅游公共服务的现代化和人性化水平亟待提高。另外,市场自身具有弊端,旅游企业缺乏旅游公共服务社会化的意识,旅游信息化、标准化、数字化滞后,部分旅游企业没有形成网络经营,不愿提供利润少甚至没有利润的旅游公共服务,导致供给模式单一,缺乏创新。

(四)运用市场化和社会化的机制缺乏

旅游业如何系统地运用市场手段开展与企业合作、进行管理,还缺乏

有效途径和方法,更没有机制性突破。一些地方具有历史、文化和社会价值的文化遗产景点,本应该作为公共产品无偿提供给公众,却变成了一些地方政府与某些管理部门的"摇钱树",根本不能发挥应有的人文价值辐射及道德教益作用。最终的结果是公共产品的属性被改变,对旅游公共产品的开发转变成对旅游景区的大量投资,使大量的公共旅游产品流失,这更加剧了我国公共旅游产品的供需矛盾。

(五) 旅游景区供给结构严重失衡

21世纪以来,每逢节假日,几乎都成了国人出境的"血拼季"。"爆买"的背后,并非中国人"不差钱"、"土豪",而是在于国内旅游产品供给严重不足。对于那些想花钱获得更好体验的游客而言,相对低端的国内旅游市场显然无法满足他们的需求,转向国外也是理性的消费选择。反观入境游,虽然总体上人次比出境游多,但主要是看景不是消费。国内旅游商品的低廉和同质化,导致入境游的人均消费较少。当国外旅游市场针对中国游客不断提升服务水平和进行供给升级的时候,国内旅游市场却陷于景区涨价、宰客等负面泥潭里出不来。景区管理单位要打破这种困境,关键在于增加旅游产品供给,要改变"圈山圈水卖门票"、"坐地生财"的粗放模式,服务要更加专业化、产品要更加特色化、市场分类要更加精细化。从供给侧发力,着力解开供给严重不足的关键症结,是传统景区发展突围的路径,也是转型升级的必然选择。

21世纪以来国内景区供给结构失衡的问题十分严重。一方面,知名景区人满为患,供不应求,不得不推出最大承载量管理和门票预约制度;另一方面,一些一般性景区经营惨淡,资源闲置。

六、旅游人才缺口扩大,供需趋于失衡

相对西方发达国家,我国的旅游行业起步较晚,旅游人才整体储备不足。尤其是21世纪以来,中国旅游业进入高速发展阶段,这种结构性矛盾更加凸显。特别是旅行社、饭店等需要大量高素质专业人才。人才资源培育落后于旅游发展的需求,难以支持建设世界旅游强国的目标。

(一) 旅游人才分布不均匀

一是酒店、旅行社较旅游车船公司及旅游景点管理单位更能吸引人才,合计占全行业人才总数的近90%,是行业人才流向较为集中的部门。一些新兴的旅游服务业,如旅游电子商务、会展策划、旅游媒体宣传、旅游规划、旅游市场开发和营销等发展相对滞后,人才紧缺。二是东、中、西部

地区不平衡,东部人才比例密度高于中、西部,西部 12 个省(区、市)旅游院校、旅游高校仅分别占全国旅游院校、旅游高校的 24%、28%。①

(二)旅游人才素质不太高

一是学历层次不合理。在全国旅游人才队伍中,以高中(中专)学历者为主,极大地限制了我国旅游业向更高层次发展。在饭店、旅行社、景区景点管理单位等旅游企业里的中高级经营管理人才中,本科及以上学历人员比例也较低。二是专业结构不合理。相关调查表明,所从事的工作岗位与专业对口的不到 1/3,大多数景区、饭店高层管理者所处岗位与所学专业并不一致,往往会导致管理理念上不可避免地带有一定经验管理的痕迹,限制了行业总体管理水平的提高。

(三)旅游人才结构性紧缺

21 世纪以来,我国旅游业人力资源的现状为:人力资源供过于求,人才资源供不应求。旅游业较为紧缺的人才主要有三类:一是旅游企业经营管理需要的常规人才,如高层管理者,从事人力资源管理与开发、市场营销、旅游娱乐管理、旅游规划、旅游景区管理、物业管理等人才;二是随着旅游业发展需要的一些新的专业人才,如从事电子商务、会展旅游、旅游资本运营等人才;三是在未来社会竞争需要的创造型、复合型、协作型人才。

(四)旅游人才队伍不稳定

21 世纪以来,旅游产业处于整体升级的阶段,长期的价格竞争和成本压力,使得很多旅游企业缺乏核心竞争力,一直不能做强做大,无力负担较高的员工薪酬,加之社会宣传引导不够和社会舆论评价不高,员工职业自豪感和忠诚度下降,事业凝聚力和向心力减弱,导致旅游人才流失率较高、流动速度快、初次就业比例高。此外,旅游高等教育离行业需求还有一定差距,职业教育的技能培养滞后,难以为旅游业输送合格的人才。

---

① 胡静:《2012 中国旅游业发展报告》,中国旅游出版社 2012 年版,第 144 页。

第五章
在深化改革中旅游业迈向高质量发展（2013—2018）

党的十八大以来，全球旅游业持续快速发展，以中国为代表的东亚地区正处于从高速增长转向高质量发展的新阶段。在研究世界旅游业发展现状基础上，分析中国旅游业从高速增长迈向高质量发展的环境、条件和主要特征，为全面研究三大旅游市场和三大核心产业迈向高质量发展做铺垫。三大旅游市场呈现协调发展的新格局：国民休闲呈现"两增一减"态势，区域旅游非均衡稳中向好，仍存在一些突出问题阻碍区域旅游均衡发展；出境旅游持续火热，入境旅游持续乏力，分析其中的原因以推动中国旅游业的国际化进程和世界影响力。在探究三大旅游核心产业从高速增长迈向高质量发展现状和主要特征基础上，分析中国旅游业的世界地位、参与国际旅游合作的标志性成果、旅游业高质量发展面临的挑战和主要矛盾，以期向世界展示中国的旅游形象和发展成就，扩大与世界旅游交流与合作的机会，构建全球旅游命运共同体，增强在全球旅游发展中的话语权。

第一节　旅游业迈向高质量发展概况

2013年以来，我国经济已由高速增长转向高质量发展的新阶段，作为国民经济战略性支柱产业的旅游业，无论从国家经济转型还是从自身发展需要来看，都到了从高速增长转向高质量发展的关键节点。新时代下，旅游业高质量发展能够持续增加优质、高效的旅游供给，以更平衡更充分的发展满足人们对旅游美好生活的需要，对全面建成小康社会、实现旅游强国的战略构想都具有重要的时代意义。旅游业高质量发展的动力正从传统的历史人文和美丽风景转向投资、人才、科技和文创支撑的旅游美好生活。实施内涵式旅游业发展是高质量旅游的根本,旅游供给侧结构性改革和全方位开放开拓是双轮,科技创新是动力,深化旅游体制改革是保障。在分析旅游业从高速增长转向高质量发展重要性和有利条件的基础上,探索旅游业从高速增长转向高质量发展的动因机制,已经成为服务"两个一百年"奋斗目标、提高中国旅游业国际竞争力亟待解决的问题。

一、必要性

2013年以来,中国旅游业突飞猛进,快速发展,旅游产品类型日益丰富,国内旅游环境日益优化,旅游基础设施越发完善,邮轮、游艇、房车、露营等旅游新业态层出不穷,三大旅游市场呈现繁荣增长、理性发展的新特点,旅游已成为人民大众日常消费的常态和提升生活质量的重要途径。党的十九大报告指出,中国特色社会主义进入新时代,我国社会主要矛盾已经转化为人民日益增长的美好生活需要和不平衡不充分的发展之间的矛盾。旅游业日益成为国民经济增长的新引擎、乡村振兴的突破口,肩负着化解社会主要矛盾、实现人民美好生活的历史重任,成为全球经济发展的稳定器和动力源。

(一)国民经济增长的新引擎

根据产业发展规律,当旅游业收入占GDP比重达到5%~8%时,旅游业将成为国民经济的支柱产业,产业带动、辐射能力极大增强,旅游业综合功能进入快速释放期。[1] 2013年以来,在新兴经济体和发展中国家中,旅游成为就业和收入的主要来源,为国民经济增长带来了新的机会。2015年,南非旅游业产值占GDP的比重超过9%,为南非创造了150多万个就业岗位;从非洲整体来看,旅游业总收入占非洲大陆生产总值的比重为8.1%,为非洲提供了2050万个工作机会。[2] 近年来,马尔代夫旅游业产值占GDP的比重长期稳定在30%以上,间接贡献率高达60%~70%。[3] 党的十八大以来,中国旅游业对国民经济和社会就业的综合贡献率均高于

---

[1] 中华人民共和国国家旅游局:《中国旅游业发展"十一五"规划纲要·专题篇》,中国旅游出版社2008年版。

[2] 国家统计局:《2017年经济数据发布 中国经济交出靓丽成绩单》,http://www.stats.gov.cn/。

[3] 李燕、黄正多:《马尔代夫旅游业的发展及其原因》,《南亚研究季刊》2009年第4期。

10%,虽然低于马尔代夫的水平,但是超过南非、非洲整体以及世界平均水平。2018年,中国旅游业对GDP的综合贡献为9.94万亿元,占GDP总量的11.04%。旅游直接和间接就业人口达7991万人,占全国就业总人口的10.29%。

(二)乡村振兴的突破口

目前,中国正处于全面建成小康社会的决胜期。习近平总书记指出,"小康不小康,关键看老乡"。为了从根本上解决"三农"问题,党的十九大报告提出了"乡村振兴"战略。而要振兴乡村经济,产业兴旺是重点。宏观经济学之父约翰·梅纳德·凯恩斯认为,边际消费倾向越大,则乘数越大,对于一个既定的投资变化来说,对就业量的影响也会越大。根据凯恩斯的乘数效应理论,旅游业每创造1个直接就业机会,将产生另外3个间接就业机会。这在一定程度上可解决农村剩余劳动力问题。乡村旅游发展不仅能给农民带来新的就业机会和经济收入来源,而且能够促进农业发展在市场、组织等多方面的现代化,能够带给农村基础设施和生活环境的改善,从而有利于一揽子解决"三农问题",促进乡村振兴和脱贫致富。从2013年到2017年,全国约有1/3的贫困人口直接从当地旅游发展中受益,约1/10的贫困人口通过以家庭为单位参与旅游产业链实现脱贫。然而,我国乡村旅游扶贫仍然任重道远。① 目前,全国共有12.8万个贫困村,其中超过50%具备发展乡村旅游的有利条件,发展乡村旅游的贫困村可以助推70%的贫困户脱贫。因此,应大力发展乡村旅游和休闲农业,实现"十三五"期间旅游业带动全国17%贫困人口脱贫的目标。②

(三)实现美好生活的重要载体

随着中国经济与国民收入的增长,旅游由少数人的奢侈品发展为大众化的消费品,成为人们实现美好生活的载体。新时代下,大众旅游、全域旅游呈现"出游高频化、需求品质化及旅游休闲化"等特征,追求美好生活的大众会有更多预算和时间去享受高品质的旅游。2017年,国内旅游从1984年的约2亿人次增至50多亿人次,增长了24倍;国民人均出游从1984年的0.2次增至3.7次,增长了17.5倍。出游方式上,自助游超过85%,自驾游超过60%。组团式的"大旅游"被松散式的"小旅游"所替代,

---

① 郭君平:《"互联网+"战略背景下精准化乡村旅游扶贫开发研究》,中国农业科学技术出版社2018年版。

② 严伟:《习近平旅游思想的理论意涵与实践路径》,《商业经济研究》2018年第17期。

生活化的旅游与旅游生活化、旅游行为普遍化等发展趋势越发明显,"商、养、学、闲、情、奇"成为继"吃、住、行、游、购、娱"六个基本要素之后的旅游发展新六要素。从 2016 年到 2017 年,中国接待冰雪旅游游客数量高达 1.7 亿人次,冰雪旅游收入为 2700 亿元。① 吉林、黑龙江等省份的冰雪旅游,已经成为旅游者更加注重深度体验的旅游方式。2018 年,中国城乡居民出游意愿保持在 80% 以上,旅游是中国居民度假休闲的首选和获得幸福感的重要途径。

二、有利条件

(一) 世界旅游业持续发展提供了良好的外部条件

1. 稳步复苏的世界经济助推国际旅游发展

IMF(国际货币基金组织)相关数据显示,2018 年,全球经济增速为 3.7%,增速不仅高于 2008—2017 年的年均值 3.33%,也高于 1980—2017 年历史平均值 3.48% 的水平;美国和中国经济增长预期分别为 2.34% 和 6.5%,新兴市场有望实现 4.85% 的经济增长。② 未来一个时期内,依托中美经济和新兴市场经济增长的乐观预期,世界经济整体将保持复苏态势,世界旅游业继续稳定发展。

2. 世界旅游业综合贡献率持续提升

1950—2015 年,旅游产业在全球显示出持续、强劲的上升势头和不容忽视的经济社会影响力。全球旅游接待人次从 1950 年的 2530.00 万人次增长到 2014 年的 11.33 亿人次,年均增长率高达 6.10%;全球旅游收入也自 1950 年的 21 亿美元增长到 2014 年的 12450 亿美元,年均增长率高达 10.49%;2014 年,旅游业对全球生产总值的综合贡献率达到 9%;旅游业直接和间接提供 2.77 亿个就业机会,对全球就业的贡献率达到 9.1%,在全球服务业出口中的占比达到 30%。世界旅游业理事会(WTTC)的报告也指出,2014 年,旅游业对全球经济的贡献率远远超过化工制造业(8.6%)、农业(8.5%)、教育产业(8.4%)、汽车制造业(7.0%)及银行业(5.9%)。到 2025 年,旅游业对全球生产总值的综合贡献率预计达到 10.5%,预期年平均增长率为 3.9%(见图 5-1);旅游业创造的就业机会将

---

① 根据历年《中国旅游统计年鉴》相关数据整理而成。
② 中国旅游研究院:《2017 年中国旅游经济运行分析与 2018 年发展预测》,中国旅游出版社 2018 年版,第 3 页。

达到 3.57 亿个,占当年全球总就业机会的 10.7%。

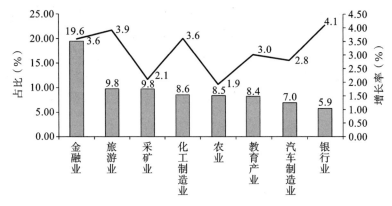

图 5-1　2014 年全球主要产业占生产总值的比重及 2015—2025 年的复合平均增长率

(资料来源:Benchmarking Travel & Tourism: How does Travel & Tourism Compare to Other Sectors,WTTC,2015.)

3. 旅游亚太世纪来临

2005 年以前,以美国、加拿大、墨西哥为主体的美洲是全球第二大旅游市场和目的地地区,接待了全球约两成的国际游客。自 2005 年后,亚太地区成为全球旅游市场的第二大主体,美洲市场则下降至全球第三(见表 5-1)。

表 5-1　1966—2015 年世界各地区旅游市场份额情况　　(单位:%)

年份	欧洲	美洲	非洲	亚太	中东
1966	75.5	19.4	1.0	1.9	2.2
1970	73.8	19.8	1.5	3.2	1.7
1975	71.1	22.1	1.6	3.8	1.4
1980	70.2	19.8	2.0	5.8	2.0
1984	68.0	17.7	2.5	9.6	2.2
1995	59.7	19.6	3.4	14.9	2.4
2000	57.7	18.5	4.0	16.9	2.9
2005	54.8	16.6	4.6	19.2	4.8
2010	50.7	15.9	5.2	21.8	6.4

续表

年份	欧洲	美洲	非洲	亚太	中东
2014	51.4	16.0	4.9	23.2	4.5
2015	51.2	16.2	4.5	23.5	4.5

(资料来源：World tourism highutligut,UNWTO.)

世界旅游业持续发展和重心东移为中国旅游业发展融入全球格局提供了良好外部环境。全球局势总体稳定,经济逐步回升,加上有关国际组织和各国、各地区政府采取更加有力的旅游产业促进政策,世界旅游业可望保持较快发展。中国、日本、韩国、澳大利亚已经成为世界主要的旅游客源国和目的地国家。2015年,亚太地区接待国际游客2.79亿人次,占全球国际旅游市场份额的23.5%,国际旅游收入4180亿美元,占全球国际旅游总收入的33.2%。以中国为代表的东亚地区增长势头明显,2015年中国接待国际游客1.42亿人次,占亚太地区的50.9%。[1]中国为世界旅游业持续快速发展注入了新的活力,也使得世界旅游发展重心不断东移,为我国旅游业的国际化发展创造了更好的条件。

(二) 稳中向好的国内经济增长奠定了坚实的基础

我国经济已由高速增长阶段转向高质量发展阶段,2013年以来,GDP增速逐年放缓,传统的外需驱动型经济模式受到挑战,转变经济发展方式、优化经济结构、转换增长动力,是我国经济持续健康发展的必然要求。与2013年对比,第一和第二产业增长相对缓慢,以商品和服务为主的第三产业对经济增长的拉动作用较为明显。2013—2018年,全国国内生产总值(GDP)从59.5万亿元增加到90.0万亿元,增长了51.3%(见图5-2)。其中,第三产业增加值占GDP的比重从46.7%提高到52.2%(见图5-3)。

2013—2018年,全国人均GDP从41908元增加到59660元,增加了42.4%,年均增速为7.3%。这个时期,全国人均GDP与GDP呈现出相同的变化趋势,即保持持续中高速增长。同期,全国居民人均可支配收入从18311元提高至28228元(见图5-4),年均增长速度为9.0%,跑赢人均GDP年均7.3%的增速。

随着居民人均可支配收入的提高,消费水平提高,消费结构升级。

---

[1] 胡静、谢双玉、冯娟等:《2016中国旅游业发展报告》,中国旅游出版社2016年版,第222页。

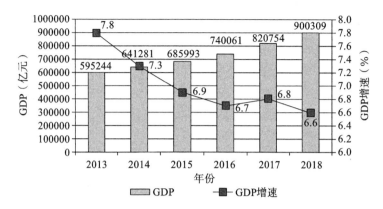

图 5-2　2013—2018 年中国 GDP 增长情况

(资料来源:《中华人民共和国国民经济和社会发展统计公报》(2017—2018)。)

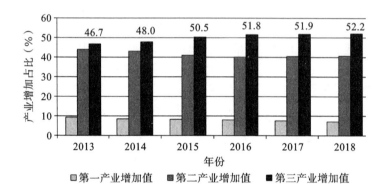

图 5-3　2013—2018 年中国三大产业增加值占 GDP 的比重

(资料来源:《中华人民共和国国民经济和社会发展统计公报》(2017—2018)。)

2018年,中国居民人均消费支出19853元,比2013年增长了50.2%,[①]说明我国居民人均消费支出亦保持了良好的态势,居民消费信心持续增强,催生更为强烈的消费需求。与此同时,近年来以衣、食、住为代表的生活刚性消费占比均有所下降,而以教育文化娱乐(含旅游)、交通通信、医疗保健和生活用品及服务为代表的品质消费占比均有所提升。这表明居民的消费结构升级,对文娱、服务性消费有较高要求,品质消费不断提升,居民对美好生活的需要日益增长。

(三)以信息技术为代表的科技进步增添活力

随着信息技术和知识经济的发展,用现代化的新技术、新装备改造和

---

① 根据《中华人民共和国国民经济和社会发展统计公报》(2013—2018)相关数据计算整理。

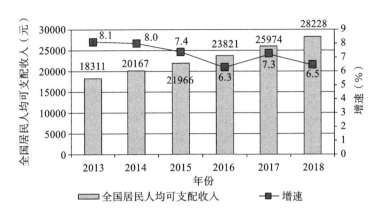

图 5-4　2013—2018 年全国居民人均可支配收入情况

(资料来源:《中华人民共和国国民经济和社会发展统计公报》(2017—2018)。)

提升旅游业,成为新时代下旅游业高质量发展的新趋势。在这一进程中,科学技术不仅创造出大量新的旅游业态和新的旅游需求,引导新的旅游消费,还极大地推动服务方式创新和商业模式创新,推动旅游业服务与管理流程再造,极大地提高了旅游业的现代化水平和竞争力。

1. 科技创新能力持续增加

2013—2018 年,全国万人专利授权数从 9.6 件/万人增加到 17.5 件/万人,年均增速为 12.8%。纵观 2013—2018 年,如图 5-5 所示,除了 2014 年外,全国万人专利授权数都保持增长,但增幅波动较大,2018 年增幅达到最高,为 32.8%。

2. 信息化水平持续提高

大数据、云计算、物联网等技术的应用,推进智慧旅游发展。近年来,随着互联网技术的普及发展,物联网、大数据、云计算等技术的兴起,智慧旅游已经从概念进入实际应用层面,智慧旅游为旅游业带来数字化变革,旅游管理、旅游运营和旅游消费等都发生了巨大变化。智慧旅游使旅游业由传统服务业向现代服务业加速转变。

(1) 大数据。通过大数据,将景区、游客、政务等多媒体数据打通,实现对旅游相关数据的全域化管理,为旅游上层应用奠定数据基础。

(2) 移动互联。移动设备改变了人们的生活方式,成为连接人与服务的重要媒体。4G 逐渐成熟,5G 预商用已开启,这为移动互联网注入更大的能量,用户生活指尖化会更明显。2013—2018 年,全国固定互联网宽带接入用户从 18891 万户增加到 40738 万户,增加了 21847 万户;移动宽带用户从 40161 万户增加到 130565 万户,增加了 90404 万户(见图 5-6)。

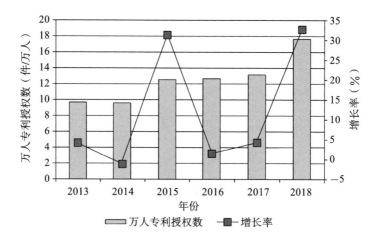

图 5-5　2013—2018 年全国万人专利授权数及其变化

(资料来源:根据《中华人民共和国国民经济和社会发展统计公报》(2013—2018)相关数据整理而成。)

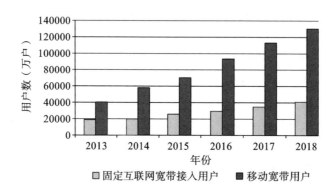

图 5-6　2013—2018 年固定互联网宽带接入用户和移动宽带用户数

(资料来源:根据《中华人民共和国国民经济和社会发展统计公报》(2013—2018)相关数据整理而成。)

（3）VR(虚拟现实)/AR(增强现实)。VR/AR 在智慧旅游中的应用,例如,基于景区 VR 的实景导航,基于 AR 的交互式景观等,可以增强游客的体验度;而酒店、景区等与 VR 的结合,可以让游客在出行前就进行情景预体验,影响游客的预测决策。

（4）物联网。通过传感器、RFID(射频识别)、电子终端等设备将景区基础设施连接起来,实现对景区环境的实时监控和精细化管理。

(四)旅游政策提供了有力的制度保障

随着全面深化改革的纵深推进,一系列旅游相关政策和举措相继出台,为旅游业迈向高质量发展提供了有力的政策支持和制度保障。

1. 供给侧改革深化,高品质旅游供给成重点

2016年12月,国务院发布《"十三五"旅游业发展规划》,明确要求加快推进旅游业供给侧结构性改革:一是旅游产品供给突出"新";二是旅游业态供给突出"融";三是旅游区域供给突出"特";四是公共服务供给突出"细";五是旅游制度供给突出"统"。

2018年1月,《中共中央 国务院关于实施乡村振兴战略的意见》提出,到2020年,农业供给体系质量明显提高,实施休闲农业和乡村旅游精品工程,建设一批设施完善、功能多样的休闲观光园区、森林人家、康养基地、乡村民宿、特色小镇。

2018年10月,国家发改委印发《促进乡村旅游发展提质升级行动方案(2018年—2020年)》,为乡村旅游提质扩容指明方向。

2. 全域旅游发展深化,旅游与其他产业融合加速

2016年9月,国家旅游局发布《国家全域旅游示范区认定标准(征求意见稿)》,全方位提出全域旅游的建设目标和方向。2016年12月,国务院发布《"十三五"旅游业发展规划》,提出要积极推动以抓点为特征的景点旅游发展模式向区域资源整合、产业融合、共建共享的全域旅游发展模式加速转变。

2017年6月,国家旅游局发布《全域旅游示范区创建工作导则》,为全域旅游示范区创建工作提供行动指南。

2018年3月,国务院办公厅印发《国务院办公厅关于促进全域旅游发展的指导意见》,提出旅游发展全域化、旅游供给品质化、旅游治理规范化、旅游效益最大化四大目标。

3. 标准化促进旅游产业转型,旅游品质提升成为关注焦点

2016年4月,国家旅游局发布《全国旅游标准化发展规划(2016—2020)》,提出到2020年,实现以下目标:旅游标准体系更加健全,标准质量水平显著提升;旅游标准化实施效益明显增强;旅游标准化发展基础更加坚实,等等。

2017年8月,国家旅游局发布《旅游经营者处理投诉规范》、《文化主题旅游饭店基本要求与评价》、《旅游民宿基本要求与评价》、《精品旅游饭店》等行业标准,从环境、安全、卫生等方面对旅游行业品质进行管理。

4. 大数据助力旅游信息化,旅游智慧化水平提升

2015年8月,国务院印发《促进大数据发展行动纲要》,提出要建立旅

游投诉及评价全媒体交互中心,实现对旅游城市、重点景区游客流量的监控、预警和及时分流疏导,为规范市场秩序、方便游客出行、提升旅游服务水平、促进旅游消费和旅游产业转型升级提供有力支撑。

2017年3月,国家旅游局公布《"十三五"全国旅游信息化规划》,提出到2020年旅游信息化发展目标,即信息服务集成化、市场营销精准化、产业运行数据化、行业管理智能化,并明确了旅游信息化的具体化和量化目标。

三、主要特征

2013—2018年,是中国经济增幅收窄、寻找旅游发展新方位的关键时期。在中央出台的促旅政策和国家旅游局发布的"治旅方略"等红利政策推动下,我国旅游消费保持高速增长,入境旅游继续复苏,出境旅游回归理性,三大市场呈现均衡发展新格局,全域旅游成为社会共识,旅游外交更加成熟,旅游业成为经济发展的新引擎。

(一)旅游业成为国民经济增长的新引擎

2013年以来,旅游业与110多个行业融合发展,已成为中国消费、投资和出口的热点领域。

从消费角度看,2013—2017年,我国城乡居民旅游消费一直保持两位数的增速,远远高于全国GDP的年均增速。国内旅游消费已经成为大众追求高品位生活的必要组成部分。

从投资角度看,旅游投资需求旺、领域广、潜力大,吸纳了更多的社会资本进入旅游业。2013年我国旅游业直接投资仅5144亿元,2015年旅游业直接投资首次突破万亿元,为10072亿元,2017年增加到15000亿元,是2013年的2.9倍。总体来说,2013—2017年,在我国经济下行压力较大的情况下,旅游投资保持逆势上扬态势(见图5-7),远远超过同期第三产业8.0%、固定资产投资11.7%的增速。这说明旅游业已经成为社会投资热点和最具潜力的投资领域。

从出口看,旅游服务出口是"不出境的出口",长期处于增长趋势,2013年中国入境旅游收入居世界第三,占出口总额的2.3%,2018年上升至6%左右。从进口看,出境旅游者在国外强劲的旅游购物消费实质上是进口贸易。

(二)旅游业综合功能快速释放

根据产业发展规律,当旅游业收入占GDP的比重达到5%~8%时,旅

第五章 在深化改革中旅游业迈向高质量发展(2013—2018)

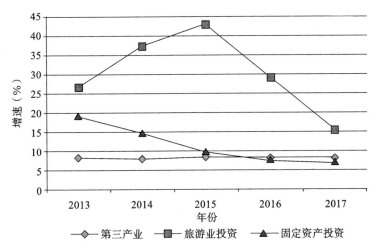

图 5-7　2013—2017 年中国旅游投资增长趋势

(资料来源:《中国统计年鉴 2017》和《2016 中国旅游投资报告》,2017 年数据来自中国旅游局网站。)

游业将成为国民经济的支柱产业,产业带动、辐射能力将极大增强,旅游业综合功能将进入快速释放期。[①] 从 2013 年到 2018 年,我国旅游业总收入占 GDP 比重平均为 5.96%,占第三产业增加值比重平均为 11.88%(见表 5-2)。

表 5-2　2013—2018 年中国旅游业总收入占 GDP、第三产业增加值比重情况

年份	旅游业总收入(亿元)	GDP(亿元)	旅游业总收入占GDP的比重(%)	第三产业增加值(亿元)	旅游业总收入占第三产业增加值的比重(%)
2013	29475.8	595244.4	4.95	277959.3	10.60
2014	33807.9	643974.0	5.25	308058.6	10.97
2015	41273.6	685505.8	6.02	344075.0	12.00
2016	47370.8	744127.0	6.37	384221.0	12.33
2017	54207.3	827122.0	6.55	427032.0	12.69
2018	59700.0	900309.0	6.63	469575.0	12.71

(资料来源:根据《中国统计年鉴 2017》、《中国旅游统计年鉴 2017》和《中华人民共和国 2018 年国民经济和社会发展统计公报》相关数据整理而成。)

---

① 中华人民共和国国家旅游局:《中国旅游业发展"十一五"规划纲要·专题篇》,中国旅游出版社 2008 年版,第 5 页。

2013年以来,我国人均出游已经超过3次,旅游成为衡量现代生活水平的重要指标,成为人民幸福生活的刚需。旅游业位列"五大幸福产业"之首。国内旅游市场从2013年的35亿人次跃升至2018年的55.4亿人次,表明旅游成为传承中华文化、弘扬社会主义核心价值观、提升国民素质、促进社会进步的重要渠道。旅游成为生态文明建设的重要力量,并带动大量贫困人口脱贫,很多地方的"绿水青山"、"冰天雪地"正在通过发展旅游转化为"金山银山"。"5·19"中国旅游日成为真正的旅游惠民日,全国各地推出上万条旅游惠民便民举措,推动旅游发展成果全民共享。

(三)国内旅游占主导地位

从旅游接待人次来看,国内旅游接待量占据主导地位。2013—2018年,全国旅游接待总人次(国内旅游接待人次与入境旅游接待人次之和)持续高速增长,从30.9亿人次跃升至56.8亿人次,年均增幅为12.9%。其中,国内旅游接待人次从29.6亿人次提高至55.4亿人次,年均增幅为13.4%(见图5-8);入境旅游接待人次从1.3亿人次提高到1.4亿人次,年均增幅为1.5%。这说明,从2013年到2018年,全国旅游接待总人次快速增长,年均增长率高达两位数,其中的重要原因是国内旅游接待人次不仅所占比例很大,而且增速也较快。相较而言,入境旅游接待人次占比较少,增速相对较慢,提高入境旅游接待人次任重道远。

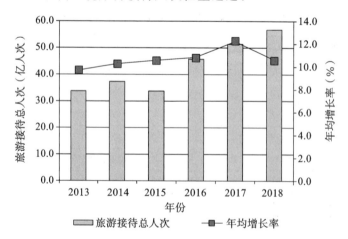

图5-8 2013—2017年全国旅游接待总人次及增长率

(资料来源:《中国旅游业统计公报(2013—2017)》,2018年数据来自国家旅游局网站。)

从旅游业收入来看,国内旅游收入占据主导地位。如图5-9所示,

2013—2018年,全国旅游总收入(国内旅游收入与入境旅游收入[①]之和)呈现出持续高速增长的发展趋势,从2.95万亿元增加到5.97万亿元,年均增幅为15.1%,高于旅游接待总人次的同期年均增幅(13.4%)。其中,国内旅游收入从2.6万亿元增加到5.1万亿元;入境旅游收入从0.35万亿元增加到0.87万亿元,占旅游总收入的比重仍然较低。

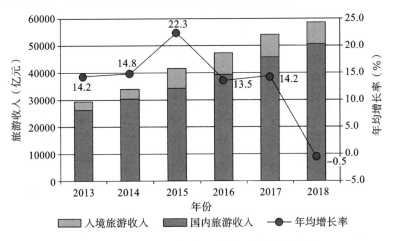

图5-9　2013—2018年全国旅游总收入及其变化

(资料来源:《中国旅游统计年鉴》(2014—2016)、《2018年全国旅游工作报告》,2017、2018年数据来自国家旅游局网站。)

(四)跨界融合,旅游业态全面升级

旅游与农业、交通、教育、工业、健康、冰雪等行业跨界融合,工业旅游、田园综合体、房车旅游、研学旅游、康养旅游、冰雪旅游等旅游新业态、新产品竞相发展,旅游的内涵和外延全面升级,旅游大消费时代已经到来。

(1)旅游+农业。田园综合体是农业综合开发的新尝试,是集现代农业、休闲旅游、田园社区为一体的乡村综合发展模式,2018年中央一号文件中,将其作为乡村新型产业发展的亮点措施。首批国家田园综合体项目有河北唐山迁西花香果巷、山东沂南朱家林、广西南宁美丽南方、广东珠海岭南大地等。

(2)旅游+交通。一是房车露营旅游。国家旅游局预计,到2020年,我国房车数量将超过10万辆,自驾车房车营地将超过0.2万家。二是邮轮旅游。国家旅游局预计,到2020年,我国国内邮轮旅游将达350万人

---

① 入境旅游收入由以美元计算的统计数据乘以美元兑人民币的汇率6.5计算而成。

次,国际邮轮旅游将达 30 万人次。

(3) 旅游+教育。2016 年底,教育部等 11 部门联合出台《关于推进中小学生研学旅行的意见》,此后,研学旅行市场需求不断释放。中国旅游研究院的调查显示,75%的受访者表示了解研学旅游,60%左右的受访者参加过研学旅行。未来 3~5 年内,研学旅行市场总体规模将超千亿元。

(4) 旅游+工业。国家旅游局发布《全国工业旅游创新发展三年行动方案(2018—2020)》,计划到 2020 年,全国将推出国家工业旅游示范基地、国家工业遗产旅游基地等产品示范品牌,共推出 100 家品牌单位。目前,国家工业旅游示范基地有山东省烟台张裕葡萄酒文化旅游区等 10 家;国家工业遗产旅游基地有湖北省黄石国家矿山公园等 10 家。

(5) 旅游+健康。康养旅游是包含了康复医疗、中医药养生等多种内容的新型旅游方式。随着人们对健康及生活质量的关注度提升,康养旅游成为出游的热门选择。2018 年 3 月,国家旅游局和国家中医药管理局确定,北京昌平中医药文化博览园等 73 家单位为第一批国家中医药健康旅游示范基地创建单位。

(6) 旅游+冰雪。2017—2018 年冰雪季,习近平总书记指出要大力发展寒地冰雪经济,推动冰雪旅游向冰雪经济综合产业发展。这一季,我国冰雪旅游人次达到 1.97 亿人次,冰雪旅游收入总计约 3300 亿元,分别比 2016—2017 冰雪季增长 16%、22%,我国冰雪旅游进入爆发式增长阶段。

四、动因机制

2013 年以来,中国经济已经从高速增长转向高质量发展的新阶段,旅游业也处于从高速发展转向高质量发展的新时代。2012 年,习近平总书记在十八届中央政治局常委与中外记者见面会上指出:"人民对美好生活的向往就是我们的奋斗目标。"对美好生活的向往,正是旅游业从高速增长转向高质量发展的目标。新时代下,旅游业高质量发展的动力正从传统的历史人文和美丽风景转向投资、人才、科技和文创支撑的美好生活。归根结底,中国旅游业的高质量发展离不开市场主体的创业创新。旅行社、星级饭店和旅游景区的传统业态如何升级?文化场景、旅行服务、主题公园、定制旅行、共享交通、民宿客栈等新业态怎么导入?健康旅游、研学旅行、低空旅游、避暑旅游等新需求如何培育?

(一) 多元化资本投资是首要因素

20 世纪五六十年代,无论是纳克斯的贫困恶性循环理论、华尔特·惠特曼·罗斯托的经济起飞理论,还是罗森斯坦·罗丹的大推进理论,都强调以资本形成和投资为核心的资本积累是促进经济增长的首要因素。现代旅游业高质量发展对资本的倚重越来越强,特别是在整体规划、基础设施等公共产品建设方面,需要政府和社会资本的合作。新时代下,旅游业高质量发展要形成以民营资本为主、政府投资和国有企业为辅的多元投资主体格局。在欧洲国家旅游业高质量发展的成功案例中,采用 PPP 模式整合社会和政府资本修建旅游基础设施是有效手段之一。罗马尼亚的锡纳亚群山和奥地利的滨水自然山麓景观公园都是风景优美的旅游胜地,均受限于当地的道路交通问题,游客甚少。后来,罗马尼亚、奥地利政府均诚邀拥有旅游服务资质的私营企业合作,用 PPP 模式合资筑路,解决了多年来困扰旅游业高质量发展的难题。2013 年以来,在全域旅游、乡村旅游、旅游厕所、旅游城镇、健康旅游、智慧旅游等新业态领域,运用 PPP 模式改善旅游供给,可从源头上解决困扰中国旅游业高质量发展的资金难题。新时代下,高质量旅游发展中的资本合作要形成以民营资本为主、国有企业和政府投资为辅的多元主体投资格局。在促进乡村旅游高质量发展、振兴乡村经济过程中,通过制度创新,当地的老百姓投入宅基地、承包土地或闲置房产等参与旅游发展,从旅游发展中获得工资性收入之外的丰厚财产性收入。2013 年,山东沂南县原是一片开矿废弃的荒山,通过引进山东吉利旅游开发公司,投资 10 亿元将一个贫困的山镇打造成了一个马泉休闲园。短短 5 年间,一座集农业观光、度假养生、休闲采摘等多功能的现代农业休闲园拔地而起。马泉休闲园流转了村民土地 616 亩,每亩土地每年租金 1000 元,每亩土地每年保底收入 800 元,并根据经营情况获取分红,使周边 11 个贫困村的农户受益。[①]

(二) 人才培养是动力源泉

人力资本之父西奥多·W.舒尔茨指出,特殊的知识和专业化的人力资本不仅自身具有规模收益递增的特点,还能克服物质资本边际报酬递减问题,从而促进经济长期增长。[②] 目前,在中国数量型人口红利逐渐减弱的过程中,新的质量型人口红利正在悄然升起,人才培养是促进旅游业从高速增长转向高质量发展的动力源泉。从根本上说,优质旅游业长期发展需

[①] 王树茂:《沂蒙精神薪火相传 新时代红色旅游亮丽开篇——红色旅游助力脱贫攻坚的沂南样本》,《中国旅游报》2017 年 11 月 24 日。

[②] 西奥多·W.舒尔茨:《改造传统农业》,梁小民译,北京:商务印书馆 2006 年版,第 154 页。

要足够的当地人才储备作为基础,高质量旅游要和优质人才的培养相结合。世界上很多地区旅游业之所以得到高质量发展,恰恰是有"贵人"的扶持和"能人"的带动。柬埔寨的洞里萨湖,原来是一个越南难民的水上家园,通过政府资助当地艺术教育和发展旅游,培养了一批非物质和物质文化遗产传承人,增加了当地的就业人口和居民收入,提高了传统工艺品的文化品质,促进了旅游业的发展,收到了旅游与经济社会发展双赢的效果。在开发恩施大峡谷景区时,湖北省文化旅游投资集团通过举办2期"产业技能培训班",把教室搬到一线,把专家请进课堂,把技能送到农户;通过智力输入可以在一定程度上弥补旅游景区优质人才的不足。如我国台湾地区,驻村艺术家和专业志愿者制度的实施,提升了旅游地先住民的专业水平和市场意识,为传统工艺注入了时尚元素和现代感,使产品更加符合品质旅游的需求。

(三) 科技创新是内生因素

以美国经济学家保罗·罗默为代表的新经济增长理论认为,科技进步是经济增长的内生变量。① 2013年以来,我国科技创新能力持续跃升,加速赶超跨越,实现了整体性、格局性、历史性的重大变化,重大创新成果竞相涌现,已成为具有全球影响力的科技大国。新时代下,旅游业成为国民经济增长的新引擎和结构调整的重要突破口,以信息技术为代表的科技创新为旅游业高质量发展注入了强大动力。2018年,全社会R&D支出为1.97万亿元,比2012年提高了70.9%;全社会R&D支出在GDP中的占比为2.18%,超过欧盟15国平均2.1%的水平;国际科技论文总量连续9年居世界第2位,比2012年增长70%;国际科技论文被引用量跃居世界第2位,首次超过德国、英国;发明专利申请量和授权量均居世界第1位,有效发明专利保有量居世界第3位;科技进步贡献率从2012年的52.2%提高到58.5%,国家创新能力世界排名从2012年的第20位提高到第17位。② 这是自2013年以来中国重视科技创新战略以促进经济增长的象征,为旅游业增长由要素驱动转向创新驱动奠定了基础。科学技术的迅猛发展,尤其是人工智能、智能交通、大数据等的发展,加上文化创意等元素,为新时代旅游业态转型和供给模式创新增添了无限可能。一是旅行社、星级饭店

---

① 约瑟夫·熊彼特:《经济发展理论——对于利润、资本、信贷、利息和经济周期的考察》,何畏、易家详等译,商务印书馆1990年版,第73—74页。
② 《2018年科技进步贡献率预计超过58.5%——基础前沿和战略高技术领域涌现出一批重大成果》,《人民日报》2019年1月10日。

和旅游景区的传统业态,依靠互联网和移动互联网的"智慧旅游"转型,将传统的旅行社、星级饭店、旅游景区和互联网技术整合,开展了旅游在线服务、网络营销、网上预订、网上支付等业务,极大提升了服务运营质量和游客体验品位。在线旅行服务、经济型酒店、旅游演艺、智慧景区等发展较好的新业态,都是旅游业科技创新的结果。二是 VR、AR 等技术的发展改变了旅游服务的供给模式,免费 Wi-Fi、电子导游、智能讲解、信息推送等成为新时代下旅游与科技发展融合的重点对象。科学技术不仅创造出大量新的旅游业态和新的旅游需求,引导新的旅游消费,还极大地推动服务方式创新和商业模式创新,推动旅游业服务与管理向优质高效发展。

(四)文化创意催生高质量旅游新亮点

目前,文旅创意产业升级优化步伐逐步加快,大数据、移动网络、多媒体、人工智能等新兴技术为文化创意催生高质量旅游提供了重要保障。在"旅游+互联网"指导下,中国旅游产业结构正在向休闲度假转型,主要体现在从名山大川观光向度假休闲、生态旅游转换,从星级酒店向山居静养转换,从地质奇观向户外休闲转换,从大型旅游商演向民间民俗展演转换,从历史文化研究向历史艺术活态展示转化。这对旅游业提出了新的要求和新的挑战,为文化创意催生优质旅游提供了重要的发展方向与思路。20 世纪 50 年代,日本福岛县三岛町的劳动力老龄化和流出等问题比较严重,造成当地经济发展严重停滞,从 1950 年到 1975 年短短 25 年间,人口从 7721 人降至 3766 人,减少了 51%。为了振兴地方经济,从 1981 年开始,三岛町每 10 年制订一次振兴计划,通过挖掘山村文化资源,开发特色手工艺品,将三岛町变为"自然博物馆",向人们展示当地的日常生活、传统文化和自然风光,保护了三岛町的历史文化传承,使三岛町成为国际知名旅游地,达到地方振兴和旅游业高质量发展的双重目的。[①] 中国厦门岛东南部的曾厝垵,曾是一个破败的渔村,如今通过植入文化创意,变成了文艺青年的圣地,每年接待游客数千万人次,入选"厦门新二十四景"。

五、面临的突出问题

目前,中国旅游业实现了从旅游小国向世界旅游大国的历史跨越,并正在向世界旅游强国迈进,旅游业高质量发展是实现世界旅游强国的必要

[①] 张琰飞、朱海英:《民族文化旅游创意产业发展机制研究——以湘西地区为例》,中南大学出版社 2016 年版,第 2 页。

手段。但是,2013年以来制约旅游业从高速增长转向高质量发展的问题依然突出,主要表现在以下四个方面。

(一) 旅游供给端不能适应升级型、多元化的市场需求

随着国人生活水平提高,消费升级带来的游客需求品质化、个性化变革,中国庞大的中产阶层人群追求更加优质的产品和服务,品质旅游成为大众常态化的消费选择。但是,当前我国旅游产业结构、产品结构与旅游需求结构不匹配。一方面,随着游客对异地生活的旅游体验有更高的期待,旅游消费开始从"有没有"的权利普及转向"好不好"的品质升级,靠综合消费、体验取胜的休闲度假产品供给不足,邮轮、游艇、中医保健、低空旅游以及综合性度假产品无法形成规模效应,新兴旅游业态的服务品质有待提升。另一方面,在基础设施建设方面,与大众化、分散式旅游消费相配套的公共服务不健全,智慧交通、旅游住宿等消费比重较高,文化性、娱乐性、购物性消费比重较低。

(二) 不平衡不充分旅游发展矛盾凸显

一是资源利用效率不高。目前,我国A级旅游景区数量已超过9000家,但优质景区数量较少,仅有29个国家级旅游度假区、250个5A级景区,无法满足旺盛的旅游市场需求。二是东、中、西部旅游发展差距明显。旅游业已经成为东部地区转方式、调结构的战略性先导产业,2016年实际完成投资6627亿元,而中、西部地区分别仅为东部地区的39.7%和56.4%。[1] 中、西部旅游资源均多于东部地区,投资却远远低于东部地区。在区域旅游潜在出游力方面,东、中、西部地区仍然呈现"三级阶梯状",形成东、中、西三个空间分布带,出游力从东到西表现为"6∶2∶1"的比例分割形态,东部地区占63.4%、中部地区占23.9%、西部地区占12.7%。区域差异明显,从东部到西部,出游力表现出明显的衰减趋势。[2] 三是城乡旅游结构性问题突出。我国国内、入境、出境旅游三大市场基本实现协调发展,但我国国内农村居民出游人次、出游率和人均消费远远低于城镇居民,我国人均出境旅游率仅为8.8%,入境旅游存在过夜游客少、外国游客占比低、重游率低等结构性问题。区域、城乡旅游长期不均衡不充分发展,在很

---

[1] 中华人民共和国国家旅游局:《2016中国旅游投资报告》,中国旅游出版社2017年版,第3页。

[2] 中国旅游研究院:《中国国内旅游发展年度报告2017》,旅游教育出版社2017年版,第20页。

大程度上制约着旅游业整体质量的提升。

（三）旅游业发展方式和运行方式比较粗放

2013年以来，旅游业发展方式和运行方式依然比较粗放，阻碍了旅游业从高速增长转向高质量发展，主要表现在以下方面：普遍存在重建设、轻管理，重硬件、轻软件，重规模、轻品质，重开发、轻保护等问题。在现代产业组织建设、现代商业模式创新、现代科技运用等方面有待加强。许多地方仍处于单纯依托门票的经营模式，没有形成完善、高效的产业链，企业规模小，行业集中度低，整体效益比较低。在旅游开发中缺乏科学规划。在旅游经营中没有把节能减排工作摆到应有的高度，生态旅游、低碳旅游还没有成为广大旅游者的自觉行为。旅游业科技含量不高，高新技术成果在旅游领域的运用还不普遍，特别是在运用信息技术提升旅游业整体运作水平、提高旅游业生产力方面还有很大空间；旅游人才队伍需要进一步提高专业化、国际化水平。

（四）旅游发展体制机制不完善

2013年以来，我国旅游市场秩序混乱现象依然存在，体制机制不完善现象十分严重。由于旅行社经营者没有长远的战略规划，市场定位不明确，同时受经济利益驱动，各种不正当竞争现象在旅游市场中普遍存在。旅行社间乱借资质、拼团组团，外地旅行社不经批准私自设立办事处、乱拉客源等情况较普通。低价恶性竞争，旅游商品的价格、旅游景点的门票和旅游酒店的住宿费用虚高标价，导游获取回扣问题严重，许多旅行社仍然利用所谓"零、负团费"骗取游客出行，通过强迫和变相强迫游客购买质次价高的商品，攫取高额利润来弥补较低的团费所带来的损失。尽管市场整治力度不断加大，但违规违法事件仍不断被曝光。此外，随着人们旅游消费方式的改变，一些新兴的平台型企业，如各类OTA，也存在低价揽客、恶性竞争、不规范操作等问题，扰乱了市场秩序。此外，与高质量发展的旅游业相比，旅游服务行业的人才总量还存在较大缺口，人才整体素质偏低，旅游教育支撑不足，人才保障机制和开发机制相对滞后。

第二节　旅游市场繁荣发展、理性增长

2013年以来，三大旅游市场呈现繁荣发展、理性增长的新格局。中国国内旅游持续增长，出境旅游稳定增长，入境旅游平稳发展。2013—2018年，国内、出境、入境游客量分别增长了69.9%、65.0%和9.4%，国内旅游

收入、入境旅游收入分别增加了95.0%和146.0%。这个时期,出境旅游人次继续蝉联世界第一,入境旅游人次和收入依然保持世界第4的地位。

一、国内旅游——基数庞大、增长较快

(一)国内旅游市场发展环境良好

中国首部《旅游法》于2013年10月1日起施行,为维护旅游者和旅游经营者权益、规范旅游市场提供了法律保障,标志着中国旅游业全面进入了依法兴旅、依法治旅的新阶段。2014年8月21日,国务院发布了《国务院关于促进旅游业改革发展的若干意见》,提出进一步促进旅游业改革发展的各项要求,并公布了重点任务分工及进度安排表,对激发旅游业发展的活力和潜力,更好地满足人民群众日益增长的旅游需求意义重大。此前国务院办公厅发布《国民旅游休闲纲要(2013—2020年)》,则意味着国民休闲问题进入国家战略视野,对于提高国民生活质量、促进旅游业转型发展具有重要意义,旅游业日益成为对外关系的重要战略性产业。

随着全面建设小康社会的步伐加快,旅游已成为人民生活水平提高的重要指标。自2003年以来,我国国内旅游消费需求一直保持平稳和较快增长。2013年,受"八项规定"、"六项禁令"等政策影响,公务旅游消费急剧下降,商旅消费明显放缓,而国民休闲性旅游消费则表现出强劲的增长势头。

(二)国内旅游快速增长

1. 质量显著提高

2013年以来,我国宏观经济企稳回升,扩内需政策陆续发挥效应。旅游经济总体发展平稳,国内旅游市场持续高速发展。2013—2018年,国内旅游人次从29.6亿人次跃升至55.4亿人次,国内旅游收入从2.6万亿元跃升至5.1万亿元(图5-10)。

我国国内旅游收入和国内旅游人次从2003年起一直保持良好的增长势头,尤其在2011年国内旅游人次和国内旅游收入两者均呈现高速增长(见图5-11),2013年两者依旧保持良好的增长势头。2013—2018年,旅游接待总人次年均增长率为13.4%,旅游总收入年均增长率为15.1%,后者高于前者,说明国内旅游市场发展的质量逐渐提高。

国内旅游人均消费从2002年开始至2017年一直保持着逐步稳定上涨的态势(见图5-12)。2002年国内旅游人均消费仅为442元,2017年为913元,是2002年的2.1倍。

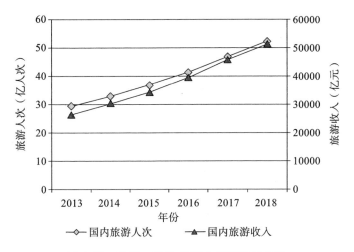

图 5-10　2013—2018 年国内旅游发展情况

（资料来源：《中国统计年鉴 2017》，2018 年数据来自《2018 年文化和旅游发展统计公报》。）

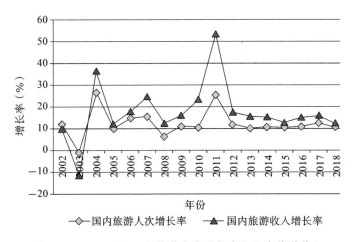

图 5-11　2002—2018 年旅游人次增长率和国内旅游收入

（资料来源：《中国统计年鉴 2017》，2018 年数据来自《2018 年文化和旅游发展统计公报》。）

2. 市场结构逐步优化

国内旅游市场由城镇旅游市场和农村旅游市场组成。从旅游人次来看，2003 年至 2009 年，农村居民出游人次要明显高于城镇居民出游人次，但二者差距不断缩小，2010 年后城镇居民出游人次首次超过农村，在 2012 年占国内市场的 65%，而在 2013 年占国内市场的 67%（见图 5-13），在 2017 年达 73.5%。

从旅游收入情况看，城镇旅游收入要始终高于农村旅游收入，平均占

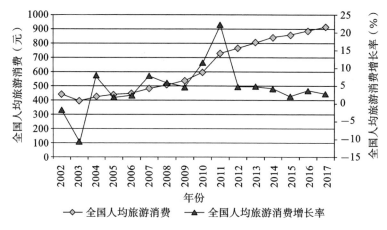

图 5-12　2002—2017 年国内旅游人均消费情况

(资料来源:根据《中国统计年鉴》(2007—2018)相关数据整理而成。)

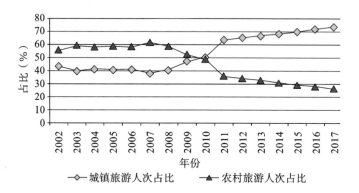

图 5-13　2002—2017 年城镇、农村旅游人次占国内旅游人次的比重

(资料来源:根据《中国统计年鉴 2018》相关数据整理而成。)

国内旅游总收入的 70% 以上。2013—2017 年,这一比重更是接近 80%(见图 5-14)。而农村旅游人次虽然较多,却创造了较少的旅游收入。

从乡村旅游的发展态势来看,2013 年以来,乡村旅游已经成为城乡居民日常和节假日常态化的消费方式。2017 年,国庆中秋长假旅游大数据显示,40.1% 的受访者每月到乡村旅游 1 次,45.9% 的受访者每 2~3 个月到乡村旅游 1 次,80% 左右的受访者计划每 3 个月到乡村旅游 1 次。国庆节参与乡村旅游的游客意愿高于春节、五一和周末,2017 年国庆及中秋长假全国出游超过 10 公里(不含工作等非旅游动机)的乡村旅游人次约为 2.16 亿人次,全国乡村旅游深度体验趋势明显。农业部数据显示,2016 年,全国休闲农业和乡村旅游接待游客近 21 亿人次,营业收入超过 5700 亿元,带

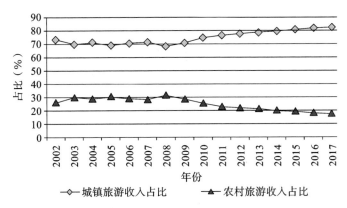

图 5-14　2002—2017 年城镇、农村旅游收入占国内旅游收入的比重

(资料来源:根据《中国统计年鉴 2018》相关数据整理而成。)

动 672 万户农民受益。[①]

3. 发展特征

1) 东部地区既是重要的客源地,也是重要的目的地

全国 31 个省(区、市)[②]的潜在出游力地域空间形态保持相对稳定的态势,呈现"三级阶梯状",形成东、中、西三个空间分布带,潜在出游力排在前 10 名的省(区、市)除湖北省外,其余全部分布在东部地区。

国内旅游收入较高的地区仍主要集中在东部。其中东部沿海地区的广东、江苏、浙江、山东、辽宁等 5 个省的国内旅游收入排名前 5 位。中部地区的河南、湖北、湖南、安徽、山西等的国内旅游收入处于中游位置,而国内旅游收入较少的省(区、市)主要集中在西北和东北地区。

2) 旅游发展方式不断创新,县域旅游活力凸显

县域旅游作为我国区域旅游发展中的"基本细胞",其发展创新是我国区域旅游发展最具活力的地方。从"栾川模式"、"婺源之路"、"岚皋特色"到"泰宁路径"、"常熟样板"和"遂昌模式",涌现出了一批全国县域旅游创新发展的先进典型。在借鉴成功经验的基础上,河南省嵩县提出了"县域景区"、"5A 嵩县"的发展战略,并通过产业集聚区打造、产业融合、推进政企分开等措施,推动县域旅游发展创新;宁夏银川市提出了重点做好滨河新区全域 5A 景区建设的思路;陕西省山阳县树立了"全域化"旅游理念,打

[①]　中国旅游研究院:《2017 年中国旅游经济运行分析与 2018 年发展预测》,中国旅游出版社 2018 年版,第 17 页。

[②]　不含港澳台地区。本书各项数据若无特别注明,则默认不含港澳台地区。

造县域乡村旅游园区。在"全域化"理念的引领下,通过一系列全新的发展手段,这些地区的旅游业均获得了较好的经济效益和社会效益。

3)旅游产品体系不断丰富,海洋旅游、休闲旅游等成为旅游经济新的增长点

随着我国旅游产业的快速发展,旅游产业与其他产业的融合不断向纵深发展,促使区域旅游产品体系不断融入国家经济社会发展所产生的诸多元素,持续向更加完备的方向发展。

随着旅游者对个性化、休闲化、高级化旅游产品的需求增大,散客化、自由行旅游方式渐成时尚。根据旅游需求的变化,各地纷纷以此为契机,结合自身实际制定鼓励居民旅游休闲消费的政策措施,加强国民旅游休闲产品开发,增加旅游休闲设施。

(三)国内旅游市场散客化趋势明显

中共十八届三中全会推进改革全面深化,产业创新不断发展,旅游业发展环境将更加稳定,签证将有所放松,这些为促进旅游业的发展和旅游需求的释放创造了良好条件。

《旅游法》的颁布所带来的团队游产品价格上涨促使大量游客选择自己出行,加上《重大节假日免收小型客车通行费实施方案》政策的刺激,特别是旅游者观念的日益转变,使我国旅游散客化的趋势日益明显,2013年"十一黄金周"九寨沟散客与团客7∶3的比例就是这一趋势的鲜明写照。根据中国旅游研究院的调查结果,在出游形式中,受访者选择"自己组织"和"单独出游"作为出游形式的比例分别为52.6%和12.9%,合计65.5%;仅有29.2%的受访者选择参加旅行社的出游团。如何适应散客化这一趋势,为游客提供满意的服务,是未来一段时间内景区和旅行社面临的重要问题。

二、出境旅游——持续快速发展

(一)出境旅游发展的市场基础稳固

1. 客源地视角

1)居民收入水平稳步提升,助推出境旅游

2013—2018年国内生产总值持续增长,城乡居民收入大幅提升,为出境旅游的发展奠定了良好的基础。

在模型中,人均GDP与人均可支配收入的系数符号为正号,表明其与旅游出境人次成正比关系。我国人均GDP每增加1%,出境旅游人次就增

加0.97%。我国人均可支配收入每增加1%,出境旅游人次就增加1.15%,2014年,出境旅游人次首次突破1亿人次。此后,一直保持良性增长态势,但增速有些放缓。2018年,出境旅游人次达到1.6亿人次(见图5-15)。①

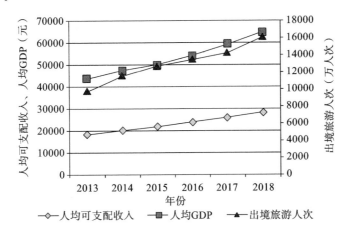

图5-15 2013—2018年人均可支配收入、人均GDP和出境旅游人次情况

(资料来源:根据《中国统计年鉴2018》和《2018年文化和旅游发展统计公报》相关数据整理而成。)

2) 人民币汇率与CPI的双向互动助推出境旅游发展

一方面,人民币汇率指数持续走高,表现为人民币的本币升值,使得中国公民出境游价格相对便宜,在一定程度上也促进了出境游市场的发展。

另一方面,2002—2012年CPI起伏较大,表现为先上升、再下降的波浪式状态。但是,2013—2017年表现出稳定、缓慢的上升趋势,这表明居民的生活成本稳定。随着收入的增加,居民可用于消费的货币逐渐增多,居民的出境旅游意愿增强。

CPI与汇率的共同作用提升了我国游客对出境产品的购买力。在模型中,CPI的系数符号为正号,表明其与出境旅游人次成正比关系。我国人均CPI每增加1%,出境旅游人次就增加14.98%。汇率的系数符号为负号,表明其与旅游出境人次成反比关系,表明美元相对人民币贬值促进了我国出境旅游。美元相对人民币每贬值1%,出境旅游人次就增加4.45%(见图5-16)。

---

① 中国旅游研究院:《中国旅行社产业发展报告2014》,旅游教育出版社2014年版,第13页。

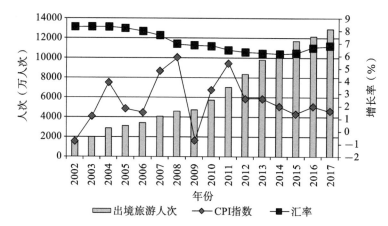

图 5-16　2002—2017 年国内居民出境旅游人次、CPI 和汇率情况

(资料来源:根据《中国统计年鉴 2018》相关数据整理而成。)

3) 各地开展出境游业务的旅行社数量增多

截至 2016 年 12 月,我国正式开展组团业务的出境旅游目的地国家(地区)达到 123 个,其中 2016 年增加了马其顿、亚美尼亚、塞内加尔和哈萨克斯坦 4 个。相关数据显示,截至 2017 年 1 月,有 174 个国家与我国建立了外交关系,已正式开展组团业务的中国出境旅游目的地国家(地区)占到了与我国建交国家的 70.7%,出境旅游环境日益优化,境外目的地也逐渐重视保障中国游客的公正、公平待遇。

2016 年,我国具有出境旅游业务资质的旅行社为 3876 家,同比增长 20.0%。其中,北京、广东、浙江、山东、辽宁和上海共计有 1968 家,占总数的比重为 50.8%。从全国范围来看,各地具有出境旅游业务资质的旅行社数量都在逐年增加,呈明显的上升趋势。全国具有出境游业务资质旅行社的扩容,与我国出境游的旺盛需求密切相关。①

4) 国内旅游运营商为游客出境提供了更多信息

2016 年我国出境旅游人次达 1.22 亿人次,其中旅行社组织的出境旅游人次超过 500 万人次,出境自由行规模超过 7000 万人次,具有明显的散客出游特征。不论是跟团游还是自助游游客,都开始习惯通过移动互联网了解目的地信息或者预订旅游产品。相关研究表明,2016 年在线旅游投资规模为 924 亿元。国内各类旅游运营商的大力发展,积累了越来越多的活

---

① 中国旅游研究院:《中国出境旅游发展年度报告 2017》,旅游教育出版社 2017 年版,第 22 页。

跃用户,尤其是"80后"、"90后"逐渐成为旅游消费的重要群体,他们更加偏好自由行的出境旅游方式,各种旅游 App 为他们在行前预订、旅途游玩以及游后分享方面提供了很多便利。这些移动旅游运营商的发展也在一定程度上促进了出境游的发展。表 5-3 列出了国内部分主要旅游运营商,这些运营商旗下大多有数款旅游类 App,为游客借助移动互联网出游提供信息。

表 5-3　国内部分旅游运营商

运营商	App 数量	App 名称
去哪儿网	6	去哪儿旅行、去哪儿兜行、去哪儿酒店、去哪儿旅图、去哪儿攻略
携程旅行网	5	携程旅行、携程学生旅行、携程攻略、携程特价酒店、携程旅游
同程旅游	5	同程旅游、非常酒店、非常机票、全国景点团购、温泉团购
途牛旅游网	3	途牛旅游、特价门票、途牛自驾
艺龙旅行网	2	艺龙旅行、艺龙酒店
深圳活力天汇科技有限公司	3	航班管家、鹰漠旅行、高铁管家
驴妈妈旅游网	1	驴妈妈旅游

(资料来源:根据相关网站资料整理而成。)

2. 目的地视角

1) 签证持续便利化激发了更多出游意愿

在选择出境游目的地的时候,签证申请也是中国出境游游客考虑较多的因素。2013年以来,在美国等国家签证放宽的带动下,签证便利出现了多频次、多层面、目的地主动性增强等积极变化。截至 2016 年 11 月 24 日,共有 128 个国家(地区)和中国签订了关于免签证的协议。其中,互免签证的 9 个国家是厄瓜多尔、圣马力诺、塞舌尔、毛里求斯、巴哈马、斐济、格林纳达、塞尔维亚、汤加。单方面允许中国公民免签入境国家或地区增加至 16 个,包括印度尼西亚、韩国(济州岛等地)、法属留尼汪、安提瓜和巴布达、海地、南乔治亚岛和南桑威奇群岛(英国海外属地)、特克斯和凯科斯群岛(英国海外领地)、牙买加、多米尼克、美属北马里亚纳群岛(塞班岛等)、萨摩亚、法属波利尼西亚等。单方面允许中国公民办理落地签证国家和地区有 37 个,包括阿联酋、巴林、东帝汶、老挝、黎巴嫩、马尔代夫、缅甸、尼泊尔、乌克兰等。①

2）境外支付政策的进一步升级使出境消费更加便捷

2009年以来，中国人民银行陆续推出一系列政策，便利人民币跨境贸易投资和使用，深化双边货币合作。通过"代理行模式"和"清算行模式"等多种方式支持人民币跨境支付业务。新时代下，人民币已经成为中国第二大跨境支付货币和全球第四大支付货币。2015年中国跨境支付平台的迅速发展，使出境旅游更加便捷。2015年，银联卡跨境网上交易额增长近3倍，越来越多境外持卡人也喜欢用银联卡进行网上支付，2015年境外发行的银联卡网上交易额增长6倍。目前，银联卡可以在境外1800万家商家和130万多台ATM机上使用，用卡服务体系也持续完善。境外已有38个国家和地区推出银联退税服务，包括法国、德国、意大利、英国，以及阿根廷、澳大利亚、新加坡、韩国、日本、马来西亚等。在移动互联网潮流下，2016年7月6日，银联国际联合首批合作伙伴推出了"优计划"，这是银行卡组织推出的开放式跨境营销服务平台，利用地理围栏等新技术实现对跨境消费的定位服务、精准营销和立减优惠，提升客户的跨境消费服务体验。②

与此同时，第三方支付平台的全球化力度在明显加大。据不完全统计，国内29家企业获得了跨境支付许可，主要集中在北京和上海。第三方支付平台在2016年也进行了大举措的建设工作，以覆盖面较广的支付宝和微信为例，两家公司都进行了多项海外布局。

2016年9月，支付宝宣布与慕尼黑机场、羽田国际机场、成田国际机场、大阪关西国际机场等10家国际机场达成合作，在上述机场购物可刷支付宝。同时支付宝还宣布启动"全球未来机场计划"，除了可用支付宝消费外，还可以通过支付宝使用航班提醒、室内导航、一键叫电瓶车等服务。

微信支付业务覆盖我国港澳台地区、东南亚、欧美、西亚、澳大利亚等20多个国家和地区，2016年黄金周微信支付跨境消费笔数同比大涨755%。利用微信支付的方式，游客与很多商家的关系从单一的一次性购买关系，变成了有后续互动的长久客户关系。

目前，商业银行、银行卡清算机构和非银行支付机构积极将我国移动

---

① 中国旅游研究院：《中国出境旅游发展年度报告2017》，旅游教育出版社2017年版，第24页。

② 中国旅游研究院：《中国出境旅游发展年度报告2017》，旅游教育出版社2017年版，第27页。

支付手段和技术向境外商户拓展,将国内移动支付的业务模式和用户体验直接复制到境外,既方便了我国居民到境外旅游消费,也将我国移动支付技术标准和影响力迅速拓展到全球,引领世界移动支付发展。

3. 客源地与目的地的相互关系

1) 新增国际航线扩展了出境旅游延伸空间

近年来,中国跨境交通网络持续优化。2016年新增国际航班总量为40.3万班次,同比增长13.6%,而国内航班总量为349.2万班次,同比增长9.1%。从增长速度来看,国际航班增长率明显高于国内航班,国际航线客运的增长多源于我国旺盛的出境客流。[1] 随着中国出境游客的迅速增长,加之"一带一路"倡议等国家战略布局的不断深化,中国与世界其他国家和地区的互动日趋频繁,这带动了相关国际航线的迅猛发展,航空公司纷纷增设热门旅游国家的航线,加强旅客运载力,同时控制航线运营成本,降低票价。这在提升国际旅客运载能力的同时,也在一定程度上降低了中国出境游客的出行成本,拉动了游客出境旅游的有效需求。[2]

2) 国际合作交流不断加强

首先,"丝绸之路旅游年"推动沿线国家深度合作。"丝绸之路旅游年"是旅游行业贯彻落实"一带一路"倡议的重要举措。在境外宣传推广中,重点突出宣传"美丽中国——丝绸之路旅游"主题,全力塑造中国旅游新形象,吸引更多的国际游客领略中国之美、丝路之美。其次,多双边旅游合作机制更趋优化。国家旅游局制定的"515战略"提出"开拓旅游外交,构建旅游对外开放新格局"。2016年由中国政府和联合国世界旅游组织共同成功主办的首届世界旅游发展大会,是"中国倡议、中国创意、中国主导"的一次重大主场旅游外交活动。2016年成功举办了"中美旅游年"、"中韩旅游年"、"中印旅游年"、"中墨旅游年"、"中国-中东欧旅游合作促进年"等各项活动。2015年以来,旅游在外交领域活动频繁,从高层到民间、从走出去到请进来,中国旅游已经从外交边缘走向前台,中国好故事、好声音通过旅游持续向外传播。我国旅游积极作为,主动融入国家外交大局,发挥我国旅游资源优势,灵活运用旅游市场机制,有效影响国际旅游格局。这些活动对于提升我国在世界旅游业中的国际话语权起到了积极作用,也进一步激

---

[1] 中国旅游研究院:《中国出境旅游发展年度报告2017》,旅游教育出版社2017年版,第34页。

[2] 全球化智库(CCG)与携程旅行网(Ctrip)联合发布的《从出入境旅游看中国全球化发展》系列报告一。

发了国内的出境游市场。

值得提出的是,截至 2015 年有近 500 个世界文化和自然遗产分布在丝路沿线国家,但就中国来说,受多种因素制约,中国赴丝绸之路沿线国家旅游人次尚不到总出境人次的 1/5。未来 5 年,"一带一路"沿线国家将迎来高达 1.5 亿人次中国游客、超过 2000 亿美元旅游消费;吸引沿线国家 8500 万人次的游客来华,可带动 1100 亿美元旅游消费。①

3)需求侧国际化与供给侧国内化的矛盾

中国游客出境旅游的需求在多种因素下被释放和点燃,但是出境旅游的矛盾日益彰显。全球化发展推动出境旅游快速增长,需求侧国际化与供给侧国内化成为影响出境旅游发展的主要矛盾。

从需求侧来看,随着人们出境游经验的不断积累和旅途中见识的不断增长,中国游客对于出境游的需求和要求也越来越细化、越来越专业、越来越与国际接轨。例如,出境旅游从早期的跟团游向自助游、自驾游、深度游、定制游等方向多元化发展,人们对于出境旅游的需求已经不再局限于走马观花、拍照留影,更加自由、深入地体验当地的风景、生活、民俗和文化成为中国新一代出境游客的追求。

从供给侧来看,虽然产生的行为是赴境外出游,但很多旅游产品是通过国内渠道进行宣传和销售的。当前我国国内旅游产业发展过程中仍然存在一些不正规的、采用不正当竞争的,甚至非法的旅游服务供应商,严重影响了人们的出行体验。例如,除经规定程序批准、有权经营出境旅游业务的正规旅行社外,还存在着大量未经批准或未按程序批准的出境旅游经办组织,包括旅行社和非旅行社的经营性、非经营性组织和人员等。这些组织不具备经营权,受到政府的监督较少,在质量、信誉、安全等方面存在着隐患,往往会利用政策、规定的漏洞违规经营出境旅游业务,损害出境旅游的发展。而有权经营出境旅游的旅行社也会想方设法在特许经营渠道之外扩大业务量,各种违规的业务操作和宣传促销行为比较频繁。此外,旅行社低价竞争使接待水准和服务质量降低,在境外旅游过程中诱使旅游者增加购物和附加旅游项目环节,使游客合法权益受到侵害。

中国出境旅游的迅速发展引起世界各国的关注,但是部分游客"不文明"的旅游行为也屡屡受到国内外媒体的曝光,如不遵守公共秩序、大声喧

---

① 中国旅游研究院:《中国出境旅游发展年度报告 2016》,旅游教育出版社 2016 年版,第 34 页。

哗、随地吐痰、在公共卫生间的洗手池中洗脚等,虽然这只是少部分出境旅游者的行为,却给旅游目的地国家(地区)的居民和其他国家同游的游客留下不好的印象,在某种程度上会被上升到用来代替全体中国人,进而影响到国家形象。①

中国游客需求的国际化与出境旅游行业发展及部分国民素质不高的内部问题形成了影响我国出境旅游行业发展的主要矛盾,也反映出当前我国全球化发展所遇到的共性问题,即需求侧国际化与供给侧国内化的对接和融合发展问题。虽然有的领域能够形成对接,但匹配度不高致使很多国际化合作收效有限,需要国内相关管理部门、产业发展的推动者、参与者以及相关的研究人员等进一步解放思想、提升自身能力,将国内发展的需要与全球化发展的趋势良好地结合起来,实现经济和产业发展双赢的良好局面。

(二)出境旅游市场持续快速发展

1. 出境旅游的市场结构

1)市场状况

2013年以来,中国出境旅游市场规模发展势头良好(见图5-17)。2018年,中国出境游客达1.36亿人次,是2013年的1.6倍。

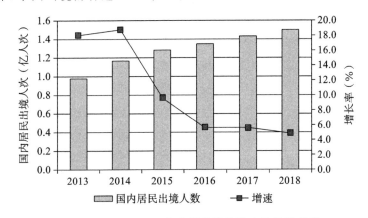

图 5-17 2013—2018 年中国出境旅游人次及增长率

(资料来源:《中国统计年鉴 2018》和《中华人民共和国文化和旅游部 2018 年文化和旅游发展统计公报》。)

---

① 全球化智库(CCG)与携程旅行网(Ctrip)联合发布的《从出入境旅游看中国全球化发展》系列报告一。

2) 因私出境旅游人次占比持续增长

2002年以来，尤其是2013—2018年，我国因私出境旅游人次呈持续高速增长态势，占所有出境旅游人次的比例从93.7%升至95.7%（见图5-18）。

图5-18　2013—2018年中国因私出境旅游情况

（资料来源：《中国统计年鉴2018》和《2018年文化和旅游发展统计公报》。）

3）赴"一带一路"国家出境旅游人次递增

2001年至今，中国至"一带一路"沿线65个国家出境旅游人次虽在某些年份有小幅下降，但整体呈上升趋势。2008年，金融危机爆发，导致游客量减少。2009年，金融危机过后，游客量大幅增多。2013年增速减缓，2014年以后随着"一带一路"倡议的切实推进，游客量增速加快（见图5-19）。

2. 出境旅游的游客消费结构

1）中高端消费群体占比增长

2013年以来，随着生活水平的提高，消费需求从温饱型转变为品质型，品质消费已成为人民群众消费的新需求。中国出境旅游表现出中高端消费特征，单次出境游消费在10001元以上的群体占出境游客总量的55.5%，消费在5001～10000元的游客占36.9%，而消费在5000元以下的仅占7.6%。①

---

① 中国旅游研究院：《中国出境旅游发展年度报告2017》，旅游教育出版社2017年版，第79页。

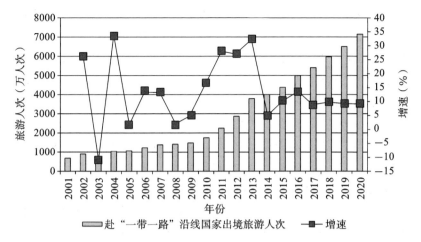

图 5-19 2001—2020 年中国赴"一带一路"沿线国家
出境旅游人次及增速(含预估增速)

(资料来源:《中国出境旅游发展年度报告 2017》。)

2) 品牌知名度的重要性提升

出境游客大多通过旅行社来组织境外旅游活动,影响游客选择旅行社的因素有旅行社的品牌知名度、诚信度、朋友推荐、收费标准,其中 36.7%的受访者选择品牌知名度,32.1%的受访者选择诚信度,30.4%的受访者选择朋友推荐,28.2%的受访者选择收费标准。①

3) 购物和参团费用是境外旅游消费最高的两项

有 44.2%的受访者认为购物消费最高,35.9%的人认为参团费用最高,认为交通、餐饮、景点门票、住宿、娱乐以及其他项目平均消费较高的游客占比均较低。这凸显出此类游客的境外主要消费和开支最多的项目是购物和参团费用。②

3. 出境旅游产业运营特点

1) 国际业务纵深递进

目前,与中国政府签订 ADS 协议的国家和地区超过 140 个,正式实施开放的旅游目的地超过 116 个,虽然国际旅游合作的行政许可空间有限,旅行社在批准的 ADS 协议目的地中进行增量业务扩张的难度较大,但是

---

① 中国旅游研究院:《中国出境旅游发展年度报告 2017》,旅游教育出版社 2017 年版,第 77 页。

② 中国旅游研究院:《中国出境旅游发展年度报告 2017》,旅游教育出版社 2017 年版,第 80 页。

由于已批准的目的地中的业务量非常不均衡,存量拓展的空间仍然非常巨大。2013年以来,特别是《旅游法》出台之后,游客出境旅游需求增速明显,出境组团社纷纷将业务领域向伊朗、约旦、葡萄牙等非常规性目的地倾斜,以期获得先入者优势。

按照中国政府与各国签订的ADS协议,境外目的地政府需要批准指定资质优良的本地旅行社作为ADS地接旅行社,以保障中国公民在境外旅游的权益,维持旅游服务品质。据悉,国际目的地推荐的多为中小型旅行社,这就形成了境内组团社大、境外地接社小的业务合作格局。

2)中高端产品成为竞争要地

首先,虽然许多旅游者有过常规性旅游目的地的旅游经验,特别是至今仍颇受追捧的多国游,让许多游客拥有一次游历多个目的地的经历。但是一程多站式的旅游者很多时候不但不能获得与所游览目的地数量呈正相关的旅游满意度,而且往往会因疲劳、游览不充分等产生较为不愉快的旅游体验,这部分旅游者再次出游时因前车之鉴而选择中高端旅游产品的意愿势必更强烈。其次,通过亲身经历、口口相传、媒体报道等多种途径,很多游客已然了解到低价团在自身旅游权益和旅游品质上难以获得保障,加之随着人们收入水平不断提高,越来越多的游客有意愿也有条件选择中高端出境旅游产品。最后,《旅游法》的出台使得赴港澳、东南亚、韩国等低价团普通线路价格上涨明显,多数游客面对突如其来的高比例涨幅短期内难以理解和接受。与此同时,已有中高端产品因涨幅微弱,与原来的低价团之间的团费差额明显缩小,因此很多游客转而选择中高端产品出游。如西班牙、葡萄牙、约旦等线路的团费均在1.5万元以上,近年来,特别是《旅游法》出台后,游客迅速增加,广东中旅在原先相对较冷的线路上的业务规模同比上升了50%以上。

3)自由行产品成为推广重点

一直以来,自由行旅游产品不是出境组团社的优势业务领域,且因利润贡献率不高、聚集规模化需求相对不易等原因,这类产品成为出境组团社锦上添花型的利润来源,业务经营基本体现为等客上门。但随着散客化趋势的不断推进,特别是《旅游法》的出台对出境组团社的传统拼团作业带来了较多的限制,旅行社违规经营的风险和成本明显增加,为此,许多出境组团社纷纷剥离业务流程中的风险点,并推进业务流程和旅游产品标准化,转而将较多的资源配置向自由行产品领域倾斜。据悉,广之旅、南湖国旅、广东中旅等几家旅行社为了争夺市场份额,2013年以来在广告投入上不甘落后。《旅游法》出台前后，出境自由行产品开始大批量地登上广告版面，甚至已然成为旅行社产品宣传的标准化动作。如南湖国旅力推搭团自由行，加大力度将动感沙巴双飞五日游、巴厘岛双飞五日游、清迈双飞五日游等自由行产品推向市场；广之旅更推出了浪漫海岛、日韩、新马、泰国等系列化自由行产品。

(三) 出境旅游在扩展国际影响力中的重要作用

1. 促进了旅游国际产业合作从市场互换向要素流动的持续深化

出境旅游在推动我国旅游产业国际化布局方面发挥了重要作用，在配合"一带一路"倡议中，发挥了推动旅游产业合作从市场互换向要素流动持续深化的重要作用。国家旅游局早在 2007 年就完成了《丝绸之路旅游区总体规划》。《"十三五"旅游业发展规划》中将丝绸之路旅游带、海上丝绸之路旅游带列入十大国家精品旅游带，并将开展"一带一路"国际旅游合作作为旅游外交的核心工作。我国先后与俄罗斯、乌兹别克斯坦、哈萨克斯坦、匈牙利等沿线多个国家与地区签署旅游合作谅解备忘录，在中东欧地区设立首个海外旅游办事处，构建包括中、俄、蒙三国旅游部长会议在内的常态化合作平台等系列工作都为路线旅游产业合作创造了良好条件。我国与哈萨克斯坦、吉尔吉斯斯坦丝绸之路合作申遗成功，中免集团将免税业务拓展到柬埔寨，携程旅行网收购印度最大在线旅游运营商 Make My Trip，众信国旅入股地中海俱乐部，都表明旅游产业的国际化布局正在紧跟中国旅客的脚步，并呈现出投资主体多元、投资模式多样、投资区域扩大等特征。如果说曾经的"一带一路"是因商而旅，那么今天的"一带一路"则是旅商融合。

2. 成为促进"一带一路"倡议人文交流的重要载体

空中、地面与海上走廊的共同建设，使"一带一路"成为沿线普通民众相互往来的纽带。在组建海上丝绸之路、陆上丝绸之路与"万里茶道"的国际旅游推广联盟，先后举办中俄、中韩、中印、中国-中东欧、中国-东盟等旅游年活动，我国与包括"一带一路"沿线国家在内的 70 多个国家缔结了使用范围不等的互免签证协议，与 14 个沿线国家达成了简化签证手续协议或安排，以及 72 小时过境免签、离境退税等工作与政策的协同效应下，根据不完全统计，仅 2016 年，中国就为沿线国家与地区贡献了 5001.4 万人次的出境过夜游客，2014—2017 年累计规模接近 1.5 亿人次。如此大规模的人员流动，推动了民众之间的直接沟通与交流，使得拥有辉煌历史但在近代以来一直在封闭与开放间徘徊的"一带一路"坚定不移地走向开放。

旅游作为民众自发交流的重要形式,其平等自信、不卑不亢的合作姿态,更容易被国际社会所认同、接受。可以说,旅游在推动沿线国家、地区民心相通中,发挥了基础性和"润物无声"的作用,既增进了各国之间的信任,也为文化软实力的对接提供了多方位渠道。

3. 出境旅游为其他产业合作奠定了基础

数亿人次的出境游客规模以及数千亿美元的出境旅游消费,推动了包括基础设施互联互通在内的产业合作。"一带一路"沿线国家旅游业起步较晚,旅游基础与接待设施建设相对落后。大规模的游客流动,迫切需要航空、公路、铁路、港口、通关等软硬件条件的优化作为支撑。中老铁路、中泰铁路、印尼雅万高铁等设施的相继建设,既是当地社会经济发展的需求,同时也是中国出境游客的需求。不断增长的游客规模、多样化的游客需求,一定程度上推动了丝绸基金、中国-欧亚经济合作基金、亚洲基础设施投资银行、国家开发银行、中国进出口银行等金融机构在"一带一路"旅游基础与接待设施建设中扮演积极角色。出境旅游的发展还有效促进了金融领域的国际化合作。截至2017年3月底,沿线已有近50个国家与地区受理银联卡。[①] 国民跨境消费与跨境支付的发展推动了人民币在尚未完全放开的情况下走向国际市场的步伐。旅游业所推动的服务贸易发展,也为双边本币互换协议的签署与实施奠定了人民币流动性及贸易和投资便利化的需求基础。

4. 多元化出境旅游需求推动产品供给多样化

受国内雾霾、空气污染以及国人度假需求上升的影响,空气质量和自然环境成为我国游客选择目的地的重要因素。空气清新、阳光灿烂的海岛越来越受到中国游客的青睐。从携程度假的订单看,海岛游人次占出境游总人次的30%。2016年十大人气海岛包括普吉岛、巴厘岛、济州岛、冲绳、长滩岛、马尔代夫、沙巴、芽庄、塞班岛、斯里兰卡。亲子游也成为重要旅游产品。另据携程境外门票预订数据,2016年度全球十大热门景区包括香港迪士尼乐园、香港海洋公园、新加坡环球影城、伦敦眼、洛杉矶环球影城、大阪环球影城、东京迪士尼、台湾101、乐天世界、迪拜哈利法塔。中国游客对境外各类文化艺术类旅游产品的喜好也日益突显。根据携程当地玩乐预订数据,2016年最受中国游客欢迎的全球博物馆中,纽约大都会艺术博物

---

① 中国旅游研究院:《中国出境旅游发展年度报告2017》,旅游教育出版社2017年版,第4页。

馆、巴黎卢浮宫、梵蒂冈博物馆、伦敦大英博物馆、乌菲兹美术馆、垦丁海洋生物博物馆、迪拜博物馆、济州泰迪熊博物馆、济州 PLAY K-POP 博物馆、华盛顿航空航天博物馆等排名领先。境外医疗成为中国游客的新选择。2016 年通过携程报名参加出境体检等医疗旅游的人均订单费用超过 5 万元。根据网上预订与浏览数据,海外医疗旅游最受欢迎的 10 大目的地国家和地区有日本、韩国、美国、我国台湾地区、德国、新加坡、马来西亚、瑞士、泰国和印度。[①]

(四)出境旅游发展趋势向好

在国内经济持续增长、人民币升值以及周边国家和地区入境旅游竞争力提升的综合作用下,我国出境旅游继续保持高速增长态势。

作为国民旅游的有机组成部分,中国出境旅游的快速增长得益于中国庞大人口基数所产生的巨大旅游需求。尽管出境旅游市场规模渐创新高,但与人口总量相比,中国公民出境旅游的出游率仍然较低。如果仅考虑严格意义上的出国旅游,则出游率更低。20 世纪 90 年代以来,中国出境旅游仅仅经过了 20 多年的发展历程,中国出境游客中的大多数还是第一次踏出国门,面对 116 多个可供选择的 ADS 目的地,多数游客会选择观光旅游产品。与此同时,随着多次出境游客的不断增多,以及《旅游法》的影响,选择自由行或半自助旅游产品的游客会明显增多,二次旅游和深度旅游的市场正在蓬勃发展。越来越多的出境游客会逐渐摆脱观光游览的传统旅游观念,消费需求将更加多样化,休闲度假旅游将成为趋势,个性化和定制化的旅游产品将成为热点。在较长一段时间内,中国出境旅游市场将会存在以观光、大众需求为基础,多样化、高端旅游需求并存的格局。

三、入境旅游——相对平稳发展

(一)入境旅游发展的不确定性较高

就外部环境而言,入境旅游发展的不确定性或会加剧。除经济形势、国家关系等常规因素外,天气和恐怖事件等因素的加入使得入境游的发展环境越来越复杂。当前,雾霾已经成为我国入境旅游的主要影响因素之一。

从地区环境来看,周边国家普遍加强了对入境客源的争夺。在国际经

---

① 中国旅游研究院:《中国出境旅游发展年度报告 2017》,旅游教育出版社 2017 年版,第 5 页。

济持续低迷的大背景下,旅游业成为国际贸易重要创汇领域的状况已呈常态化。越来越多国家,特别是我国周边国家和地区更加关注旅游业发展对于经济增长及就业创业等方面的综合作用,纷纷在吸引入境游客方面加强力度,以加大促销力度、签证便利化等多种方式参与到入境旅游的市场竞争之中,客观上导致目的地国家竞争态势的进一步加剧。

从市场规模来看,入境旅游总体规模保持平稳增长态势。入境旅游市场出现波动,既需要引起高度重视,更需要科学认识。在经历高速发展之后,中国入境旅游开始呈现出相对平稳的发展态势,这是正常现象。受全球经济持续低迷、地缘政策、国际入境市场竞争加剧、人民币持续升值、环境问题突出等多重因素的影响,入境旅游需求相对平稳,市场平稳运行态势明显,回升空间相对有限。

就市场环境来看,《旅游法》的规范保障功能日益展现。《旅游法》是一部以公民旅游权利促进和旅游者保护为导向的综合性立法,自2013年10月1日起开始实施,保障旅游者的合法权益被放在首要位置。《旅游法》的出台在法律层面上保障旅游业健康发展的政策效应持续发酵。单纯靠价格竞争的运营商会逐渐丧失竞争优势,而通过优化和丰富产品体系,实现稳定市场价格和降低消费门槛的运营商会日趋主动。《旅游法》必定会发挥其积极向上的规范及引导功能,促进以旅行社为代表的旅游行业的结构升级,从而使入境旅游业进一步成熟。

就政策导向而言,免签、免税等旅游便利化政策为入境游发展注入新的动力。2013年我国免签取得重大进展,当年有北京、上海、广州、成都、重庆、沈阳、大连等7个城市口岸实施72小时过境免签政策,2014年又有西安加入。截至2017年,已有10余个城市口岸实行72小时过境免签政策。京西桂沪黄金线的主要城市或包含在内,或在其辐射范围之内。72小时过境免签政策涵盖60多个国家。此外,霍尔果斯等口岸的免税示范区已建成或正在建设,有力地促进了边境旅游的发展。包括免签、免税在内的旅游便利化政策为入境旅游的发展注入新的动力。

(二)入境旅游市场发展状况

1. 总体状况

1)入境市场平稳发展

2002—2017年,入境游客的规模总量不断波动,入境游客数量呈现先降低再上升再降低的反复变化特征。2013—2017年入境旅游人次(见图5-20)较2002—2012年有所降低,这在一定程度上是受到人民币汇率升高的影响,外国游客及我国港澳台地区游客到内地(大陆)来旅游所需花费比以前更多,因此在选择出境旅游时会更加谨慎。然而,随着世界经济的复苏和发展,在当前的国内外环境下,相信未来入境旅游人次规模会逐步回升。

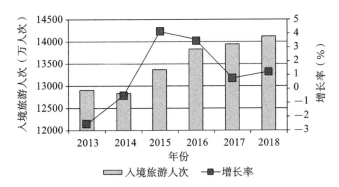

图 5-20　2013—2018 年入境旅游市场规模及增长情况

(资料来源:根据《中国统计年鉴 2018》和《2018 年文化和旅游发展统计公报》相关数据整理而成。)

2)入境外国市场稳中向好

2002—2017 年,我国入境外国游客的规模总量呈现波动中逐步上升的发展趋势,入境外国游客数量呈现先降后升再降的反复变化特征。2013—2017 年,入境外国游客人次虽较 2002—2012 年有所减少,但降幅较小,主要是由于人民币汇率升高,入境外国市场整体状况依然向好(见图 5-21)。

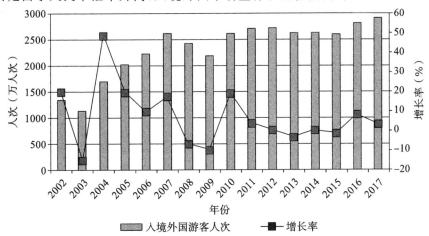

图 5-21　2002—2017 年入境外国游客人次与增长率

(资料来源:根据《中国统计年鉴》(2007—2017)和《中华人民共和国 2017 年国民经济和社会发展统计公报》相关数据整理而成。)

3) 入境旅游外汇收入再创新高

2002—2018年,入境旅游市场收汇呈现先升后稳再升的阶梯状增长特征,入境旅游外汇收入增速呈现先降后升再升再降的波动式变化特征(见图5-22)。2013—2018年,入境旅游外汇收入持续增加,连续5年保持世界第4的位置。从总量变化趋势来看,入境旅游外汇收入的绝对值不断增加,2018年的外汇收入是2013年的2.5倍,说明中国在国际旅游市场上的份额不断增加,吸引了更多的境外游客来内地。

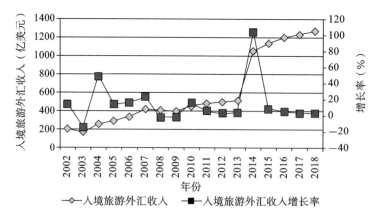

图5-22　2002—2018年入境旅游外汇收入增长情况

(资料来源:根据历年《中国旅游统计年鉴》及《中华人民共和国2018年国民经济和社会发展统计公报》相关数据整理而成。)

2. 结构状况

1) 入境旅游客源市场结构优化,外国人占比持续提升

在入境旅游客源市场结构中,港澳台同胞仍是主力。2018年,港澳台同胞占入境旅游客源的比例为78.4%(见表5-4)。从2013年到2018年入境旅游的客源结构变化来看,港澳台同胞总占比有所降低,外国人占比持续提升。

表5-4　2013—2018年中国内地入境旅游主要客源市场结构状况

年份	入境人次(万人次)	外国人(万人次)	外国人占比(%)	港澳台同胞占比(%)
2013	12908	2629	20.4	79.6
2014	12850	2636	20.5	79.5
2015	13383	2599	19.4	80.6
2016	13844	2815	20.3	79.7

续表

年份	入境人次（万人次）	外国人（万人次）	外国人占比(%)	港澳台同胞占比(%)
2017	13900	2910	20.9	79.1
2018	14120	3054	21.6	78.4

（资料来源：根据《中国统计年鉴2018》和《中华人民共和国2018年国民经济和社会发展统计公报》相关数据整理而成。）

2) 主要客源国构成基本稳定，远程市场份额继续上升

从入境外国游客的客源构成来看，2013—2018年，韩国、日本、俄罗斯、美国合计向中国内地输送游客占中国内地接待入境外国游客总量的45%左右。同期，韩国、日本、俄罗斯、美国、越南、马来西亚、蒙古、菲律宾、新加坡、澳大利亚合计向中国内地输送游客占中国内地接待入境外国游客总量的70%，[①]接近七成的入境客源市场主要集中在这十大客源国。中国内地入境客源国的集中化程度较高，主要客源国构成相对稳定，大多为近程客源市场，同时这个时期远程客源市场份额逐渐上升。

3. 国际游客数量、消费依然偏低

入境外国游客数量仅占入境游客总数的20%，在游客数量方面与内地居民出国旅游形成明显赤字。

1) 入境外国游客数量偏低[②]

2013—2018年，入境外国游客数量由2629万人次增加到3054万人次，增长了16.2%。在此期间，入境外国游客占我国入境游客的比重几乎没有变化，稳定在20%左右。这与我国经济发展和全球化进程是不相匹配的，也不符合在开放、包容、互利、共赢发展趋势下我国对外国人入境旅游发展的"新常态"。

从国际对比来看，我国入境外国游客数量远低于欧美发达国家。根据世界银行数据库的统计数据，2015年，法国国际游客入境量为8445万人次，美国也高达7751万人次。旅游发达国家对国际游客的吸引力较强，例

---

① 中国旅游研究院：《中国旅行社产业发展报告2014》，旅游教育出版社2014年版，第27页。

② 根据国家统计局对旅游统计指标的解释，入境游客既包括外国人，也包括港澳台同胞，而出境游客所统计的目的地既包括其他国家，也包括中国香港特别行政区、澳门特别行政区和台湾地区，所以我国出入境数据在统计方面具有一定的特殊性。这种特殊的出入境统计口径，使得我国在统计数据方面不能准确体现出外国人对于我国入境旅游的贡献，也容易让人忽略入境外国游客数量偏少的事实。

如法国以其丰富的文化资源,互联互通的地面、航空交通,大幅下调的住宿费与机票税,可持续发展的环境等,在世界范围内有较强的旅游竞争力。①

2) 国际游客赤字呈扩大趋势②

与出境游的高速发展相比,我国入境游发展相对滞后。2015年,我国国际游客赤字已经达3163.5万人次。③ 我国国际游客赤字并不是瞬时现象,而是经济发展与全球化推动下所产生的社会效应。随着我国经济的发展和居民收入的增加,尤其是我国国际合作的广泛开展与中产阶级规模的逐步扩大,出境游成为越来越多游客的选择,且热度不断上升,其增长速度远高于入境游客的增长速度。预计在当前发展态势下,未来一个时期我国国际游客赤字将进一步拉大(图5-23)。

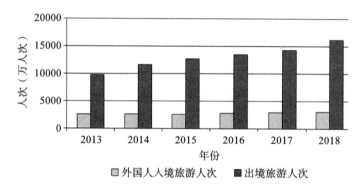

图5-23 2013—2018年我国内地居民出境旅游与外国人入境旅游人次

(资料来源:《中国统计年鉴2018》和《2018年文化和旅游发展统计公报》。)

国际游客赤字的背后体现的是旅游外汇收入差距。虽然我国旅游外汇收入整体呈现持续增长,但这里面包括来自港澳台地区游客的消费,如果去除港澳台地区游客所提供的收入统计,其外汇收入并不理想。此外,

---

① 根据世界银行数据库相关数据整理而成。

② 全球化智库(CCG)与携程旅行网(Ctrip)在京联合发布《从出入境旅游看中国全球化发展》系列报告,将国际游客赤字定义为"一个国家出境到其他国家(地区)的本国游客大于入境本国的外国游客的数量"。

③ 国家统计局的数据显示,2015年,我国入境外国游客数量为2598.54万人次,国内居民出境人次为12786万人次。根据香港地区、澳门地区、台湾地区的旅游统计数据,2015年前往香港、澳门和台湾的内地(大陆)游客分别为4584.20万人次、2041.02万人次、398.72万人次,三个地区共接待内地(大陆)游客7023.94万人次。因此,将国内居民出境人次减去前往香港地区、澳门地区和台湾地区的内地(大陆)游客访问量,就可以得到我国内地(大陆)居民出境到国外的数量,即5762.06万人次。根据全球化智库(CCG)与携程旅行网(Ctrip)课题组的定义规则计算,我国国际游客赤字为3163.52万人次。

我国旅游外汇收入中长途交通贡献最大,占比为39.5%,外国人入境旅游商品消费仅占不足20%。这与我国旅游商品整体缺乏多样性与吸引力、缺乏品牌价值与文化价值有关,也与各地出售的商品高度同质化且质量无法保障有关,这些因素让非初次来中国内地旅游的游客失去了购物的兴趣,也是制约入境旅游增长的主要因素之一。

3)入境游客消费水平依然偏低

入境旅游市场需求方面,游客消费水平依然偏低,主要旅行目的是游览观光以及休闲度假,消费决策特征变化不明显。入境游客中首次到访中国的游客明显多于多次到访中国的游客;从入境游客出游目的来看,游览观光和休闲度假是主要目的。入境游客主要的游览项目集中在山水风光、文物古迹、美食烹调、文化艺术,所占比例分别为24.3%、23.4%、15.4%、15.2%;在内地停留的时长方面,30.3%的入境游客在内地停留8~15天,最具代表性;在住宿方面,选择中等价位酒店(二星级酒店、三星级酒店及同级酒店)超越选择经济型酒店,成为入境游客的首选项。[1]

从入境游客人均消费的总体结构来看,消费水平依旧偏低。入境游客人均消费呈现典型的正态分布特征,中间大,两头小。超过60%的入境游客消费集中在1001~5000美元。另有15.02%的入境游客消费501~1000美元,有14.06%的入境游客消费不足500美元,消费超过5000美元的有8.7%。从消费项目来看,23.1%的游客表示旅游交通是其最大的消费项目,其次是购物消费,占总消费支出的21.4%。[2]

综上所述,在经济全球化发展的今天,人口流动自由化、多元化和跨区域的发展态势愈发明显,其带来的国际交往效果与国际影响力也更加切实。然而,我国在外国人入境旅游方面并没有能够像制造业那样紧紧抓住经济全球化的发展浪潮,反而在全球化发展与国民生活水平提高的共同作用下被反超,形成3000多万人次的国际游客赤字。2018年,旅游业对我国国民经济的综合贡献率达到11%,中国成为世界第一大出境旅游客源国,国际旅游赤字将进一步拉大。这一问题并没有引起社会各方面的广泛关注,其造成的影响对于我国国际旅游行业,乃至我国全球化发展来说,都是潜在的和不可忽视的。同时,国际旅游赤字也反映出我国国际化发展仍然

---

[1] 中国旅游研究院:《中国入境旅游发展年度报告2017》,旅游教育出版社2017年版,第7页。

[2] 中国旅游研究院:《中国入境旅游发展年度报告2017》,旅游教育出版社2017年版,第95页。

没有能够与国际市场形成良好的对接与融合。

(三) 入境旅游将保持平稳发展的态势

1. 就外部环境而言,入境旅游发展的不确定性或会加剧

2013年以来,我国大范围持续雾霾天气影响到包括华北、黄淮、江淮、江汉、江南等地,受影响面积约占国土面积的四分之一,受影响人口约6亿。当前,雾霾已经成为入境旅游的主要影响因素之一。天气等非常规因素的出现和持续影响使得入境游的不确定性加剧。

2. 从地区环境来看,周边国家普遍加强了对入境客源的争夺

2013年以来,日本旅游部门增加了海外的专项宣传预算,各地方自治体相继增加了旅游宣传促销费用。日本文化部门和经济产业部门所掌握的旅游产业发展基金和宣传预算,高于日本政府旅游部门和地方自治体的旅游总预算。例如,2013年日本47个都道府县的地方政府,仅在我国上海一地设立的商务旅游代表处就高达27个。除宣传促销外,汇率政策的调整与日元大幅贬值、实行宽松的签证政策、实施天空开放政策、扩大免税范围等举措也发挥了重要作用。

东南亚各国也采取了措施积极吸引入境客源。例如,2013年新加坡设立500万新币基金培育能够吸引外国游客的临时娱乐、餐饮、零售或艺术活动等特色增值服务。印尼注重培育会展旅游市场。泰国、越南、菲律宾等国在促销上加大了投入。新加坡、印尼、泰国、越南、菲律宾等国的旅游人次和收入或多或少都有增长。

印度旅游部宣布了数项推广"电影旅游"的举措,同时启动了"不可思议的印度喜马拉雅777天"宣传活动。在外国公民入境签证问题上,印度宣布给予英国、美国、加拿大、德国、法国、澳大利亚、马来西亚、韩国、泰国、俄罗斯、南非、哈萨克斯坦、阿根廷、巴西等40个国家和地区落地签证待遇,并着手对全球大多数国家实施旅游团体落地入境许可制度。

3. 从市场规模来看,入境旅游总体规模将保持平稳增长态势

世界旅游组织最新数据显示,2013年以来,世界各地接待境外游客的增长率保持在5%左右。其中亚太地区增长6%,领跑全球国际旅游。

从客源结构来看,当前,港澳台市场仍然是我国主要的入境客源市场,其中港澳市场接近饱和,增长空间相对有限。就外国人入境旅游市场来看,韩国作为我国入境市场的首要客源国,受国内经济影响,国内失业率上升,国民出境游意愿下降。日本市场由于受外交政策及日本持续实施激进的量化宽松货币政策所带来的日元大幅贬值,导致2013年以来日本来华

游客持续大幅下降。

随着世界经济的复苏和发展,在当前的国内外环境下,相信未来入境旅游人次规模会呈上升趋势。

4. 就政策导向而言,免签等旅游便利化政策将为入境旅游发展注入新的动力

72小时过境免签政策开放国家涵盖60多个。此外,霍尔果斯等口岸的免税示范区,有力地促进了边境旅游的发展。包括免签、免税在内的旅游便利化政策将为入境旅游发展注入新的动力。

(四)影响入境旅游发展的主要因素

2013年以来,中国入境旅游发展受来华签证、旅游宣传、语言文化、旅游成本、旅游环境等诸多因素影响。

1. 免签和过境免签政策尚不匹配入境旅游需求量

很多外国人已习惯"拿上护照,说走就走",我国的免签政策和过境免签政策还处于逐步放开的阶段,但相比入境旅游的需求量来说远远不够。现阶段,中国仅对日本、新加坡、文莱和圣马力诺实施个人入境免签,与我国签署了团体旅游互免签证协议的国家只有阿塞拜疆、白俄罗斯、俄罗斯、格鲁吉亚、摩尔多瓦和土库曼斯坦,实行72小时过境免签政策的城市口岸也只有北京、上海、广州、成都、西安、桂林、厦门、沈阳、天津等15座城市。除海南省对26个国家的旅行团实行21天免签、广西桂林市对东盟10国旅游团实行6日免签外,国内大部分地区签证政策依然偏紧,不利于中国入境旅游的发展。

2. 入境旅游宣传缺乏创新与互动

旅游宣传是推动中国入境旅游发展最直接的办法。我国入境旅游的宣传工作仍然是由政府主导。第一,政府宣传过于关注整体形象,无法通过深入的展示和良好的互动来调动潜在外国游客的积极性。第二,政府宣传或被认为富有较强的国家色彩,对于外国游客来说可能产生反作用。第三,从操作层面来看,政府宣传相应的审批流程过于复杂,时效性不高。因此,入境旅游宣传工作在政府起到监督、指导作用的同时,应当让有实力的专业机构来承担相应工作。

3. 语言文化差异、环境问题影响入境游发展

中国和其他国家语言、文化的不同,既导致价值观念的差异,也影响旅游偏好,包括旅游动机、旅游目的地选择、旅游审美、旅游消费观念以及饮食偏好。此外,环境问题成为新的影响因素,在暂时没有计划来中国旅游

的外国游客调研中,有10%的外国游客对空气污染感到担忧。

4. 外国游客对于旅游成本更为关注

第一,欧美国家与中国相隔较远,高昂的交通费用成为其主要费用支出;第二,中国大多数景点和交通需要收取门票费用、过路费等,与欧美大多数景点如国家公园、博物馆等不收取门票、交通过路费收得也较少相比,欧美游客来中国旅游会有心理落差;第三,中国旅游市场中,国内游客数量巨大,尤其是法定节假日期间,旅游成本更是居高难下。人民币汇率升高,在一定程度上也影响了外国游客来中国旅游的预期。

5. 综合软实力影响旅游整体体验

入境旅游的体验关乎众多方面,尤其是综合软实力的表现。而旅游过程中所能接触到的事物,除旅游自身以外,城市发展先进程度、基础设施配套与人性化程度、区域商业发展规范程度、不同文化融入难易度、当地人素质涵养程度等都影响着入境旅游的体验。通过入境旅游展示中国发展、讲好中国故事,需要各方的努力与配合。

根据国际旅游产业链条分析,这些问题有可能出现在针对外国人入境旅游宣传的最前端。但无论怎样,与世界旅游产业的迅速发展以及新兴经济体旅游业竞争力的快速提升相比,我国在入境游方面的竞争力都急需提升和进一步增强。为更好地促进我国旅游产业发展,吸引越来越多的国际游客入境我国旅游,对目前我国外国人入境旅游的问题进行系统分析很有必要。

第三节 国民休闲与区域旅游迈向高质量发展

一、国民休闲呈现"两增一减"态势

(一)空间扩大、方式积极和时间减少是总体特征

1. 休闲空间不断扩大

2012—2017年,城镇居民的户外休闲比重持续增加,休闲空间不断扩大,远距离休闲(离家10公里以上)比重增长迅速。2012年城镇居民工作日、周末和节假日的居家休闲比重分别为50.7%、39.1%和34.5%,到了2017年,相应比重分别下降为42.8%、23.6%和18.4%,更多城镇居民走出家门享受户外休闲活动。2012年城镇居民工作日、周末和节假日的远距离休闲比重分别为4.3%、10.8%和26.0%,到了2017年,相应比重分别

上升为5.1%、13.0%和37.1%,旅游景区和城市郊野成为城镇居民的重要休闲空间。

农村居民的休闲空间主要局限于家庭内部,但近年来户外休闲比重不断增加,远距离休闲进入快速增长期。农村居民农忙时节户外休闲比重从2012年的26.9%上升到2017年的34.8%,农闲时节户外休闲比重从2012年的42.4%上升到2017年的46.5%。值得重视的是,农村居民远距离休闲比重长期低于2%,但近些年开始快速增长,特别是农闲时节远距离休闲比重从2015年的2.0%增加到2017年的8.2%。① 随着私家车进入农户,旅游和城市休闲成为农村居民的重要休闲方式。

2. 休闲方式更加积极

2012—2017年,我国城镇居民旅游比重持续增加,文化娱乐、体育健身、餐饮购物比重相对稳定,家庭休闲活动比重不断降低。2012年城镇居民在工作日、周末和节假日选择旅游的比重分别为1.1%、4.3%和20.2%,到了2017年,相应比重已达到8.4%、22.1%和42.2%,旅游这种异地休闲方式已成为增长最为活跃的部分。2012年我国城镇居民在工作日、周末和节假日选择看电视、上网、闲聊等家庭休闲活动的比重分别为51.1%、38.8%和33.3%,到了2017年,相应比重分别下降为42.6%、26.3%和24.8%。城镇居民的休闲活动正在从"消极"向"积极"转变,休闲活动带来的消费、养生、健康、文化、社交、教育等经济社会功能也在不断增强。

我国农村居民选择旅游的比重快速增加,越来越多的农村居民参加户外文化体育活动。2012—2017年,农村居民选择旅游作为休闲活动的比重有所增加,农忙和农闲时节旅游所占比重分别从2012年的0.9%和1.4%增长到2017年的2.3%和8.7%。2012年我国农村居民在农忙和农闲时节选择家庭休闲活动的比重分别为73.7%和68.6%。农村居民休闲也在向"积极"方向转变,农忙时体育健身、农闲时旅游购物开始成为时尚的生活方式。但与城镇居民相比,农村居民的休闲活动多样性和休闲消费能力仍显不足。②

3. 休闲时间持续减少

2012—2017年,我国居民休闲时间不断减少、工作时间稳中有升,社会

---

① 中国旅游研究院:《2017年中国旅游经济运行分析与2018年发展预测》,中国旅游出版社2018年版,第56页。

② 中国旅游研究院:《2017年中国旅游经济运行分析与2018年发展预测》,中国旅游出版社2018年版,第57页。

发展并未直接带来休闲时间增加,与发达国家差距不断拉大。2012年我国城镇和农村居民分别有1774小时和1766小时的休闲时间。2017年分别减少为1407小时和1441小时,减少幅度分别为20.7%和18.4%。2012—2017年城镇居民工作日、周末和节假日的日均休闲时间分别减少了1.25小时、0.58小时和0.38小时,农村居民农忙和农闲时节的日均休闲时间分别减少了0.94小时和0.83小时。据经济合作发展组织(OECD)统计,2009年德国、英国和美国居民年休闲时间分别为2190小时、2050小时和1900小时,OECD国家平均水平为1892小时。与发达国家相比,我国居民年休闲时间有较大差距。①

(二)时间较少、空间不足是主要短板

1. 休闲旅游时间较少是最大短板

据调查,2017年有71.4%的城镇居民和66.0%的农村居民表示"工作时间过长,工作过于劳累"是制约休闲旅游质量提升的最主要因素。导致我国与发达国家居民年休闲旅游时间总量差距的原因主要有以下几种。

第一,工作和家务劳动时间挤占休闲旅游时间。虽然《劳动法》规定劳动者每日工作时间不超过八小时、平均每周工作时间不超过四十四小时,但很多劳动者由于工作量大、就业不稳定等原因而主动或被动延长工作时间,工作日工作时间经常超过八小时,周末和节假日加班较为普遍,导致休闲时间被工作时间严重挤占。而且,我国劳动年龄人口就业率高,双职工家庭多,很多劳动者需要承受工作和家务劳动双重压力。加之,我国的学龄前教育和护理服务体系等并不健全,很多劳动者从质量和成本等角度考虑只能自行照顾儿童、残疾人和老人,繁重的家务劳动进一步挤占休闲旅游时间。

第二,带薪年休假天数少,且落实不到位,我国年法定节假日为11天,与欧洲发达国家差距不大,但带薪年休假时长和落实情况有较大差距。我国《职工带薪年休假条例》规定职工依据工龄的长短可享受5~15天的带薪年休假,但全国的整体落实率仅为50%左右,大量农民工、临时工、灵活就业者等没有享受到带薪年休假。而欧盟规定成员国的带薪年休假最低为20个工作日,且从各国的具体落实效果来看均大幅度超过此最低标准。此外,由于事假和病假请假难,我国很多居民利用年休假和节假日来办事

---

① 中国旅游研究院:《2017年中国旅游经济运行分析与2018年发展预测》,中国旅游出版社2018年版,第56页。

和看病,也导致节假日并没有被真正用于休闲旅游目的。

2. 休闲旅游空间仍然不足

虽然从调查来看,我国居民休闲旅游空间范围不断扩大,但其背后隐藏着"优质旅游景区在经济上无法进入、普通郊野资源在交通上无法进入、社区休闲设施在时间上无法进入"的困境。

首先,社区休闲空间极为缺乏。社区是使用率最高的休闲空间。城镇居民工作日、周末和节假日的户外休闲活动中分别有69.5%、58.3%和33.3%在离家3公里以内的区域进行,农村居民农忙和农闲时节的相应比重分别为83.3%和68.7%。但是,我国多数社区内部休闲设施不足,社区间休闲设施不互通,学校等单位内部休闲设施不开放,导致社区休闲空间稀缺,并引发许多社会问题。例如,跳舞老年人与打篮球年轻人为争场地而冲突,健步走队伍在公路上运动遭遇车祸。

其次,郊野空间缺乏可进入性。城乡郊野广阔的森林、草原、湖泊、湿地、山丘等资源构成重要的休闲空间。我国长期重视城乡郊野的经济、生态功能,而忽视休闲游憩功能开发。郊野空间可进入性不强,配套服务设施不健全。例如,2017年5月,30余名"驴友"在穿越太白山时被困,并有3人不幸遇难。悲剧发生既有天气突变、准备不充分等原因,也与我国郊野空间难以进入、缺乏遍布城乡的绿道网络体系有关。

最后,旅游景区未充分发挥休闲功能。休闲游憩是居民在惯常环境内的日常生活,具有使用频率高、价格敏感性强、产业融合度大等特点,与旅游观光有显著差异。长期以来,景区在具体开发过程中往往强调旅游观光功能,多采用封闭式商业开发模式,忽视了休闲游憩功能的发挥,忽视了资源的开发和共享,导致老百姓守着家门口的优质休闲资源却无法充分利用。

二、区域旅游非均衡发展稳中向好

(一) 区域旅游非均衡发展的主要特征

1. 三大区域旅游接待总人次:东部小幅减少,中、西部大幅增加;东部占比大幅缩减,中、西部占比增加,差距缩小

如图5-24所示,2013—2016年,东、中、西部地区旅游接待总人次持续增加,中、西部地区的增幅远远超过东部地区的增幅。这个时期,中、西部地区旅游接待总人次占全国的比重持续上升,从24.5%、25.7%分别上升到28.0%和29.5%,而东部地区占比则降低了7.3个百分点。可见,虽然

2013年以来我国东、中、西部三大区域旅游接待总人次的差异仍然十分显著,但这种差异进一步缩小。

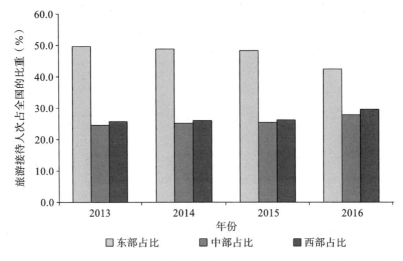

图 5-24 2013—2016 年东、中、西部地区旅游接待总人次占全国的比重

注:由于统计口径不同,31 个省域旅游接待总人次之和是全国旅游接待总人次的倍数,因此,将各省域旅游接待总人次除以这个倍数后,分别加总求出不同区域的旅游接待总人次。

(资料来源:《中国旅游统计年鉴》(2013—2016),2016 年数据来自《中华人民共和国 2016 年国民经济和社会发展统计公报》。)

2. 三大区域旅游总收入:均持续增长,西部增幅最大,东部占比近六成,西部占比持续小幅增加;区域差异较大

如图 5-25 所示,2013—2015 年,东、中、西部三大区域旅游总收入都保持持续增加的发展趋势,从 17191.5 亿元、6089.3 亿元、6263.4 亿元分别增加到 23785.1 亿元、8085.5 亿元和 9649.5 亿元,增幅分别为 38.4%、32.8% 和 54.1%,西部地区增幅最大。这个时期,东、中、西部三大区域旅游收入占全国旅游总收入的比重变化较小,依然是东部居于首位,与中、西部地区差距显著。

3. 三大区域入境游客人均花费:西部持续增加,平均增幅较大,东、中部变化较小;东部与中、西部差距显著

如图 5-26 所示,2013—2015 年,西部地区入境游客人均消费表现为持续增加,年均增幅较大;东、中部地区入境游客人均消费有增有降,但幅度都很小。虽然西部地区年均增幅较大,但是东、中、西部地区占总入境游客人均消费的比重依然是东部位居首位。从整体来看,东部地区与中、西部地区差距逐渐缩小,但是依然显著。

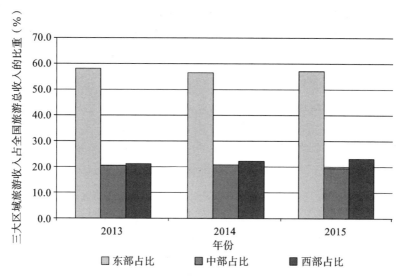

图 5-25　三大区域旅游收入占全国旅游总收入的比重

（资料来源：《中国旅游统计年鉴》(2014—2016)。）

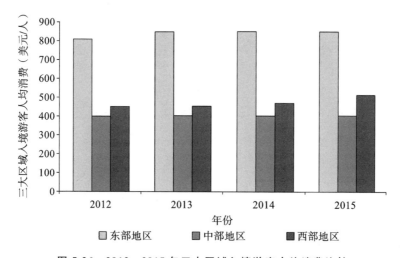

图 5-26　2012—2015 年三大区域入境游客人均消费比较

注：各区域入境游客的人均消费是各区域的省（区、市）入境游客人均消费的平均值。

（资料来源：《旅游抽样调查资料》(2013—2016)。）

从总体上来说，东部地区由于社会经济发达，旅游产业基础良好，依然是国内旅游目的地的核心区域。但是，伴随着西部大开发、"一带一路"倡议、全面建设小康社会、"515"、"旅游+"以及全域旅游等一系列国家战略的不断推进，中、西部地区旅游产业发展速度不断提升，项目和资金向中、西部聚焦的态势正在形成。中、西部地区旅游发展的后发效应与比较优势逐渐凸显,区域之间的合作与战略连接为全国旅游业稳健发展提供了保证。

(二)区域间潜在出游力均衡化趋势逐渐呈现

新时代下,我国国内旅游客源地分布仍然呈现东、中、西三级阶梯式发展格局,客源地潜在出游力在东、中、西部三大区域之间依然呈7∶2∶1的三级阶梯状分布,即我国的客源市场约有70%源自东部地区,20%源自中部地区,10%源自西部地区。从全国范围来看,2013—2016年,我国客源地主要集中在环渤海、长三角、珠三角以及成渝四大经济区,其出游人次累计占全国出游总人次的比重为50%左右。从省(区、市)层面来看,这个时期我国出游力排在前五位的分别是北京、上海、广州、江苏、浙江。从客源地分布来看,一线及沿海发达城市仍然是国内旅游的主力军,主要是由于这些城市的居民相对拥有更高的消费能力,并已经形成了较好的旅游习惯。沿海经济发达地区为出游潜力最强地区,而中、西部地区的出游力仍然较弱。客源地出游力分布总体呈现东—中—西递减格局。而从发展趋势来看,东部地区累计潜在出游力所占比重由2010年的70.0%下降到2016年的64.1%,呈现逐年降低态势。与此同时,中、西部地区所占比重不断升高,累计潜在出游力所占比重由2010年的30.0%提升到2015年的35.9%,区域之间的差距呈现出明显的收敛态势。①

(三)区域间客流量互动加强,促使均衡化发展格局呈现

区域旅游流空间格局总体稳定,东部地区在旅游客流量和旅游交通便捷度方面均保持较强优势。其中,在客流量方面,依然以东部三大经济区之间、三大经济区与成渝地区之间、长三角与中部地区之间旅游流为主。在旅游交通便捷度方面,长三角内部的便捷度指数在区域尺度相对最高,达到15.69。北京流向天津的旅游流便捷度在省(区、市)级尺度相对最高,达到20.63。相较于2010年,中、西部地区的旅游流呈现快速发展趋势,如成渝地区与中部六省之间的客流量在2010—2015年增长了43.8%,便捷度提升了45.5%;与环渤海地区的旅游流增长了55.5%,便捷度提升16.7%;与长三角地区的旅游流增长37.8%,便捷度提升了28.6%;与珠

---

① 中国旅游研究院:《中国国内旅游发展年度报告2017》,旅游教育出版社2017年版,第2页。

三角地区的旅游流增长了92.4%,便捷度提升了100%。① 旅游流的快速增长,带动着资金流、信息流、人才流以及文化流的互动发展,对区域间均衡发展起到促进作用。

三、区域旅游迈向高质量发展需要关注的问题

（一）政策依赖性明显,非政策辐射区旅游业发展速度依然缓慢

地方政府在推动区域旅游均衡发展中应主动将区域旅游发展纳入地方社会经济发展大格局,有针对性地做好发展规划与创新引导工作,通过制度创新为区域旅游业注入新活力。而在现实操作中,中、西部地区很多地方政府"等、靠、要"思想严重,对国家战略及政策的依赖性较强,缺少自身的主动性和创新性,导致中、西部地区内部发展差距依然较大,甚至有增大的趋势。具体表现为,国家战略、区域合作以及高速交通网络辐射区域旅游业增速明显,而非辐射区域旅游业增速一般。如2014—2017年西藏、甘肃、新疆等"一带一路"倡议辐射区域的旅游接待量均有23%以上的增长,而受辐射较小的内蒙古、宁夏等区域增长率均在13%以下。

（二）市场主体区域分异明显,中、西部地区内核动力相对不足

市场主体作为旅游产业发展的核心,对区域旅游可持续发展具有决定性作用。当前我国东部地区聚集了全国80%以上的核心旅游企业。以中国旅游集团二十强为例,几乎所有的二十强集团总部均分布在东部地区,而受人才、资金、市场的影响,中、西部地区的旅游企业多以"弱、小、散"为主。"十二五"期间东部地区旅游投资有57%来自企业（股份制企业投资高达28%）,中部地区旅游投资48%来自企业（股份制企业投资为25%）,西部地区旅游投资有43%来自企业,说明中、西部地区旅游企业主体的实力以及创新力都有待提升。

（三）旅游业经济社会关联度变强,中、西部旅游产业配套要素仍需完善

在进入大众旅游与区域旅游发展的新阶段,旅游业发展对整体经济社会发展水平的依赖性明显增强,资本、技术、人才、文创等要素成为区域旅游发展的内在动力。东部地区由于社会经济发达,旅游产业要素较为完

---

① 中国旅游研究院:《中国国内旅游发展年度报告2017》,旅游教育出版社2017年版,第2页。

善,标准化工程基本完成,已经进入旅游产业国际化发展阶段。受社会经济水平的影响,中部地区正处于旅游产业标准化阶段,西部地区则处于旅游产业化发展阶段。我国广大中、西部地区无论在旅游交通、旅游集散中心、旅游标识系统,还是在旅游互联网、旅游人才等方面都有较大的缺口,在"商、养、学、闲、情、奇"旅游新六要素方面也存在较多不足。旅游产业要素的发展需要大量的资金跟进,这成为制约中、西部地区旅游业发展的最大瓶颈。

第四节 旅游产业迈向高质量发展

一、旅游住宿业格局的演化和创新发展

在旅游消费升级和旅游供给侧结构改革的双重推动下,旅游住宿边界更加扩展,住宿业态更加多元化,由此形成了所谓的"住宿丛林",但从住宿的标准化视角衡量,整个住宿产业正在形成"三足鼎立"的格局。在住宿业规模不断扩大的同时,住宿业的品牌化程度和连锁化率也在持续提升。

(一)多重动力推动形成"住宿丛林"

众多住宿业发展的动力,如消费升级、追求新的生活方式、人性需求、艺术审美需求、交通发展、技术进步、人口结构变化、地产转型、城市变迁、政策推动等因素,推动新的住宿业态不断涌现,由此形成一个众多业态组成的"住宿丛林"(见图5-27)。

(二)正在形成"三足鼎立"格局

从住宿设施的标准角度分类看,住宿业经过了以星标为代表的星级酒店为主,到以品牌标准为代表的从经济型到中档再到高档的品牌酒店为主的历程。把视野放宽一点,跨出星级酒店和品牌酒店的边界,可以看到2013年以来广受欢迎的精品民宿、帐篷客、集装箱酒店等非标住宿业态,都是属于一个大住宿业的范畴、一个广义住宿业的范畴。从标准这个角度看,能看到这样一个演化过程,以前强调星级标准,都按照标准上的数据和要求建酒店。各地三星级酒店看起来一样,严重同质化;到了品牌标准,不管是从经济型酒店、中档酒店还是高档酒店品牌,每个酒店集团创造出一个品牌标准复制到全国。而非标住宿,不管精品酒店、主题酒店、设计酒店、生活方式酒店、精品民宿等,还是其他那些难以用标准框住的住宿设施,其在满足卫生、环保、安全和消防安全等基本门槛的基础上,更加强调

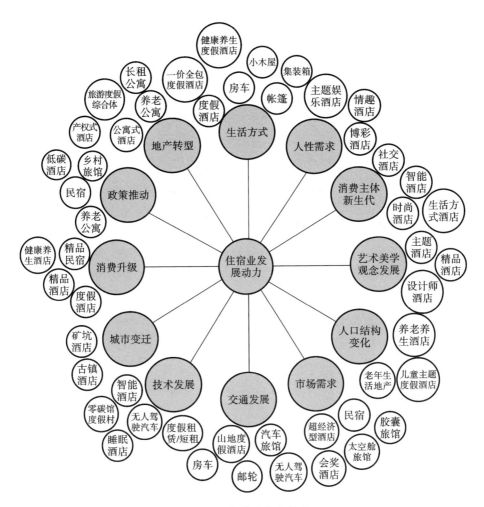

图 5-27 旅游业住宿丛林

特色化和差异化,强调能为顾客带来什么价值。未来价值思维会更强调酒店住宿要有自己的文化 DNA,强调企业的价值观,打造有中国特色、东方特色的住宿产业。随着标准的演化,新住宿业态不断出现,住宿业态逐渐呈现出一个以星级酒店、品牌酒店和非标住宿为主的"三足鼎立"格局(见图 5-28)。

按照长尾理论,住宿市场显然满足多样性、不平等性和存在网络效应三个条件,因而幂律曲线出现,星级酒店、品牌酒店等酒店住宿产品形成了"头部市场",而非标住宿市场则形成了"长尾市场",这里称之为"住宿长尾"。2013 年以来,住宿业态的主流与非主流、中心与边缘之间的界限变得

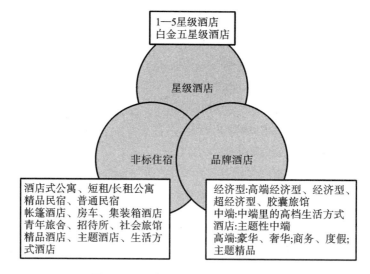

图 5-28 住宿业态的"三足鼎立"格局

越来越模糊,促使消费者选择重心正在从头部的大众市场转向尾部的小众市场。

(三)游客对民宿的青睐度提升

党的十八大以来,随着移动互联网的广泛应用,营销成本大幅降低,非标住宿产品如雨后春笋般涌现。在非标住宿之中,民宿是发展最为迅猛的一类。

在国外发展较为成熟的地区,民俗大多要经历一个集群发展过程。目前国内已经在大城市近郊、城市老城区、旅游景区周边、古城古镇古村落以及部分风景秀美的乡村形成了很多民宿集群,如德清莫干山、杭州西湖区、厦门鼓浪屿、北京南锣鼓巷和后海、成都街子古镇、大理双廊和丽江古城以及江浙古镇等。没有集群化发展,很难形成气候和规模,品牌难以打响,消费者的选择有限,外部交通和内部交通改变难度也很大,整个运营管理成本和消费者消费成本难以降下来。当然,也不排除一个民宿品牌自身就能形成一个度假目的地,如北京密云的山里寒舍,把一座村庄打造成一个民宿聚集群落,自身就形成一座度假酒店,但其本质上还是一个集群的概念。

2013 年以来,民宿客栈在国内发展如火如荼,广受重视,民宿经过一个较为粗放的自发式发展阶段后,近两年逐渐进入规范管理阶段,各地甚至国家层面都陆续出台了民宿管理规范。业内虽然把民宿划归为非标住宿,但这主要是从民宿注重文化创意、凸显主题特色、区别于星标酒店和品牌标准酒店过于强调软硬件标准的角度而言的。称其为非标住宿,并非说就没有进入门槛。其实民宿同样需要确定一个基本的进入门槛,如在安全、卫生、环保以及硬件设施和软件服务等方面都应有一个最低要求,在满足基本要求的基础上去自我裁量,自主创意,自由发挥,凸显自身特色。环保问题是发展过程中最需要关注的问题之一。一方面是建筑和装饰材料、布草客房及洗涤等是否符合环保要求;另一方面是排污问题,除了政府需安装污水处理管网外,民宿最好也要安装净水处理器和油水分离器。新时代下,民宿短租户渗透率不断提升。与2013年相比,2018年底,民宿短租户增加近8倍。体验感强、特色鲜明是用户选择民宿短租的主要原因,游客通过民宿可体验当地生活。

(四)国内中端酒店市场发展潜力巨大

据统计,全球酒店业品牌化率为53%,品牌酒店市场份额仍在上升。其中不同档次酒店品牌化率处于前几位的是中档偏上酒店(85%)、超高端酒店(79%)、高端酒店(79%)、中档酒店(69%)。从区域来看,酒店品牌化率最高的是北美,达到67%,其中美国更是达到70%;欧洲和南美酒店品牌化率较低,只有41%。[1]

在经济型酒店热潮退却之后,中端酒店2013年以来迎来了发展高潮,国内酒店集团推出了近60个品牌,其中维也纳、全季和亚朵等几个代表性品牌拓展速度很快,都已经在100家以上。国际酒店集团的中端酒店品牌,洲际酒店集团旗下的假日酒店和智选假日酒店因发展较早,也发展得很好;希尔顿旗下欢朋、雅高旗下诺富特与美居以及万豪旗下万枫则选择和国内酒店集团合作发展,共享市场机会;其他还有希尔顿花园、喜达屋旗下的雅乐轩等外资品牌也纷纷进入中国市场。

"八项规定"在对高星级饭店造成影响的同时,为中端酒店发展提供了良机。中端酒店品牌从2012年的不足10家,迅速发展到2017年的80多个品牌。新品牌源源不断地出现,如香格里拉的JEN品牌、万达集团的锦华品牌等。希尔顿酒店集团于2016年推出的Tru品牌,成了酒店业历史上发展最快的品牌。[2]

驱动中档酒店品牌不断涌现的主要原因是因为有限服务酒店领域目

---

[1] 中国旅游研究院:《中国旅游住宿业发展报告2017——新思维 新模式 新格局》,旅游教育出版社2017年版,第11页。

[2] 中国旅游研究院:《中国旅游住宿业发展报告2017——新思维 新模式 新格局》,旅游教育出版社2017年版,第26页。

前离市场饱和还很远,存在大量的机会。这些酒店提供了消费者喜欢的空间和布局,以及简单的体验,满足甚至超越了"千禧一代"的需求。消费者偏好已经发生了转变,业主也通过建造这些酒店以满足消费者需求,这使得业主和酒店品牌都能有利可图。开发中档酒店,利润率较高,运营问题相对较少,人员配置模式比高档酒店简单,因此该类酒店能拥有并保持其独特的吸引力。未来的中档酒店品牌仍会专注于满足基本需求,同时也会在风格、设计或者技术方面发生大的变革。

对于中端酒店的盈利状况,可从上市公司发布的中端酒店品牌经营情况来分析。以锦江股份旗下的中端酒店品牌(见表5-5)为例,2017年上半年,维也纳酒店盈利1.19亿元,时尚旅盈利1500万元。同期,虽然锦江之星已盈利7582万元,但锦江之星旗下有1181家酒店,维也纳酒店旗下有581家酒店,维也纳酒店只有锦江之星的近半数。这显示中端酒店品牌维也纳酒店明显较经济型酒店品牌锦江之星盈利能力要强。再看铂涛酒店,2017年上半年盈利1.24亿元,与维也纳酒店盈利不相上下。但铂涛酒店旗下无论酒店数量(共3133家,其中中端酒店669家、经济型酒店2464家),还是客房规模,都是维也纳酒店的若干倍。究其原因,可能是经济型酒店拖累了铂涛酒店整体的业绩。①

表5-5 锦江股份旗下部分酒店品牌开业规模(截止到2017年6月30日)

锦江之星股份		维也纳酒店		铂涛酒店	
品牌	酒店数	品牌	酒店数	品牌	酒店数
锦江都城	45	维也纳国际	181	丽枫	215
锦江之星	1052	维也纳酒店	174	喆·啡	77
金广快捷	28	维也纳智好	166	IU	154
百时快捷	56	维也纳3好	56	七天系列	2464
—		维纳斯皇家	3	派	222
—		维也纳旗下其他品牌	1	锦涛旗下其他品牌	1

(资料来源:《中国旅游住宿业发展报告2017——新思维 新模式 新格局》。)

将三、四星级酒店与锦江股份旗下中端酒店经营情况做一个对比,中端品牌酒店的平均房价普遍高于三星级饭店,大部分中端品牌酒店的

---

① 中国旅游研究院:《中国旅游住宿业发展报告2017——新思维 新模式 新格局》,旅游教育出版社2017年版,第27页。

RevPAR(每间房日均收益)高于四星级饭店,例如锦江股份旗下的丽枫、维也纳国际、维也纳智好、维也纳酒店、维也纳3好等。其他不少中端品牌酒店的平均房价和RevPAR都要较四星级饭店高,例如全季、亚朵、桔子水晶等。相关情况见表5-6至表5-9。

表5-6 全国三、四星级酒店RevPAR情况(2016年)

星级	平均房价(元/间)	平均出租率(%)	RevPAR(元/间)
四星级	330	55.64	183.65
三星级	208.7	52.5	109.58

(资料来源:《中国旅游住宿业发展报告2017——新思维 新模式 新格局》。)

表5-7 锦江有限服务酒店经营绩效

锦江都城系列品牌	平均房价(元/间)		平均出租率(%)		RevPAR(元/间)		
	2017年1—6月	2016年1—6月	2017年1—6月	2016年1—6月	2017年1—6月	2016年1—6月	同比增减(%)
锦江都城	318.48	311.90	67.50	70.12	214.97	218.77	−1.74
锦江之星	180.50	182.13	76.54	75.38	138.15	137.29	0.63
金广快捷	153.80	151.97	67.15	56.79	103.28	86.30	19.68
百时快捷	95.33	99.32	62.87	62.59	59.93	62.16	3.59
康铂	470.95	—	74.43	—	350.53	—	—
平均	184.43	183.80	75.72	74.09	139.65	136.18	2.55

注:自2016年5月起实施"营改增"政策。2017年1—6月平均房价和RevPAR不含流转税。
(资料来源:《中国旅游住宿业发展报告2017——新思维 新模式 新格局》。)

表5-8 铂涛系列品牌经营绩效

铂涛系列品牌	平均房价(元/间)		平均出租率(%)		RevPAR(元/间)	
	2017年1—6月	2016年1—6月	2017年1—6月	2016年1—6月	2017年1—6月	2016年1—6月
丽枫	259.31	260.16	81.02	79.14	210.09	205.89
喆·啡	227.04	234.95	72.99	61.84	165.72	145.29
IU	162.81	164.93	83.71	81.14	136.29	133.82
七天系列	138.36	141.52	79.52	83.05	110.02	117.53
派	129.80	135.37	74.37	78.34	96.29	106.05

续表

铂涛系列品牌	平均房价(元/间)		平均出租率(%)		RevPAR(元/间)	
	2017年1—6月	2016年1—6月	2017年1—6月	2016年1—6月	2017年1—6月	2016年1—6月
其他品牌	243.53	239.02	71.37	52.69	173.81	125.94
平均	151.50	149.01	79.20	81.81	119.99	121.91

注：自2016年5月起实施"营改增"政策。2017年1—6月平均房价和RevPAR不含流转税。
(资料来源:《中国旅游住宿业发展报告2017——新思维 新模式 新格局》。)

表5-9 维也纳酒店系列品牌RevPAR情况(2017年1月至6月)

维也纳系列品牌	平均房价(元/间)	平均出租率(%)	RevPAR(元/间)
维纳斯皇家	312.87	56.37	176.36
维也纳国际	253.51	86.23	218.60
维也纳智好	238.05	89.03	211.94
维也纳酒店	225.37	88.63	199.75
维也纳3好	214.35	88.22	189.10
维也纳其他	156.61	95.14	149.00
平均	239.75	87.36	209.45

注：自2016年5月起实施"营改增"政策。2017年1—6月平均房价和RevPAR不含流转税。
(资料来源:《中国旅游住宿业发展报告2017——新思维 新模式 新格局》。)

(五)住宿分享经济重构住宿产业格局

1. 新的住宿分享平台不断涌现

随着互联网,特别是移动互联网的广泛应用,途家网、小猪短租等"互联网+住宿业+共享经济"模式的住宿分享经济平台,以互联网为技术手段,对小规模、散布在各处的民宿等非标住宿进行大范围整合。2013年以来,这种住宿分享经济模式已经在全国迅速扩展开来,途家网、小猪短租等企业拥有库存客房都在10万间以上。其中途家网和爱彼迎分别代表这两种商业模式。

目前国内政策上鼓励住宿分享经济的发展,以降低闲置住房存量,拉动就业和地方经济发展,特别是乡村旅游经济的发展。国内的途家网、小猪短租、蚂蚁短租以及进入的爱彼迎等发展迅速,获得了多笔风险投资。目前国内这些短租公司拥有房屋库存加总已达百万间。新的细分市场的住宿分享平台仍然在不断涌现,并获得了大量的资金支持。

据统计,2012—2016年,录得在线短租投融资次数共28笔,约70%为天使轮与A轮的投融资。而在2016年,13家短租平台获得14笔新融资,木鸟短租率先完成数千万的B轮融资,沙发旅行、朋友家、木西民宿等新加入的创业团队获得天使轮融资,途家完成对蚂蚁短租的并购等。这显示出2016年"互联网+短租"的受欢迎程度。表5-10为2016—2017年上半年短租融资列表。

表5-10 2016—2017年上半年短租融资列表

企业名称	融资时间	融资轮次	金额	投资方
爱殿别墅	2016/1/1	天使轮	400万元	九桦资本、宜华资本
租我家	2016/1/12	种子轮	100万元	有成资本
租我家	2016/11/13	天使轮	1000万元	丰厚资本等
美易家	2016/1/12	新三板	数千万元	深创投、华盖资本等
一家民宿	2016/2/25	Pre-A	数千万元	湖畔山南资本、晨兴资本
木鸟短租	2016/2/29	B	数百万元	达晨资本、梅花天使创投
朋友家	2016/4/16	天使轮	数百万元	铂涛集团
沙发旅行	2016/4/20	Pre-A	1200万元	北方众海投资、九合创投
KEYS潮宿	2016/4/26	A	3000万元	前海行健
第六感	2016/5/26	B	数千万元	高和翰同
寓来网	2016/6/28	—	1亿元	东方财富、美国五邑商会、冯广荣基金等
小猪短租	2016/11/2	C+、D	6500万美元	今日资本、愉悦资本等
木西民宿	2016/11/18	天使轮	600万元	铂涛集团、矩林投资
千宿	2016/12/1	—	5000万元	
路客旅行	2017/2/16	Pre-A	1000万美元	真格基金、广东文投国富
麦家公寓	2017/3/16	A	数千万元	保利资本
蘑菇租房	2017/3/21	C轮	数千万美元	蚂蚁金服(阿里巴巴)
尊旅网	2017/4/7	天使轮	500万元	石家庄美东国际投资
箱行者	2017/4/11	战略投资	165万元	—

(资料来源:《中国旅游住宿业发展报告2017——新思维 新模式 新格局》。)

这些新兴的住宿分享平台在模式上有所创新。其中,短租平台木西民宿是通过吸纳并筛选城市核心商圈的优质闲置房产,以独创的全托式

C2B2C运营模式,进行房屋的统一装修改造和集中运营管理。在短租产业链中,木西的定位是资源整合者,在获取房源上,木西不得不面对承租式"二房东"的竞争。木西的机会在于,其房主所获得的收益,承租式收益高,这对房源的位置、木西的服务体验要求很高。在品牌尚未打响前,招募房源有难度,一旦品牌获得认可,以木西的收益分成方式,房东还是乐于与其合作的。木西的轻资产模式中,小管家是木西与客人沟通交流、展现品牌关怀的唯一渠道。木西的做法是,在物业附近寻找一批有闲置时间的人来充当这一角色。这是不错的尝试,木西未来还应在如何打造标准化、可复制又不失个性的服务团队上不断探索,形成可持续的服务供给能力。只有确保服务和体验的核心竞争力,木西才能在房源竞争上拿到更多筹码。

而寓米网主要经营服务式公寓租赁。其构想的商业模式是,采用分享经济的理念,将业主的不动产进行托管经营,以线上预订的方式,为直营店及第三方公寓运营商带来订单支持,为业主和第三方公寓运营商提供管理顾问服务,为租客提供家庭式住宿体验。通过这一房屋共享生态链闭环,实现房屋、会员、订单共同循环增长。寓米网主要通过发展第三方公寓运营商、个人房东、寓米伙伴的模式,打造共享房屋管理平台的方式,实现规模化扩张。目前其采用的扩展模式是直营店模式、第三方公寓运营商模式,未来将采用门店合伙人模式、个人房东模式。目前,寓米网有三种业务模式:服务式公寓租赁模式、预订平台模式、管理顾问模式。

就全球短租的大环境而言,除了爱彼迎、HomeAway 等国际性非标住宿预订平台外,全球各地出现了本土化的平台,如总部位于伦敦的 HouseTrip,是欧洲最大的度假出租网站之一;日本本土平台 Jalan,专门为旅行者提供民宿预订服务等。

2. 住宿分享经济对住宿产业的影响

住宿分享经济将重构住宿业发展格局。从国际上看,爱彼迎不论是规模还是影响力都已经让酒店集团巨头侧目。截止到 2017 年 7 月,爱彼迎在全球 191 个国家拥有的房屋库存,已经达到具有里程碑意义的 400 万个房间。这一数字比世界前五大酒店品牌即万豪、希尔顿、洲际、温德姆和凯悦的合计库存还多出了近 100 万套。爱彼迎估值达到 310 亿美元,接近万豪酒店集团的市值。国际上最大住宿分享经济巨头爱彼迎的发展已经引起酒店集团的关注。①

从国内住宿公司客房规模来看,2016年底途家网、小猪短租和爱彼迎已经进入前十大住宿企业集团,并且按客房拥有量途家网已经位列第二(见图5-29)。

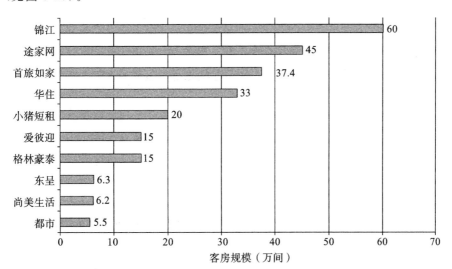

图 5-29 国内住宿企业集团客房规模

(资料来源:《中国旅游住宿业发展报告2017——新思维 新模式 新格局》。)

以上数据显示,住宿分享经济已经在住宿业赢得一席之地,并且和传统酒店住宿业形成一定的竞争关系。

国内住宿分享市场尚处于发展初期,竞争格局尚未定格,在爱彼迎闯进来的同时,国内企业如途家等也正在向境外拓展。国内市场足够大,目前还处于各自抢占地盘的阶段,尚未到短兵相接的时候,而且还会有企业不断进入这个市场。但这一天迟早会到来,爱彼迎能否打破国际互联网公司在中国市场的宿命以及谁将成为行业的龙头一切都还言之尚早。但有一点可以肯定的是,住宿分享经济不断蚕食传统酒店的市场份额,将重构整个住宿业市场格局,必将引起酒店集团的认真对待。

(六)住宿业产业链的附加价值有待提升

从住宿业产业链来看,在酒店、民宿等住宿接待业态之外,还包括酒店咨询与设计行业、酒店资产评估与交易行业、酒店用品行业、酒店 PMS 系

---

① 中国旅游研究院:《中国旅游住宿业发展报告2017——新思维 新模式 新格局》,旅游教育出版社2017年版,第71页。

统和收益管理系统等软件提供商、酒店营销和预订等OTA渠道等整个酒店住宿产业体系(以酒店产业价值链为例,如图5-30所示)。产业链上各环节的发展水平也不均衡。

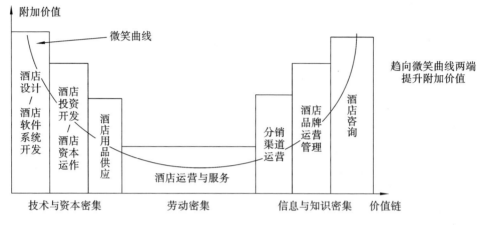

图 5-30　酒店产业价值链

改革开放以来,我国旅游住宿产业体系在国际分工中位势较低。我国住宿业总体规模巨大,在 HOTELS 杂志公布的 2016 年排名中,按规模本土酒店集团有 8 家进入全球前 40 强。但就品牌影响力而言仍大而不强。一段时期以来,欧美发达国家是高端酒店品牌的主要输出地,东南亚的新加坡、泰国等国家成为高端精品度假酒店品牌的输出地,如安缦、悦榕庄、GHM、阿里拉等品牌;中国在经济型酒店和中端酒店品牌领域异军突起,但主要仍在国内发展。虽然中国香港地区文华东方、半岛、朗庭等高端品牌迅速崛起,但内地真正谈得上高端的品牌还很少。

从产业价值链角度看,我国在酒店咨询设计、评估和交易、品牌输出和运营管理系统,以及高端酒店用品(如大到厨房和工程方面的设施设备,小到客房布草和洗涤用品等)的生产等领域,品牌竞争力都还不强。我国住宿业尚处于全球住宿业价值链的中低端,核心竞争力还不强,在国际上的话语权有待提升。

应积极参与国际分工,不断拓展我国旅游住宿业的全球话语权和产业影响力。可通过供给侧结构性改革,提升我国住宿业在全球住宿业价值链中的分工位势,争取更有利的分工地位。我国住宿企业经历了从模仿者到创新者,再到目前探索中国式创新的过程。要全面开启自主品牌发展的新时代,住宿企业需要文化自信、品牌自信,也需要企业主对本土品牌的自信,更需要消费者和媒体的认同和信任,构建有利于本土品牌成长壮大的沃土。要通过技术进步和技术创新,加强住宿业研发设计、标准建立及营销网络布局等,不断提升产业链上产品和服务的附加值,推动我国住宿业向价值链高端攀升。

二、从传统旅行社业到旅行服务业的发展

传统旅行社是在整个社会依托体系和接待设施不健全的大环境下,为适应涉外接待要求而发展起来的商业主体。随着21世纪以来国民旅游消费需求的崛起,老百姓的消费需求和社会便利程度已经发生了巨变。与此同时,以大数据、云计算和移动互联网为代表的技术进步不断拓展旅行服务创新的边界。新形势下,消费者散客化的消费方式以及技术进步带来的商业模式创新为旅行社未来的发展指明了方向,传统旅行社业步入发展变革的历史机遇期。传统旅行社与旅行服务新业态的融合发展成为摆在市场主体和旅游行政主管部门面前的现实课题。

(一)传统旅行社的困境与市场创新

1. 旅行社国内旅游市场萎缩,比重持续下降

随着国内旅游消费者的日益成熟、旅游消费习惯的不断变化、私家车数量的剧增以及道路交通建设的快速发展,近年来国内旅游市场呈现"团缩散增"的特征。游客通过旅行社进入景区的比例由2010年的60%～70%下降至2015年的20%～30%;自驾为主的自由行已成为游客到达景区的主要方式,占景区接待游客总人次的75%。从全国来看,2011—2015年期间,国内旅游人次大幅增长,但旅行社组织的旅游人次增幅不大。旅行社组织的游客人次分别为1.37亿人次、1.44亿人次、1.29亿人次、1.31亿人次和1.5亿人次,占比分别为5.19%、4.85%、3.94%、3.60%和3.29%。旅行社组织的团队旅游市场在国内旅游市场中的比重持续下降,传统旅行社业务与宏观旅游增长态势之间的不同构成,说明传统旅行社业务在一定程度上的萎缩。[1]

2. 传统旅行社面临困境

从旅行社业务经营主体[2]的角度来估测,目前全国实际的旅行社业务经营主体超过7万家,这些产业组织共同构成了现代旅行服务业的主体。

---

[1] 中华人民共和国国家旅游局:《2016中国旅行社行业发展研究报告》,中国旅游出版社2016年版,第6页。

[2] 包括以旅行社部门、办事处等形式存在的旅行社企业组织,以及会展机构、网站、俱乐部等未取得旅行社经营权的经营实体。

随着互联网的迅猛发展,在线旅游业务快速渗透。酒店和机票是最先被在线化的旅游产品品类。此外,旅游度假产品、租车、景区门票、签证等产品进入了快速在线化的进程。这些业务的经营主体使得过去未纳入旅行社类别的多种旅游服务机构开始进入旅游服务业的范畴,传统旅行社的业务不断被新兴产业主体侵蚀,旅行社的外延正在经历被动扩充的历史阶段。

迄今,旅行社业务经营主体已经发展为四大部分:由中国国际旅行社总社、中国旅行社总社、中国青年旅行社等传统旅行社经由市场化改革而来的旅游企业;众信、凯撒、春秋、南湖等服务于国民旅游市场的民营旅行社;携程、艺龙、同程、驴妈妈等基于互联网和移动通信技术的线上旅行代理商;少量独资、合资或者以办事处名义开展业务的跨国旅行社分支机构。从旅行服务产业链条来看,位于OTA前端的行业垂直搜索引擎去哪儿,工具类的在路上、面包旅行,攻略社区类的马蜂窝、穷游等典型业态也在不断丰富旅行服务业的内涵。

过去的旅行社是在整个社会依托体系和接待设施不健全的大环境下,为适应涉外接待要求而发展起来的商业主体。随着21世纪以来国民旅游消费需求的崛起,老百姓的消费需求和社会便利程度已发生了巨变,而传统的旅行方式不能适应变化了的市场,这种商业的脱节表现为旅行社应对市场的普遍失措。以大数据、移动终端为代表的技术进步以及青年一代价值观、消费需求的变化大大加剧了旅行社市场的变革,传统旅行社受制于沉没成本及滞后的政府行业管制,不但没有抓住变革时机,实际上还增加了对既有旅行社形态的黏着。新兴的在线旅游市场主体不但满足了新增的市场存量,更进一步挤占了传统旅行社的存量。传统旅行社业务的不景气与在线旅游市场主体不断的市场侵蚀过程,造成了旅行社行业的困境。

3. 旅行社的市场创新

在面临第三次工业革命的今天,旅游业作为典型的信息密集型和信息依托型产业,与电子商务有着天然的适应性,互联网变革孕育了丰富的旅游新业态,重新构建了旅游业的产业链条。新型的旅游电子商务公司开始成为旅行社业务的重要经营者,从市场主体发育来看,以携程等为代表的旅游在线运营商迅速崛起壮大,而去哪儿、欣欣旅游网、同程网、艺龙、驴妈妈、途牛等在线旅游供应商及平台同样发展迅猛,业务增速明显高于诸多传统出境组团社。同时,百度、淘宝、中航信,甚至Priceline、Expedia等国内外大型企业集团也都通过各种途径进军国内在线旅游市场。

历史发展证明,旅行服务业并非只有旅行社一种业态,旅行社的形态变迁由旅游服务业的基础决定,旅行需求基础存量稳定增加,消费者散客化的消费方式以及技术进步带来的商业模式创新都为旅行社未来的发展指明了方向,尤其是在旅游服务业已经被定位为国家战略,旅游业已经成为国民小康生活的载体的时代背景下,旅行社产业迎来了发展变革的历史机遇期。

在一次又一次的市场创新、组织创新、管理创新、技术创新和服务创新的过程中,随着旅行服务边界拓展而成长壮大的那些真正着眼于满足游客在旅行过程中核心诉求的旅游企业能够适应市场变化,积极探索市场,这也是旅游企业持续生命力的核心。

(二)旅行服务领域正在发生革命性的商业创新

1. 不同类型企业间的市场份额此消彼长

2013—2015年,传统旅行社业务国内与入境旅游营业收入增加较小,出境旅游营业收入增加较大,这加重了旅游服务贸易的逆差。全国旅行社国内旅游营业收入从1762.11亿元增加到1790.24亿元,增长了1.6%;出境旅游营业收入从1157.19亿元增加到1683.69,增长了45.5%;入境旅游营业收入从270.15亿元增加到273.83亿元,增长了1.4%。国内旅游和入境旅游营业收入的增长幅度较小。①

艾瑞的宏观数据显示,2013年中国在线旅游市场交易规模达到2204.6亿元,同比增长29%。其中,在线机票市场交易规模达1318.3亿元,在线酒店市场交易规模达485.4亿元,在线度假市场交易规模达303.0亿元。2017年市场规模达到4650.1亿元,复合增长率达到20.5%。从微观主体上来看,2014年携程、途牛旅游度假业务双双达到50亿元销售额规模,与去哪儿网、同程、驴妈妈、欣欣旅游网、在路上等新型业态共同瓜分传统旅行社的市场份额。②

传统旅行社业务与宏观旅游增长态势之间的不同构,说明了传统旅行社业务在一定程度上的萎缩,与之形成鲜明对比的则是新兴旅行服务机构的崛起与明显的替代效应。

2. 移动互联渐显独立的业态支撑力

互联网和移动通信相结合的商业应用发展迅猛,对旅游和旅行服务业

---

① 《国家旅游局关于2013年度全国旅行社统计调查情况的公报》和《国家旅游局关于2015年度全国旅行社统计调查情况的公报》。
② 中国旅游研究院:《中国旅行社产业发展报告2014》,旅游教育出版社2014年版,第4页。

的影响已经从辅助和配合的角色走向了前台,悄然演化为相对独立的业态创新支撑力量。在一定程度上,旅行社的货币资本、并购战略、人力资源等生产要素,以及市场推广、产品研发和服务流程设计,开始围绕科技应用的方向而配置。移动通信进入4G时代以后,特别是所谓的"云计算"进入了概念普及化阶段以后,客源市场的终端形式开始表现为智能移动终端。当越来越多的智能移动设备上安装包括电子地图、天气预报、航班动态、火车时刻表查询,以及包含景区、电影、餐饮、酒店、购物、主题公园的位置、项目和价格信息的App,并且能够在数秒时间里完成预订与支付手续,互联网和智能手机不但改变了人际交往的方式,也改变了人们的旅游消费模式。

3. 资本驱动旅行服务业快速融合

随着技术驱动和业务增长,旅行服务业在消费升级的时代表现出强劲的发展动力,资本在逐利的驱动下,快速涌入旅游服务业,带来了旅游服务业的快速融合,表现为包括旅行社的大量相关业务组织的重组和并购行为。

2013年,全国在线旅游领域全部投融资(包括VC、PE、IPO、债券、并购等)42起,超过千万元级别的典型企业投资8起,投资机构中除了VC外,携程、艺龙等旅游企业及BAT(百度、阿里巴巴和腾讯)三家均加入了投资行列。出境旅游、旅游新业务、移动旅游、旅游社区及B2B旅游也受到业内青睐。截至2014年6月20日,国内在线旅游行业发生投资事件共计39起,数量与2013年全年基本持平。根据虎嗅网统计,从2011年开始,也就是从移动互联网浪潮兴盛开始,在线旅游的投资增长突飞猛进。2011年到2014年上半年,融资事件分别为16起、22起、39起、38起。资本驱动了行业的变革和产业链条的重构。①

(三)旅行社区域格局稳中有变

从区域发展格局来看,东部地区拥有旺盛的旅游需求、较强的旅游力和占据绝对优势的经济交通,既是主要客源地,也是主要目的地。无论从市场规模,还是从营业收入、利润等经济指标来看,东部地区份额居于主导地位的格局都没有变化。中、西部地区的旅游发展水平尽管整体落后于东部地区,但始终保持追赶状态,具有极大的上升空间和发展潜力,近两年呈现差距缩小的趋势。

从旅行社数量及其发展格局来看:2015年,东、中、西部三大区域分别

---

① 中国旅游研究院:《中国旅行社产业发展报告2014》,旅游教育出版社2014年版,第5页。

拥有旅行社16365家、5555家、5701家,分别占全国总量的59.3%、20.1%、20.6%(见图5-31)。可见,东部地区的旅行社数量仍然遥遥领先,西部地区首次超过中部地区,跃居第二,改变了旅行社规模长期以来由东部向西部逐渐递减的格局。与2013年相比较,东、中、西部三大区域旅行社数量都有增加。这个时期,从各区域旅行社数量占全国的比例来看,变化非常小,表明东部与中、西部的差距稳定存在。①

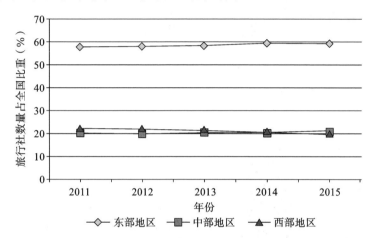

图5-31　2011—2015年三大区域旅行社数量占全国比重
(资料来源:《中国旅游统计年鉴(副本)》(2012—2016)。)

从经营效益及其变化来看,如图5-32所示,2015年东、中、西部三大区域旅行社利润分别为14.4亿元、4.1亿元、0.1亿元,占全国旅行社利润的比例分别为77.5%、22.0%、0.5%。可见,东部继续独大,西部很弱。与2013年相比,东、中、西部三大区域旅行社利润均大幅降低,降幅分别为89.5%、78.9%、99.4%。总体来说,三大区域旅行社占全国的比重变化较小,东部地区旅行社利润远高于中、西部地区,差距依然显著。

从发展效率及其变化来看,如图5-33所示,2015年东、中、西部三大区域旅行社的全员劳动生产率分别为100.1万元/人,66.9万元/人,67.0万元/人。东部地区仍然最高,但与中、西部地区差距缩小。与2013年相比较,中、西部地区旅行社的全员劳动生产率都有所提高,但是变化较小,增幅分别为3.1%、11.1%,东部地区增幅为5.9%。纵观2013—2015年,三大区域旅行社全员劳动生产率东部地区最高,与中、西部地区的差距

---

① 谢双玉、胡静等:《2017中国旅游业发展报告》,中国旅游出版社2018年版,第45页。

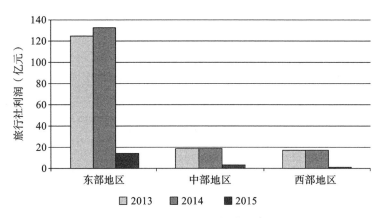

图 5-32 2013—2015 年三大区域旅行社利润比较

(资料来源:《中国旅游统计年鉴(副本)》(2012—2016)。)

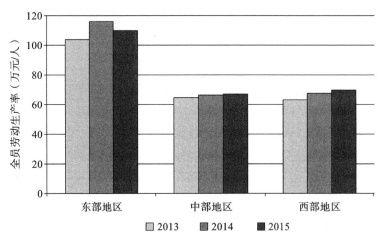

图 5-33 2013—2015 年三大区域旅行社全员劳动生产率比较

(资料来源:《中国旅游统计年鉴(副本)》(2014—2016)。)

不断缩小,但是依然显著。

三、旅游景区的产业化和专业化发展方向

我国旅游业经过 60 多年的发展,特别是随着人们出游次数的增多和周边游、深度游、度假游的兴起,主题公园、乡村、古镇等更多类型的景区为游客所需。2013 年以来,主题公园超过山水景区,成为中国居民最普遍欢迎的游玩景区类型,观光景区主导的产业格局已明显改变。

(一)产业化发展现状

1. 旅游景区数量增加,产业景气较高

2013年以来,全国A级景区数量呈现快速增加的发展态势(见图5-34)。截至2015年底,全国共有A级旅游景区8944家。① 与此同时,全国景区景点数量已经达到21.6万个,北京、广东、浙江、江苏、山东等经济发达地区景点数量均超过1万个,广州、苏州、大连等城市的景点也超过5000个。②

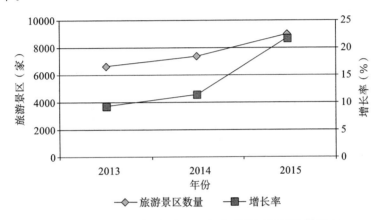

图 5-34 2013—2015 年全国 A 级旅游景区数量及增长率
(资料来源:《中国旅游统计年鉴(副本)》(2014—2016)。)

旅游景区在数量增长的同时,结构也日益多元化、层次化。以故宫、黄山为代表的经典景区依然有强大的旅游吸引力,但更多新类别景区的出现,代表了产业新的发展趋势。华侨城、海昌、长隆等中国特色的主题公园越来越受到年轻游客的欢迎,乌镇、丽江等休闲度假景区为游客所向往,北京798、成都东区音乐公园、大连15库等开放式文化创意地备受游客青睐,旅游综合体也日益成为游客旅行的热点。

景区较好的经营效益是产业快速扩大的重要原因。2016年我国景区企业的经营景气指数高达150,远高于饭店、旅行社等产业,其接待人次、预订量、工资水平等指标景气值较高。景区对未来的信心值也超过150,处于旅游各业态最高水平。企业看好发展前景。值得一提的是,2015全球十大主题公园排名中,我国就占4席。③

---

① 根据《中国旅游统计年鉴(副本)》(2014—2016)相关数据整理而成。
② 中国旅游研究院:《中国旅游景区发展报告2017》,旅游教育出版社2017年版,第3页。
③ 中国旅游研究院:《中国旅游景区发展报告2017》,旅游教育出版社2017年版,第4页。

2. 旅游景区结构优化

从等级结构来看,如图5-35所示,2015年5A、4A、3A、2A和1A级旅游景区数量分别为212家、2862家、3489家、2269家、112家,所占比例分别为2.4%、32.0%、39.0%、25.4%和1.3%,继续保持"中间多,两头少"的等级结构特征;高等级(5A级和4A级)旅游景区所占比例为34.4%,较2013年提高了0.8个百分点。

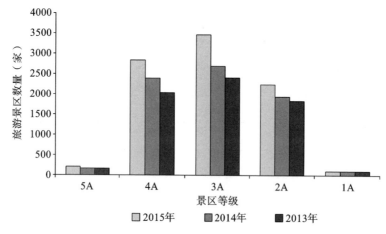

图5-35 2013—2015年全国A级旅游景区数量

(资料来源:《中国旅游统计年鉴(副本)》(2014—2016)。)

从不同区域A级旅游景区的数量来看,2015年东部、中部、西部地区A级旅游景区数量分别为4305家、1986家、2663家,占全国A级旅游景区数量的比例分别为48.1%、22.2%、29.7%,与2014年相比较,数量分别增加了628家、443家、524家,增幅分别为17.1%、28.7%、24.5%。A级旅游景区所占比例,东部地区下降了1.9个百分点,而中、西部地区则分别增加了1.2和0.6个百分点。可见,东部地区A级旅游景点虽然占比最高,但增速较慢,因此,占比有所减少,而中、西部地区增速较快,占比略有上升,使中、西部与东部的差距略有缩小。2013—2015年,东、中、西部地区A级旅游景区数量的平均增长率分别为5.7%、8.3%、6.5%,中、西部地区略快于东部地区。[①]

2015年,东、中、西部三大区域A级旅游景区的等级结构都与总体一致,都呈现出"中间多、两头少"的结构特征,高等级旅游景区所占比例分别

---

① 根据《中国旅游统计年鉴(副本)》(2014—2016)相关数据整理而成。

为33.2%、36.9%、34.3%；可见，中部地区高等级旅游景区所占比例较高。

从三大区域不同等级旅游景区的发展变化来看，2011—2015年期间，三大区域都是高等级旅游景区的平均增长率较大，低等级旅游景区的平均增长率较少；5A级旅游景区的平均增速相当，中部地区略胜一筹；中、西部地区4A级旅游景区的平均增长率较高，中部地区3A级、2A级旅游景区的平均增长率最高，中、东部地区的1A级旅游景区处于零增长或负增长状态。

3. 景区消费五年翻番，但A级景区市场份额不足一半

在我国旅游消费高速增长的推动下，全国景区游览消费也持续、快速增长。国内游客消费结构中，景区游览消费增长稳定且最为显著，比例由2011年的5%增加到2015年的6%，规模约为2400亿元。①

在景区消费总体增长的同时，消费结构发生了显著的变化。第一，以自驾为主的自由行已成为游客到达景区的主要方式，占景区接待游客总人次的75%左右。游客通过旅行社进入景区的比例已经由2010年的60%~70%下降至2015年的20%~30%。伴随着游客出行方式的变化，老百姓对于景区的需求也正在发生改变。第二，休闲、度假和专项旅游等新需求越来越多。从城镇居民出游构成看，从2004年到2015年，观光游览的游客比例由45%变为28%，度假、休闲和娱乐的游客比例由19.7%变为24.4%，商务会议的游客比例由5.5%变为14.2%。第三，A级景区总体经营效益呈现波动下滑趋势。从绝对数方面看，从2011年到2014年，5A级景区平均营业收入下降了1078.49万元，2A级和1A级景区下降比例则更大。从相对数方面看，A级景区营业收入占国内旅游收入的比例已经从2011年的5.13%下降到2015年的2.68%，占景区市场份额不足一半。

4. 景区投资成为旅游投资热点，主要集中于文化旅游、生态旅游、乡村旅游等休闲度假类项目

随着旅游产业体系的发展和完善，资本的社会投资作用将越来越显著并最终处于主导地位。2016年全国旅游业实际完成投资12997亿元，比2013年增长了1.4倍，比第三产业和固定资产投资增速均高出20多个百分点，较房地产投资增速高出27.7个百分点。在我国经济下行压力加大的情况下，全国旅游投资继续保持逆势上扬的态势，成为社会投资热点和

---

① 中国旅游研究院：《中国旅游景区发展报告2017》，旅游教育出版社2017年版，第4页。

最具潜力的投资领域。尤其值得关注的是,2016年旅游景区项目比重最大,实际完成投资7371亿元,占全部旅游投资的56.7%。① 从业态分布看,资金流向主要集中于文化旅游、生态旅游、乡村旅游以及温泉滑雪、低空飞行和工业旅游等新型业态。在历史文化街区建设上,开发比较成功的有北京的南锣鼓巷、上海的新天地、成都的宽窄巷子、福州的三坊七巷等。在乡村旅游上,陕西咸阳的袁家村和马嵬驿以及四川成都的黄龙溪古镇和街子古镇等均采取免费开放的发展模式,取得了巨大的成功,每年的旅游人次均超过百万,每年的旅游综合收入也都逾亿元,成为全国乡村旅游发展的典型代表。贵州六盘水市南方高山滑雪则成为南方冬季旅游的亮点,2016年冬季期间,全市3家滑雪场和3家温泉累计接待游客18万人次,旅游收入4426.7万元。

以港中旅、华侨城、宋城等为代表的景区开发经营主体也出现重大改变。2013年以来,地产、煤炭、农业、水电、保险等传统行业资本纷纷介入旅游业发展。如万达集团投资建设长白山、无锡、广州、南昌、西双版纳、成都、青岛等地的文化旅游城、主题公园、东方影都等综合性或主题性产品;万科集团投资400亿元建设吉林松花湖国际度假区;恒大地产在重庆、广东、天津等地建设世纪旅游城;三峡集团投资10亿元建设旅游度假区。此外,欢乐谷的创新与升级,长隆野生动物世界、海昌海洋公园、横店影视城、万达梦工厂,加上迪士尼乐园、环球影城、六旗、泰迪熊博物馆、Hello Kitty等大大小小的引进项目,还有大黄鸭、小黄人之类的阶段性热点产品,我国的主题公园进入创意驱动、科技支撑、多元发展的新阶段。同程、途家等推动的"互联网+景区"等渠道平台,也对景区的竞争格局产生重要影响。

(二)主题公园、旅游小镇蓬勃兴起

2013年以来,观光景区主导的产业格局已明显改变,居民的出游意愿调查和社会资本流向都显示了休闲度假游供需两旺的局面,而主题公园已经超过山水景区,成为中国居民最普遍接受的游玩景区类型。新一轮的主题公园热方兴未艾。迪士尼的开业和环球影城的开建,说明中国正在吸引着世界顶级品牌的驻入,与此同时,竞争与挑战也刺激着本土品牌焕发出强盛的生命力。另外,自2015年全国启动新一轮旅游度假区创建工作以来,国家旅游度假区的建设和发展迎来了全面发展的新阶段。景区的专业化和产业化方向日趋成熟。

---

① 中国旅游研究院:《中国旅游景区发展报告2017》,旅游教育出版社2017年版,第5页。

1. 主题公园：更多集中于中国

2015年全球排名前十的主题公园集团中，华侨城、长隆、华强方特、宋城分列第四、七、八、十位。2015年在排名前十的主题公园集团中，所有主题公园集团保持了正增长，尤其是中国的主题公园集团表现突出，其中，华强方特的增长率排名第一，增长率高达77.4%，其次为宋城集团的53.4%，之后是长隆集团的26.4%。

标准排名联合马蜂窝推出的2016年游客最喜爱的中国十大主题公园排行榜（见表5-11）显示，香港迪士尼乐园位居榜首，第二为香港海洋公园，第三为珠海长隆海洋王国，上海迪士尼乐园排在第九位。

表5-11 2016年游客最喜爱的中国十大主题公园排行榜

排名	主题公园名称	游客好评度	景区热度	奇趣指数(5)	体验指数(5)
1	香港迪士尼乐园	399960	60040	3	5
2	香港海洋公园	269530	45840	4	4
3	珠海长隆海洋王国	320110	7440	4	4
4	北京欢乐谷	97800	11360	5	3
5	深圳东部华侨城	252610	11060	4	3
6	成都欢乐谷	254780	5670	4	4
7	广州长隆欢乐世界	59260	11120	4	4
8	上海欢乐谷	61320	7050	4	4
9	上海迪士尼乐园	77820	1270	4	3
10	芜湖方特欢乐世界	29950	3660	4	2

1）本土品牌宋城演艺

宋城演艺2016年度业绩显示，归属于上市公司股东的净利润比上年同期增长35%～55%，盈利8.5亿元～9.8亿元。成立以来，宋城演艺主打"主题公园＋室内演艺"模式，以演艺为核心，以传统文化为外衣，以主题公园为载体，占据文化高地，率先融合"旅游＋演艺"，将团队具有的演艺优势引入旅游业，改善了传统景区和目的地千篇一律、没有核心竞争力的劣势，拓展了景区盈利方式，带来高成长性和利润率。其首个项目杭州宋城景区灵感源自宋代娱乐场景"瓦肆勾栏"，所打造的《宋城千古情》演出，迄今票房总收入已经突破百亿元。

2013—2014年，在杭州本部获得巨大成功后，宋城演艺又迅速以重资产形式在三个热门旅游目的地形成复制。"三亚千古情"、"丽江千古情"、

"九寨千古情"相继开演,意味着"千古情"系列从区域走向跨区域,形成规模效应与口碑效应以及一定的 IP 效应,成为目前支撑盈利的主力。

2) 主题公园热点警示

一是不可唯国际品牌是瞻,盲目上马世界性的主题公园。随着上海迪士尼公园开业大热,国内很多城市都竞相希望迪士尼落户,甚至有很多不实的流言传出。必须看到,很多国际品牌的主题公园,都不仅仅只是靠一个主题公园独立运营盈利的,而是有一条从外延到内涵都极其广泛的强大产业链,还有适合主题公园的本土文化氛围。实际上,单一的迪士尼主题公园亏损的不在少数。另外,紧跟 2015 年佛山尼克文化旅游区之后,2016 年河北也宣布打造美国维亚康姆集团旗下的全球儿童频道第一品牌"尼克"在华的首个"尼克文化主题乐园"。需要注意的是,作为全球三大传媒公司之一的美国维亚康姆集团,其旗下的大部分尼克文化主题乐园在运营上都没有办法长久地经营下去。2005 年和 2007 年两家环球影城中的尼克文化主题乐园分别被拆除,换成了其他的景点。根据维基百科提供的资料,目前只有 4 家尼克文化主题乐园还在运营当中,而停止运营的尼克文化主题乐园则有 11 家之多。这些停运的尼克文化主题乐园一部分是因为其中有一些乐园属于同一个集团,在该集团被收购之后,尼克文化主题乐园被统一换成了史努比主题的景区。撤换的原因则是维亚康姆集团收取的授权费用太高,以至于乐园方面不愿意承受。另一部分停止运营的尼克文化主题乐园则是因为这些景点的人气不够,最终被其他更受欢迎的景点所取代。

2. 旅游小镇

旅游小镇作为促进产业提升、加速产业融合、实现扶贫扶农、推动新型城镇化发展的重要途径之一而成为新的发展趋势。2016 年 1 月,国务院办公厅发布的《关于推进农村一二三产业融合发展的指导意见》明确提出,要建设一批具有历史、地域、民族特点的特色旅游村镇和乡村旅游示范村。2016 年 2 月,国务院公布的《关于深入推进新型城镇化建设的若干意见》提出,加快特色镇发展,发展具有特色优势的休闲旅游、商贸物流、信息产业、先进制造、民俗文化传承、科技教育等魅力小镇。

国家"十三五"规划纲要中明确提出,要因地制宜发展特色鲜明、产城融合、充满魅力的小城镇。2016 年 4 月,国家发改委表示,结合国家"十三五"规划实施,在国家层面,会同有关部门从规划引领、政策扶持和宣传推广等方面引导扶持 1000 个小城镇发展成为特色镇,这为具有良好发展基础和巨大发展潜力的旅游小镇提供了新的发展机遇。国内外旅游发展的经典案例表明,旅游小镇无论从哪个角度讲都堪称是魅力小镇的典型代表。旅游小镇作为魅力小镇的典型代表,在国家推进特色小镇的建设中大有用武之地。

随着国民消费需求正在发生新的变化,文化性和休闲性成为旅游消费的新趋势。旅游小镇越来越多地集合了文化体验、娱乐休闲、夜生活、旅游服务、度假生活方式等多重旅游功能,从而成为时下深受热捧的产品类型。旅游小镇是传统旅游产品的重要支撑和补充,并一跃成为近年市场开发的重点之一,以文化旅游、文化产业和新型城镇化引领的综合休闲度假小镇开发正成为热点。

（三）景区运营管理模式持续创新

1. 专业化管理公司异军突起

目前,全国共有2万多家景区,其中5A级景区217家,市场份额占到40%,其余景区分食了剩下60%的市场份额。分布不均、结构错配,使得少数景区赚得盆满钵满,而多数景区勉强维持运营,更有不少处于亏损状态。

在景区投资领域,以中青旅、华侨城、中景信、港中旅等为代表的以重资产投资起家的企业已经在拓展管理项目输出等业务。以规划设计起家的景域文化、巅峰智业、绿维创景、大地风景,以及以景区标准化咨询和景区管理起家的蜗牛景区管理等多家企业也开始进行多元化的景区业务探索,每家企业都在根据自己的基因和经验在景区领域寻找机会。

中青旅公布与陈向宏旗下的景耀咨询共同成立乌镇景区管理公司,正式将陈向宏的品牌价值导入上市公司。中青旅称,乌镇景区管理公司旨在构建新时期公司与乌镇原管理团队之间的良性、立体化合作格局,与控股方进行对外投资、管理项目输出等业务。由于在重资产投资、建设、运营上有丰富的经验积累和资源沉淀,乌镇景区管理公司在轻资产输出上似乎比一般的景区管理公司更具优势。但模式复制向来不易,能否成功,尚难判断。景耀咨询在景区管理方面的业务早已开展多年,中青旅这一动作多少让业界看到了景区管理项目输出领域的巨大机会,当然,这一定程度上也是内部矛盾的平衡。

除了中青旅之外,其他重资产企业如华侨城、中景信,传统旅行社港中旅、康辉旅游,以规划设计起家的景域文化、巅峰智业、大地风景,以及以景区标准化咨询和景区管理起家的蜗牛景区管理等,都在探索景区管理的轻资产模式。

2. 景区扶贫创建新模式

习近平总书记指出,没有贫困地区的小康,没有贫困人口的脱贫,就没有全面建成小康社会。目前,我国扶贫开发已进入啃硬骨头、攻坚拔寨的冲刺期,全国7000多万贫困人口能否如期脱贫,直接关系到2020年全面建成小康社会目标的实现。

与其他扶贫方式相比,旅游扶贫以其强大的市场优势、新兴的产业活力、强劲的造血功能、巨大的带动作用,在我国扶贫开发中发挥着日益显著的作用,以锐不可当之势正成为我国扶贫攻坚的崭新生力军。旅游扶贫是包容性、交融式扶贫,旅游与扶贫相结合,可以相互促进、相得益彰。

2016年国家旅游局修订旅游景区质量等级的划分与评定标准,旅游扶贫效果好的景区,在申报5A级评定时可适当加分。景区在带动旅游扶贫方面效果显著,"开发一个景区,致富一方百姓","一人参与景区服务,一户实现根本脱贫"的例子不胜枚举。

贵州六盘水市旅游局在景区开发建设中,按照"资源变资产,资金变股金,农民变股东"的合作模式,实现农民、村集体与经营主体"联产连业"、"联股联心","带动农民增收致富"。以娘娘山景区为代表的景区的"三变"开发管理模式获得高度认可。通过"三变+旅游"改革,改造提升乡村旅游村寨(点)44个,经营987户,直接从业人员2961人,接待游客1458.58万人次,实现营业收入26.4亿元,带动2.87万人脱贫、2.53万余人就业。①

(四) 全域旅游助推旅游景区转型升级

全域旅游的推广,正成为旅游产业转型升级和地方经济协调发展的新动能。全域旅游战略的深度实施,推动旅游业发展由景区中心向目的地中心、由门票经济向综合经济、由单一领域向关联领域、由旅游部门向全社会共同参与转变,带来了全产业联动、全社会参与、全区域辐射的经济社会带动作用,成为新时期投资的新热点和新亮点。以全域旅游为中心的相关投资快速增长,其中,基础设施和公共服务、旅游产业转型升级产品和产业融合型新业态等成为旅游投资的热点方向。

借助全域旅游推动,景区投资热度依然不减。景区投资分析显示,旅游投资继续保持逆势上扬的态势,成为社会投资热点和最具潜力的投资领域。尤其值得关注的是,根据全国旅游投资项目库数据显示,2016年旅游景区项目投资比重最大,实际完成投资7371亿元,占全部旅游投资的

---

① 中国旅游研究院:《中国旅游景区发展报告2017》,旅游教育出版社2017年版,第11页。

56.7%。主要集中于文化旅游、生态旅游、乡村旅游等休闲度假类项目。景区建设日新月异,主题公园、旅游小镇的蓬勃兴起,以及景区专业化投资管理公司的发展,都预示了景区的产业化和专业化发展方向。旅游综合体、文化创意园区、主题街区、特色小镇等业态的出现,推动了旅游景区业的全面升级。在线直播、酒吧、书吧、茶吧、实景演出等业态的出现,丰富了娱乐形态。

无论大众旅游新时代,还是全域旅游时代,老百姓对景区需求的基本面没有改变,但其核心需求点,包括经营的方式等,已经发生了重大的变化。全域旅游时代,不是不要景区了,而是景区的内涵要创新,外延要扩展。我们依赖的资源不能仅仅是自然资源和历史文化资源,对广大的旅游投资者和从业人员来说,就像传统的旅行社和OTA一样,当迪士尼、环球影城进来以后,旅游景区的理念、投资方向、行业形态乃至模式等都将面临一系列的变化甚至是革命。

四、三大旅游核心产业迈向高质量发展的突出特征

新时代下,三大旅游核心产业运行态势良好,旅游供需契合度提升,旅游产业的现代服务业属性更加凸显,商业环境在旅游竞争中的决定性作用更加重要,旅行服务产品同内容和科技深度融合,在线旅行服务业整体向理性回归,大数据、人工智能等新技术是提升旅游品质的利器,旅游已成为创业、创新最为活跃的领域之一。

(一)旅游产业的现代服务业属性更加凸显

大众旅游时代,游客摆脱了旅行社主导的景区景点、宾馆饭店、旅游大巴、餐饮购物的传统观光模式,休闲度假和自助旅行逐渐成为主流,游客越来越深入到城乡目的地的日常生活空间。我国旅游产业正在从旅行社主导的团队旅游走向游客自主的散客旅游时代、从传统的景点旅游走向遍及所有城市空间的全域旅游时代。在这个产业的开放与共享进程中,分散、随机和碎片化的消费模式事实上终结了传统旅游企业对旅游供给的单一话语权和质量决定权,投资、研发和创新也不再是政府的专利。例如2015年民营企业投资旅游业占全部投资的57.4%,旅游业的市场化进程加快,旅游发展的商业环境持续优化。与此同时,旅游业已经发展成为没有边界的产业,旅游企业的传统定义,以及旅游与非旅游产业的传统边界逐步趋于消失。

随着市场主体冲破行政主导和准入特许的传统监管模式,越来越多的

地区更加重视以移动互联网、大数据、智能通信为代表的技术进步,旅游开始向着"大众创业、万众创新"等最为活跃的领域发展,市场主体已经成为行政主体之外促进旅游经济繁荣发展的另一支战略主导力量,产生了一批充满生机和活力的新型市场主体。例如,携程、去哪儿、马蜂窝、我趣旅行、众信、凯撒、环球漫游、百程旅行等资本驱动的新型市场主体;面向中远程交通服务的海航旅游、春秋航空、奥凯航空等民营低成本航空公司,以及航班管家、高铁管家等服务商;面向目的地居停生活服务的铂涛、如家、维也纳等旅游住宿供应商;海昌海洋世界、长隆野生动物世界、方特欢乐世界等主题公园运营商;大众点评、美团网、神州租车、易到用车等"互联网+"平台企业。这些一开始就具有真正意义上的商业基因的企业,与传统的国旅、港中旅、华侨城、首旅、锦江、岭南等中央和地方国资背景的旅游集团一道,共同构成了我国新时代的市场主体战略格局。

与过去相比,2013—2018年旅游的创业创新更为理性,大众旅游时代的市场主体从经验驱动走向数据驱动和科学发展,资本开始按照内在的逻辑去寻找其在技术和商业上的志同道合者。例如,2016年国庆长假期间,携程、同程、途牛、去哪儿、驴妈妈、马蜂窝以及滴滴、阿里、神州等新型市场主体悉数发布基于大数据的旅游报告,受到广泛关注。而近年以来美团网与大众点评网、滴滴出行与快的出行、携程与去哪儿的合并震动社会,合并后"美大"(美团+大众点评)的酒店预订量已经位居行业第二。随着并购重组、技术创新和数据驱动型成长正在成为旅游产业发展新常态,以及这些新战略的推行和扩张,旅游产业的现代服务业属性得到社会广泛认同。

在城镇化、美丽乡村建设等总体发展战略下,我国铁路、公路、码头等交通基础设施不断完善,签证、免税、Wi-Fi覆盖等公共服务持续提升,商业环境日益优化,共享经济、创业、创新等产业现象活跃。适应旅游厕所、全域旅游等发展重点,旅游产业更加重视以文创、IP、大数据推动企业发展和大集团改革,迪士尼、泰迪熊博物馆、米其林餐厅、摩拜单车等均是有代表性的案例。

(二)商业环境在旅游竞争中的决定性作用更加重要

从发展阶段看,在观光旅游时代,一个地方只要凭借自然资源、人文资源就可以通过资源开发和市场推广而成为旅游目的地。在休闲和散客时代,旅游目的地的市场主体和商业环境已经成为独立的吸引游客的独立因素和旅游产业竞争力的决定性因素,其重要性已经超越了传统的自然资源和人文资源,"天时不如地利,地利不如人和"的规律正在旅游竞争中明显呈现。事实上,一次方便、舒适、愉快的旅游过程,还是得靠旅行社、OTA、航空公司,还是得靠酒店、出租车、餐馆、咖啡馆,同时也离不开百货公司、超市、便利店、酒楼、餐厅、小吃街、酒店、酒吧、咖啡馆、电影院、剧院、美术馆、博物馆、图书馆、美容店、美发店、美甲店,还有公交、地铁、出租车、电信、移动互联等商业机构。想买些红酒、巧克力、金银饰品、纪念币、宝石、民族服饰等,都需要与各类企业,而不是与政府打交道。大数据也充分证明了商业环境在城市旅游发展体系和全球旅游竞争格局中日益凸显的功能与作用。包括上海在内的长三角城市群以及成都、厦门等地,无论是游客到访数量、旅游收入、旅游投资等经济发展指标,还是质量评价指标,都远远高于拥有"世界第八奇迹"的西安、"山水甲天下"的桂林、"归来不看岳"的黄山。市场主体的活力和商业环境的完善程度是很有效的解释变量。伦敦、纽约、巴黎等国际化大都市之所以得到游客较好评价,很大程度上可以归因于其代表当代生活品质的商业环境。

新型旅游市场主体的组织效率也是革命性的。例如中华户外网组织的一次山上帐篷宿营活动就很能说明问题,有上万人参与,直接组织者只有十余人,却实现了所有的预期目标,且秩序井然。这些创业创新对于旅游服务质量提升、跨境旅游合作、"走出去"战略、供给侧改革以及全域旅游战略等都是决定性因素。事实上,没有完善的商业环境,没有那些服务市民生产生活的市场主体的广泛介入,单纯依赖对旅游景区、主题公园、酒店等项目的投资增量去发展全域旅游,进而提升城市旅游的整体竞争力,都是不可想象的。

创业创新者在推动所在地区商业环境完善的同时,进一步加快了包括旅游在内的供给侧改革的话语体系从行政主体向市场主体、从旅游企业向整体商业环境的转移进程。简而言之,没有强大的旅游市场主体,就没有强大的旅游产业。在今天的国际和区域旅游竞争中,得企业者得天下。

(三)旅行服务产品同内容和科技深度融合

定制游服务可满足游客多元需求。针对游客个性化消费需求的定制游,以及针对大众游客跟团游需求的跟团服务的创新,满足了游客多元化的消费需求,成为当下旅游服务创新的重要内容。个性化、定制服务需求的出现,不仅推动了无二之旅、6人游等专业定制旅游企业的出现,同时也推动了定制游平台的发展。美团旗下的旅行平台——美团旅行,于2017年6月推出"美团专线",通过甄选优质供应商优质路线,为用户提供高品质国内跟团游产品。作为国内最大的定制旅游平台,携程定制旅行平台上的供应商数量超过 1200 家,约有 4000 名定制师,目的地覆盖 107 个国家 956 个城市。①

新技术、新模式在旅行服务业得到应用。随着大数据技术的成熟,旅游产品的应用商也日趋综合、深化,旅游产品质量和服务品质得以进一步提升。基于大数据技术的飞猪未来酒店提供的信用住、刷脸入住等便利服务,以及途牛火车票开发平台提供的各类增值服务等,均是依托大数据技术在旅行服务业领域的创新成果。旅游科技如 VR、AR 等在在线旅游企业中的应用,衍生出诸如娱乐化、旅游直播和"VR+旅游"等多种新型旅游产品,能够更好地满足游客精神层面的需求,持续优化用户体验,是旅行服务企业创新发展的重要方向。

(四) 在线旅行服务业整体向理性回归

在线旅行服务企业依然保持快速发展,企业梯队间规模差距明显,形成了以携程、飞猪等为代表的几大领军型企业,行业更加重视企业运营效率的提升和盈利能力的增强。在线旅行服务企业一方面加大在流量入口方面的布局,持续增强企业在渠道端的影响力和竞争力;另一方面加快线下布点,整合线下资源,实现线上和线下的协同发展。同时,也通过持续不断的产品和服务创新,保持企业的发展活力,积极引领整个行业的发展。携程依托长期耕耘的酒店、机票、度假产品预订优势,同时渗透在线租车、酒店、在线短租、搜索引擎、航空公司、旅行社等多个领域,围绕核心渠道构建全产业链条,从而保持快速发展。飞猪作为在线旅行服务企业的后起之秀,依托母公司阿里巴巴所积累起来的庞大消费人群,以及最具竞争力的服务平台,服务于商家和消费者间的直接交易,在短期内获得快速发展。

第五节 中国旅游业的世界地位与国际旅游合作

一、出境游客数量、消费稳居世界第一

(一) 出境游客数量:蝉联世界第一,增速小幅减缓

2013 年以来,中国出境旅游人次呈高速增长态势。2013—2018 年,我国出境旅游人次年均增长 12%,2018 年达到 1.6 亿人次,是全球最大的出

---

① 中国旅游研究院:《2017 年中国旅游经济运行分析与 2018 年发展预测》,中国旅游出版社 2018 年版,第 33 页。

境游市场。从世界比较来看,2015年世界离境旅客人次达13.6亿人次,中国内地旅客占比接近9%,远远超过美国(5.4%)、法国(2.0%)、韩国(1.4%)、加拿大(2.4%)的占比,稳坐世界旅游第一大国位置。[①] 2017年初,习近平总书记在达沃斯论坛上的讲话里提到,预计未来5年中国出境旅游将达到7亿人次,出境旅游人次将达到历史新高。

2013—2018年,中国国内生产总值从59.5万亿元跃升至90.0万亿元,国民经济运行稳健,为出境游提供了经济条件。人民币于2016年10月1日正式加入国家货币基金组织(IMF)特别提款权(SDR)货币篮子,而且其比重超过日元和英镑,仅次于美元和欧元,让我国公民出国旅游、购物消费更加快捷。2016年,国家进一步落实带薪休假制度,努力推进"一带一路"建设。与此同时,中国签证环境持续优化,如英国、荷兰、以色列将对中国公民的签证有效期分别放宽至2年、5年、10年,澳大利亚也开始试行,或简化签证办理手续,或提高办理便捷程度。阿塞拜疆、苏里南、文莱、阿联酋、亚美尼亚对以旅行为目的的中国公民实施落地签,马来西亚、赞比亚、乌干达、阿根廷对中国公民开放电子签证或有条件电子签证,厄瓜多尔、摩洛哥、乌克兰、塞尔维亚、墨西哥、突尼斯、汤加、秘鲁对中国旅行者实行免签、阶段性免签或有条件免签政策,日本放宽中国公民赴日的签证要求,为我国居民出境旅游的发展营造了相对宽松的环境。境外旅游目的地不断完善对中国游客的接待环境,加强旅游促销、增开中国航线、扩展中文服务(包括中文标识、中文导游、中餐提供和银联卡受理等)、优化免税政策等,这一系列措施促进了出境游规模的扩大。此外,2016年是中国-东盟旅游年、中国-哈萨克斯坦旅游年、中国-丹麦旅游年,于9月在成都举办了世界旅游组织全体大会,旅游外交活动的活跃也带动了中国出境旅游的热度。2019年,中国国民出境游客量达到1.6亿人次,连续6年蝉联世界第一。

(二)出境旅游消费:稳居世界第一,增速大幅放缓

从出境旅游消费的快速增长来看,2013—2016年,中国内地游客境外消费总额从1285.8亿美元增加到2611.0亿美元,年均增速高达26.6%以上,[②]尤其是在世界经济仍较为低迷,许多国家游客购买力削减的大环境下,中国内地游客强劲的购买力显得尤为突出。

---

① 根据世界银行数据库相关数据整理而成。
② 《中国旅游业统计公报》(2013—2016)。

中国游客被称为"移动的钱包",但中国游客出境旅游消费的井喷态势已经缓解,消费渐趋理性。2016年我国出境旅游消费约2611亿美元,占全球出境旅游消费的21.4%,在消费总额和市场份额方面仍然以较大优势继续保持世界第一的地位,但增幅有所下降。我国出境旅游消费经历了高速增长,自2013年之后,增速大幅放缓,不敌美国、韩国和澳大利亚,这表明我国出境旅游消费渐趋理性。同时,在世界排名前十位的出境旅游消费国中,我国出境旅游消费的人均消费水平仍偏低,仅为189美元而且较2015年降低了11.3%。① 这说明我国出境旅游消费仍有较大的发展空间。

(三)出境旅游目的地:洲际分布均衡,泰、韩、日位居前三名

2016年,全国旅行社共组织出境旅游5656.65万人次。从这些出境旅游的目的地洲来看,分别较均衡。比较而言,亚洲和欧洲占比较大,分别为15.9%和13.9%,其次为美洲和大洋洲,分别为10.8%和10.2%,而非洲相对较少,仅占8.2%。但与2015年相比,各洲均衡发展的趋势非常明显。首先,2016年出境旅游人次增长较快的是非洲和大洋洲,从而改变了2015年旅行社组织出境旅游高度集中于亚洲和欧洲的格局。②

从这些出境旅游的目的地国家或地区来看,主要为东南亚国家和我国港澳台地区。其中,泰国继续保持第一出境旅游目的地的地位,所占市场份额达到16.1%;韩国超越我国香港地区,跃居为第二大目的地,市场份额为13.4%,但受部署反导系统等因素影响,韩国增长放缓;日本首次挤进前三名,分割了12.2%的市场份额;而我国香港地区则被挤出前三名,以10.3%的市场份额居于第四位;印度尼西亚所占市场份额超过法国,挤进前10,新晋为中国十大出境旅游目的地之一。相关数据显示,2016年,泰国、韩国、日本是前三大热门目的地,分别吸引了877万、804万和600多万中国内地游客前往。③

二、入境游止跌回升,收入居世界第四

(一)入境游客规模:稳步增长,世界排名保持第四

2013—2018年,中国入境旅游市场持续稳定增长,市场规模总量创历史新高。这个时期,我国接待入境旅游人次从1.3亿人次增长到1.4亿人

---

① 胡静、谢双玉、冯娟等:《2016中国旅游业发展报告》,中国旅游出版社2016年版,第7页。
② 胡静、谢双玉、冯娟等:《2016中国旅游业发展报告》,中国旅游出版社2016年版,第8页。
③ 胡静、谢双玉、冯娟等:《2016中国旅游业发展报告》,中国旅游出版社2016年版,第8页。

次,增加了7.7%。

从入境客源市场结构来看,外国人客源市场占比稳定,来自我国港澳台地区的客源市场依旧是入境旅游市场的主力军,占全部市场份额的80%左右。其中,外国游客从2013年的2629万人次增加到2018年的3054万人次,增长了16.2%,港澳台游客从10279万人次增加到11066万人次,增长了7.7%。

2017年入境过夜游客从2013年的5569万人次增加到6074万人次[①]世界排名第四,中国继续成为深受国际游客喜爱的全球第四大旅游目的国,入境过夜游客数量保持了自2010年以来连续8年世界第四的名次。其中,法国以8300万人次稳居榜首,西班牙以7600万人次位列第二,美国以7562万人次位列第三。

从国际旅游外汇收入占服务贸易出口的比重来看,这一比重从2013年的24.53%提高到2018年的46.78%(见表5-12),提高幅度较大,说明2013年以来中国入境旅游国际竞争力持续提升。

表5-12　2013—2018年中国国际旅游业外汇收入占服务贸易出口的比重

年份	国际旅游外汇收入（亿美元）	服务贸易出口（亿美元）	国际旅游外汇收入占服务贸易出口的比重(%)
2013	516.6	2105.9	24.53
2014	569.1	2181.0	26.09
2015	1136.5	2176.0	52.23
2016	1200.0	2083.0	57.61
2017	1234.0	2310.0	53.42
2018	1271	2717	46.78

(资料来源:根据《中国统计年鉴2018》、《中国旅游统计年鉴2018》和《中华人民共和国2018年中国国民经济和社会发展统计公报》相关数据整理而成。)

(二)旅游外汇收入:稳定增长,世界排名保持第四

面向境外游客的购物离境退税政策对中国入境旅游消费的拉动效应十分显著。2013—2018年,我国国际旅游收入从516.6亿美元上升到

[①] 根据《中国旅游统计年鉴2016》和《以习近平新时代中国特色社会主义思想为指导　奋力迈向我国优质旅游发展新时代——2018年全国旅游工作报告》相关数据整理而成。

1271.0亿美元,增长了146.0%。①

(三)入境游客源地:亚洲主导,韩、美、日保持前三名

2016年全国旅行社外联接待入境外国游客1892.84万人次,占入境外国游客总数的67.24%。从这些入境外国游客的来源洲来看:1189.18万人次来自亚洲,357.44万人次和242.93万人次分别来自欧洲和美洲,而来自其他洲的很少。从这些入境外国游客的来源国来看,旅行社外联接待入境游客人次排名前10位的国家是韩国、美国、日本、泰国、新加坡、马来西亚、俄罗斯、英国、印度尼西亚和澳大利亚,合计人次为1378.88万人次,占比达到72.85%。其中,韩国、美国和日本位居前三名,旅行社外联接待入境游客人次分别为461.11万人次、173.93万人次和148.28万人次。②

如果包含相邻国家边民旅华人次的话,2016年中国的入境外国游客人次为3148万人次。从这些入境外国游客的来源洲来看,亚洲占67.5%,美洲占10.7%,欧洲占17.3%,大洋洲占2.6%,非洲占1.9%。从这些入境外国游客的来源国来看,排名靠前的是韩国、美国、日本、泰国、新加坡、马来西亚、俄罗斯、英国等。综合来看,入境旅游客源市场结构逐步优化,"一带一路"沿线国家在中国入境旅游客源市场中的活跃度进一步上升。

从这些入境游客的性别构成来看:男性占63%,女性占37%。从这些入境游客的年龄构成来看,25~44岁的游客最多,占比达46.8%,45~64岁的游客较多,占比达34.3%;24岁及以下和65岁及以上的游客都较少,占比分别为13.2%和5.7%。从这些入境游客的旅游目的来看,观光休闲占比最高,为33.4%;其次,会议/商务和服务占比较高,分别为18.4%和14.0%;而探亲访友占比较低,只有3.1%;另有31.1%的游客的目的为其他。③

三、世界最大的国内旅游市场地位稳固

(一)国内旅游规模:数量、收入持续增长,收入增长更快

2013—2018年,国内旅游经济总体呈现强劲增长态势。2018年国内旅游人次达55.4亿人次,比2013年增长87.2%。2018年国内旅游收入

---

① 胡静、谢双玉、冯娟等:《2016中国旅游业发展报告》,中国旅游出版社2016年版,第10页。
② 《2016年第四季度全国旅行社统计调查情况的公报》。
③ 《2016年第四季度全国旅行社统计调查情况的公报》。

为 5.11 万亿元,比 2013 年增长 96.2%。

(二)国内旅游目的地:区域差异仍显著,但有所缩小

2011—2016 年,我国国内旅游市场无论哪个区域,接待量都在增加。东部地区从 30.95 亿人次增长到 50.53 亿人次,中部地区从 13.69 亿人次增长到 31.44 亿人次,西部地区从 14.14 亿人次增长到 33.22 亿人次。[①] 总体来说,东部地区整体接待规模高于中、西部,中、西部的整体接待规模相当。东部地区接待量增长缓慢,西部地区接待量增长最快,区域差异依然显著,但呈现缩小趋势。

四、总就业贡献世界第一,GDP 和投资贡献世界第二

(一)对 GDP 的贡献:持续高速增长,稳居世界第二

2013—2017 年旅游业综合贡献从 6.6 万亿元增加到 8.8 万亿元,占 GDP 总量的比重超过 10%,对住宿、餐饮、民航、铁路客运业的贡献率约为 80%。[②] 同时也应看到,中国旅游业对 GDP 的贡献与发达国家(如英国,其旅游业的直接、综合贡献分别占 GDP 的 3.4% 和 10.8%)以及世界整体水平(旅游业的直接、综合贡献分别占全部 GDP 的 3.1% 和 10.2%)大体相当。

从中国旅游业的经济贡献在世界的地位来看,2016 年中国旅游业对 GDP 的直接贡献和综合贡献分别占全球旅游业直接贡献(23060 亿美元)和综合贡献(76113 亿美元)的 11.9% 和 11.1%,[③] 都仅次于经济实力强劲和旅游业高度发达的美国,而遥遥领先于直接贡献和综合贡献都居第三的德国,稳居世界第二。

(二)对就业的贡献:小幅增加,创造的就业岗位居于世界第一

旅游业是带动其他产业发展的重要推动力。2017 年,中国旅游业创造的直接就业岗位从 2014 年的 2779.4 万个增加到 2813.0 万个,而且自 2010 年以来保持小幅增加[④];旅游直接和间接就业从 2014 年的 7873 万个增加到 8000 万个,占全国就业总人口的比重从 10.19% 上升到 10.30%。

---

① 中国旅游研究院:《中国国内旅游发展年度报告 2017》,旅游教育出版社 2017 年版,第 15 页。
② 根据《中国旅游业统计公报》(2013—2017)相关数据整理而成。
③ 胡静、谢双玉、冯娟等:《2016 中国旅游业发展报告》,中国旅游出版社 2016 年版,第 15 页。
④ 《中华人民共和国 2016 年国民经济和社会发展统计公报》。

通过旅游业对GDP和就业的贡献,亦即旅游业创造收入和提供就业岗位"两个10%"的全国占比可以表明,旅游业在国民经济中战略性支柱产业的地位更加巩固。

从中国旅游业的就业贡献在世界的地位来看,2016年,中国旅游业创造的直接就业岗位占全球旅游业创造的直接就业岗位(10874.1万个)的21.78%,仅次于印度,而遥遥领先于排名第三的美国,稳居世界第二;总就业岗位占全球旅游业创造的总就业岗位(29222万个)的23.79%,遥遥领先于位居第二的印度,稳居世界第一,对中国及世界旅游业的发展具有重要影响。

(三)对投资的贡献:持续稳定增长,位居世界第一

随着人们旅游需求的高涨,国家支持旅游发展的一系列政策的相继出台,以及旅游发展形势的持续向好,出现了旅游投资热潮,政府、国企、民营企业纷纷加入旅游投资大军。

新时代下,在我国经济下行压力加大的情况下,全国旅游投资继续保持逆势上扬的态势,成为社会投资热点和最具潜力的投资领域。2016年,全国旅游业实际完成投资从2013年的5343.2亿元增加到12997.0亿元,增长了143.2%;比第三产业和固定资产投资增速分别高18个百分点和21个百分点,较房地产投资增速高22个百分点。尤其突出的是,2013—2016年,民营旅游投资积极性高涨,民营企业投资占全部投资的比重近60%。[①]

这个时期,旅游投资占全国总投资的比重持续上涨,从2013年的1.2%上升到2016年的2.4%,上涨了1倍。2016年,中国旅游投资额占世界旅游投资额(8065亿美元)的比重为24.8%,高于美国旅游投资(1608亿美元)占世界的比重(19.9%),位居世界第一。

五、参与国际旅游合作的标志性成果突出

2013年以来,我国与世界各国进行了全面而丰富的合作。伴随着中哈旅游年、中丹旅游年、中瑞旅游年、中国-东盟旅游年以及一系列高层次国际合作活动的举办,旅游正成为国家对外交流的闪耀亮点。

(一)以品质与便利化推动"一带一路"旅游合作

加强旅游领域的交流合作、促进民心相通已经成为"一带一路"沿线国

---

① 根据《中国旅游投资报告》(2014—2016)相关数据整理而成。

家的重要议题和共识。中国国家旅游局连续两年将入境旅游的推广主题确定为"丝绸之路年",两次召开丝绸之路沿线国家旅游部长级会议。"一带一路"重要国家,如哈萨克斯坦,借助世博会、阿斯塔纳论坛和高层互访等契机,持续加强在中国的旅游推广和市场促销力度。在扩大双向旅游交流规模的背景下,品质与商业环境是其中的重点。便利化的旅游政策包括但不局限于缩短本国公民申请护照的时间,增加受理的网点,并尽可能减少程序和费用。在基础设施、公共服务和商业环境改善的进程中,除了沿线各国政府的高度共识和共同努力外,市场主体的广泛介入和深度合作也越来越常见。沿线民众的认知度和好感度明显上升,旅游发展的前景更加广阔。

(二)中澳旅游合作成为强化国家关系和夯实民意基础的典范

中澳旅游合作始终是在两国全面战略合作伙伴关系框架下发展的,而务实深入的旅游合作也有效凝聚了中澳关系向前走的国家意志。2017年3月22日,李克强总理在《澳大利亚人报》上发表题为《推动中澳关系向前走》的文章。他指出,亚太是中国安身立命之所,也是中澳共同所在的家园。应当以"中澳旅游年"为契机,进一步提升人员往来便利化程度。政治互信、分歧管控、经贸合作,特别是两国高层近年来的频繁往来,在双边和多边场合多次会晤,为推动两国关系深入发展,也为包括旅游在内的民间往来发挥了重要作用。无论如何强调新媒体和网络社交平台的作用,都无法替代主流媒体的基础作用和高层互动的关键影响,更替代不了国家意志和外交关系的决定性作用。中澳交流关系始终建立在良性互动的民意基础上,而广泛的旅游交流也进一步推动两国民意的持续发展。相关研究表明,澳大利亚在27个主要目的地国家和地区中基本上处于前五位,平均分达到78分的满意水平。两国签署ADS协议以后,政府旅游行政主管部门很快就建立了副部长级磋商机制和工作组,定期交换ADS执行情况,特别是市场监管、品质保障、旅游统计与数据分析等专项报告,并研究可升级的政策储备。全面战略合作伙伴关系向前走的国家意志,以及民众对彼此国家好感度和旅游目的地知名度的增长,让人们对中澳旅游交流保持积极乐观的预期。

(三)善意、宽容与耐心成为中欧旅游合作主基调

政府间的双边关系与旅游目的地选择呈现非常强烈的正相关关系。一个愿意与"一带一路"倡议相向而行,在贸易、投资、外交和人文交流等领域与中国良性互动的欧洲,一个签证更加便利、交通更加便捷的欧洲,自然

会让中国游客在选择海外旅游目的地时多一份亲近感。正因为如此,在语言标识、结算服务、Wi-Fi相关网络支持、品质旅游产品提供等方面表现出的更多的善意、更多的宽容、更多的耐心正在成为中欧旅游合作的主旋律。在2005年ADS协议签订以来,中欧旅游交流人次年均增长10.6%。2016年,访问中国的欧盟公司达到310.8万人次,访问欧盟各国的中国公民达349.2万人次。经初步测算,旅游分别为中国和欧洲带来了141.7亿美元和114.9亿美元的收入,为当地经济增长和社会就业做出显著贡献。① 中国游客在欧洲的旅行范围从来没有像今天这样广泛。法国、德国、意大利、英国、西班牙固然为中国赴欧洲旅游的首选,比利时、瑞士、葡萄牙、希腊、土耳其、丹麦、芬兰、瑞典、奥地利、捷克等国家也遍布中国游客的身影。中欧之间的互联互通从来没有像今天这样便利,当前连接中国和欧洲的航线约有150条,每天往返的航班约有2500架。受益于"一带一路"倡议的中欧班列已经开通,乘坐高铁前往欧洲旅游很快将成为现实,电信领域的务实合作和不断下降的资费让中国游客在欧洲再也不用担心与国内的家人朋友间的联系。锦江、海航、开元、复星等企业对欧洲的投资,让旅游产业合作达到前所未有的高度。

（四）旅游成为中美构建新型大国关系的新亮点

2012年,中美两国提出了构建新型大国关系的宏伟构想。2015年,两国元首决定共同举办"中美旅游年",并互致开、闭幕词。习近平总书记提出:希望双方以举办旅游年为契机,扩大人员往来,加强文化交流,为中美关系发展培育更为厚实的民意和社会基础。2014年,两国政府达成协议,互为对方的商务、旅游人员颁发10年有效签证。一年一届的"中美省州旅游局长合作发展对话会议",不断提升地方和业界旅游交流合作的积极性。游客的足迹已经从北京、上海、华盛顿、纽约等中心城市向各地扩展。美国前总统艾森豪威尔倡导的"人民对人民"依然是中美两国民间交流的风向标。民众往来的意愿是旅游市场的现实基础,也是产业合作的前提条件。美国的迪士尼、环球影城、运通、希尔顿酒店,以及中国的锦江、安邦、海航、携程、首旅等涉旅企业之间加强合作,通过投资和收购不同程度地实现了彼此的商业存在、自然人流动和跨境服务。在"2016中美旅游年"期间,530万的互访人次创下了两国旅游交流的历史新高,平均每隔15分钟就有

---

① 中国旅游研究院:《2017年中国旅游经济运行分析与2018年发展预测》,中国旅游出版社2018年版,第94页。

一架航班在中美各地的机场起降。据美方统计,2016年共有259万中国公民赴美旅行,总消费达301亿美元,占美国对华服务出口总额的62%。根据中国国家旅游局中心测算,2016年访华的美国游客人均消费3795美元,为中国创造了约83亿美元的外汇收入。相关数据表明,2017年中国赴美游客达300多万人次,为美国创造了4.6万个直接就业岗位和23万个间接就业岗位。① 数据表明,中国已成为美国在亚太地区的第一大旅游目的地国家,美国成为中国第三大入境旅游客源国。旅游不仅为中美两国经济发展和世界旅游繁荣做出了卓越的贡献,也已成为构建新型大国关系的新亮点。

第六节 旅游业高质量发展的世界影响力

一、旅游市场持续向好,对全球旅游经济贡献引人注目

改革开放以来,中国旅游业接待规模持续扩大,接待能力和水平迅速提高,现已成为全球国际游客到访量较大的国家之一。1978年,全国共接待的入境过夜游客仅为71万人次,旅游外汇收入不到3亿美元,这两项指标在世界的排名分别居于第41位和48位。2017年,全国共接待入境过夜游客6074万人次,比1978年增长了83.3倍,中国旅游市场份额仅次于法国、美国、西班牙,成为世界第四大入境接待国;旅游外汇收入1234亿美元,仅次于美国,居于世界第2位。②

随着国民经济的迅速发展和人们闲暇时间的日益增多,中国居民出境旅游需求越来越强劲。中国出境旅游人次从1993年的360万人次迅速上升到2014年的1.17亿人次,跨入"亿时代"。2015年增至1.28亿人次,其中因私出境1.2亿人次,占世界入境旅游接待人次的10.27%,超出中东地区(3.1%)、非洲地区(3.0%)及其他地区(2.7%)的总和,继2013年之后仍然是世界第一大出境游客源市场,成为全球各主要旅游目的地国家和地区的重要客源市场,对全球旅游业发展的贡献也日渐提升。值得一提的是,自费出境旅游日益成为我国出境旅游市场的主体。中国公民因公出境的比例自1993年起逐年下降,自费出境旅游比例则由1993年的39.2%上

---

① 中国旅游研究院:《2017年中国旅游经济运行分析与2018年发展预测》,中国旅游出版社2018年版,第95页。
② 根据《中国旅游统计年鉴2017》相关数据整理而成。

升到2017年的95.2%①。

中国出境游客规模在亚太地区的泰国、韩国、日本等国都占有举足轻重的地位。自1998年起，世界各国争相对中国公民开放本国旅游市场，并以中国为主要的旅游营销目标市场。2013—2018年，中国到这些国家的出游规模占该国入境旅游市场的位次均居前三。中国旅游者为这些国家的入境旅游发展贡献了重要份额，成为其旅游经济不断增长的稳定器和动力源。

从2004年中国出境旅游消费一直保持两位数的增长速度开始，中国持续引领全球出境游市场。党的十八大以来，受可支配收入提高、人民币汇率坚挺、旅行设施改善和出境旅游限制减缓等利好因素的影响，中国出境旅游消费增速惊人。1998年，中国公民出境旅游总花费约为92亿美元，在全球排名第九位，中国公民出境旅游花费在世界旅游总收入中的占比约为2.10%；2015年，中国出境旅游消费总额已达到2920亿美元，在全球出境旅游消费总额中的占比高达23.2%，居于世界第一。中国公民惊人的出境旅游消费将改变世界旅游的版图。

2015年，中国旅游业对中国GDP的综合贡献达到7.34万亿元人民币，约占全球旅游业对GDP的综合贡献总额的14.5%；中国旅游业综合带动的国内就业人数达到了7911万人，是世界旅游业创造就业岗位数的27.8%。这意味着，2015年世界旅游业带动的产业综合增加值中，约有1/6是由中国贡献的；世界旅游业创造的就业机会中，有超过1/4来自中国旅游业。旅游业已成为世界上增长最快、最重要的经济部门之一，惠及全球各旅游目的地和所在社区。2017年，中国旅游业贡献了全球约10%的国内生产总值和10%的就业机会。2017年，国际旅游支出强劲回升，中国国际旅游支出增长了19%，低于巴西(33%)、俄罗斯(27%)的水平，中国国际旅游支出还有较大的发展空间。从目前到2030年，旅游业将以每年约3.3%的速度持续增长。②

随着中国游客走向世界，中国企业也正在加快"走出去"的步伐，加速向全球化企业转型。锦江集团以13亿欧元收购卢浮宫酒店集团；港中旅以4亿英镑收购英国布莱顿酒店集团；安邦保险以19.5亿美元完成对纽约华尔道夫酒店的收购；中免集团宣布将在柬埔寨开设第三家免税店；

---

① 根据历年《中国旅游业统计公报》相关数据整理而成。
② 王晓真：《2017年全球旅游业发展势头强劲》，《中国社会科学报》2018年1月11日。

2015年,复星集团联合众信旅游、九鼎等战略投资者,成功收购法国地中海俱乐部。① 中国酒店品牌也在崛起,2014年,*HOTELS*杂志将如家列为世界第九大酒店,大连万达在伦敦、马德里、芝加哥、澳大利亚黄金海岸等地开设万达酒店和度假村。如家和锦江之星也在向东南亚扩张。党的十八大以来,世界旅游领域的顶级盛会陆续在中国举行。2017年,联合国世界旅游组织第22届全体大会在成都举办;2018年,世界旅游业理事会年会在上海举办。这些都成为中国向世界展示旅游形象和发展成就、扩大同世界各国旅游交流与合作的重要契机。

随着世界旅游重心进一步向亚太地区转移,居于亚太旅游重心位置的中国,其旅游业也必将会持续向好发展,并在世界旅游市场中取得更大的份额,对全球旅游产业发展做出更卓越的贡献。未来一个时期,以中国为代表的亚太地区旅游产业将引领全球旅游经济发展。

二、旅游外交从边缘走向前沿,成为中国与世界交往的重要推手

党的十八大以来,旅游业在增进中国和全球其他国家之间的友谊与交往中发挥了积极作用及协同功能,旅游业已成为发出中国声音、讲好中国故事、加强与世界联系的重要平台,旅游外交的独特作用也得到进一步凸显。"旅游年"逐渐成为我国外交和旅游领域的一个热词,国家领导人出访宣布与主要大国互办"旅游年"活动已经成为大国外交的重要内容。

2015年全国旅游工作会议上,国家旅游局局长李金早在论述新时期"旅游外交"的作用时指出,旅游行业要在国家开放新格局中,主动作为、主动发声,服务国家整体外交、服务旅游产业发展、服务游客消费需求,努力开创旅游对外开放新局面。这意味着我国的旅游外交从自发增进国际交往的被动地位走向自觉参与和推动中国与世界进行深入交往的主要旗手。旅游正逐渐从外交边缘走向外交前沿,旅游在外交事务中的独特作用正在日益凸显,成为国际经贸合作和人文交流最活跃、最具潜力的领域,成为构建新型大国关系的重要内容和桥梁窗口。由此可见,我国旅游界在境外举办的民间旅游外交活动从一开始就受到了政府的关注和引导,也显示了我国旅游业在"走出去"的战略中早就具有了国家意识。

---

① 胡静、谢双玉、冯娟等:《2016中国旅游业发展报告》,中国旅游出版社2016年版,第239页。

第一,旅游年活动纳入首脑外交行程,标志着旅游外交已从实施国家外交战略的独特手段变为常规手段。2015—2017年,中国旅游外交成果丰硕,已经成功举办10个旅游年活动,分别为中韩、中印、中美、中国-中东欧、中墨、中瑞、中澳、中丹、中哈、中国-东盟旅游年活动,这些实践活动表明旅游外交在促进国家间政治关系、人文交流以及传播本国文化、经贸合作、提升国家形象、增强文化认同感和提升国际影响力等方面成效显著,得到政府和社会各界高度认可。将旅游年外交活动作为可持续的制度创新,成为中国特色大国外交顶层设计的重要内容。在2017年中国国家整体外交工作部署中,旅游外交所占分量日益加重。

第二,旅游外交活动纳入国家外交战略整体统筹,标志着旅游外交要超越旅游领域国际合作的角色定位,在主动服务和融入国家战略上有新作为。2017年之前,旅游外交就是做好旅游领域的国际交流合作。但是,2015—2017年旅游年活动的实践表明,开展旅游外交,既可以扩大国家间旅游交流规模,拓展旅游合作的广度和深度,给旅游产业本身带来"红利",还能够为国家间关系发展培育更为厚实的社会和民意基础,具有政治、经济、外交、文化等多方面的现实意义。在《"十三五"旅游业发展规划》中突出强调,要实施旅游外交战略,开展"一带一路"国际旅游合作,拓展与重点国家旅游交流,创新完善旅游合作机制。旅游外交已由部门推动上升为国家战略,旅游外交正步入系统、全面、规模化地服务国家整体战略进程中。

第三,旅游外交活动向深度、广度发展,标志着旅游外交在服务与推动中国旅游企业"走出去"方面发挥更大作用。中国旅游外交具有非凡活力,其原因在于自身产业的发展。新时代下,中国已成为世界最大的旅游出行国家,年出游人次达45亿人次,庞大的旅游市场为实施旅游外交奠定了扎实的基础。同时受益于旅游外交活动的积极开展,也为中国旅游企业"走出去"提供动力和政策支撑。[①]

截至2017年底,已有150多个国家成为中国公民旅游目的地,旅游已成为我们发出中国声音、讲好中国故事、加强与世界联系的重要平台,旅游外交更加自信和更加成熟,彰显中国旅游大国外交正成为影响国际旅游格局的重要力量。

三、旅游强国梦可期,综合竞争力跃升

自2000年以来,中国国内旅游市场的持续培育及出入境旅游的蓬勃

---

① 穆良:《中国旅游外交走向成熟》,《人民日报(海外版)》2017年6月9日。

发展,推动了旅游产业及相关产业的发展,也推动了旅游产业发展的环境要素及基础设施要素的持续改善和提升,使得中国作为旅游目的地国家的全球吸引力和竞争力稳步提高、持续向好,成为全球旅游市场竞争中不可或缺的主角之一。

基于旅游经济在全球经济中的重要地位和持续上升势头,中国在全球旅游竞争力中的排名从2007年的全球第71名持续提升,至2017年的全球排名已经达到第15名,①充分展现出我国旅游业发展在创造经济、社会、生态效益等方面的巨大潜力。

经过连续多年的经济快速增长和旅游产业蓬勃发展,旅游成为中国人重要的生活方式之一,旅游产业也已经成长为中国各级政府着力发展的战略性、支柱性和综合性产业。尽管中国旅游业在世界旅游业中的地位逐渐提高,贡献更加凸显,影响日益扩大,但中国旅游业与世界旅游强国间依然存在着不少差距:我国旅游无论是入境游还是国内游,人均旅游消费均较低,处于低消费、低水平阶段;相较于国内庞大的就业人员和经济总量,旅游对国民经济的贡献度相对较低,低于全球平均水平;旅游资源的稀缺性和不可再生性使得地方保护主义严重,垄断经营使得旅游服务质量较低;旅游基础设施和服务设施的建设速度落后于旅游业发展的步伐;部分旅游资源不恰当的开发对环境带来负面影响,制约旅游业的可持续发展;旅游消费的陷阱依然存在,不文明旅游行为难以杜绝,整体服务质量、精细程度都有待进一步提升。随着中国旅游产业供给侧改革的深度推进和制约中国旅游业发展的瓶颈问题的大力解决,作为世界第二大经济体和主要旅游目的地国、客源国的中国,在世界旅游市场上的地位排名必将继续提升,进而实现旅游强国之梦。

第七节 促进旅游业高质量发展的对策建议

新时代下,旅游业高质量发展要始终坚持"以人民为中心"的根本宗旨,围绕"让游客满意和游客基本权利实现"的目标,推动旅游供给侧结构性改革,实施中国特色旅游业内涵式发展、区域协调发展战略以及走全方位开放开拓之路,实现旅游从"有没有"转向"好不好",让旅游业成为中国

---

① 自2007年始,世界经济论坛(WEF)开始编制并每年发布全球旅游竞争力报告,并分别于2007年、2008年、2009年、2011年、2013年、2015年、2016年、2017年8次发布国别旅游竞争力研究成果。

经济转型的助推器。其中,内涵式发展是根本,旅游供给侧结构性改革和全方位开放开拓是双轮,科技创新是动力,深化旅游体制改革是保障。

一、深化旅游供给侧结构性改革

按照国际上旅游产业发展的一般规律,旅游业一般要经历"观光游—休闲游—度假游"三个发展阶段。世界旅游组织的研究表明,当人均GDP超过5000美元时,即步入成熟的度假旅游经济,消费能力和休闲需求日益增强并出现多元化趋势。2018年,中国人均GDP超过9000美元,旅游需求的多样化、主题化趋势更加明显。从需求角度看,新时代下中国旅游者的消费需求、消费场景、消费心理等都发生了巨大的变化。注重品牌和品质,看重服务和享受,喜好个性化、精神体验度高的旅游产品,成为新时代中国旅游消费人群的基本特征。从供给角度看,中国旅游业已进入以全民旅游和个人游、自驾游需求为主的新阶段,对旅游供给提出了新要求,不仅要求旅游业从传统景点旅游模式向全域旅游模式转变、从门票经济向产业经济转变,拓展发展空间,培育新的增长点,而且要求加大旅游业与其他产业的融合发展,构建旅游产业新体系,提升旅游需求要素供给的质量和数量。因此,深化旅游供给侧结构性改革,一是供给侧结构性改革代表了新时代中国经济发展的理念。去除落后产能、调整产业结构为未来宏观经济发展的方向。旅游业不仅是第三产业的龙头,还与第一、二产业供给侧结构性改革具有密切关系。休闲农业、工业旅游等成为第一、二产业供给侧结构性改革的重要方向。在供给侧结构性改革中迎来巨大发展的休闲农业、工业旅游以及旅游产业本身的改善与提高,将会为旅游业高质量发展带来机遇。二是坚持用需求导向推动供给侧创新的新思路,利用电信、银行、互联网等平台的大数据对出游行为、消费特征、满意程度等方面开展定期研究和报告发布,引导旅游业重点投资国民大众常态化和享受得起的高品质旅游服务,推动旅游业从"数量型"的供需平衡向"质量型"的供需平衡提升。

二、实施中国特色旅游业内涵式发展战略

利用科技革命成果,促进旅游业从粗放型增长转向内涵式增长,实现旅游发展方式转变。技术创新、产品服务创新以及模式创新是实施旅游业内涵式发展战略的关键。要处理好旅游领域中政府与市场的关系,确立"政府主导、企业主力"的新思路,重构政府新时代对旅游创新的领导力。

首先，要充分发挥中国大国政府职能，转变旅游行政管理部门的"管理旅游"为"服务旅游"，为旅游市场主体提供高效、优质的公共服务。特别是政府应加大对旅游业中的科技投入力度，真正发挥科技在旅游业高质量发展中的突出作用。到2020年，实现农业科技进步率达到60%，2022年达到61.5%。其次，充分发挥市场主体在优质旅游发展中的作用，培育一大批线上旅游企业，利用大数据、人工智能等新科技提升旅游品质，实现产品服务创新和模式创新。针对"80后"、"90后"年轻群体以及中等收入阶层等新消费群体的消费需求，用技术提升管理绩效和运营效果，将技术创新与需求解决相结合，为旅游者提供更加方便、更高品质、更多体验的新产品和新服务。

三、实施区域协调发展战略

新时代下，促使我国旅游业由高速增长转向高质量发展，需要注重东、中、西部地区协调发展。将东部地区的优秀人才、雄厚投资、高端技术等导入资源优势明显的中、西部。一是充分发挥政府自主性与创新性，为中、西部地区旅游业发展注入新活力。通过编制中、西部地区旅游业跨越式发展战略规划，因地制宜发展旅游文创、科技、乡村等创新业态，从而探索区域协调发展新方向；通过研究出台扶持性旅游业发展政策提升中、西部地区旅游业竞争力，如增加中、西部地区5A级景区数量、全域旅游示范点等。通过国家政策和相关宏观调控部门参股、安排专项资金、贷款补贴、贷款担保、资本金注入、增信等方式重点支持基础设施建设。二是积极培育中、西部地区旅游市场发育的内驱动能，把西部地区优越的生态环境、休闲氛围以及独特的文化底蕴展示出来，让全国游客、旅游人才和旅游企业看到中、西部的宜居宜业，引导资金、专业人才以及产品项目等要素向中、西部地区流动，促使东、中、西部地区旅游业更加平衡发展。三是要紧密配合乡村振兴重大战略，协调好旅游业的城乡关系，大力发展乡村旅游。乡村旅游是解决好"三农"问题的突破口，也是振兴乡村经济的重要抓手。一方面要积极推动采摘园、农家乐、民宿游等传统乡村旅游产品提质升级，通过乡村智慧旅游，将零星分布的农家乐、牧家乐、渔家乐等编织成网；另一方面要推动度假乡村、现代农业庄园等新业态、新产品。着力提升乡村旅游吸引力，拓展产业链，促进乡村旅游高质量发展，不断增强农民的获得感和幸福感。

四、坚持走全方位开放开拓之路

开放条件下的新经济增长理论认为，从外部条件看，是开放决定了中国经济增长。① 曾经的"封闭红利"激发了境外游客旅华了解"中国是什么"的欲望,而"开放红利"将激发境外游客认识"中国将是什么"的原动力。2018年4月10日,习近平总书记在博鳌亚洲论坛开幕式的主旨演讲中指出,中国开放的大门只会越开越大。新时代下中国旅游业高质量发展与对外开放是辩证统一的,开放是发展的前提,发展又促进了开放。一是要让中国梦成为入境旅游发展新动力。旅游市场推广要从波澜壮阔的宏大叙事向家长里短的生活方式转变,以专业化和市场化改革创新国际旅游宣传方式,让中国梦成为入境旅游进入全面恢复增长最有力的助推器。二是促进出境旅游与"一带一路"倡议对接,围绕重点任务逐步突破。根据中国与沿线国家具体情况,由近及远、由易到难,循序渐进,集中力量取得突破,形成示范带动效应。以经济走廊与次区域为重点推进签证便利化,加快达成高度开放的航权安排协议,通过信息共享与保障体系完善加快贸易投资便利化进程,推动银行卡清算机构开展跨境清算业务和支付机构开展跨境支付业务。

五、深化旅游体制改革

新制度经济学的代表人物诺思认为,在决定一个国家经济增长方面,制度具有决定性的作用。坚持依法治旅,构建适应现代优质旅游发展的综合治理体系。要积极适应旅游业改革发展需要,上下联动共推旅游法制化治理,为优质旅游创造更好法治环境。要在维护旅游市场秩序上重点发力,严格执法,加大力度依法打击"0元游"、不合理低价游等市场顽疾,推动建立适合全域旅游时代的现代旅游治理机制。在全国开展破坏性开发、媚俗旅游人文资源专项整治行动;淘汰不符合优质旅游要求的A级景区,重点是5A级、4A级景区,对不符合安全要求、旅游质量标准的企业进行综合治理。强化普法宣传,增强和提高旅游企业依法经营、旅游部门依法行政、旅游者依法维权的意识和水平。

---

① 王劲松:《开放条件下的新经济增长理论——跨国经济增长差异、跨国技术扩散与开放政策研究》,人民出版社2008年版,第8页。

结语
实现初步富裕型旅游强国的新跨越

未来一段时期,我国旅游业的指导思想为:全面贯彻党的十九大精神,以习近平新时代中国特色社会主义思想为指导,加强党对旅游工作的领导,坚持稳中求进工作总基调,坚持新发展理念,按照高质量发展要求,统筹推进"五位一体"总体布局和协调推进"四个全面"战略布局,紧扣人民日益增长的旅游美好生活需要和不平衡不充分的旅游发展之间的矛盾,按照优质旅游发展要求,坚持以旅游供给侧结构性改革为主线,以大力发展全域旅游为抓手,转变发展方式、优化经济结构、转换增长动力、提升发展质量,加快建设世界旅游强国,使广大游客获得感、幸福感、安全感更加充实、更有保障、更可持续。

党的十九大报告提出,综合分析国际国内形势和我国发展条件,从2020年到本世纪中叶可以分为两个阶段。第一个阶段,从2020年到2035年,在全面建成小康社会的基础上,再奋斗十五年,基本实现社会主义现代化。第二个阶段,从2035年到本世纪中叶,在基本实现现代化的基础上,再奋斗十五年,把我国建成富强民主文明和谐美丽的社会主义现代化强国。依托国家整体的发展,我国旅游业的中远期发展目标为,通过实施旅游"三步走"战略,到2040年实现世界旅游强国目标,到本世纪中叶,旅游业将由大到强、由快到好,实现从初步小康型旅游大国到全面小康型旅游大国、再到初步富裕型旅游强国的新跨越。第一步,到2020年,从粗放型旅游大国发展成为比较集约型旅游大国;第二步,到2030年,从比较集约型旅游大国发展成为较高集约型旅游大国;第三步,到2040年,从较高集约型旅游大国发展成为高度集约型世界旅游强国;再用10年,到2050年继续全面提升我国优质旅游发展水平。

旅游"三步走"建设的世界旅游强国,是在旅游领域对党中央关于从全面建成小康社会到基本实现现代化,再到全面建成社会主义现代化强国的新时代中国特色社会主义发展战略安排的具体落实。旅游作为人民群众对美好生活的向往,作为美丽经济、健康产业、幸福产业,应更加积极主动担当,加快步伐。

一、从短缺型旅游大国向初步小康型旅游大国的回顾

新中国成立以来,我国旅游业从无到有、从小到大,实现了从短缺型旅游发展中国家向初步小康型旅游大国的历史性跨越。主要体现在以下五个方面。

一是旅游已经从少数人的奢侈品发展为大众化的消费品,成为人民群众日常生活的重要内容。新中国成立直到改革开放之前的近40年,我国人民还处于解决温饱的阶段,几乎不存在国内旅游。国内旅游从1984年的约2亿人次增加到2017年的50多亿人次,增长了24倍。国民人均出游从1984年的0.2次增加到2017年的3.7次,增长17.5倍。中国的旅游消费能力快速增长,已成为世界最大的国内旅游市场,中国游客的足迹遍布世界150多个国家和地区,中国已成为世界重要的旅游客源国。纵观世界旅游发展史,英国17世纪60年代上流社会开始泛欧旅行,19世纪40年代旅游业兴起,20世纪初旅游才逐渐成为大众参与的活动,这一转变历时200多年。从1850年到1915年,旅游也只是美国中高阶层的活动;随着铁路运输的发展,短途旅行大量涌现,促使旅行代理商、铁路旅客部门、旅行手册印刷商、旅行作家大量出现,直至二战之后美国才开始有了真正意义上的大众旅游。这一过程经历了近一个世纪。与之相比较,我国近70年走过的历程,英国用了近250年,美国用了近一个世纪。我国在如此短的时间内,让如此大规模的人分享旅游生活,可谓举世罕见。当然,这也是不同的历史发展阶段所决定的。

二是旅游业已从外事接待型的事业发展成为全民参与就业创业的民生产业。旅游就业容量大,带动能力强,层次丰富,类型多样,方式灵活,前景广阔。旅游既有大量低门槛的就业,适合农民、妇女、农民工、下岗职工、毕业生、低收入人群就业,又有大量的创业机会,适合不同类型的高层次人才创业,也适合大学生和返乡农民工创业。旅游业由原来漂亮姑娘、帅小伙集中的窗口行业,发展成为就业创业增长最快、参与度最广的产业之一。

据测算,1978年,旅游直接就业人数为45万人,2017年为2825万人,增加了61.8倍。2017年,旅游直接和间接就业总人数为7990万人,占全国就业总人数的10.3%。截至2017年,休闲农业和乡村旅游各类经营主体已达33万家,营业收入近5500亿元,整个产业呈现出"井喷式"增长态势。

三是旅游业已发展成为综合性的现代产业,对相关产业贡献大幅提升。旅游业的关联行业超过110个,是一个多方位、多层面、多维度的大产业。旅游业对国民经济社会发展的贡献不断凸显,根据世界旅游业理事会发布的数据,2017年,世界旅游业占全球GDP的比重已达到10%,对就业的贡献率超过10%。同年,中国旅游业对国民经济综合贡献和社会就业综合贡献均超过10%,高于世界平均水平。同时,旅游业对住宿、餐饮、民航、铁路客运业的贡献超过80%,旅游业与相关产业的融合不断深化,旅游新产品、新业态层出不穷,旅游企业类型不断拓展,旅游服务模式进一步优化,已经形成综合性、集群化的产业体系。

四是国际旅游已从入境游为主,发展到出入境旅游并重、深度国际化大交流、旅游外交功能凸显的新阶段。新中国成立初期,我国以接待入境旅游者为主,根本不存在有规模的出境旅游。经过近70年的快速发展,我国形成了国内旅游、入境旅游、出境旅游三大市场三足鼎立的格局。改革开放之前,我国入境旅游规模及其微小,合计不到70万人次。改革开放之后,入境旅游从1978年的180.92万人次增加到2017年的1.39亿人次,增长了75.8倍,年均增长11.8%;国际旅游收入从2.63亿美元增加到1234亿美元,增长了468.2倍,年均增幅达到17.1%。2017年我国公民年出境旅游突破1.30亿人次,中国公民与世界其他各国人民的旅游交流交往更加频繁,旅游外交影响更加多元和广泛。如果说加入世界贸易组织主要是法律和经济规则的国际对接,那么,出境旅游则既是法律和经济规则的国际对接,也是深层次的国际人文交流,影响将更加深远。

五是旅游业发展由点到面、由局部到整体,形成了各地各部门共同推进的大格局。旅游发展初期,主要集中于北京、上海、广州、杭州、苏州、桂林、西安等传统热点旅游城市,再由这些旅游城市串联起精品旅游线路。随着大众化旅游的崛起,旅游业发展受到各地各部门的高度重视,如今形成了共同推进旅游大发展的格局。几乎所有的省(区、市)都将旅游业列入战略性支柱产业,85%以上的城市、80%以上的区县将旅游业定位为支柱产业。

二、实现初步富裕型旅游强国的目标、任务和路径

建设世界旅游强国是我国旅游业发展的宏伟目标,需要坚持不懈地去努力实现,既需要志当存高远的豪情,又要有抓铁有痕、踏石留印的务实精神。我们要清醒地认识到,目前,我国旅游业的"大"主要还是规模大。从旅游产业、公共服务、文明水平、市场治理、国际影响力、国际合作、人力支撑、环境可持续性等方面来看,中国旅游业整体实力与法国、德国、美国等世界旅游强国相比,差距较大。2017年中国旅游业竞争力位居世界第17位,比2013年上升了28位。虽然整体名次有较大幅度提升,但更多的是依靠规模,很多质量和效益指标排名仍然靠后,还谈不上进入世界前列。与世界旅游发达国家相比,我国整体发展水平不高,人均GDP为8000多美元,仅相当于美国的14%,城镇化率达到56%,中等收入人群2.6亿人,中等收入人群比重仅为19%,年人均出游3.4次,每万人拥有铁路里程仅0.88公里,民用机场个数达到206个,平均667万人才拥有1个民用机场,通用机场数量达到400个,平均344万人才拥有1个通用机场,与发达国家还存在较大的差距。旅游产品结构不合理,观光产品多,休闲度假产品少;大众化、同质化旅游产品多,个性化、品牌化旅游产品少;满足吃、住、行的浅层开发多,针对游、购、娱的深度开发少。高端游客和消费外流问题突出。服务质量不高,不合理低价游、恶性竞争、强迫购物、欺客宰客、不文明旅游等现象时有发生。世界级旅游品牌和目的地少,缺乏世界一流的跨国旅游集团,全国两万多家旅行社的营业收入,还不到美国运通一家的40%、日本交通公社的50%。2015年,全球最大旅游网站之一猫途鹰公布的全球最佳目的地榜单中,中国没有一地进入25强。全球十大酒店品牌,美国占8家,法国、英国各占1家,中国尚无1家。我国旅游管理体制也明显落后于旅游业发展实际。从大众旅游时代来看,我国才刚刚进入。而西班牙从20世纪50年代开始,就迎来大众旅游时代,休闲和放松的旅游需求逐步成为主体需求。德国从20世纪50年代开始、法国从20世纪60年代开始逐步迎来大众化旅游,可见,我国旅游业与世界旅游强国的差距之大。发展是个动态变化的过程。美国等旅游强国也经历了粗放型发展阶段,美国旅游发展初期尼亚加拉瀑布景区就曾遭到很大的资源破坏。

综合比较西班牙、法国、德国、美国等旅游强国的发展历程,我国现仍处于对资源依赖较高的粗放型旅游大国阶段,从现在到迈入世界旅游强国行列,需要实施"三步走"战略。

(一) 从粗放型旅游大国发展成为比较集约型旅游大国(2015—2020)

预计到2020年建成比较集约型旅游大国。这是基于第一个百年目标,即建党一百年时全面建成小康社会。据一些国际研究机构测算,到2020年中国人均GDP将达到1.2万美元,相当于同期西班牙的2/5、法国的3/10、德国的3/10、美国的1/3。中国年人均出游将达到4.5次,相当于同期德国的1/2、美国的2/3。中国城镇化率将达到60%,相当于同期美国城镇化率水平的3/4。中国中等收入人数将达到6亿~8亿人,中等收入人群比重将达到44%,相当于美国的7/10。中国每万人拥有铁路里程将达1.08公里,民用机场个数将达到244个,每566万人拥有1个民用机场,通用机场数量将达500个,每276万人拥有1个通用机场。跨入中等收入国家行列,消费需求结构将从生存型消费向发展型消费升级,从物质消费向服务消费升级。居民旅游消费个性化、特色化、休闲化、品质化、多样化更加明显,带动旅游休闲度假、康体养生、科普研学等产品供给不断优化,推动特色优质旅游服务和旅游综合环境不断提升。这一阶段,旅游集约型增长特点较为明显。旅游经济增长从单一的总量扩张向质量效益综合提升转变,增长动力从依靠资源要素扩张、人财物投入向依靠科技进步和旅游服务人员素质转变,旅游企业从依靠扩大资金投入向提高自主创新、增强品牌国际竞争力转变。这一步,相当于世界主要旅游发达国家从20世纪80年代中后期到21世纪初经历的发展时段。如法国1985年通过"山区法"、1986年通过"海滨法",寻求旅游经济增长与自然环境保护的平衡发展。20世纪90年代,城市旅游、商务旅游、露营旅游、海水疗养旅游、冬季运动旅游、文化旅游产品体系已经趋于成熟。德国从20世纪90年代开始,市场集中度不断提高,途易等大型旅游集团创新能力和国际品牌竞争力更为凸显。西班牙从1992年开始启动全面质量管理计划、旅游品牌计划和旅游发展计划。

1. 具体目标

(1) 旅游经济稳步增长。城乡居民出游人数年均增长10%左右,旅游总收入年均增长11%以上,旅游直接投资年均增长14%以上。到2020年,旅游市场总规模达到67亿人次,旅游投资总额达到2万亿元,旅游业总收入达到7万亿元。

(2) 综合效益显著提升。旅游业对国民经济的综合贡献率达到12%,对餐饮、住宿、民航、铁路客运业的综合贡献率达到85%以上,年均新增旅游就业人次100万人次以上。

(3)人民群众更加满意。"厕所革命"取得显著成效,旅游交通更为便捷,旅游公共服务更加健全,带薪休假制度加快落实,市场秩序显著好转,文明旅游蔚然成风,旅游环境更加优美。

(4)国际影响力大幅提升。入境旅游持续增长,出境旅游健康发展,与旅游业发达国家的差距明显缩小,在全球旅游规则制定和国际旅游事务中的话语权和影响力明显提升。

2. 主要任务

全面落实旅游业创新驱动、协调推进、绿色发展、开放合作、共建共享等方面任务。一是突出理念创新、产品创新、业态创新、技术创新和市场主体创新,推动精品景区建设,加快休闲度假产品开发,大力发展乡村旅游,提升红色旅游发展水平,加快发展自驾车旅居车旅游,大力发展海洋及滨水旅游,积极发展冰雪旅游,加快培育低空旅游。二是优化旅游业空间布局,做强5大跨区域旅游城市群,培育20个跨区域特色旅游功能区,打造10条国家精品旅游带,培育25条国家旅游风景道,推进8大类特色旅游目的地建设。三是加强交通基础设施建设,完善信息咨询等旅游公共服务体系,推动旅游各产业要素更新换代。四是从消费端倡导绿色旅游消费,从供给端强调绿色开发与节能减排。五是构建旅游开放新格局,实施积极的旅游外交战略,大力提振入境旅游,深化内地与港澳、大陆与台湾旅游合作,有序发展出境旅游,提高旅游业开放发展的深度和广度。六是大力实施乡村旅游扶贫工程,推进旅游业创业就业,规范旅游市场秩序,大力推进文明旅游,构筑旅游安全保障网,实施旅游服务质量提升计划,创造文明、安全、便捷、舒适、高效的旅游环境。

3. 基本路径

以转型升级、提质增效为主题,以推动全域旅游发展为主线,加快旅游供给侧结构性改革,促进市场优化配置资源,增强产业动力,推进旅游业由低水平供需平衡向中高水平供需平衡提升。

(二)从比较集约型旅游大国发展成为较高集约型旅游大国
(2021—2030)

预计到2030年建成较高集约型旅游大国。据一些国际研究机构测算,2030年中国经济总量可能超过美国,人均GDP将达到2万美元,相当于同期西班牙的2/3,法国、德国和美国的1/2。中国年人均出游将达到7次,相当于同期德国的3/4、美国的7/8。中国城镇化率将达到65%以上,相当于同期美国城镇化率水平的4/5。中国中等收入人数将达到9.5亿人,中等收入人群比重将达到70%,相当于同期美国的4/5。中国每万人平均铁路里程将达到1.15公里,民用机场个数将超过300个,每461万人拥有1个民用机场,通用机场数量将达2000个,每69万人拥有1个通用机场。这一过程将释放出巨大的投资和消费需求潜力,中国有望成为世界最大的消费市场,并对世界经济增长、贸易增长、投资增长等做出巨大贡献。有经济学家提出,2030年我国将建成共同富裕社会。旅游成为普通百姓生活的刚性需求。健康生活、文明旅游成为内化追求,旅游环境友好型特征明显,旅游经济增长方式转化为以质量效益为代表的较高集约型增长,主要依靠技术创新、人力资本积累、资源融合、规模效益、学习效应等因素形成的动力所推动,旅游产品品种较为丰富,服务质量较高,国际市场竞争力较强。这一阶段与当前世界旅游发达国家的水平较为接近。

1. 主要目标

(1) 旅游产业进入全球产业中高端。不断创新旅游新技术、新产业、新业态和新模式,拓展旅游新需求和新市场,具有一批有国际竞争力的大型旅游企业集团。

(2) 旅游品质加速提升。旅游业为广大老百姓提供更高质量的就业、更高水平的收入、更高品质的异地生活。

(3) 旅游创新氛围浓厚。旅游创新体系更加完善,实现旅游与现代科技的深度融合,旅游创业创新活力竞相迸发。

(4) 国际影响力显著增强。旅游服务贸易顺差优势突出,入境旅游世界排名持续上升,出境旅游保持优势,进一步提升在全球旅游规则制定和国际旅游事务中的话语权和影响力。

2. 主要任务

一是加快推动旅游创新体系建设。二是加快培育旅游市场主体,优化旅游产业结构,推动旅游企业做大做强做精。三是加快推动"旅游+"战略,促进旅游与相关产业深度融合发展。四是积极提升旅游发展质量,健全旅游市场秩序治理机制,提高旅游业整体效益,提升广大人民群众满意水平。五是全面推动现代科技在旅游业的广泛应用,提升旅游业的现代化水平。六是构建较为完善的旅游法治和政策体系。

3. 基本路径

推动科技、人才、资本、服务创新,推进旅游业从资源驱动和低水平要素驱动向创新驱动转变,坚持绿色发展,形成人与自然和谐的现代旅游新格局。

(三)从较高集约型旅游大国发展成为高度集约型世界旅游强国(2031—2040)

预计到 2040 年建成世界旅游强国。据一些国际研究机构测算,2040 年中国人均 GDP 可望达到 2.5 万美元,约是 2018 年的 3 倍,相当于同期西班牙的 7/10,法国、德国和美国的 3/5。中国年人均出游率将达 9 次以上,相当于或可能超过同期美国、德国水平。中国城镇化率将超过 80%,接近同期美国水平。中国中等收入人数将达到 11 亿人,中等收入人群比重将达到 85%,接近同期美国水平。中国每万人拥有铁路里程将达 1.32 公里。届时,中国在旅游产业、公共服务、市场治理、文明水平、国际合作、国际影响力、人力支撑、环境可持续性等多个方面指标有望达到或接近世界同期旅游强国水平,有些指标甚至领先世界水平。旅游业发展核心依靠技术创新、人力资本积累、资源融合、规模效益、学习效应等因素驱动的高度集约型特征明显。

1. 主要目标

(1)科技和人才成为旅游业发展最重要的战略资源,创新成为旅游业发展的最核心因素。

(2)旅游劳动生产率、社会生产力达到世界一流水平,旅游经济发展质量高,资源利用非常高效。

(3)具有非常强的国际竞争力。拥有具有世界影响力的旅游企业品牌、国家和地区旅游形象,在世界旅游发展中具有广泛而深远的影响力。

(4)拥有一批世界一流的旅游科研机构、旅游高等院校和创新型旅游企业,成为全球高端旅游人才创新创业的重要聚集地。

(5)旅游可持续发展能力强。旅游业的市场环境、制度环境更加优化,为旅游业持续发展提供有力的保障。

2. 主要任务

一是加强旅游发展能力建设,全面提升旅游业对经济、就业和社会发展的贡献能力。二是全面优化旅游业发展的制度,全面营造有利于旅游创新创业的环境。三是加快旅游软实力建设,积极建设一批有世界影响力的国际旅游智库、旅游高等院校,培育高素质的人才队伍体系。四是加强旅游安全、健康与卫生建设,全面提升旅游保障能力。五是全面提升国家旅游形象和在世界旅游发展中的地位,增强在全球旅游发展中的全球话语权和各类规则的决策权。六是全面优化生态环境,提升旅游可持续发展能力。

3. 基本路径

依靠完善的现代旅游创新体系和更加科学的治理机制,通过旅游促进人的全面发展,促进旅游质量、水平、效益、综合竞争力、旅游文明程度的提升。

2040年我国迈入世界旅游强国行列之后,再经过十年奋斗,2049年,新中国成立100周年之际,第二个百年奋斗目标实现之时,我国旅游业发展总量、发展质量、综合效益、比较优势、文明程度、国际影响将继续发展提升。到2050年,中国成为初步富裕型国家,实现从全面小康型旅游大国到初步富裕型旅游强国的新跨越。中国旅游将全面实现旅游现代化、信息化、国际化,那将是中国旅游业发展更大的黄金期。到2050年,中国最终将由世界旅游大国走向世界旅游强国,全面实现"八高、八强、八支撑"[①]。

三、实现初步富裕型旅游强国的政策建议

虽然我国已连续多年保持世界第一大出境旅游客源国和第四大入境旅游接待国地位,但目前中国旅游业在世界综合排名仅为第17名。从全国旅游接待总人次和旅游总收入来看,国内旅游仍占绝对主导,入境旅游还很薄弱。缺乏世界一流的跨国旅游集团和目的地。旅游的发展速度和取得的成就堪称史无前例,但国际话语权还没有与之比肩同步,如何将经济上的实力转变成国际话语权,参与国际旅游事务,参与全球旅游业的发展规则制定和格局构建,都有待加强。加快从旅游大国向旅游强国转变,全面提升中国旅游业的国际竞争力是今后一个时期的重要任务。

(一)全面提升旅游业开放合作水平

1. 加快提升旅游企业的国际竞争力

1)推进"一带一路"沿线旅游投资合作

发挥旅游业的催化剂和润滑剂作用,将旅游投资作为与"一带一路"沿线国家各类合作协议和合作机制下的优先和重点发展领域。积极搭建各

---

① 《中国旅游发展报告(2016)》中对"八高、八强、八支撑"的解释如下:"八高"是指旅游总量高、旅游品质(旅游产品质量、旅游服务质量、旅游景区环境质量)高、旅游效益高、旅游综合贡献高、旅游从业者素质高、游客文明素质高、旅游安全水平高、旅游科技利用水平高。"八强"是指旅游吸引力强、旅游创新力强、旅游个性特色强、旅游持续发展能力强、国际旅游竞争力强、世界旅游影响力强、全球旅游话语权强、旅游综合带动力强。"八支撑"是指拥有世界一流的旅游城市、世界一流的旅游企业、世界一流的旅游目的地、世界一流的旅游强省强县、世界一流的旅游品牌、世界一流的旅游产品、世界一流的旅游院校、世界一流的旅游人才队伍作支撑。

类旅游合作平台,通过与沿线国家广泛建立多级别、多类型的旅游发展联盟,举办旅行商洽谈会、联谊会、旅游投资论坛、旅游企业座谈会等,为中国旅游企业开展投资搭建平台、创造机遇。出台灵活的投融资政策、建立中国对外旅游投资发展基金,提高亚洲基础设施开发银行(亚投行)、丝路基金等保障海外旅游投资的能力,为各类旅游企业海外投资降低融资成本,提供资金支持与保障。重点围绕打造具有"一带一路"特色的国际精品旅游线路和旅游产品,进行旅游策划、规划、设计、投资、建设和运营。最终,通过对沿线发展中国家的投资和与发达国家的合作,拓展旅游企业的市场空间,提升旅游企业的综合竞争力和影响力。

2)加快培育世界级旅游目的地和企业

一方面,加快培育具有世界影响力的旅游目的地。发挥中国拥有众多各具特色的世界级文化资源和自然景观的优势,选择一批基础条件好的城市和景区,进一步在国际开放度、信息通信就绪度、环境可持续发展水平、旅游基础设施水平和游客服务水平等方面下大力气,建设符合国际标准的旅游基础设施与服务设施,加强对旅游从业人员和居民的国际意识、国际知识和国际礼节的培养,建成一批区域特色鲜明、主题突出并具有较高知名度、美誉度和国际吸引力的世界级旅游目的地。另一方面,加快培育世界级的跨国旅游企业。加快旅游企业的跨国经营步伐,鼓励旅游企业在境外设立分支机构;经营范围从旅行社、饭店等狭窄领域逐步扩展至旅游业六要素及旅游延伸业态;鼓励优秀旅游业态和优势旅游企业通过海外投资、资产并购、上市融资、业务拓展等一系列举措进行模式输出、品牌输出,形成一批具有国际竞争力和影响力的跨国旅游企业。

2. 大力提振入境旅游的市场吸引力

从政策和体制机制、产品与服务、市场与品牌建设、营销推广等层面入手,以"一带一路"旅游协议和各国"旅游年"活动为重要契机,大力提振入境旅游。

1)统筹优化入境旅游政策

推进入境旅游签证、通关便利化、智能化;大力实施入境旅游奖励政策;依法扩大符合条件的口岸开展外国人签证业务范围,逐步推动72小时过境免签、离境退税等政策便利化、人性化;研究制定外国人来华邮轮旅游、自驾游便利化政策;推动自由贸易试验区增加与入境旅游相关的试验和试点工作。

2）提高入境旅游服务品质

实施入境旅游品牌战略，培育一批入境旅游服务商，推出一批入境旅游品牌和线路；积极开发过境配套旅游产品；提升购物退税网络服务水平；各地因地制宜地开发特色形象和主打旅游产品，完善入境旅游公共服务和商业接待体系，提升入境旅游服务品质。

3）建立多层次联合推广体系

完善中央和地方、政府和企业以及部门之间多层次的联合旅游推广体系，塑造"美丽中国"形象，大力实施中国旅游网络营销工程、海外公众旅游宣传推广工程；邀请主要入境旅游客源地旅行商、政府官员、记者来华考察旅游资源、旅游产品、旅游线路；在当地主流媒体和门户网站播放旅游宣传片和专题广告，举办图片展；聘请国际知名人士担任中国旅游年宣传大使，为中国旅游代言。

3. 努力提高中国旅游业的国际地位

抓住世界旅游格局重构机遇，由旅游业规则、格局遵守者转变为方案制定者、主导者。主动提供"中国旅游方案"。利用好重大旅游外交活动平台，在一系列多双边旅游合作机制下建立良好的旅游合作关系，积极阐述中国旅游发展理念，积极介绍中国旅游人对解决世界旅游发展难题的破解之道，使国际社会广泛知晓、充分了解"中国旅游方案"，加强国际传播和营销，进而在推进全球旅游治理体系变革中掌握主动。加强与联合国世界旅游组织、世界旅游业理事会、亚太旅游协会等国际组织的合作，主动参加政府部门、行业协会举办的旅游会议。积极承办、筹建各类大型国际旅游合作活动和旅游组织，办好联合国世界旅游组织全体大会和世界旅游业理事会年会，不断创新和丰富中国旅游国际合作的内容和形式，积极参与全球旅游业的发展规则制定和格局构建，主动承担起促进全球旅游业可持续发展的责任。

（二）大力促进旅游业全面协调发展

改革开放以来，旅游业实现了跨越式发展，主要表现在战略性支柱产业基本形成，对国民经济的综合贡献度和带动功能显著提高，已经成为社会投资热点，以及已经发展成为综合性大产业等方面。但发展过程中也存在不少严峻的问题和挑战，突出表现在旅游业发展的不协调，如东、中、西部区域旅游业发展差距显著，旅游业传统行业利润下滑和新兴产业的爆发式成长等。与此同时，旅游业发展逐渐呈现出发展全域化、产业现代化的重要趋势。为此，需要促进旅游业全面协调发展。

1. 促进区域旅游业协调发展

1）努力缩小东、中、西部区域旅游业差距

针对东、中、西部区域旅游业发展存在显著差距的现实问题，本着构建特色鲜明、优势互补、充满活力的区域旅游发展新格局的理念，采取差别化的发展对策。东部地区要优化旅游业发展政策环境，加大旅游业鼓励支持政策出台力度，促使旅游业发展从旅游局单一部门推动向旅游发展委员会主管的部门综合联动转变，巩固客源地与目的地的双重功能，加快提升旅游业的国际化、信息化水平，满足旅游者多样化的需求，促进旅游业发展水平全面提升。中、西部地区要加快经济发展，改善旅游业发展的社会经济环境，提升旅游经营效益，加快旅游业规模化、产业化建设，逐步提高旅游接待人次和旅游收入，加快旅游业发展速度。

2）促进陆地与海洋协调、城市与乡村协调

促进陆地与海洋协调，海洋旅游产业将成重要增长极，业态丰富、空间巨大。如海南省通过用足用活优惠政策发展邮轮旅游、建设公共码头发展帆船游艇产业、优化发展休闲渔业等措施，精准发力实现海洋旅游大突破。促进城市与乡村协调，在全域旅游理念的指导下，积极创建国家全域旅游示范区，打造特色小镇，建设美丽乡村。

3）加快培育跨区域新型旅游功能区

全面推进跨区域资源要素整合，加快旅游产业集聚发展，构筑新型旅游功能区。依托跨区域的自然山水和完整的地域文化单元，培育一批跨区域特色旅游功能区，构建特色鲜明、品牌突出的区域旅游业发展增长极；遵循景观延续性、文化完整性、市场品牌性和产业集聚性原则，依托线性的江、河、山等自然文化廊道和交通通道，串联重点旅游城市和特色旅游功能区，形成一批国家级精品旅游带；以国家等级交通线网为基础，加强沿线生态资源环境保护和风情小镇、特色村寨、汽车营地、绿道系统等新型旅游功能区的规划建设，完善游憩与交通服务设施，实施国家旅游风景道示范工程，形成一批品牌化旅游廊道。

2. 促进旅游产业的协调发展

1）促进"门票经济"向"产业经济"模式转变

一方面，不断深挖游客的多元化需求，在游客的吃、住、行、游、购、娱等要素上下功夫，提高旅游业核心产业的综合效益，打造旅游业全产业链；另一方面，通过跨界融合，积极发展旅游＋城镇化、旅游＋新型工业化、旅游＋农业现代化、旅游＋教育、旅游＋健康医疗、旅游＋商务会展等形式的大旅游产业,培育新的旅游业态,通过创新旅游产品供给和优质服务提供,实现多元化产品供给和综合收益提高。

2) 促进传统旅游业与在线旅游业协调发展

积极推动以星级饭店、旅行社和景区为代表的传统旅游行业将现代信息技术充分融合于转型发展过程中,渗透于旅游产业链的各个环节,促进部门内部和各部门间资源整合与共享,提高劳动生产率,积极推出自己的在线旅游服务,丰富产品类型和创新服务提供方式,改善传统旅游行业的经营状况,提高利润水平和发展效率,逐渐实现从劳动密集型的传统行业向资金密集型、创新密集型的产业转变。发挥在线旅游业的信息查询、产品预订、资源调配、服务评价等环节优势,积极借助传统旅游业的品牌和面对面服务的地面网络优势,打造平台,进一步整合游客、供应商、旅游推广商,提供在线生产标准、服务准则,形成线上与线下的良性互动。通过整合在旅游产业链中处于不同位置的传统旅游业和在线旅游业,通过双向融合、线上线下互动发展,为旅游者提供更加丰富的旅游产品、更加周到的服务和更加广泛的选择,做到互利共赢。

3. 促进目的地全域统筹发展

加快实现全域旅游资源联合开发。整合区域内各具特色的旅游资源,串点成线,连线成网,提升区域旅游形象,共同打造区域特色鲜明的旅游产品,形成区域旅游业开放发展的大格局。形成区域旅游合作机制,采取政府部门牵头、行业协会搭台等形式,促使旅游景区、旅行社、旅游饭店等旅游企业打破地域分割、行政分割,共建共享区域旅游数据中心、捆绑营销、互送客源等合作机制。

(三) 提升旅游国际合作水平

2017年,我国入境旅游人次达13948万人次,公民出境旅游人次达13051万人次,入境游超过出境游897万人次。中国入境旅游已经走出了金融危机后的萧条期,正在从全面恢复转向持续增长的新阶段,出境旅游从高速增长期步入稳定增长期,国际旅游顺差呈扩大趋势。但是,入境旅游市场中,我国港澳台地区游客人次占4/5,外国游客人次只占1/5,入境旅游市场的国际化程度较低,国际入境旅游市场的国际竞争力不高。从经济效益、旅游品牌方面来看,中国旅游的综合实力跟世界强国差距较大。缺乏世界级的品牌、目的地和国际一流的跨国旅游集团等,都是中国旅游业进一步发展需要面对的挑战。

1. 创新出入境旅游合作机制

出境游与入境游均衡发展是中国实现旅游强国的必经之路,而出境游带动入境游,是旅游国际化的必由之路。因此,旅游管理部门应以中国出境市场规模扩张为基础,改善旅游人才培养体系,储备更多高层次国际性旅游管理人才,加强国际旅游市场的中国治理,建立新型国际性旅游组织,提高在现有国际性旅游组织中的主导权,构建与中国国际旅游市场地位相适应的国际旅游发展协调与管制能力体系。加强旅游资源差别化管理,平衡高附加值的旅游产品出口和资源型旅游产品的进口,促进可持续发展。从全面建设小康社会目标实现的角度,评估中国境内现有资源的旅游接待能力;从全球资源配置的角度,评估出境旅游市场发展对中国入境旅游市场质量提升和中国国内旅游需求能力满足的积极作用。与国家统计局等相关部门合作,构建科学客观的旅游统计(包括总量统计、投资统计以及增加值统计等)体系,以便摸清家底、有效决策,为出境旅游者提供更好的目的地服务,并与有关目的地国家(地区)开展高效旅游协商。

2. 提高出入境旅游服务水平

当前,中国继续保持世界第一大出境旅游客源国和第四大入境旅游接待国的地位。中国旅游业国际化进程不断加快,开始呈现更加平衡、良性的"出入境互推"趋势,应顺应形势,集各方合力,提高出入境旅游服务水平。

政策准备方面,在保证安全高效的前提下,系统性地扩大免签证、落地签证、免税购物、购物退税、航权开放等政策落地范围。进一步加强部门之间和地方政府之间的政策协调,最大限度地避免"政策孤岛"现象。免签与离境退税政策做到所有执行地区能"任一口岸进,任一口岸出;任一口岸买,任一口岸退"。加强与航空口岸的对接和协调,简化办理手续,提高邮轮旅游的通关效率;加强与公安、交通和边检部门合作,建立自驾游的国际驾驶证互认体制,在双边和多边协调的基础上推进边境旅游、跨境旅游自驾游线路的多样性和便利化;加强自贸区与边境旅游试验区、跨境旅游合作区等政策落地实施,扩大旅游业对外开放,调动企业经营旅游业务的积极性。

营销方式方面,探索建立专业性的"美丽中国"推广中心,将行政、市场和专业工作分开。首先,在国家旅游形象引领下,各级旅游部门可根据自身的旅游资源优势,推出分级联动的地方旅游形象和旅游宣传口号,逐步构建起能够高度概括目的地特征、阐释目的地旅游内涵的旅游目的地形象体系。其次,在营销效果评价方面,依托知名度调研等方式,对传统媒体和新媒体的效果开展跟踪性的综合评价,以提高营销的精准性,力争将基于传统媒体的粗放型、静态化的单项营销发展为基于新媒体的集约型、动态化的双向营销。最后,在系统谋划的基础上,系统推进驻外办事机构的专业化转型,建立以绩效导向、关键指标为基准的考核机制。在投资方式方面,引导市场围绕战略能力重构式和战略能力渐进式这两种不同的对外旅游投资模式,建立中国对外旅游投资服务体系,完善吸引旅游外资的清单和评估引导机制;在边境地区建立旅游经济特区体系,在内地评估旅游综合改革试验区,借鉴自贸区经验,探索建立若干个国家级的旅游服务贸易特区;进一步开发各具特色的边境旅游产品和旅游线路,加快改善旅游配套设施(交通住宿、餐饮等方面)建设;加快面向国内民众的免税店体系建设。在关键领域先行先试,加快完善边境口岸城市的旅游服务功能。

3. 深化港澳台旅游互联互动

充分发挥旅游在促进内地与港澳、大陆与台湾经济发展和加深民众相互理解方面的作用,高度重视港澳台基础市场的作用,做好港澳台市场的梯度开发,巩固中老年传统客源市场,开发年轻上班族新兴客源市场,培育青少年潜在客源市场。深化内地和港澳台的旅游合作,推动澳门和香港特别行政区在"海上丝绸之路"国家旅游战略中发挥旅游支点和枢纽作用,支持澳门特别行政区建设世界旅游休闲中心。

在旅游产品开发上,深度推进粤港澳大珠江三角洲旅游区,在更新原有的休闲美食游、寻根访祖游、地质公园-世界遗产游、文化历史游的基础上,增加滨海风光游线路,推广邮轮旅游合作,丰富"一程多站"线路产品类型和层次。在旅游监管保障上,加强与港澳台旅游部门合作,完善旅游安全保障和预警机制,提升突发事件应急处理能力,共同打击以不合理低价组织的团队游和其他违法违规的不正当竞争行为;建立健全大陆居民赴台旅游保险机制,扩大大陆居民赴台旅游保险覆盖面。此外,继续推进港资旅行社经营内地居民出境游业务;推进香港居民报考全国导游资格考试工作,加强访港旅客消费权益保障合作;加强与港澳台青少年的游学交流,定期组织港澳台青少年赴内地(大陆)开展游学活动。2017年8月,国家旅游局与香港特别行政区商务及经济发展局签署《关于进一步深化内地与香港旅游合作协议》,为内地(大陆)与港澳台旅游合作增添新范本。

4. 加强"一带一路"旅游合作

2017年端午节期间,中国出境游最大的变化是"一带一路"沿线国家和地区成为中国游客的首选,超过60%的出国跟团游、自由行游客选择"一带一路"沿线国家。据统计,在"一带一路"参与国中,已经有超过20个国家对中国实现了免签和落地签,近10个国家出台了有条件免签、电子签证等优惠政策。根据预测,中国在"十三五"期间将为"一带一路"沿线国家和地区输送1.5亿人次的游客、2000亿美元的旅游消费,同时将吸引沿线国家和地区8500万人次的游客来华旅游,拉动旅游消费约1100亿美元。在国家战略的带动下,"一带一路"将成为世界上最具活力和潜力的黄金旅游之路。

推动"一带"旅游向特色旅游转型,大力发展文化体验旅游、探险旅游、商务旅游等旅游新业态;推动"一路"旅游向休闲度假升级,稳步推进邮轮母港、游艇码头和海洋主题公园建设。倡导成立"一带一路"国家和地区旅游合作共同体,联合打造丝绸之路旅游品牌,开发"一程多站"旅游产品,丰富丝路旅游产品供给;加强市场合作,推动市场互换和客源互送;实现信息共享,加大旅游统计领域合作,为我国"一带一路"沿线对外投资奠定良好的社会环境基础。2017年7月6日,以国家旅游局和国家体育总局发布《"一带一路"体育旅游发展行动方案(2017—2020年)》为契机,推广"体育+旅游"发展新模式。

(四)营造健康有序的旅游市场格局

随着我国旅游业进入"大众旅游"时代,旅游业发展呈现爆发式增长,而与之相伴的是强迫购物、游客不文明行为、出游安全、不合理低价等问题频发,表明现行的法律法规、行业规范、行业从业者经营行为、消费者自身素质和消费理念尚未适应经济社会的不断发展和旅游形势的变化,迫切需要政府、企业、消费者高度重视、密切配合,加快法律法规、行业规范和制度的出台落实,进一步规范从业者经营行为,为消费者提供优质服务,大力推广文明旅游,营造健康有序的旅游市场格局。

1. 完善旅游法律体系和制度

1)完善旅游法律体系

以《中华人民共和国旅游法》为统领,加强约束和引导,尽快修订完善以《旅行社条例》、《中国旅游饭店行业规范》、《风景名胜区管理条例》、《导游人员管理条例》、《游客不文明行为记录管理暂行办法》等旅游行政法规、部门规章、行业规范中重叠、冲突的部分,支持地方政府结合自身实际出台地方性旅游法规和管理条例,加强与《中华人民共和国消费者权益保护法》、《中华人民共和国合同法》等相关法律协调,逐步形成从中央到地方法律法规、部门规章条例、行业规范密切衔接的多层次的旅游法律体系,切实从法律制度上加强旅游者和旅游经营者的行为约束,保障其合法权益,规范旅游市场秩序,促进旅游业持续健康发展。

2)完善旅游配套制度

加强旅游安全制度建设。建立健全旅游安全预警机制、旅游紧急救援体系,完善旅游突发事件信息报送和应急值守制度与应急预案体系,深化旅游保险合作机制,构筑旅游安全保障网,全力保障旅游者生命财产安全。建立健全旅游从业者、经营者和消费者的信用体系,引导旅游企业诚实守信、合法经营,引导游客理性消费,确保安心舒心出游。完善旅游不文明行为记录制度,建立信息通报机制,加大惩戒力度。推进旅游志愿服务制度体系建设,完善旅游志愿者管理激励制度。

2. 提升旅游服务质量和水平

1)发挥旅游企业和从业者的主体作用

抓好星级饭店、旅行社、景区等行业的等级评定和复核工作,提高对服务质量的重视程度,完善服务质量评价细则,逐步建立完善淘汰退出机制,倒逼服务质量提升。倡导旅游企业树立"质量是旅游企业的生命"的理念,实施"以质取胜"的经营战略,将诚实守信、持续改进、创新发展、追求卓越的质量精神转化为旅游行业、旅游企业及广大员工的行为准则,自觉抵制违法旅游经营行为。建立"优质旅游服务商目录",推出优质旅游服务品牌。发挥优秀旅游企业的引领作用,将服务质量提升的成功经验和先进方法向全行业延伸推广,参与国家标准、行业标准和地方标准的制定或修订,带动中小旅游企业实施管理与服务创新,带动全行业旅游企业服务质量水平的整体提升。充分利用各种形式的在岗培训,不断提高导游服务技能水平,加强社会监督、社会评价对导游人员的约束,大力宣传导游先进人物和典型事迹,综合提升导游队伍整体素质,不断提高导游服务水平。

2)实施旅游服务质量提升的重点工程

(1)实施标准化试点示范工程。深入实施旅游标准化试点工作,进一步扩大旅游标准化试点范围和覆盖领域,发挥旅游标准化示范效应,强化旅游业标准的实施效果,完善旅游标准化运行机制,产生一批旅游标准化示范基地和示范单位,以标准化、规范化来为提升旅游服务质量奠定基础、提供示范。

(2)实施旅游品牌建设工程。大力实施旅游品牌发展战略,制定并实施培育旅游品牌发展的制度措施,开展旅游品牌创建工作,发挥品牌引领作用，把旅游品牌建设作为提升旅游服务质量和旅游核心竞争力的关键，着力塑造"美丽中国"的国家旅游品牌形象。鼓励各地和旅游企业开展品牌宣传推广活动，支持旅游企业实施品牌经营和市场多元化战略，提升旅游品牌效应。

3．落实文明旅游宣传和监督

1）大力开展文明旅游宣传

各地要在文明办的支持指导下，通过新闻报道、言论评论、访谈节目、专题节目等，大力宣传普及《中华人民共和国旅游法》对文明旅游的相关要求，选树旅游行业文明单位、青年文明号，评选文明旅游公益大使，培养一批能够讲好中国故事的导游人员，宣传一批讲文明守公德的游客，推广一批典型经验和好的做法。继续开展"为中国加分"文明旅游"进社区、进农村、进校园、进企业、进广场"活动，选树"中国文明游客"、"中国文明旅游公益大使"，征集"中国旅游好故事"影视作品，构建中国文明旅游形象标识体系。向社会广泛征集文明旅游提醒语，积极开展文明旅游"提个醒"活动。

2）全面落实文明旅游监督

（1）抓好重点人群。各地应督促旅行社将文明旅游宣传引导工作落实到每一位团队成员身上，特别是出境游团队游客。对于具有一定数量和规模的旅游团队，要推行文明督导员制度，推选综合素质好的游客作为文明旅游督导员，协助导游领队做好文明旅游督导。

（2）抓好重点区域。针对我国港澳台地区、东南亚、日韩等主要出境目的地国家和地区以及山东、上海、北京、广西、云南、浙江等出入境人员较多地区，主动编印和拍摄一批文明旅游宣传资料、公益宣传片，使广大游客成为我国与周边国家交流的民间大使、形象大使。

（3）抓好重点环节。督促旅行社切实履行签约组团环节的宣传引导责任，要求将旅行社文明服务、文明引导纳入对导游领队的业绩考核，要求领队做好与目的地导游的对接，把好文明旅游的"组团关"、"落地关"、"行程关"等旅游团队文明旅游关键环节。

（4）抓好重点时段。各地要抓住元旦、春节、五一、寒暑假、十一等游客出游高峰时段，积极开展文明告知、文明提醒、文明规劝，引导游客文明旅游、安全旅游。

（五）全面优化区域旅游发展环境

本着补齐发展短板、增强发展动力、提升发展活力、创造区域吸引力和打造旅游业竞争力的原则，采取差别化的策略，全面优化区域旅游发展的自然环境、社会经济环境和政策环境。

1. 以提高接待能力为目标，优化社会经济环境

1) 完善重点区域旅游交通设施

(1) 改善旅游资源丰富、发展潜力较大但可进入性较差地区的交通条件。提高西部地区中心城市和重点城市的游客集散能力。以港口机场、公路铁路、城市中心站场等重要节点为重点，加强各种运输方式及其内部各环节的紧密融合，建立与主体交通设施能力相适应的旅客集散和中转系统，实现多种交通方式合理接驳、换乘或转运。

(2) 加强区域旅游交通衔接，推进区域旅游一体化发展。深入研究政府、景区和相关方的内在需求与合作意愿，树立互利共赢的发展理念，实行交通基础设施设计、建设、运营共担、共建、共享，加快消除省际、市际和县际"断头路"，彻底打通旅游交通"最后几公里"。

(3) 提高景区对外交通连接水平。在保证高速公路快速顺畅的前提下，综合考虑高速公路沿线旅游资源等级、密集程度及社会、经济、自然条件等因素，开展高速公路在重点景区增设出入口的技术性和安全性论证协商工作，争取实现5A级景区与高速公路连通，4A级以上景区通达二级及以上公路，其他景区通达等级以上公路，努力为乡村旅游、偏远旅游景区争取项目，建设更多与之相衔接的旅游专线公路。

2) 补齐区域旅游公共服务设施

(1) 缩小东部与中、西部之间，城市与乡村之间，景区与非景区之间，以及景区之间的旅游公共服务差距，提高当地旅游综合推广与接待能力。促进中、西部城市和景区游客服务中心、停车场、通信网络、电动汽车充电桩及无线网络等基础设施的建设，为游客提供更多的一站式服务，不断完善观光游览、参与体验、旅游购物、餐饮娱乐等服务功能，持续提升游客体验。

(2) 加快物联网基础设施建设。重点推进游客集中区、环境敏感区、旅游危险区等设立信息自动感知采集设备，对人流、车辆等进行数量和特征识别，实现旅游热点区的动态监测。

(3) 继续推进"厕所革命"建设行动。推进旅游景区、旅游度假区、旅游线路、商业步行街、乡村旅游点等游客集中区域的厕所建设，加大厕所建设资金投入力度，积极向中、西部地区捐建援建旅游厕所，开展第三卫生间建设，推进厕所无障碍化。

2. 以增强活力和动力为主线,优化政策环境

1)加快形成促进全域旅游发展的体制机制

(1)改革创新各类规划。将旅游理念融入区域经济和社会发展规划、城乡规划、土地规划中,创新旅游专项规划,探索实行多规合一,系统全面规划景点(区)内外,统筹考虑旅游和其他社会经济活动内容,实现基础设施、公共服务等建设资源全域统筹配置。

(2)提升对旅游业的重视程度。从过去旅游主管部门主抓提升到党政统筹推进,各级政府尝试建立旅游工作部(厅局)级联席会议制度,鼓励各级政府加快设立旅游发展委员会,实现旅游、公安、工商、物价、交通、水利、农业等部门各司其职、齐抓共管的全新发展模式。

2)多措并举做好旅游业发展的保障工作

(1)积极保障旅游业发展用地。支持使用未利用地、废弃地、边远海岛等土地建设旅游项目;对旅游项目中永久性设施建设涉及的用地和属于自然景观用地及农牧渔业种植、养殖用地的旅游业用地实行分类管理制度;鼓励以长期租赁、先租后让、租让结合等方式供应旅游项目建设用地,以降低旅游项目开发初期用地成本。

(2)采取灵活的金融政策以支持旅游业发展。明确政策支持旅游业的重点产业领域,对于具有公共服务性质的旅游基础设施、旅游信息服务体系、旅游交通服务体系、旅游安全保障服务体系、旅游人才建设等领域,财政投入要给予长期的重点支持;对还处于市场培育阶段的小微企业,要放宽市场准入门槛,积极引导各类社会资金投资旅游业,通过市场化的机制形成旅游业发展的稳定资金来源,待市场逐步成熟后政策要及时退出,让市场来支持相关产业的发展。

参考文献
REFERENCE

[1] 《当代中国的旅游业》编辑委员会. 当代中国的旅游业[M]. 北京:当代中国出版社,香港:香港祖国出版社,2009.

[2] 高玄彧. 我国旅游业60年发展的回顾与展望[C]. 中国特色社会主义经济回顾与展望,2009-08-01.

[3] 何季民. 东方红太阳升:最精彩的开国老书刊[M]. 北京:中共党史出版社,2009.

[4] 朱玉槐,刘伟. 旅游学概论[M]. 西安:西北大学出版社,1993.

[5] 国家旅游局. 中国旅游业改革开放30年发展报告[N]. 中国旅游报,2008-12-31.

[6] 黄先开. 中国旅游经济结构研究:上册[M]. 北京:中国经济出版社,2013.

[7] 中国旅游研究院. 中国旅游景区发展报告(2013)[M]. 北京:旅游教育出版社,2013.

[8] 张广瑞,魏小安,刘德谦. 2000—2002年中国旅游发展:分析与预测——中国社会科学院旅游研究中心研究报告[M]. 北京:社会科学文献出版社,2002.

[9] 魏小安,韩健民. 旅游强国之路:中国旅游产业政策体系研究[M]. 北京:中国旅游出版社,2003.

[10] 中国旅游研究院. 2012年中国旅游经济运行分析与2013年发展预测[M]. 北京:中国旅游出版社,2013.

[11] 胡静. 2013中国旅游业发展报告[M]. 北京:中国旅游出版社,2013.

[12] 中国旅游研究院. 中国旅行社产业发展年度报告2012[M]. 北京:旅游教育出版社,2012.

[13] 中国旅游研究院. 2008年中国旅游经济运行分析与2009年发展预测[M]. 北京:中国旅游出版社,2009.

[14] 胡静,谢双玉.2014中国旅游业发展报告(上)[M].北京:中国旅游出版社,2014.

[15] 中国旅游研究院.中国旅游景区发展报告(2013)[M].北京:旅游教育出版社,2013.

[16] 国家旅游局规划发展与财务司.中国旅游景区发展报告2005[M].北京:中国旅游出版社,2005.

[17] 杨时进,汪新懋.旅游概论[M].修订本.北京:中国旅游出版社,1986.

[18] 中国旅游研究院.中国入境旅游发展年度报告2017[M].北京:旅游教育出版社,2017.

[19] 中国旅游研究院.中国出境旅游发展年度报告2017[M].北京:旅游教育出版社,2017.

[20] 中国旅游研究院.中国国内旅游发展年度报告2017[M].北京:旅游教育出版社,2017.

[21] 谢双玉,胡静,等.2017中国旅游业发展报告[M].北京:中国旅游出版社,2018.

[22] 中国旅游研究院.2017年中国旅游经济运行分析与2018年发展预测[M].北京:中国旅游出版社,2018.

[23] 谢双玉,冯娟.2015中国旅游业发展报告[M].北京:中国旅游出版社,2015.

[24] 邵金萍.新中国60年旅游产业发展的回顾与总结[J].经济纵横,2009(12).

[25] 国务院第二次全国经济普查领导小组办公室,中国旅游研究院.中国旅游业发展研究报告[M].北京:中国统计出版社,2011.

[26] 赵玺玉.新时期中国农村扶贫开发面临的挑战及其对策[J].中国石油大学学报(社会科学版),2008(5).

[27] 张辉.中国旅游产业发展模式及运行方式研究[M].北京:中国旅游出版社,2011.

[28] 马耀峰,李天顺,等.中国入境旅游研究[M].北京:科学出版社,1999.

[29] 张广瑞,魏小安,刘德谦.2001—2003年中国旅游发展:分析与预测——中国社会科学院旅游研究中心研究报告[M].北京:社会科学文献出版社,2002.

[30] 国家旅游局旅游促进与国际合作司,中国旅游研究院.中国入境旅游发展年度报告2012[M].北京:旅游教育出版社,2012.

[31] 国家旅游局计划统计司."七五"期间(1986—1990)中国旅游业统计公报[J].旅游学刊,1991(4).

[32] 宋振春.当代中国旅游发展研究[M].北京:经济管理出版社,2006.

[33] 张广瑞.关于中国旅游发展的理性思考[J].中国软科学,2011(2).

[34] 张凌云.试论我国旅游业周期波动的复杂性和不规律性[J].旅游学刊,2001(6).

[35] 宋瑞.2015—2016年中国旅游发展分析与预测[M].北京:社会科学文献出版社,2016.

后 记
POSTSCRIPT

非常荣幸能够加入由我的博士后导师武力研究员牵头并担任主编的"中华人民共和国经济与社会发展研究丛书(1949—2018)"研究写作团队，华中科技大学出版社总编辑姜新祺以及人文分社社长周清涛、副社长周晓方等参与丛书的筹划，逐步形成了一个良好的研究与写作团队。我分工负责的《中国旅游业发展研究》得以把旅游业发展更好地与新中国近70年经济社会发展的大背景相关联，令我受益匪浅。这部著作的完成是一段人生道路的总结。它包含了我对学术探索的不懈追求，融合了武老师的殷切期冀和精心雕琢，承载了无法表达的诸多情愫。

首先我要感谢武老师的栽培。书稿从选题的筹划、提纲的撰写到章节内容的有机衔接，无不凝聚着武老师的辛劳、汗水和智慧。在武老师的辛勤指导下，我一点一点反复琢磨新中国近70年旅游业发展演变的阶段性特征，总结规律和经验教训，不断增添新的学术动态，补充新数据，认真修改章节内容，直到完成整部书稿的撰写。我经常从武老师那里体会到充满无限热情的师恩，是他用学者的睿智和独特的视野教导我治学的方法，让我领略到研究中华人民共和国经济与社会发展的深厚底蕴。武老师博大的胸襟和勤奋进取的精神一直感染着我，成为我不断前进的精神力量。他总是从工作、学习和生活等方面深深关爱着我，在言传身教中蕴含着导师的诸多启迪和训诫。感激之情无以言表，这将化作无穷的力量，鼓舞我在学术研究之路上奋勇向前。同时感谢陈争平教授、郑有贵研究员、王瑞芳研究员、王爱云研究员、兰日旭教授、肜新春师兄等对我工作、学习的耐心指导和热情帮助。

感谢中国矿业大学(北京)马克思主义学院李建伟书记、李妍院长、盖逸馨副院长、田霞教授及各位同仁对我工作、学习、生活的热情帮助和大力支持。

感谢华中科技大学出版社总编辑姜新祺以及人文分社社长

周清涛、副社长周晓方的大力支持,他们多次在中国社会科学院当代中国研究所、山东泰安组织召开"中华人民共和国经济与社会发展研究丛书(1949—2018)"的审稿会,强调该套丛书以学术性为主,兼顾可读性,突出创新性,使我收获良多。使我明白,要站在新的时代起点上,以国际视野和全球眼光,探索当前和未来一段时间内中国旅游业的创新之路,推动中国经济高质量发展。在此书即将出版之际,谨向诸位领导和老师致以最诚挚的感谢!

由于对新中国近70年旅游业发展的探索是一个涉及多学科、多视角的深层次问题,实现"旅游强国梦"也处于方兴未艾的新阶段,因此,中国旅游业发展研究还是一个有待深入探索的重大课题,本书是我在中华人民共和国经济与社会发展研究领域的一个阶段性成果。由于本人才疏学浅,书中难免有疏漏之处,敬请各位专家、学者批评指正。

作　者

2019年6月6日于北京